세계 교회사 여행

Pour lire l'histoire de l'Église(nouvelle édition de 2003)
by Jean Comby
Original Copyright ⓒ 2003 by les Éditions du Cerf

세계 교회사 여행 1
2010년 6월 28일 교회 인가
2012년 4월 20일 초판 1쇄 펴냄
2025년 1월 1일 초판 5쇄 펴냄

지은이 | 장 콩비
옮긴이 | 노성기, 이종혁
펴낸이 | 정순택
펴낸곳 | 가톨릭출판사
편집 겸 인쇄인 | 김대영
편집 | 김소정, 강서윤, 김지영, 박다솜
디자인 | 이창우, 강해인, 이경숙, 정호진
마케팅 | 안효진, 황희진

본사 | 서울특별시 중구 중림로 27
등록 | 1958. 1. 16. 제2-314호
전자우편 | edit@catholicbook.kr
전화 | 1544-1886(대표 번호)
지로번호 | 3000997

ISBN 978-89-321-1251-0 04900
       978-89-321-1253-4 (세트)

값 30,000원

성경 ⓒ 한국천주교중앙협의회 2005

이 책의 한국어 출판권은 (재)천주교서울대교구 가톨릭출판사에 있습니다.
저작권법에 의해 보호를 받는 저작물이므로 무단 전재와 무단 복제를 금합니다.

가톨릭의 모든 도서와 성물을 '가톨릭출판사 인터넷쇼핑몰'에서 만나 보실 수 있습니다.
http://www.catholicbook.kr | (02)6365-1888(구입 문의)

세계 교회사 여행

2000년 교회의 역사를 원전과 함께 읽는다　**1**　**고대·중세 편**

장 콩비 지음　노성기 · 이종혁 옮김

가톨릭출판사

| 추천의 말씀 |

역사 공부는 행복한 미래로 나아가게 해 주는 나침반

　가족사를 모르는 것은 부끄러운 일입니다. 교인으로서 교회사를 모르는 것도 같은 일이라 생각합니다. 신자들로 하여금 교회의 역사를 쉽게 접하고 공부할 수 있도록, 《세계 교회사 여행》을 공동 번역·출판한 두 분의 노고를 진심으로 치하하며 감사드립니다. 신자들은 교회사를 공부하며 하느님과 인간의 역사, 즉 2000년 동안 성령께서 함께하신 교회의 발자취와 거룩한 전통을 배우고 익힐 뿐만 아니라, 교회사에 대한 통찰력을 얻게 될 것입니다.
　한 시대의 사건을 그 시대 사람들의 눈으로 바라보는 미시적인 안목이 있는가 하면, 한 시대의 사건이 그 시대와 미래에 어떤 영향을 끼쳤고 어떤 결과를 초래하였는가 하는 점까지 꿰뚫어보는 '역사에 대한 예지의 눈'으로 바라볼 수 있는 거시적인 통찰력도 있습니다. '역사에 대한 예지의 눈'을 가질 때, 현실을 살아가는 우리에게 어떤 행동이 최선의 행동일 것인가에 대한 판단 기준을 가질 수 있을 것입니다. 교회사 안에는 거시적·통시적인 통찰력을 통해 '역사에 대한 예지의 눈'을 기를 수 있도록 해 주는 수많은 사건이 있습니다. 개별적인 사건들을 통해서, 우리는 당시 그리스도인들이 어떤 식으로 그 사건 속에서 생활하고 참여했는가를 배우게 됩니다. 동시에 우리는 그 사건이 100년 혹은 300년 후에 교회에 어떤 영향을 끼쳤는지를 깨닫고 이해하게 됩니다. 이렇게 할 때, 우리는 교회사를 제대로 공부하게 되는 것입니다.

E.H. 카아는 "역사란 과거와 현재의 끊임없는 대화다."라고 정의했습니다. 그런 의미에서 볼 때, 역사를 공부하는 진정한 목적은 과거 사실에 대한 단순한 지식을 얻는 것이 아니라, 현재에 비추어 과거를 이해하고 동시에 과거에 비추어 현재를 더 깊이 이해하면서 과거와 현재 사이의 끊임없는 대화를 통해서 미래를 위한 교훈을 얻는 것입니다. 역사 자체가 스스로 우리에게 교훈을 가르쳐 주지는 않습니다. 하지만 역사는 미래를 전망하며 나갈 길을 보여 줄 뿐만 아니라, 그 길을 올바른 방향으로 걸어갈 수 있도록 도와주는 나침반 역할을 합니다. 우리는 역사를 공부함으로써, 미래를 위한 최선의 지침을 마련할 수 있게 될 것입니다.

그런 관점에서 볼 때, 교회사를 공부한다는 것은 우리가 이 땅에 하느님 나라를 건설하는 최선의 도구와 지혜를 찾아나서는 하나의 여행입니다. 그 여행길에서 우리는 우리보다 앞서 간 수많은 그리스도인들을 만나면서, 그들이 지녔던 복음화에 대한 열정과 지혜, 교회에 대한 사랑과 봉사, 권위와 순명 등을 접하게 될 것입니다. 물론 거기에서 우리는 우리를 가슴 아프게 하는 사건들과 부끄럽게 하는 사건들도 만나게 될 것입니다. 하지만 그 속에서도 우리는 성령의 역사하심과 하느님 구원 사업에 대한 굳은 희망과 믿음을 발견하게 될 것입니다.

교회사에 대한 책이 그리 많지 않은 우리 현실에서 볼 때, 《세계 교회사 여행》은 신학도들뿐만 아니라 일반 신자들에게도 커다란 도움이 되리라 생각합니다. 그동안 교회사를 딱딱하고 어렵다고만 생각했던 신자들은 이 책을 통해서 교회사가 아주 쉽고 재미있다는 사실을 깨닫게 될 것입니다. 《세계 교회사 여행》를 읽게 될 모든 분에게 하느님의 크신 은총과 축복이 가득하시기를 빕니다.

천주교 광주대교구 전前 교구장

최창무 대주교

| 추천의 말씀 |

역사 공부는 삶의 지혜를 공부할 수 있는 길

　하느님과 이스라엘 민족이 동고동락했던 역사가 바로 구약 성경이고, 예수 그리스도와 제자들이 함께했던 기록이 신약 성경이라 할 때, 교회사는 성령께서 그리스도를 믿고 따르는 사람들(교회)과 함께한 기록입니다. 교회사는 특히 계시의 두 원천인 성경聖經과 성전聖傳에서 성전을 더욱 쉽게 이해할 수 있게 하는 길잡이입니다. 하느님과 하느님 백성에 대한 사랑으로, 신자들이 교회의 역사를 쉽게 접할 수 있도록 《세계 교회사 여행》을 번역하여 출간하게 된 두 분의 노고를 치하하며 감사드립니다.

　역사를 이해하는 데 있어서 사건 자체를 분석하여 해석할 수도 있고 사건의 흐름 전체를 조망하면서 사건의 종합적인 의미를 파악할 수도 있을 것입니다. 그러나 어느 한 방법을 선택하여 이해하려고 하면 다소 객관성이 떨어질 위험도 있을 것입니다. 《세계 교회사 여행》에는 특히 원전이 함께 실려 있기 때문에 사건 자체에 대한 근거뿐만 아니라 사건의 전체적인 흐름도 아울러 함께 볼 수 있어 종합적인 이해에 큰 도움이 되며 더욱이 교회사에 대한 전문적인 지식을 탐구하는 데도 큰 도움이 되리라 생각합니다.

누군가는 "진정한 역사가는 당연한 것조차도 항상 새로운 관점으로 바라봐야 한다."라고 말했습니다. 오늘날 우리 그리스도인들이 경계해야 할 것 가운데 하나는 '종교적 무관심'이 아닐까 생각합니다. 주님의 말씀을 듣기 위해 교회에는 자주 나오지만, 미사나 예배가 끝나면 하느님과 전혀 관계없는 것처럼 사는 '실천적 무신론자'들이 많다고 합니다. 그 이유는 타성에 빠진 채, 새로운 마음과 눈으로 일상을 바라보려고 하는 노력들이 부족하기 때문일 것입니다. 비록 매일 반복되는 일상적인 삶과 사건들이라 할지라도 그 안에서 의미를 찾으려고 노력한다면, 그것은 더 이상 반복적인 일상이 아닌 하나의 새로움으로 다가올 것입니다.

교회사는 항상 새로운 눈으로 하느님과 세상과 우리의 삶을 바라보도록 우리를 초대하고 있습니다. 교회사에는 '나의 문제'뿐만 아니라 '우리 모두의 문제'가 담겨 있습니다. 또한 그 모든 문제에 대한 해답의 실마리도 담겨 있습니다. 또한 교회사에는 당신의 백성들이 인간적인 조건, 약함, 허물 등을 지니고 있을지라도, 항상 악惡에서도 선善으로 이끄시는 하느님의 사랑과 자비로운 섭리의 손길이 담겨 있습니다. 그런 의미에서 볼 때, 교회사는 특정인만이 아니라 모든 그리스도인이 마땅히 애써 공부해야 할 삶의 지혜를 탐구하는 공부라고 생각합니다. 이 책은 신자 여러분들에게 교회 역사에 대한 지적인 안목뿐만 아니라 영성적인 깊이도 더해 줄 것입니다.

《세계 교회사 여행》을 번역·출간한 두 분의 노고에 다시 한 번 감사드리며, 많은 신자 분들이 이 책을 통해서 하느님과 당신의 백성이 함께하는 구원의 역사를 '나'뿐만 아니라 '우리 모두'가 써나가고 있다는 사실을 느낄 수 있는 기회가 되길 바랍니다.

천주교 광주대교구 교구장

김희중 대주교

| 옮긴이들의 말 |

교회사의 깊이와 즐거움을 동시에 느끼게 해 주는 특별한 책, 《세계 교회사 여행》

《세계 교회사 여행*Pour lire L'Histoire de L'Église*》 원서를 처음 접했을 때, 저희들의 마음속에는 기쁨과 감동의 물결이 넘쳤습니다. 교회사 책이 쉽고 재미있을 뿐만 아니라 역사적인 교훈과 흥미진진한 내용들이 많이 들어 있었기 때문입니다. "교회사 책이 이렇게 쉽고 재미있을 수 있단 말인가?" 하며 단숨에 책을 읽어내려 갔습니다. 교회의 복잡한 역사를 쉽게 설명하면서, 해당 사건과 관계된 원전이 본문 옆에 친절하게 곁들여 있었습니다. 이 책이 아니면 도저히 접할 수 없는 수많은 원전을 접하면서, 설레는 마음으로 미지의 세계로 떠나는 여행을 시작했습니다. 마치 고고학 여행을 떠나는 것 같았습니다. 멀고 낯설게만 느껴졌던 교회의 역사가 친근하게 다가와 손짓했습니다. 저희는 이 책을 번역해서 많은 사람들에게 소개하고 싶었습니다. 이 책이 주는 기쁨과 즐거움과 감동을 저희들만 간직하기엔 너무 소중하고 아까웠기 때문입니다.

역사가는 항상 '미래'라는 단어를 뼛속 깊이 느낀다고 합니다. 그래서 역사가는 지나간 역사적인 사건 앞에서 항상 '왜'라는 질문과 '어디로'라는 질문을 동시에 하면서, 자기 성찰을 통해 올바른 역사의식을 키워 갑니다. 넓은 의미에서 볼 때, 우리 모두는 역사가입니다. 왜냐하면 자기 자신의 삶의 역사를 써 나갈 뿐만 아니라 우리 개인의 역사가 함께 모여 가정의 역사, 공동체의 역사, 본당의 역사, 교회의 역사, 나라의 역사를 만들어 가기 때문입니다. 이 책을 읽으면서 접하게 되는 수많은 사건과 끊임없이 대화함으로써, 많은 사람들이 이 책을 통해서 역사적인 교훈과 역사가 주는 지혜와 혜안을 익히고 간직한다면 얼마나 좋을까요?

이 책에는 근대 이후의 교회사가 주로 프랑스와 교황청의 관계 안에서 기술되어 있습니다. 프란츤의 교회사가 독일의 관점에서 기술된 교회사라고 한다면, 이 책은 가톨릭교회에서 가장 중요한 역할을 해 와 '교회의 맏딸'이라 일컬어지는 프랑스의 관점에서 기술된 교회사입니다. 따라서 이 책에는 프란츤의 교회사가 담지 못했던 내용들이 많이 실려 있습니다. 특히, 근대 이후 프랑스 교회와 교황청의 관계에 대한 내용이 많이 실려 있기 때문에, 프랑스 교회와 교황청의 관계에 대한 내용을 읽어 내려가다 보면, 교황청의 훈령과 정책들을 쉽게 이해할 수 있을 것입니다.

이 책이 지닌 또 다른 특징은, 이 책을 통해서 서양의 문화와 예술 등에 대한 안목을 넓힐 수 있다는 점입니다. 그리스도교의 역사에 대한 이해 없이는, 서양의 문화와 사상과 예술 등을 이해할 수 없습니다. 왜냐하면 서양의 문화와 예술들은 그리스도교를 모태로 하여 만들어졌기 때문입니다. 그것은 마치 그리스도교에 대한 이해 없이는 모차르트나 바흐, 헨델 같은 수많은 음악가들의 작품과 음악 세계를 이해할 수 없는 것과 마찬가지입니다. 이런 음악가들 역시 그리스도교 정신과 문화 안에서 자신들의 작품 세계를 만들었기 때문입니다. 그렇다고 모든 교회사 책이 우리에게 서양의 문화와 예술 등에 대한 안목을 넓혀 주는 것은 아닙니다. 이 책이 줄 수 있는 탁월한 장점 가운데 하나가 바로 그런 것입니다. 쉬우면서도 깊이 있는 내용을 많이 담고 있는 책은 흔치 않습니다. 스페인에서는 이 책이 200쇄 이상 인쇄되었다고 합니다.

'백문이 불여일견'이라 하지 않았던가요? 직접 읽으시면서 느껴보시기 바랍니다. 더 이상 무슨 말이 필요하겠습니까? 여러분 모두를 초대합니다. 《세계 교회사 여행》으로!

노성기 · 이종혁

| 일러두기 |

  이 책에 나오는 인명·지명에 대한 표기는 다음과 같은 원칙에 따라 정한다.

1. 10세기 이전까지는 주로 《교부학 인명·지명 용례집》의 표기법을 따르고, 10세기 이후부터는 그 나라 발음 원칙에 따라 표기한다.

   1) 10세기 이전의 인물인 경우에는 '이냐티우스'로, 10세기 이후의 인물인 경우에는 '이냐시오'로 표기한다.

   2) 10세기 이전은 '카를'로, 10세기 이후에는 프랑스 사람인 경우 '샤를'로, 독일 사람인 경우 '카를'로 표기한다.

   3) 10세기 이후에 '요셉'이 독일 사람인 경우에는 '요제프'로, 프랑스 사람인 경우에는 '조셉'으로 표기한다.

   4) 알렉산더(대왕), 알렉산더(알렉산드리아의 주교), 알렉산드르 네브스키, 알렉산드르 1세(러시아의), 알렉산데르 3세(교황)

   5) 10세기 이후의 인물인 경우, 교회에서는 '베르나르도'라고 표기하지만 프랑스 사람인 경우에는 '베르나르'로 표기한다. 같은 원칙에 의해, '요한 웨슬리'는 '존 웨슬리'로 표기한다.

   6) 러시아에서 활동했던 네스토리우스 교회의 지도자였던 '사제 요한'은, 프랑스어로 프레트르 장(영어로 프레스터 존)으로 표기하지만, 이 책에서는 그냥 '사제 요한'으로 표기한다.

7) 현재 교회 내에서 보편적으로 사용되는 인명·지명이 위의 원칙과 다른 경우, 해당 명이 맨처음 나올 때, 《미디어 종사자를 위한 천주교 용어 자료집》의 표기법에 따라 ( ) 안에 병기한다.

ex) 스테파누스의 경우: 스테파누스Stephanus(스테파노)

2. 교황인 경우에는 10세기 이전까지는 《교부학 인명·지명 용례집》을, 10세기 이후부터는 한국 천주교회에서 사용하는 관례적인 원칙을 따른다.
   1) 'John Paul II'의 경우 '존 폴 2세'라고 하지 않고 '요한 바오로 2세'로 표기한다.

3. 한글맞춤법 통일안은 경음을 사용하지 못하게 하기 때문에 'th, t'를 모두 'ㅌ'으로 표기한다.
   1) '떼제 → 테제 / 아우구스띠누스 → 아우구스티누스로 표기한다.

4. 한국 교회는 'Catholic'을 '카톨릭'으로 표기하지 않고 예외적으로 '가톨릭'으로 표기한다. 이 같은 원칙 때문인지 'Catharina'를 '카타리나'로 표기하지 않고 '가타리나'로 표기하는데 여기서는 '카타리나'로 표기한다. 모든 'ca'를 '가'로 표기하지는 않기 때문이다. '카르타고', '카노사', '카푸친', '칼뱅', '카시아누스', '카이사르' 등에서 볼 수 있듯이, 나머지 대부분은 '카'로 표기하고 있어서 'Catharina'를 가타리나로 표기하는 것은 일관성이 없어 보인다. 같은 원칙에 의해, 'Teresa'(데레사)는 '테레사'로 표기한다.

5. 원서에는 '헬더 카마라'(이름 성)라고 표기되어 있으나, 원서 말미에 있는 인명 · 지명에는 '카마라 헬더'(성 이름)로 순서를 바꾸어 표기되어 있다. 하지만 한글판 인명 · 지명에는 본문에 나오는 대로 그냥 '헬더 카마라'로 표기했다.

6. 대부분의 각주는 역자 주이므로 '역자 주'라는 표기는 생략한다. 단, 필자 주나 편집자 주의 경우에만 해당 각주의 맨 뒤에 표기한다. 본문의 (   ) 안의 설명도 독자의 이해를 위해서 대부분 역자가 넣은 설명임을 밝힌다.

7. 총 21차례 '일치 공의회'만 '공의회'로 번역하고, 일치 공의회가 아닌 모든 공의회는 '시노드'로 번역했다. 그래야 독자들에게 혼란을 주지 않을 것 같아서다. 원서에 쓰인 대로 모든 것을 공의회로 번역한다면 공의회의 숫자가 총 21개가 넘기 때문에 독자들이 어떤 공의회가 일치 공의회인지 알아보기가 어렵기 때문이다.

8. 이 책의 필자는 레오 교황 이전까지의 교황에 대해서는 '교황'이라고 하지 않고 '로마의 주교'라고 표기하고, 레오 교황에 대해서는 '레오 주교' 혹은 '레오 교황'이라고 표기했다. 필자가 그렇게 표기한 것은 '교황'이라는 단어가 오늘날 우리가 의미하는 단어로 사용된 것은 레오 교황 때부터였다고 생각하기 때문이다. 하지만 역자는, 독자들의 혼란을 없애기 위해서 '로마의 주교'를 '교황'이라고 번역했음을 밝힌다. 그리고 필자가 '주교'라고 표기했지만, 총대주교인 경우에는 역자가 '총대주교'라고 번역했다.

| 차례 |

추천의 말씀 - 역사 공부는 행복한 미래로 나아가게 해 주는 나침반 • 4
추천의 말씀 - 역사 공부는 삶의 지혜를 공부할 수 있는 길 • 7
옮긴이들의 말 - 교회사의 깊이와 즐거움을 동시에 느끼게 해 주는 특별한
 책, 《세계 교회사 여행》• 10
일러두기 • 13
머리말 • 19

제1장 교회의 탄생 • 36
 Ⅰ. 1세기 • 36
 Ⅱ. 로마 제국 • 65

제2장 적대적인 세계 속의 그리스도인 • 100
 Ⅰ. 그리스도교에 대한 사람들의 시선 • 101
 Ⅱ. 그리스도교 박해 • 130

제3장 초세기 그리스도인의 모습 • 160
 Ⅰ. 전례와 기도 • 161
 Ⅱ. 정착되어 가는 교회의 직무 • 185
 Ⅲ. 교회의 분열과 일치 • 198

제4장　그리스도교 제국 치하의 교회 • 220

    Ⅰ. 밀라노 관용령과 국교화 • 222

    Ⅱ. 예식의 발전과 복음화 과정 • 247

    Ⅲ. 수도 생활의 시작 • 263

제5장　신경의 형성 • 284

    Ⅰ. 어떻게 예수 그리스도와 성령이 하느님인가? • 286

    Ⅱ. 어떻게 예수 그리스도를 통해 하느님과 사람이 하나가 되었는가? • 312

    Ⅲ. 교회의 조직과 교회들의 관계 • 332

제6장　교부 • 343

    Ⅰ. 교부들은 누구인가? • 344

    Ⅱ. 교부들의 황금기 • 351

제7장　중세 초기 • 384

    Ⅰ. 이민족의 침입, 다시 그리는 종교 지도 • 385

    Ⅱ. 그리스도교 세계의 첫 번째 재건 • 411

    Ⅲ. 새로운 혼란, 더디기만 한 안정 • 428

제8장   그리스도교 왕국: 사회의 근본 토대 • 450
    Ⅰ. 중세 그리스도교 왕국의 근본 토대 • 452
    Ⅱ. 신앙의 행위 • 478

제9장   그리스도교 왕국: 확장, 도전 그리고 방어 • 509
    Ⅰ. 십자군과 선교 • 510
    Ⅱ. 도전받는 그리스도교 왕국 • 524
    Ⅲ. 이단 탄압 • 546

제10장   그리스도교 왕국의 쇠퇴기 • 558
    Ⅰ. 평신도 정신의 태동 • 559
    Ⅱ. 교황권의 시련 • 570
    Ⅲ. 사람들의 불안 • 590
    Ⅳ. 한편 동방 교회에서는…… • 608

연대표 • 617
참고 문헌 • 621
색인 • 634

| 머리말 |

▲ 베드로와 안드레아가 예수를 따르다, 성 아폴리나레 누오보 성당 모자이크, 라벤나, 6세기.

세계사와 현대 문화 안에서 발견되는 그리스도교의 중요성

그리스도교는 유럽과 아메리카 대륙뿐만 아니라 세계 도처에까지 널리 전파되어 있다. 예를 들어, 전 세계에서 사용되고 있는 달력에도 그리스도교의 흔적이 들어 있다. 2000년이라는 연대도 바로 그리스도의 탄생 연도와 관련이 있지 않는가! 그리스도교에 대한 최소한의 지식이 있어야만 수많은 성모 마리아상이며 예수 탄생과 관련된 작품들 그리고 십자고상들에 대한 예술을 제대로 이해할 수 있다. 그 외에도 그리스도교에 대한 이해 없이는 바흐나

헨델 그리고 수많은 음악가들의 작품과 음악 세계를 이해할 수가 없다. 왜냐하면 이런 음악가들 역시 그리스도교를 참고로 하여 자신들의 음악 작품을 만들어 냈기 때문이다. 서구 역사에 대한 이해도 마찬가지다. 서구 역사는 그리스도교의 전령傳令 역할을 해 온 교회의 역사와 떼려야 뗄 수 없는 관계를 맺고 있으며, 최근의 20세기의 역사에서도 두 역사(서구 역사와 교회 역사)가 아주 밀접하게 뒤엉켜 있다.

비록 이 책이 세계사 전체를 기술하는 책은 아니지만, 그래도 세계사를 이해하는 데에 도움이 되는 중요한 요소들을 제공할 것이다. 왜냐하면 수많은 사람들이 제기하는 중요한 질문들에 대한 해답을 제시할 수 있는 것들 가운데 하나가 바로 그리스도교이기 때문이다. 그리스도교는 그리스도교보다 앞서 존재했던 문화들 속에서 뿌리를 내려, 지난 2000년 동안 그 문화들을 통해서 그리스도교의 정체성을 유지해 왔으며, 또 바로 그와 같은 방식으로 그리스도교의 고유한 유산遺産을 이룬 문화나 문명을 창조해 왔다. 그리스도교는 세상의 다른 종교들과 마찬가지로, 역사 속으로 사라져 버린 낡은 관습이나 민속民俗이 아니라 여전히 많은 이를 위해 활동하는, 살아 있는 현재이고 오늘인 것이다.

그리스도인들을 위한 교회사

교회, '전파되고 알려진 예수 그리스도'

그리스도인이 자신의 신앙에 대해 생각할 때, 교회사는 그리스도인의 삶에서 아주 특별한 자리를 차지한다. 전혀 생각지도 못한 사이에 갑작스럽게 찾아오시는 하느님과 예수를 만나는 사람도 더러 있기는 하지만, 그러한 사람들 역시 2000년 동안 계속 이어져 온 세대들에 의해서 예수에 대한 지식과 신앙이 자신들에게까지 전달되어 왔다는 사실을 잘 알고 있다. 여기서 '전달'이란 단지 기록되고 인쇄된 책을 통해서 전해지는 것만을 의미하지 않는다. 다시 말해, '전달'은 예수님에 의해, 보쉬에[1]가 교회는 "전파되고 알려진 예수 그리스도"라고 말했을 때의 바로 그 교회에 의해 선포된 하느님의 부르심을 들은 사람들의 공동체 안에서 구체적으로 실현되는 것이다. 아주 먼 옛날에 형성된 신경Credo을 충실하게 지킨다거나 또는 2000년이라는 시간과 공간을 훌쩍 뛰어 넘어 시간 여행을 떠난다고 해서 예수를 만날 수 있는 것도 아니다. 우리보다 앞서 간 사람들이 자신들의 평범하고 일상적인 삶에서 예수를 만났던 것처럼, 우리도 우리 자신의 평범하고 일상적인 삶에서 그분을 만날 수 있다. 예수에 대한 믿음은 하나의 공식으로 만들어진 것이 아니다. 오히려 그분을 체험한 사건들과 사람들에 의해서 형

---

[1] 보쉬에(Jacques-Bénigne Bossuet(1627~1704년)는 프랑스의 주교이자 설교자로서 활약한 사람이다.

성된 것이다. 따라서 오늘날 우리가 관심을 갖는 대상도 바로 예수를 체험한 사건들과 사람들이다.

여러 가지 질문

역사를 통한 그리스도교의 이러한 전달은 여러 가지 질문을 불러일으킨다. 복음의 메시지가 로마 제국의 변방 지역이던 팔레스티나 지역에서 처음으로 선포되었다. 예수와 그분의 제자들은 성경적인 문화를 통해 자신들을 표현했다. 그리고 복음의 메시지가 지중해 연안의 모든 지역과 온 세상에 퍼져 나갔다. 이 메시지는 언제나 새로운 언어와 문화와 철학으로 표현되어야만 했다. 시골 사람들과 도시 사람들뿐만 아니라 유랑민들을 포함해서 각계각층의 사람들이 이 메시지를 받아들였다. 과연 복음은 다른 문화를 만나 적응해 가면서, 그 순수성을 충실하게 간직해 왔을까? 여러 전통주의자들이 주장하는 것처럼, 복음의 메시지가 혹시 변질되거나 왜곡되지는 않았을까?

어떤 특정한 문화 안에서 복음의 메시지가 오랫동안 표현되어 왔는데, 복음 전파자들이 전달하고자 한 내용은 과연 무엇이었을까? 그들은 단지 복음만을 전달하고자 했을까? 아니면 복음의 메시지뿐만 아니라 문화적 배경까지도 전달하려고 했을까? 사람들은 16세기부터 전 세계로 퍼져 나간 '그리스도교 문명'이 자신과 마주쳤던 사람들의 문화를 송두리째 파괴하거나 구조적으로 말살했다고 흔히 비난을 퍼붓곤 한다.

　종교적인 경험들, 특히 그리스도인의 삶은 각 개인의 내적인 조명에만 국한되지 않는다. 먼저 복음에 대한 증인이 있었고, 교회에서 받아들인 예비 신자들에게 교리를 가르치기 위해서는 예비 신자 교육과 제도를 조직할 필요성이 있었다. 모든 제도는 하나의 권력을 만들고, 모든 권력에는 서로 비슷한 점이 많다. 예수의 말씀과 그분의 성사들을 통해서 복음을 전파하는 교회는 자신을 정치적·사회적인 제도로서 조직해 나갔고, 교회를 둘러싸고 있는 사회를 자신의 모델로 삼기도 했다. 그래서 그리스도인들은 다음과 같은 물음을 자신에게 던지곤 한다. 혹시 우리가 예수와 그분의 복음으로부터 너무 멀어진 것은 아닐까? 교회가 쇄신되어야만 하는 것은 아닐까? 이런 물음과 문제 제기를 통해서, 교회 안에는 항상 복음의 정신으로 되돌아가려는 운동들이 생겨났고, 그것으로 인해 때로는 교회의 분열로 치닫거나 새로운 그리스도교 교파들이 생겨나기도 했다. 따라서 이 책은 가능한 한 그런 운동들에 대해서도 원래 있어야 할 자리를 찾아 주려고 노력할 것이다.

역사의 올바른 활용법

　그동안 사람들은 '역사의 교훈'에 대해 많은 이야기를 해 왔다. 그러나 오늘날에는 '역사의 교훈'이라는 것이 불신의 대상이 되어 버린 지 이미 오래다. 얼마나 많은 잔혹 행위들이 소위 역사적인 이론과 근거들을 바탕으로 미화되고 정당화되었던가! 역사는 결코 다시 시작되거나 되풀이되지 않는다. 고대의 어떤 철학자는 "우리는 똑같은 강물에서 두 번 목욕할 수 없다."라고 말했다. 따라서 우리는 모든 역사에 직접 응용할 수 있는 일련의 규칙들을 교회사 안에서 찾아내려고 하지는 않겠다. 물론 그렇다고 할지라도 교회사 안에는 엄청난 보물들이 들어 있다. 그리스도교의 저술가들은 끊임없이 그 보물들 안에서 옛 것과 새 것을 끄집어낸다. 그리스도인들은 오랜 세월에 걸쳐 수많은 경험을 해 왔다. 교회사는 오늘날의 그리스도인들에게 바로 그러한 경험을 함께 가질 수 있도록 도와줄 뿐만 아니라, 늘 한계성을 지닌 그들 자신의 고유한 경험을 더욱 풍요롭게 만들어 주기도 한다.[1] 교회사를 통해서, 우리는 지난 여러 시대가 오늘날까지 계속해서 그리스도인의 삶과 실존의 뿌리가 되고 있다는 사실을 깨닫게 된다.[2] 모든 역사의 유산遺産은 당연히 그 자체로 소중한 가치를 지닌다. 하지만 우리는 엄격한 기준에 따라 역사의 유산을 취사선택하여 받아들인다. 역사는 결코 재판정이 아니다. 역사가는 사건에 대해 귀납적으로 어떤 판단을 내릴 수밖에 없지만, 역사가는 먼저 사건의 진상을 명확히 밝히고, 그것을 사람들에게 이해시키려고 노력해야 한다. 좀 더 쉽게 설명하자면, 역사가는 먼저 종교 재판소가 생겨난 이유를 설명한 다음에 그 제도가 왜 복음의 정신에 위배되는지를 결론적으로 말해야 한다.

그리스도인들뿐만 아니라 비그리스도인들도 끊임없이 이런 질문을 한다. "오늘날 그리스도인이 된다는 것은 과연 어떤 의미가 있는가?" 이런 질문에 어느 정도라도 대답하기 위해서는, 적어도 초세기와 중세기의 그리스도인들, 문예 부흥기와 19세기와 20세기의 그리스도인들은 과연 어떤 삶을 살았는지를 아는 것이 대단히 중요하다. 역사는 과거의 유산을 높이 평가하기도 하고, 때로는 상대화하기도 한다. 그런가 하면 역사는 오늘날 제기되는 여러 위기에 대해서 심각하게 고민하지 않을 수 있는 방법도 알려 주기도 한다. 역사는 생각지도 않은 풍요로움을 발견할 수 있도록 도와줄 뿐만 아니라 상상력을 촉진시켜 주기도 한다.

1) 교회, 젊음을 되찾은 노파

2세기 초반에 《헤르마스의 목자 Pastor Hermae》를 저술한 헤르마스 Hermas는 당시 교회의 문제, 특히 참회에 대해 큰 관심을 가졌다. 이 작품에 젊은 목자의 모습으로 등장하는 한 천사가 헤르마스가 관심을 가진 문제에 대해 대답한다. 교회가 노파의 모습으로 나타난 것은, 하느님의 관점에서 볼 때 교회의 고대성과 힘 그리고 기쁨을 잃어버린 그리스도인들의 약함과 죄를 상징한다.

매우 빛나는 옷을 입은 노파가 나타났습니다. 그는 손에 책을 들고 거기에 혼자 앉아 있었습니다. 그가 나에게 "잘 있었느냐, 헤르마스?" 하고 인사했습니다. 나는 슬픔에 잠겨 눈물을 흘리면서 "안녕하세요, 부인?" 하고 대답했습니다. ……

"그러면 그는 누구입니까?" 하고 내가 젊은이에게 묻자, 젊은이는 "교회다." 하고 대답했습니다. 다시 내가 "그런데 그는 왜 늙었습니까?" 하고 물었더니, 그는 "그는 모든 것에 앞서 창조되었다. 그래서 그는 늙었고 세상은 그 때문에 만들어졌다." 하고 대답했습니다.

…… 형제들이여, 그 노파는 작년의 첫 번째 환시에서는 의자에 앉아 있는 매우 늙은 부인으로 나에게 나타났습니다. 두 번째 환시에서는 그의 몸이 늙고 머리는 희었지만 더 젊게 보였는데, 그가 서서 나에게 말했습니다. 그는 첫 번째(환시 때)보다 더 생기 있어 보였습니다. 세 번째 환시에서 그는 훨씬 더 젊어 보이고 매우 아름다웠으며 머리만 희었습니다. 그는 매우 생기 넘치는 모습으로 긴 의자에 앉아 있었습니다.

…… 젊은이가 말했습니다. "네가 묻는 (노파의) 모습에 관하여 들어 보아라. 첫 번째 환시에서 그는 왜 의자에 앉아 있는 노파로 너에게 나타났느냐? 너희가 약하고 의심하

는 데다 너희의 영이 늙고 이미 쇠잔하여 힘이 없기 때문이다."……

"두 번째 환시에서 너는 노파가 서 있는 것을 보았다. 그의 몸은 늙고 머리는 희었지만 더 젊게 보였으며, 첫 번째보다 더 생기가 넘쳤다. …… 주님께서 너희를 불쌍히 여기시어 너희의 영을 다시 젊게 하신 것이다. 그리고 너희는 약함을 없앴으며, 그것이 너희에게 힘이 되었고 너희는 믿음 안에서 강해졌다."……

"세 번째 환시에서 너는 더 젊고 아름다우며 생기가 넘치는 노파를 보았고, 그의 아름다운 모습도 보았다. …… 그러므로 온전히 회개한 이들, 곧 온 마음으로 회개한 이들은 젊어지고 굳건해질 것이다."

헤르마스, 《헤르마스의 목자》, 2,2; 8, 1; 19,1-2; 20,1-3; 21,1-4.

2) 교회사의 내용

팔레스티나 지방 카이사레아Caesarea(카이사리아)의 에우세비우스Eusebius(260/264~339/340년) 주교는 교회사의 아버지로 불린다. 만일 에우세비우스의 《교회사Historia ecclesiastica》가 없었다면, 초세기의 수많은 소중한 자료들이 후대에 전해지지 못하고 사라졌을 것이다. 에우세비우스는 자신의 책에서 《교회사》를 집필하는 목적을 밝힌다. 오늘날 우리도 에우세비우스처럼 교회사에 대해 똑같은 기대를 가질 수 있을까?

나의 목적은 우리 주님의 시대로부터 우리 시대까지 이어져 온 거룩한 사도들의 일을 기록하는 것이다. 즉, 교회 안에서 발생한 중요한 일들에 대해, 아주 중요한 지역 교회를 관할하고 다스린 가장 유명한 공동체들의 지도자에 대해, 저서를 통해서 또는 저서는 집필하지 않았지만 하느님의 말씀을 전파한 각 시대의 인물들에 대해 자세하게 언급하려고 한다. 그리고 쇄신에 대한 지나친 집착과 욕망 때문에 엄청난 오류에 빠져 거짓 주장을 선포하면서도 지도자로 자처하며 무서운 늑대처럼 무자비하게 그리스도의 양떼를 공격했던 사람들과 시대, 그리고 그 특성에 대해서도 서술할 것이다. 또 우리의 주님을 해치려는 음모를 꾸몄던 유다 민족에게 갑자기 들이닥쳤던 무서운 재앙에 대해서도 설명할 것이다.

나는 하느님의 말씀이 어느 시대에, 어떤 방법으로, 얼마나 자주 적대자들을 물리치셨는가를 기록할 것이다. 그리고 피와 고통으로 얼룩진 박해 시대에 하느님의 말씀을 위해 끝까지 인내하며 견뎌 낸 사람들과 우리 시대에 발생한 순교에

> 대해서도 기록할 것이다. 마지막으로 모든 사람 위에 가득히 내리는 우리 주님의 은혜롭고 자비로운 섭리에 대해서도 서술하겠다. 이런 주제들이 바로 내가 기록해야 할 내용들이다.
>
> 나는 하느님의 그리스도이시고, 우리의 구세주이시며, 주님이신 예수님의 육화에 관한 내용을 이 책의 첫머리에 기록함으로써 이 일을 시작하겠다.
>
> 그러나 이 책을 흠잡을 데 없이 완전하게 저술한다는 것은 본인의 능력의 한계를 벗어난 불가능한 일임을 인정한다. 사실 나는 이 작업을 시도한 최초의 사람으로서, 아무런 흔적도 없고 앞서간 사람들의 발자취조차 없는 길을 혼자 더듬으며 걸어가는 것이므로 자칫하면 제멋대로 될 가능성이 있다는 것을 솔직히 인정한다.
>
> 카이사레아의 에우세비우스, 《교회사 Historia ecclesiastica》, 1,1.

문헌을 통한 과거의 발자취

과거의 다양한 발자취

역사의 발자취를 통해서 우리는 과거의 역사를 생생하게 되살려 낼 수 있다. 예를 들어, 그리스도교 역사의 경우에는 건축물과 세례대, 성당과 예술 작품들, 동상과 프레스코 벽화들이 교회의 역사를 증언해 주는 자료가 된다. 이런 것들을 되살려 내는 것은 고고학적 발굴 작업에 해당한다. 과거의 건축물들이 여전히 전례典禮에 널리 사용되고 있다. 문화재 보존 당국은 이런 건축물을 보수·복원하여 그 가치를 더욱 드높여 준다.

비록 고고학과 예술이 아주 중요하다 할지라도, 역사가에게는 기록으로 남아 있는 원전原典, 즉 문헌이 가장 중요한 사료가 될 것이다. 바로 그런 까닭에, 이 책의 내용은 거의 절반가량이 과거의 문헌 자료들로 이루어져 있다. 왜냐하면 과거 문헌들은 그 문헌을 기록한 저자가 그 사건에 대해 이야기한 것으로, 그 내용이 그 사건 자체가 말해 주는 이야기만큼이나 중요한 위치를 차지하기 때문이다. 그러나 분명한 사실은 많은 문헌들 중에서 취사선택을 할 수밖에 없다는 것이다. 그것은 이 책의 제한된 지면 사정 때문이기도 하겠지만, 어떤 사건에 대해 알려 주는 모든 문헌을 다 싣는다는 것은 애당초 불가능한 일이기 때문이다. 따라서 이 책에서는 단지 기본적으로 읽어야 할 역사적인 문헌만을 골라 독자들에게 소개할 것이다.

문헌을 읽고 연구하는 방법

주고받은 편지 한 통과 비문碑文 하나가 텍스트의 전부일 수도 있다. 어떤 사건을 이해하는 데 있어서 그것만으로 충분할 수도 있다. 그러나 대부분의 경우, 독자에게 제시된 문헌은 상당히 긴 분량의 저서에서 극히 일부분을 인용한 발췌문인 경우가 많다. 그 인용문이 긴 분량의 저서에 담긴 모든 내용을 다 반영하는 것은 결코 아니다. 따라서 참고 문헌에 제시된 책을 전부 읽어 보거나 적어도 그 내용이 수록된 책의 앞이나 뒤에 나오는 내용만이라도 검토해 보는 것이 큰 도움이 된다. 이런 식으로라도 좀 더 자세하게 읽어 보는 것은 바람직한 일이다.

이 책을 처음 읽을 때, 이 책에 나오는 모든 단어를 이해하고 또 이 책에 언급된 인물과 장소를 알아보려고 노력하는 것이 중요하다. 만일 이 책에서 설명한 내용이 불충분하다고 생각되면, 특별한 사전이나 지도地圖를 통해서 필요한 부분을 보충해야 할 것이다.

이 책의 내용은 거의 대부분이 고대 언어(그리스어, 히브리어 등)이나 여러 외국어로 쓰인 원문을 우리말로 옮긴 것이다. 우리에게는 다양한 성경 번역본들이 있는데, 번역본들을 비교해 보면 번역자마다 서로 약간씩 다르게 번역했다는 사실을 알 수 있다. 또한 성경에 차용되어 쓰인 단어들이 교회의 역사가 진행되어 오는 과정에서 본래의 뜻과는 다르게 의미가 변화되기도 했다. 예를 들어, 신약 성경에 나오는 에피스코포스ἐπίσκοπος와 프레스뷔테로스πρεσβύτερος가 처음에는 '감독監督'과 '장로長老'로 번역되었다. 이 단어들이 특별한 의미를 지니고 있기 때문이다. 그러나 3세기에 접어들면서 이 단어들의 의미가 변하여, 오늘날 우리가 이해하는 의미에 해당하는 '주교'나 '사제'로 번역되었다.

어떤 문헌이 전해 주는 정보를 파악하기 위해서는 그 문헌이 어떤 문학적 양식樣式을 띠고 있는지 자세하게 살펴보는 것이 중요하다. 경찰 보고서는 강론과 다르고, 사적으로 주고받은 편지는 법조문과 다르기 때문이다.

하나의 문헌은 그 문헌의 저자가 전하고자 하는 정보뿐만 아니라 간접적인 다른 정보도 전해 준다.[30] 때로는 간접적인 정보가 훨씬 더 중요하고 확실한 정보가 될 수 있다. 구체적인 예를 하나만 들어 보자. 비티니아Bithynia[2]의 총독이었던 소小플리니우스Plinius가 트라야누스Traianus 황제에게 보낸 편지를 읽어 보면, 총독의 관심사가 온통 법과 질서를 유지하고 황제가 써 놓은 좋은 책들을 온전하게 지켜 내는 것이었다는 사실을 알 수 있다. 하지만 이 편지를 통해 얻을 수 있는 부수적인 정보, 즉 소아시아 북쪽에 있었던 그리스도교 공동체에 대한 내용이 훨씬 더 중요하고 오래된 정보인 것이다.

역사의 진실성에 대한 질문

어떤 종류의 문헌을 접하든 간에, 다음과 같은 질문들을 스스로 해야 한다. '저자가 진실을 말하고 있는가?', '혹시 저자가 잘못한 것은 아닌가?', '저자가 우리를 속이고 있는가?' 그러나 분명한 사실은 이런 질문들에 대해 대부분 '예' 또는 '아니오'라고 단도직입

---

2 비티니아는 지금의 터키의 한 지방.

적으로 대답할 수 없다. 왜냐하면 이런 질문에 답하기 위해서는 고려해야 할 것이 많기 때문이다. 우리는 역사가들을 통해서 과거의 사건에 대한 정보를 얻는다. 문제는 역사가들이 그 사건을 직접 목격하고 나서 그 사건에 대해 전달하는 것은 아니라는 점이다. 지금은 사라져 버린 원전들을 역사가들은 어떻게 이용하는가? 박해자들은 그리스도인들의 명예를 훼손시키기 위해 그런 자료를 주로 사용했다. 그리스도인들은 박해자들에 대항하여 자신들을 방어하기 위해서 그리스도교 공동체를 목가적인 모습으로 그리곤 했다. 그런가 하면 회고록의 저자는 자기 자신을 합리화하기 위해서 흔히 자신의 삶을 취사선택해서 기록했다. 따라서 역사가들은 어떤 증거가 가장 신뢰할 수 있는 증거인지를 가려내기 위해, 최선을 다해야 한다.

시사적時事的으로 중요한 사건에 대해 균형 잡히고 합리적인 사고를 갖기 위해서는, 서로 다른 정치적 성향의 신문들을 읽고 우리 자신의 고유한 견해를 갖추려고 노력해야 한다. 이런 과정을 거치면서 우리는 자신의 견해를 만들어 간다. 역사의 관점에서 보면, 우리도 서로 다른 자료들을 앞에 놓고서 역사가들이 했던 것과 같은 똑같은 작업을 해야 한다. 이런 작업은 특히 초세기의 역사를 연구할 때 자주 있는 일이다. 왜냐하면 특정한 사건의 경우, 남아 있는 자료나 정보가 단지 하나밖에 없을 때가 많기 때문이다. 어떤 자료를 신뢰하느냐 신뢰하지 않느냐 하는 것은 오로지 역사가가 선택해야 할 몫이다. 만일 초세기의 역사를 연구한다면 이런 선택의 기회가 많을 수밖에 없다. 왜냐하면 초세기 역사에 대해 모르는 것이 너무 많기 때문이다. 각 자료들 사이에는 엄청난 차이가 있으므로 역사가들은 여러 가설을 제기하고 그 가설들을 조화시키고 일치시켜서 연역적으로 결론을 도출해 나간다. 이 과정에서 역사가들은 때로는 상상력을 최대한 발휘해야 한다. 그러나 가끔 그들이 자신의 무지를 인정해야만 하는 경우가 있다. 이런 모든 점을 고려해 볼 때, 똑같은 자료를 가지고 서로 다른 결론을 도출해 내는 것에 대해 크게 놀랄 필요가 없을 것이다. 그렇다고 이 책에 실린 문헌들을 읽어 내려가면서 독자들이 일일이 비판적인 작업을 할 필요는 없다. 왜냐하면 우리가 독자들을 위해서 이미 그런 작업을 해 놓았기 때문이다. 그러나 역사가가 수행하는 작업의 배경이 무엇인지, 역사가가 지닌 약점이 무엇인지에 대해 아는 것은 중요하다. 그리고 역사가가 내린 결론에 대해 항변의 여지가 없다는 식의 확언確言은 버려야 한다.

역사를 공부하는 훌륭한 자세는 과거의 증언에 대해 감탄하고 경이로운 느낌을 갖는 것이다. 과거의 증언에 대해 우리 자신의 기준으로 판단하거나 해석해서는 안 된다. 역사를 통해 배운 것을 즉시 어딘가에 활용하겠다는 생각은 버려라. 시간이 지나다 보면 언젠가는 '과거의 사건들이 오늘날 우리와 어떤 관련이 있는가?'라는 질문을 스스로 하게 될 것이다.

이 책의 올바른 활용법

이 책은 1권 10장, 2권 10장으로 되어 있는데, 각 장마다 분량이 거의 비슷하다. 각 장의 절반은 사건과 제도를 소개하는 전개 과정으로 이루어져 있고, 나머지 절반에는 사건과 제도와 관련된 역사적인 원전에 해당하는 문헌들과 자료들이 실려 있다. 원전들은 상자 안에 들어 있고, 일련번호 순으로 매겨져 있다. 내용의 전개 과정에서 문장과 문장 사이에 표시된 숫자들은 바로 그 숫자에 해당하는 번호의 원전(문헌과 자료)을 참조하라는 뜻이다. 이 책의 설명 부분을 먼저 읽고 나서 그 내용에 해당되는 원전의 번호를 찾아 상자의 글을 읽은 다음에 설명 부분과 자료를 다시 한 번 더 읽는다면 많은 도움이 될 것이다. 왜냐하면 그 내용들이 서로 연결되어 있어 더 잘 이해할 수 있도록 도와주기 때문이다. 지도와 연대표, 그리고 책 뒷장에 실린 색인표 등을 참조하면 큰 도움이 될 것이다.

집필에 참고한 자료

1권과 2권 뒷부분에 적어 놓은 참고 문헌은 이 책의 내용을 알 수 있도록 도와주는 책들이다. 물론 이 책에 실린 참고 문헌들이 완벽한 것은 아니다. 여기에서 언급한 책들은 규모가 작은 도서관이나 서점에서 찾아볼 수 있는 책들과 최근에 발간된 신간들로써, 아주 실용적이고 독자들로부터 널리 사랑받는 책들이다.

제1장
교회의 탄생

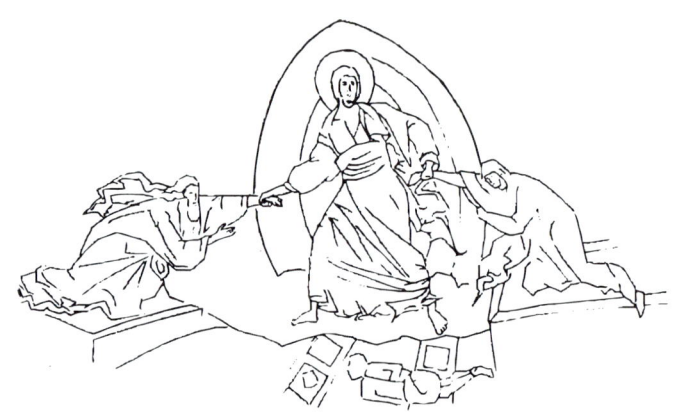

▲ 아나스타시스(부활), 코라 구세주 성당, 이스탄불.

I. 1세기

1. 그리스도에 관한 종교, 그리스도교

그리스도교는 예수의 제자들이 믿은 종교다. 예수는 팔레스티나에서 복음을 선포하다가 로마 제국의 황제 티베리우스Tiberius 치세인 30년경에 붙잡혀 십자가형으로 죽음을 당했다. 예수의 제자들은 예수를 그리스도라고 믿었다. 그리스도('기름 부음을 받은 사람'이란 뜻의 그리스어, 히브리어로는 '메시아')는 성경의 백성인 이스라엘 사람들이 기다려 온 구세주다. 예수의 죽음과 부활 뒤 얼마 안 되어 제자들은 '그리스도인'이라고 불리기 시작했다(사도 11,26 참조). 그리고 2세기에 안티오키아의 이냐티우스Ignatius(이냐시오) 주교가 처음으로 '그리스도교'라는 용어를 사용했다.

그리스도교는 예수 그리스도의 인격에 깊이 뿌리를 내리고 있다. 예수는 부처, 마호메트, 그 밖의 다른 종교 창시자들과는 분명 다르다. 그것은 바로 예수가 종교 창시자가 아니라는 점이다. 이들 종교 창시자들은 수년간 자신들의 메시지를 선포하고 성문화했다. 그러나 예수는 단지 2~3년 동안 기쁜 소식, 즉 복음을 선포했다. 2~3년은 실로 아주 짧은 기간이다. 예수는 글을 전혀 쓰지 않았고 자신의 가르침을 성문화한 적도 없고, 지상에 그 어떤 조직도 만들지 않았고, 자신의 작은 나라를 떠나 본 적도 결코 없다. 예수는 단지 자신이 성경의 종교를 물려받은 상속자이며, 이 종교를 정화하고 완성해야 한다고 느꼈다.

이스라엘의 옛 예언자들과 마지막 예언자인 세례자 요한처럼, 예수는 회개, 구원 등 자신의 아버지인 하느님의 계시를 듣고자 하는 사람들에게 복음을 선포했다. 그 결과 사람들의 인간관계가 변화되었다. 예수가 평판이 좋지 않은 사람들을 자주 만날 뿐만 아니라, 종교 지도자들의 형식적이고 위선적인 종교 태도를 비판하자 많은 사람들이 당혹스러워했다. 종교 지도자들에게 예수의 행동은 분명 하나의 스캔들이었다. 반역자, 공공질서의 파괴자로 낙인

찍힌 예수는 십자가형으로 죽임을 당했으나 사흘 만에 부활하여 절망하고 실의에 빠진 제자들에게 나타났다.

이 책은 예수의 역사를 직접 다루지는 않지만, 지난 10년간 새롭게 발견된 수많은 연구 결과를 받아들일 뿐만 아니라, 독자들이 어디에서나 쉽게 찾아볼 수 있는 책들을 인용한다. 그러나 2000년의 역사를 지닌 그리스도교를 이해하기 위해서는, 역사적인 전망을 유지한 채 예수 부활이라는 중심 테마를 결코 놓치지 말아야 한다. 역사가 마르셀 시몬은 그의 저서 《초대 그리스도인들, 나는 무엇을 이해하는가?》(No. 551, 39~40쪽)에서 이렇게 말한다. "역사가에게는 '예수의 부활은 사실이다.'라고 말할 권한도 없고 '예수의 부활은 사실이 아니다.'라고 말할 권한도 없다. …… 역사가가 할 수 있는 일이란 분명 어떤 사건이 발생했다는 사실을, 그 사건이 없었다면 그리스도교의 발전은 불가능했을 것이라는 사실을 증언하고 확증하는 것이다. …… 중요한 것은 예수의 제자들의 신앙이다. 그런데 그들의 신앙은 부활 신앙이다."

예수가 짧은 기간 동안 복음을 선포하고 공생활을 했지만, 예수의 제자들은 스승이었던 예수님이 부활하셨다는 믿음으로 인해 완전히 변화되었다. 부활 신앙에서 역동적인 힘을 받은 제자들은 부활의 메시지를 전하는 데 자신들의 여생을 다 바쳤다. 그리고 이같은 증언은 세대와 세대로 이어지면서 오늘날까지 전해져 왔다.

2. 새로운 공동체의 탄생: 그리스도교

《초대 그리스도교의 역사》(다니엘 마르괴라, Daniel Marguerat)가 담겨 있는 사도행전은 예수의 제자들로 구성된 새로운 공동체의 탄생에 대해 설명한다. 그 공동체는 바로 초대받은 이들로 이루어진 교회다. 여기에 대해서는 잠시 후에 살펴보겠다. 그것은 신학적인 역사이며, 두 번째 세대의 그리스도인들이 체험한 사건을 다시 읽는 것이다. 그 내용은 마치 신문 보도를 보는 것과 비슷하다. 기원후 30년경, 예수의 부활 후 50일째 되던 날인 오순절에 예수의 열두 제자들은 성령의 신비를 받아 용감무쌍하게 변화되었다. 그리하여 베드로 사도가 새로운 메시지의 핵심을 다음과 같이 선포했다.

"나자렛 사람 예수님은 하느님께서 여러 기적과 이적과 표징으로 여러분에게 확인해 주신 분이십니다. 그분을, 여러분은 무법자들의 손을 빌려 십자가에 못 박아 죽였습니다. 그러나 하느님께서는 그분을 죽음의 고통에서 풀어 다시 살리셨습니다. 우리는 모두 그 증인입니다. 그분께서는 약속된 성령을 아버지에게서 받으신 다음, 여러분이 지금 보고 듣는 것처럼 그 성령을 부어 주셨습니다. 하느님께서는 예수님을 주님과 메시아(그리스도)로 삼으셨습니다(사도 2,22-36 참조)."

'주님'은 유다인들이 전통적으로 하느님을 지칭할 때에만 사용한 존칭이었고 '그리스도(메시아)'는 성경의 백성(이스라엘 백성)이 기다려 온 구세주에게만 붙인 존칭이었다.

"사람들은 이 말을 듣고 마음이 꿰찔리듯 아파하며 베드로와 다른 사도들에게, '형제 여러분, 우리는 어떻게 해야 합니까?'하고 물었다. 베드로가 그들에게 말했다. '회개하십시오. 그리고 저마다 예수 그리스도의 이름으로 세례를 받아 여러분의 죄를 용서받으십시오. 그러면 성령을 선물로 받을 것입니다.' 그날에 신자가 삼천 명 가량 늘었다(사도 2,37-41 참조)."

그리하여 교회가 탄생했다. 사도행전(2장, 4장 참조)은 우리에게 새롭게 형성된 신앙 공동체의 놀라운 모습을 보여 준다. 예수와 마찬가지로 이 첫 번째 그리스도인들도 유다인들로, 그들은 근동 지방에 널리 퍼져 있던 셈족 언어인 아람어를 사용했다. 그들은 세례를 받고 그리스도인이 되었지만, 신앙생활은 신심 깊은 유다인들의 신앙생활과 똑같았다. 즉, 이들은 여느 유다인들처럼 성전에 가서 기도를 하고, 먹어서는 안 되는 음식에 대한 규정을 지켰으며, 할례도 받았다. 따라서 이들은 유다교 안에 있던 다른 분파들(바리사이파, 사두가이파, 열혈당원, 에세네파)처럼 새로운 분파로 간주되었다. 사람들은 이들을 '나자렛파'라고 불렀다.

이들은 예수의 이름으로 세례를 받고, 예수의 말씀과 삶을 잘 알고 있는 사도들의 가르침을 열심히 믿고 따르며, 빵을 나누고(성찬례=감사례), 친교 안에서 가진 모든 것을 함께 나누며 형제적인 공동체를 이루었다. 그리하여 성체성사(은총을 주심에 감사하며 기뻐하는 행위)라고 불리는 특별한 종교적인 행위가 시작되었다. 바오로 사도는 예수가 제자들과 함께 행한 최후 만찬에 대해 자세하게 설명한다(1코린 11,23-26 참조). 이것은 예수 그리스도의 삶과 죽음과 부활을 기념하는 것이다. 그리스도는 어떤 면에서는 계시지만 또 어떤 면에서는 안 계신다. 그래서 제자들은 그분의 재림을 기다린다.

3. 사도행전과 바오로 서간: 유다교 분파에서 보편적인 종교로

우리는 신약 성경을 통해서, 특히 바오로 서간들과 사도행전을 통해서 1세기 그리스도교에 대한 정보를 얻을 수 있다. 그리스어로 쓰인 이 작품들은 그리스도교가 예루살렘에서 로마까지, 그리고 아마도 스페인까지 지형학적·문화적으로 널리 전파되어 나갔다는 사실을 분명하게 증언한다. 그것은 특별한 종교 단체가 일구어 낸 신학적인 역사다. 다른 종교와 마찬가지로, 그리스도교도 하겠다고 약속하고서 지키지 못한 것들이 많다. 비록 그렇다고 할지라도 오늘날까지 이어져 온 그리스도교의 발전 과정이라는 측면에서 볼 때, 초세기의 그리스도교는 아주 다양한 차원을 지니고 있었다는 점을 반드시 기억해야 한다. 이런 사실들이 최근 많은 연구를 통해서 밝혀지고 있다. 신약 성경의 텍스트를 주의 깊게 읽거나 '외경Apocrypha'[3]이라고 이름 붙여진 다양한 작품들을 읽는다면, 그같은 사실을 깨닫게 될 것이다. 외경을 무조건 신비스럽고 믿을 수 없는 것이라고 단정해서는 안 된다.

복음의 메시지가 예루살렘 밖으로 퍼져 나가다

얼마 지나지 않아서, 예수의 제자들로 이루어진 공동체 안에서는 셈족 문화(히브리 문화)의 배경을 지닌 히브리계 유다인들과 그리스 문화의 배경을 지닌 그리스계 유다인들이 함께 모여 신앙생활을 했다. 그러자 서로 다른 문화적인 배경을 가진 두 집단 사이에서 갈등이 생겨났다. 그리하여 히브리계 공동체를 돌보도록 열두 사도들이 선택된 것처럼, 그리스계 공동체를 돌보도록 일곱 명의 봉사자가 뽑혀 임명되었다(사도 6,1-6 참조). 그리스도교 공동체는 날로 성장하여 팔레스티나 지역을 넘어서 디아스포라 지역에 사는

---

[3] 외경은 성경으로 인정받지 못한 작품들이다. 어원학적으로 볼 때, '외경Apocrypha'이라는 단어는 신비스러운 책이라는 의미를 가진다. 그 의미에는 '감춰져 있다'라는 뜻이 담겨 있다. 그러나 궁극적으로 외경은 교회로부터 공인받지 못한 텍스트라는 뜻이다. 외경 작품은 성경에 나오지 않는 내용, 예를 들어, 예수의 가족 관계와 어린 시절에 관한 내용, 사도행전에 언급되지 않은 사도들의 생애에 관한 내용 등에 대한 호기심을 충족시키기 위해 만들어졌다. 외경 작품들 가운데는 역사적인 진리를 담고 있는 것들도 있다. 우리는 외경 작품들을 통해서 이 작품들이 만들어진 시기에 존재하던 그리스도교 공동체의 모습과 종교적인 심성에 대해 많은 것을 알 수 있다. 외경 작품들은 그리스도교의 신심과 예배, 예술과 민간전승에 실로 엄청난 영향을 미쳤고, 소설이나 문학의 풍부한 원천이 되었다.

유다인들에게까지 전파되었다.

새롭게 선출된 일곱 명의 봉사자들 중에서 책임자였던 스테파누스Stephanus(스테파노)는 예루살렘의 유다인들을 비난하면서 예루살렘 성전과 성전 예배를 단죄했다. 왜냐하면 예수는 눈에 보이는 성전 건물에만 의지하지 말고 영적으로 참되게 예배하라고 했고, 또한 예수는 예루살렘의 유다인들의 배척을 받아 십자가상의 죽음을 당했기 때문이다. 한편, 스테파누스는 이방인이 아닌 유다인에게만 복음을 전파했다. 갑작스럽게 보편적인 종교를 제안한 것은 아니지만, 적어도 그는 유다교 공동체에게는 새로운 방향을 제시했다. 스테파누스가 생각하기에, 복음은 유다교의 정화된 모습이었던 것이다. 스테파누스는 결국 자신의 가르침 때문에 신성 모독자라는 죄명으로 돌에 맞아 순교했고, 예수를 따르다가 죽음을 당한 첫 번째 순교자가 되었다(사도 7,54-60 참조).

박해받던 그리스도인들은 박해를 피해 예루살렘에서 사마리아로, 지중해 연안으로, 그리고 안티오키아로 퍼져 나갔다(사도 8장, 11장 참조). 그들은 이들 지역에 살던 유다인들에게 복음을 전파했다. 한편, 사울(바오로)은 예수의 제자들을 잔혹하게 탄압하던 박해자로, 그는 스테파누스가 돌에 맞아 죽은 현장에 있었다(사도 7,58; 8,1 참조). 그러나 다마스쿠스로 가다가 예수에게 사로잡힌 그는 완전히 회심하여 열렬한 복음 선포자가 되었다(사도 9,1-19 참조).

예수의 제자가 되기 위해서 반드시 유다인일 필요는 없다

베드로는 자신이 본 환시를 통해서 복음이 모든 사람을 위한 것이라는 사실을 이해했다. 그는 로마의 백인대장 코르넬리우스 위로 성령이 내려오는 것을 보았다. 코르넬리우스는 유다인이 아니었다. 베드로는 코르넬리우스를 따뜻하게 맞아들여 세례를 베풀고 교회 안으로 받아들였다(사도 10장, 11장 참조). 그리고 베드로는 그리스도교 공동체의 일원이 되기 위해서 반드시 유다인일 필요는 없다는 원칙에 동의했다. 한편, 안티오키아에는 그리스말을 하는 많은 유다인들이 피난 와서 살고 있었다. 안티오키아 사람들은 그리스도의 제자들을 가리켜서 최초로 '그리스도인'이라고 불렀다(사도 11,26 참조). 그리하여 이때부터 그리스도인이라는 말은 그들을 다른 공동체의 구성원들과 구별해 주는 명칭이 되었고, 안티오키아는 로마 제국에 복음을 전파하는 복음 선포의 전초 기지가 되었다.

바오로 사도는 1차 전도 여행을 떠날 때(사도 13장, 14장 참조) 바르나바와 동행했다. 바오로는 먼저 안티오키아의 회당에 있는 유다인들에게 복음을 전하고, 그 다음에 이방인들에게 복음을 전했다. 그는 이방인들에게 유다교의 관습을 강요하지 않았지만, 예루살렘 공동체는 새로운 개종자들에게 할례를 강요했다. 안티오키아에는 두 개의 그리스도교 공동체(유다계 그리스도교 공동체와 이방계 그리스도교 공동체)가 있었는데, 유다계 그리스도교 공동체는 유다교의 율법을 지켰지만, 이방계 그리스도교 공동체는 율법을 지키지 않았다. 결국 서로 다른 문화를 가진 두 공동체는 음식 문제로 난관에 봉착했다. 왜냐하면 유다인의 음식 규정에 따르면 돼지고기, 피 흘린 고기, 제사용 음식 등을 먹어서는 안 되었기 때문이다.

그렇다면 보통 식사의 끝 무렵에 거행하던 성찬례를 그들은 과연 함께 거행했을까? 베드로는 이 점에 대해 분명하게 언급하지 않았다. 그러나 원칙적인 면에서 볼 때, 베드로는 교회에 들어오고자 하는 이방인들에게 율법을 강요하지 않았다. 하지만 자신의 이 같은 처신에 대해 예루살렘의 신자들이 어떻게 생각할지 두려워했던 베드로는 더 이상 이방계 그리스도인들과 함께 식사를 하지 않았다(갈라 2,12 참조).

이 같은 긴장과 갈등은 예루살렘 사도 회의를 통해서 해결되었다. 사도행전의 저자는 이 논쟁의 과정과 결말에 대해 간략하게 언급한다(사도 15,1-31 참조). 예루살렘 사도 회의는 두 파로 갈라져 있었다. 한쪽은 예루살렘 공동체의 수장인 야고보였고, 다른 한쪽은 바오로와 바르나바였는데 그들은 전도 여행을 마치고 예루살렘에 와 있었다. 베드로는 이들의 중간에 서서 중개 역할을 했다. 결국 예루살렘 사도 회의는 바오로의 견해를 받아들여, 유다교의 율법을 이방계 그리스도인들에게 더 이상 강요해서는 안 된다는 결정을 내렸다. 하지만 야고보도 자신의 뜻을 어느 정도 이방계 그리스도인들에게 관철시켰다. 즉, 이방계 그리스도인들과 유다계 그리스도인들이 함께 있을 때에는 이방계 그리스도인들이 피 묻은 음식을 먹어서는 안 된다는 내용이었다.

예루살렘 사도 회의를 통해서 이제 그리스도교 신앙은 유다교에 얽매이지 않게 되었다. 따라서 이제 누구나 자신의 고유한 문화를 송두리째 저버리지 않고서도 자유롭게 복음을 받아들일 수 있게 되었다. 그리하여 그리스도교는 보편적인 교회가 되었다. 하지만 바오로파와 야고보파가 교회 안에 계속 존속했다는 점은 분명한 사실이다. 주도권 다툼이 늘 있었던 것이다. 그러나 바오로는 최선을 다해서 교회의 일치를 위해 노력했고, 경제적인 어려움에 처한 예루살렘 교회를 돕기 위해서 로마 제국 전역에서 모금 운동도 전개했다(1코린 16,1-3; 갈라 2,10 참조).

교회가 바오로와 함께 확장되다

소아시아를 횡단하는 2차 전도 여행 중에, 바오로는 트로아스에서 환시를 보았다. 마케도니아 사람이 바오로에게 간절하게 호소하는 환시였다. "마케도니아로 건너와 저희를 도와주십시오."(사도 16,9) 이 환시는 복음 전파에 하나의 중요한 전환점을 이루는 돌파구였다. 복음이 서방 그리스와 라틴 지역으로 전파되어 나감으로써 결국 교회가 확장되는 결과를 가져온 것이다. 필리피와 테살로니카와 코린토 지방에 그리스도교 공동체가 생겨났다. 한편, 바오로는 당시 문화의 중심지였던 아테네로 가서 복음을 전파했다. 아테네 시민들에게 좀 더 쉽고 친근하게 복음을 전달하기 위해서, 바오로는 그리스 철학에서 복음과 유사한 점을 찾아내려고 했다. 심지어 바오로는 아테네 사람들이 잘 알던 아테네 시인들까지 인용했다. 하지만 모든 것이 허사였다. 아테네 시민들은 "그 점에 관해서는 다음에 다시 듣겠소(사도 17,16-33 참조)." 하고 말했다. 바오로는 코린토에서도 복음을 전파했는데, 아테네에서와는 달리 이곳에서는 시민들의 호감을 사려고 애쓰지 않고, 아주 단순하게 '예수 그리스도, 곧 십자가에 못 박히신 분'이라는 복음을 선포했다(1코린 2,2 참조).

3차 전도 여행 중에 바오로는 아시아와 유럽에 있는 공동체를 다시 방문했다. 3차 전도 여행 때에도 어려움은 끊임없이 계속되었다. 바오로가 쓴 편지들에는 당시의 어려움이 자세하게 묘사되어 있다. 적대적인 유다인들과 이방인들에 맞서 싸우면서 바오로는 끝까지 전도 여행을 했다. 유다인들은 예수에 관한 복음의 메시지를 전혀 들으려고 하지 않으면서 바오로에게 강한 적개심을 보였다. 이방인들은, 순례객들과 성전에 빌붙어서 장사를 하고 있었기 때문에, 바오로의 행동을 못마땅하게 생각했다(사도 19,21-40 참조). 하지만 코린토 교회에는 종교적인 열정과 카리스마가 넘쳐나고 있었다. 바오로는 때때로 코린토 교회의 지나친 열정에 대해 자중하도록 충고했다. 코린토 교회가 가진 가장 특별한 은사는 이해할 수 없는 '이상한 언어'로 말하는 카리스마였다(1코린 13장, 14장 참조). 그러나 코린토 교회 역시 여러 분파로 갈라져서 논쟁을 벌였다(1코린 3,3-9 참조). 그 외에도 주님의 만찬 때에 가지고 온 음식을 가난한 이들과 함께 나누지 않고 자기들끼리만 먹는 문제로 다투기도 했고(1코린 11,17-22 참조), 그리스도인으로서의 자유를 남용한 끝에 그리스도인답지 못하게 불미스럽고 부끄러운 행동을 하는 사람들도 있었다(1코린 5,1 참조).

바오로는 죄인의 신분으로 로마로 향하는 4차 전도 여행을 떠났다(사도 21~28장 참조). 바오로는 예루살렘으로 가서 야고보를 만나 자신이 모금한 선교 헌금을 전달했다. 그는 자신이 유다교 전통을 충실히 지켰다는 점을 성전에서 증명해 보이겠다고 약속했다. 그러나 성전에서 바오로가 취한 행동이 유다인들의 심사를 뒤틀리게 했던 것 같다. 그 결과 바오로는 폭동에 가담했다는 죄목으로 체포당해 카이사레아의 감옥에서 2년 동안 지냈다. 로마 시민으로서 자신의 권리를 주장한 바오로는 대리인을 통해 황제에게 제소했고, 죄인의 신분으로 로마로 압송되었다. 이 역사적인 마지막 전도 여행을 통해서 바오로는 마침내 로마 제국의 수도에 도착했다. 비록 죄인의 신분이었지만, 바오로는 2년 동안 공공장소에서 아무런 제지도 받지 않고 하느님 나라와 예수 그리스도에 대한 복음을 전파하도록 허락을 받았다. "그는 아무 방해도 받지 않고 아주 담대히 하느님의 나라를 선포하며 주 예수 그리스도에 관하여 가르쳤다."(사도 28,31) 바로 이 구절이 사도행전의 마지막 구절이다. 바오로의 이후의 행적에 대해서는 알려진 바가 없다. 이때가 약 63년경이었다.

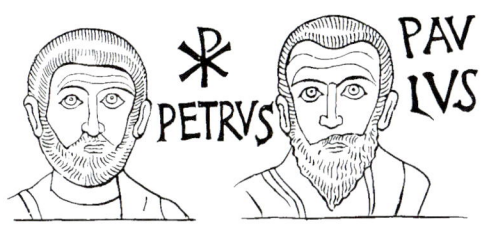

▲ 베드로와 바오로, 안셀루스의 비문.

4. 복음화의 또 다른 영역

이방인의 사도 바오로

초대 교회의 해석학자들과 역사가들은 갈라티아 신자들에게 보낸 바오로의 서간에 나오는 바오로와 예루살렘 교회 사이의 긴장 관계와 관련된 내용에 대해 많은 주석을 달아 놓았다. "우리는 다른 민족들에게 가고 그들(야고보와 베드로와 요한)은 할례받은 이들에게 가기로 했습니다."(갈라 2,9) 이 구절을 전통적으로 읽거나 피상적으로 읽는다면, 바오로는 이방인들에게 복음을 전한 사도이고, 다른 사도들은 단지 유다인들에게만 복음을 전한 사도라고 결론을 내릴 수 있다. 즉 바오로는 복음화의 위대한 영웅인데 반해, 다른 사도들은 아주 한정된 지역에서만 복음을 선포한 것처럼 생각할 수 있다. 하지만 루시앙 르그랑Lucien Legrand의 작품을 자세히 읽으면 다른 결론을 내리게 될 것이다. 루시앙의 책에 따르면, '에트네ἔθνη(원형은 에트노스 ἔθνος)'는 '나라들'과 '이방인들'로 번역될 수 있는 모호한 단어다. '나라들'과 '이방인들'은 유다인이 아닌 사람들이다. 따라서 바오로는 유다인이 아닌 사람들이 사는 세계에 복음을 전한 사람으로 분명하게 드러난다. 바오로가 복음을 선포한 지역은, 정확하게 말하자면 로마 제국의 경계인 지중해 서부 지역이다. 그런데 바오로가 직접 쓴 작품들과 그가 쓴 것으로 간주되는 작품들, 그리고 사도행전의 후반부 때문에 복음을 선포한 이들 가운데서 바오로가 유독 더 많이 알려져 있다. 바로 이 같은 사실 때문에, 바오로가 복음을 전한 지중해 서부 지역의 그리스도교가 다른 지역의 그리스도교를 제치고 역사의 무대 전면으로 등장하게 된 것이다.

할례의 세계

'할례의 세계'의 규모에 대한 새로운 인식과 균형 감각이 필요하다. 사실상, 할례의 세계란 유다교로 개종한 이들이 사는 지역과 디아스포라의 유다인 지역을 일컫는 말로, 소아시아와 메소포타미아와 아프리카(특히 알렉산드리아와 이집트)의 많은 지역이 바로 할례의 세계에 속했다. 이 같은 인식을 통해, 우리는 야고보와 베드로와 요한 같은 사도들이 복음을 선포한 지역이 아주 방대했다는 사실을 알 수 있다. 비록 이들 지역이 바오로가 복음을 선포한 지역보다 크지는 않겠지만, 그래도 거의 버금가는 지역이었다고 말할 수 있다. 따라서 우리는 1세기에 이루어진 복음화에 대해 신약 성경과 다른 전통적인 문헌들을 통해서 새로운 관점으로 바라볼 수 있을 것이다.[3] 이들 문헌(외경)은 다소 신빙성이 떨어지고 때로는 전설적인 내용이 들어 있지만, 그래도 어느 정도 근거가 있다.

▲ 초대 교회의 공동체(1세기 문헌에 언급된 주요 그리스도교 공동체).

3) 외경 행전들을 통해서

바오로의 초상화(공인되지 않음)

▲ 바오로, 아미엥스 대성전, 13세기.

리스트라로 향하는 지름길을 걷던 오네시포루스는 티투스(티토)가 설명한 내용을 생각하면서, 지나가는 행인들의 얼굴을 살피면서 계속해서 바오로를 찾았다. 마침내 그는 바오로가 걸어오는 것을 보았다. 바오로는 키가 작았고, 대머리였으며, 밭장다리에 체구가 건장했다. 이목구비가 뚜렷했지만, 약간 매부리코였다. 아주 매력 있게 생긴 바오로의 모습은 때로는 사내대장부처럼 보였고, 때로는 천사의 얼굴처럼 보였다. 바오로는 오네시포루스를 보고 미소를 지었다. 그러자 오네시포루스가 말을 건넸다. "안녕하세요, 하느님의 축복을 받은 종이시여." 그러자 바오로가 말했다. "당신과 당신의 집에 은총이 가득하기를 빕니다."

《바오로 행전Acta Pauli》, 2~4장.
아미오F. Amiot, 《외경 복음Évangelies apocryphes》, 228쪽에서 인용.

신약 성경에 나타난 복음화 지역

오순절에 대한 이야기는, 오순절 축제를 지내기 위해 예루살렘에 모여든 유다인들이 베드로의 설교를 듣고 세례를 받았다고 전한다. 따라서 첫 그리스도교가 멀리 극동 지역까지, 곧 파르티아인들의 지역, 메데스와 엘라미테스, 메소포타미아 지역, 유다, 카파도키아, 폰투스와 아시아, 프리기아와 팜필리아, 이집트, 리비아 키레나이카(동부 리비아), 로마, 크레타 섬, 아라비아 등지까지 전파될 수 있었다. 그런가 하면, 바오로가 소아시아와 그리스와 로마까지 전도 여행을 가서 교회를 설립했다고 증언하는 자료들이 있고, 요한의 영향을 받은 묵시록에는 일곱 교회들에 대한 언급이 있다. 바오로의 로마 신자들에게 보낸 서간에 따르면, 이미 오래전에 로마 제국의 수도에 교회가 존재했다는 사실과 로마 교회가 중요한 위치를 차지하고 있었다는 사실을 알 수 있다. 하지만 바오로가 스페인까지 전도 여행을 갔다는 것은 하나의 추측에 불과하다.

전통적으로, 베드로가 로마에 간 것은 사실이지만 언제 갔는지는 정확히 알 수 없다. 왜냐하면 베드로가 로마에 갔다고 증언하는 문헌들은 고고학적 관점에서 볼 때 주로 후대의 것이기 때문이다.

또 다른 전승들

에우세비우스의 《교회사》를 라틴어로 번역한 루피누스가 전하는 바에 따르면, 에우세비우스는 사도들의 복음 선포 지역이 다음과 같이 엄격하게 구분되어 있었다고 생각했다.[4] 즉 에우세비우스에 따르면, 오늘날의 이란에 해당하는 파르티아와 흑해 북쪽 지역에 해당하는 스키티아 지역에까지 복음이 전해졌다고 한다.

한편, 외경 작품에는 오늘날 우리가 확인하기 힘든 정보들이 들어 있다. 토마스가 저자로 되어 있는 작품들《토마스 복음》과《토마스 행전》은 동방과 인도에까지 그리스도교가 전파되었다는 사실을 담고 있다. 하지만 이들 지역은 당시 파르티아Parthia 제국(페르시아 제국)과 로마 제국이 서로 대치하던 분쟁 지역이었기 때문에, 이들 지역에까지 복음이 전해졌다고 증언하는 자료들을 글자 그대로 받아들이기에는 상당한 무리가 있다.

[4] 세상으로 뻗어 나가는 사도들

최초로 이집트 전도 여행을 떠난 사람은 마르코였다. 그는 자신이 직접 쓴 복음서를 이집트에 전하고, 알렉산드리아에 최초로 교회를 건설했다고 한다.

에우세비우스,《교회사》, 2,16,1.

우리 구세주의 거룩한 사도들과 제자들은 전 세계로 뻗

어 나갔다. 전승에 따르면, 토마스는 파르티아 지역[4]에서, 마태오는 에티오피아에서, 바르톨로메오는 인도의 상부 지역에서, 안드레아는 스키티아Scythia[5] 지역에서 전도했고, 요한은 아시아 지역에 복음을 전파하다가 에페소에서 세상을 떠났다. 베드로는 아마 폰투스Pontus, 갈라티아, 비티니아, 카파도키아, 아시아 등지에 널리 흩어져 살던 유다인들에게 복음을 선포했을 것이다. 그러다가 마지막에는 로마로 가서 십자가에 거꾸로 매달려 순교했다. 베드로는 거꾸로 매달리는 십자가형을 자청했다. 마지막으로 바오로에 대해 언급하지 않을 수 없다. 그는 예루살렘에서 일리리쿰Illyricum에 이르기까지 그리스도의 복음을 전파하다가 마침내 네로Nero 황제의 박해를 받아 로마에서 순교했다. 오리게네스Origenes는 《창세기 주해》 제3권에서 바오로에 대한 내용을 다룬다.

▲ 로마 아피아 가도.

에우세비우스, 《교회사》, 3,1.

---

4 파르티아는 카스피 해 남동쪽에 있었던 나라.
5 스키티아는 카스피 해 북쪽에 있었던 나라.

5. 1세기 말의 결정적인 사건들

네로 황제의 박해

전승에 따르면, 네로 황제의 박해 때(64년) 베드로와 바오로가 순교했다고 한다.[5] 그러나 역사가들은 베드로와 바오로가 순교한 정확한 연도를 제시하기를 망설인다.[6] 베드로는 65년 박해 때 순교했지만, 바오로는 63년에 순교했다는 설도 있고 67년에 순교했다는 설도 있다.[7] 베드로와 바오로의 순교를 통해서 알 수 있는 사실은 당시에 그리스도교와 달리 유다교는 합법적인 종교였다는 것이다.

---

[5] **베드로와 바오로의 로마 체류**

전승에 따르면, 베드로와 바오로에 의해서 로마 교회가 시작되었다고 한다. 베드로와 바오로는 로마 교회의 기둥이자 창설자다. 로마는 베드로와 바오로가 순교한 도시이고 그들의 무덤이 있는 곳이라고 전해진다. 그러나 역사 비평가들은, 베드로와 바오로가 로마에서 순교했다는 사실을 증언하는 자료들이 대개 2세기 후반에 저술된 것이므로,

베드로와 바오로의 죽음에 대한 심도 깊은 연구와 조사가 필요하다고 주장한다.

로마의 주교는 베드로의 후계자이기 때문에 보편 교회 안에서 교황으로서 수위권을 갖는다고 말한다. 그러나 종교 개혁 시대의 종교 개혁가들은 성경 어디에도 베드로가 로마에 갔다는 말은 없다고 지적했다. 우리는 후대에 저술된 외경 작품들을 통해서 베드로가 로마에서 십자가형으로 순교했다고 알고 있다. 오늘날 역사가들도 여러 정황으로 볼 때 베드로가 로마에 체류했고 로마에서 순교했다는 사실은 역사적으로 믿을 만하고 합리적인 근거가 있다고 주장한다. 즉, 신약 성경의 내용과 최초의 그리스도교 작품인 로마의 클레멘스의 편지와 전례서들의 내용, 고고학적 발굴 결과 등을 자세하게 검토해 볼 때 베드로가 로마에서 순교했다는 사실은 믿을 수 있다. 그러나 베드로 대성전[6] 지하에서 발견된 기념비와 에우세비우스가 말한 가이우스의 기념비의 관련성 문제는 논란이 되고 있다.

사도행전은 바오로가 로마에 갔다고 분명하게 말한다(사

---

[6] 주교좌성당Cathedral과 대성전Basilica의 차이는 다음과 같다. 주교좌主敎座성당은 교구장 주교가 상주하는 성당이고, 대성전은 교황으로부터 특전을 부여받은 성당으로, 역사·예술·신앙 면에서 중요성을 인정받은 성당이다. 예를 들어, 4대 대성전으로 라테란 대성전, 성 베드로 대성전, 성 바오로 대성전, 성모 마리아 대성전이 있다. 그 외에도 예루살렘의 성 십자가 대성전, 카타콤바의 성 세바스티아노 대성전, 트란스테의 성모 마리아 대성전, 열두 사도 대성전, 베드로의 쇠사슬 대성전, 천사들의 성모 마리아 대성전 등이 있다. 따라서 주교좌성당을 흔히 대성당이라고 부르는데 이는 옳지 않다.

도 28,16-31 참조). 그러나 우리는 바오로의 마지막 생애와 그가 언제 어떻게 순교했는지에 대해 정확하게 알지 못한다. 바오로는 로마에서 몇 년을 지낸 뒤 스페인에 가고 싶어 했다(로마 15,24-28 참조). 바오로가 스페인에 가고 싶어 했다는 사실 때문에, 우리는 바오로가 63년에 석방되어 스페인에 갔다가 또다시 소아시아로 갔고, 그곳에서 다시 그리스로 갔다고 그동안 추측해 왔다. 티모테오와 티토에게 보낸 서간들이 이와 같은 추측을 더욱 뒷받침해 준다. 성경은 바오로가 감옥에 갇혔다고 증언한다. 바오로는 67년에 사형을 선고받고 순교했다고 전해진다. 그러나 다른 역사가들은 사도행전의 끝 부분에 바오로의 죽음에 대한 언급이 없다는 점을 들어, 바오로가 63년에 순교했을 것이라고 주장한다. 한편, 바오로가 스페인까지 여행했을 것이라는 추측은 로마의 클레멘스가 보낸 편지에서도 나타난다. 그 편지에는 바오로가 서쪽 끝까지 갔었다고 언급되어 있다.

   바오로에 대한 최초의 증언은 2세기 말에 테르툴리아누스Tertullianus가 저술한 작품에 나온다. 이 작품에서 그는 바오로가 로마에 있었다고 말한다. 한편, 외벽이 없는 '바오로 대성전'의 지하 발굴 작업 중에, 가이우스가 말한 '오스티아 가도' 도로변에 있던 기념비로 추정되는 것이 발견되었다.

6) 로마의 클레멘스 주교가 전하는 베드로와 바오로의 죽음

로마 교회가 코린토 교회에 보낸 이 편지는 신약 성경 이후에 쓰인 최초의 그리스도교 문헌일 것이다. 전통적으로 이 편지는 로마 교회의 클레멘스Clemens 주교가 썼다고 믿어 왔다(95년경). 몇몇 사람들이 코린토 교회의 장로들을 해임하자, 코린토 교회 공동체가 갈등과 불화에 휩싸였다. 클레멘스는 중재를 통해 코린토 교회에 평화를 되찾아 주고자 했다. 코린토 교회가 분열한 것은 질투심 때문인데, 바로 그 질투심 때문에 베드로와 바오로도 죽임을 당했다고 클레멘스는 말한다. 여기서 클레멘스의 말이 정확히 무슨 뜻인지 분명하지 않지만, 적어도 베드로와 바오로의 죽음을 언급하는 최초의 증거 자료다.

이제 오래된 예들은 그만 다루고, 우리와 가장 가깝게 살았던 투사들에게 다가가서 우리 시대의 고귀한 실례들을 살펴봅시다. 시기와 질투 때문에 가장 위대하고 가장 의로운 기둥들[7]이 박해를 당하고 싸우다가 죽기까지 했습니다. 훌륭한 사도들을 예로 들어 봅시다.

베드로는 부당한 질투 때문에 한두 번이 아니라 무수히 많은 고통을 당했고, 자신의 증거(순교)를 통해 영광의 자리

---
7 교회의 기둥들을 의미한다(갈라 2,9 참조).

에 올랐습니다.

질투와 불화를 통해서 바오로는 인내의 상급을 받는 길을 보여 주었습니다. 그는 일곱 번이나 쇠사슬에 묶이고, 추방을 당하고, 돌에 맞으면서도 동방과 서방에서 복음을 전함으로써 신앙의 고귀한 명예를 얻었습니다. 그는 세상 곳곳에 정의를 선포하고 서쪽 땅 끝[8]까지 가서 통치자들 앞에서 증언을 한 뒤에 이 세상을 떠나 거룩한 장소로 갔습니다. 그리하여 그는 인내의 가장 뛰어난 표본이 되었습니다.

로마의 클레멘스, 《코린토 신자들에게 보낸 편지Epistula ad Corinthios》, 5.

7) 로마에 있는 베드로와 바오로의 무덤

네로 황제 때 로마에서 바오로가 참수당하고, 베드로도 십자가에 달려 죽음을 당했다고 한다. 오늘날까지 베드로와 바오로의 이름과 관련된 무덤이 로마의 공동묘지에 남아 있다. 이 같은 사실로 미루어 볼 때, 베드로와 바오로가 로마에서 순교한 것은 확실하다. 로마의 제피리누스 Zephyrinus 주교의 재임(199~217년) 시에 교회의 사람이었던

---

8 지브롤터 해협을 의미한다.

> 가이우스Gaius라는 이름을 가진 그리스도인도 이 같은 사실을 증언한다. 가이우스는 프리기아Phrygia 분파의 지도자 프로클루스Proclus와 편지 논쟁을 벌이면서, 두 사도가 묻힌 거룩한 무덤에 대해 이렇게 진술했다. "나도 그 사도들의 무덤이 있는 곳을 알려 줄 수 있습니다. 만일 바티칸 언덕과 오스티아 길가를 찾아간다면, 교회의 기초를 놓은 두 분의 기념비를 발견할 것입니다."
>
> 에우세비우스, 《교회사》, 2,25,5~7.

예루살렘 성전 파괴

예루살렘 성전 파괴로 인해 초기 그리스도교는 유다교와 결정적으로 단절하게 된다. 독립 국가를 이루어, 조상들의 율법을 지키며 하느님을 숭배하고자 했던 팔레스티나의 유다인들은 마침내 로마 제국에 대항하여 폭동을 일으켰지만 처참하게 패배하고 말았다. 혹독한 전쟁의 결과, 로마 제국의 티투스 장군에 의해 예루살렘과 예루살렘 성전이 파괴되었다(70년). 전쟁이 발발하자, 예루살렘에 있던 그리스도교 공동체는 예루살렘을 떠나 요르단 지역으로 피신했다. 한편, 성전을 잃은 유다교는 얌니아 지방(텔아비브 남쪽)에서 다시 새롭게 시작하게 되는데 그들은 기존에 있던 다양한 분파들에 대해 반감을 가졌을 뿐만 아니라 특히 그리스도교에 대해 극단적인 적대감을 보였다. 그들은 달력을 통일하고 성경의 정경 목록을 확정함으로써 바리사이적인 색채를 더욱 강화했다.[9] 그곳에서 유다인들은 그리스도인들 때문에 자신들에게 불행이 닥쳤다고 주장하면서, 그리스도인들에 대한 적대감을 더욱 불태웠다. 그리하여 유다교와 그리스도교는 결정적으로 갈라서게 되었다.

그리스도인들 중에서도 특히 유다계 그리스도인들은 유다교의 전통과 관습을 더욱 철저하게 지키면서 나중에 소규모 분파를 이루며 살았다. 예루살렘 성전이 파괴되면서 그리스도교의 관습은 유다교의 관습과 갈라지게 되었다. 그리스도인들은 구약의 율법이 사라지고 폐기되었음을 하느님께서 손수 당신의 업적을 통해

---

9 그리스어로 얌니아, 히브리어로는 야브네. 얌니아 종교 회의는 유다교의 방향을 설정한 중요한 회의다. 얌니아 종교 회의의 배경과 결과를 살펴보면 다음과 같다. 첫째, 제1차 독립 전쟁(66~70년)의 실패로 70년 9월에 예루살렘 시가지가 초토화되고 성전이 불타면서 유다교는 큰 위기를 맞았으며, 성전 중심의 사두가이파, 에세네파, 열혈당원 등이 사라지고 오직 바리사이파만 남게 되었다. 70~80년에 요한나 벤 자카이 율사가 바리사이파 율사들을 이끌고 얌니아에서 유다교를 재건하기 시작했다. 80년경부터는 가말리엘 2세 율사가 그 뒤를 이어 유다교의 기반을 다졌다. 그러나 제2차 독립 전쟁(132~135년)의 발발로 얌니아 지역이 몹시 위태로워지자, 최고 의회는 얌니아에서 갈릴래아로 옮겼다. 그때부터 얌니아는 영향력을 상실하게 되었다. 얌니아 종교 회의에서는 1. 유다교 최고 의회 재건: 율법 학원(벳 미드라쉬)과 최고 의회(벳딘)를 창설하고, 최고 의회를 최고 의결 기관으로 발전시켰다. 2. 규범 전집 편찬: 유다교의 규범들은 구약 성경에서 파생된 것과 관습들로 이루어졌는데, 체계적으로 분류되거나 기록되어 있지는 않았다. 오랫동안 구전으로 전수하며 익혀 오던 그 잡다한 규범들을 체계적으로 분류하여 기록한 규범 전집(미쉬나)을 처음으로 출간했다. 3. 그리스도인들을 단죄하는 기도문 추가: 유다교인들이 회당에서 예배 때마다 바치는 '18조항 기도문'에다 그리스도인들을 단죄하는 제12조항을 추가했다. 그 결과 그리스도인들은 더 이상 유다인의 회당 예배에 참석할 수 없게 되었고, 이는 그리스도교가 유다교에서 완전히 분리되는 계기가 되었다. 4. 구약 경전 확장: 얌니아에서 기원후 100년경에 비로소 오늘날의 히브리어 구약 성경과 같은 경전 범위를 확정했다.

서 보여 주셨다고 믿었다. 이 같은 사실 때문에 복음의 보편성, 즉 그리스도교의 복음은 모든 이를 위한 것이라는 사실이 더욱더 강조되었다.

신약 성경의 형성

1세기 후반, 암울했던 이 시기에 그리스도교 작품들이 서서히 형성되기 시작하는데, 오늘날 우리는 이 작품들을 신약 성경이라고 부른다. 예루살렘 멸망은 예수의 말씀을 다시 읽도록 사람들을 초대했을 뿐만 아니라, 복음서 편집에도 영향을 끼쳤다. 그리하여 마침내 복음서들이 최종적인 형태를 갖추게 되었다. 바오로의 편지들도 수집되었다. 그러나 이 책들이 공동체에서 신앙의 규범으로서 인정받기까지는 오랜 시간이 걸렸다.

1세기 말, 그리스도교는 서쪽으로 방향을 틀어 전파되어 나갔다. 이들 지역에는 이미 로마 제국이 굳건하게 자리 잡고 있었다.

II. 로마 제국

1. 복음을 받아들일 준비가 된 로마 제국

2세기, 소아시아 지역인 사르데스의 멜리톤Melito 주교가 그리스도교 박해의 부당성을 알리는 편지를, 뛰어난 지식을 갖춘 철학자로도 유명했던 마르쿠스 아우렐리우스Marcus Aurelius 황제에게 써 보냈다.[8] 이 편지에서 멜리톤은 박해를 당하는 그리스도인들을 보호하기 위해서 그리스도교의 교의는 삶의 방식, 즉 철학이라고 주장했다. 또한 멜리톤은 로마 제국의 출현과 그리스도교의 출현 사이에는 하느님의 섭리의 일관성이 들어 있다고 지적했다. 예수는 아우구스투스 황제 통치 시대에 태어났고 티베리우스 황제 통치 시대에 가르쳤기 때문에, 그리스도교와 로마 제국은 함께 꽃피운 것이고, 따라서 이 둘 사이에는 끊으려야 끊을 수 없는 유대감이 있다는 것이다. 로마 제국은 복음을 준비시키기 위한 하느님의 섭리였다는 인식은 그 이후에도 가끔 표명되었다. 파스칼Pascal과 페귀Péguy가 이 같은 사실에 대한 증인들이다.[9]

오늘날 우리는 역사를 읽을 때 옛날 사람들에 비해서 그 기록을 글자 그대로 믿지 않는 편이다. 그러나 그리스도교는 시작도 끝도 없는 교의가 아니다. 그리스도교는 성경의 바탕이 된 셈족 세계에서 발달해서 로마 제국에 확고하게 뿌리를 내렸다. 바오로는 마케도니아 사람이 도와 달라고 호소하는 소리를 들은 뒤에 가장 중요한 지역을 복음화했고(사도 16,9 참조) 복음은 이내 페르시아와, 어쩌면 인도에까지 전해졌을 것이다. 그러나 페르시아 제국에 의해 형성된 정치적·군사적 장벽 때문에 이들 지역에 복음이 전해지는 데에는 많은 어려움이 있었다. 그러나 이와는 달리 서방 지역에서는 로마 제국이 지중해 연안을 통일했다. 그래서 이들 지역에서는 이렇다 할 장애 없이 사람과 문물과 사상이 자유롭게 왕래할 수 있었다.

　복음을 전하는 사람들은 로마 제국에 의해서 형성된 지리적·물질적 이점을 이용했을 뿐만 아니라 오늘날 이 시대에까지 그리스도교라고 특징지어지는 사고방식과 표현 방식들도 이용했다. 그리하여 15세기 말경, 즉 신대륙 발견 이후에, 지중해 연안의 그리스도교 공동체가 세계 곳곳으로 퍼져 나가게 되었다.

8) 로마 제국, 복음을 위한 준비

지금의 우리 종교는 비非로마인들 사이에서 먼저 생겨났지만, 초대 황제인 아우구스투스께서 훌륭하게 통치하실 때에 당신의 백성들(로마인) 사이에 전파되었고, 특히 폐하의 로마 제국에 선익이 되었습니다. 사실 그때부터 로마가 날로 커지고 빛났습니다. 황제께서 이 바람직한 유산을 물려받으셨습니다. 로마 제국과 함께 생겨났고 아우구스투스Augustus 치하에서 개화된 이 종교를 보존하신다면,

▲ 아우구스투스 황제.

황제의 아드님께서도 이 유산 안에 머물러 있게 될 것입니다. 사실 선대 황제들은 다른 종교의 의식뿐만 아니라 우리 종교의 의식도 존중했습니다. 우리의 가르침이 로마 제국의 복된 시작과 함께 꽃피기 시작했고, 아우구스투스 황제의 통치 이후로는 어떤 재앙도 일어나지 않았을 뿐만 아니라 오히려 모든 이의 기도에 힘입어 제국이 빛나고 영광스럽게 되었다는 사실이 바로 가장 훌륭한 증거입니다. ……

'사르데스의 멜리톤 주교가
마르쿠스 아우렐리우스 황제에게 보낸 호교론(약 170년경)'을
에우세비우스의 《교회사》, 4,26,7~8에서 인용.

9) 다리우스와 키루스(페르시아 왕들), 알렉산더 대왕과 로마인들 그리고 폼페이우스와 헤로데가 복음을 전혀 알지 못했지만 복음의 영광을 위해서 일했다는 것이 얼마나 오묘한지를 신앙의 눈으로 바라보라.

파스칼, 《팡세Pensées》, 701.

황제의 군대가 갈리아 지방 깊숙한 곳에서부터 멤피스 기슭까지 황제를 위해 진군했다. 모든 사람들이 신성한 신의 아들의 발자국을 따라 길을 찾아갔다. 그(그리스도)는 한밤중에 도둑처럼 찾아왔다. …… 그는 스토아학파를 상속

> 하기 위해서 왔다. 그는 로마의 유산을 상속하기 위해서 왔다. 그는 월계수로 만든 승리의 관을 상속하기 위해서 왔다. 그는 모든 인간의 노고를 상속하기 위해서 왔다. 그는 이미 만들어진 세상을 상속하기 위해서 왔다. 그는 그 세상을 완성하기 위해서 왔다. 그는 이미 만들어진 세상을 상속하기 위해서 왔고, 그 세상을 다시금 젊게 만들기 위해서 왔다.
>
> 샤를르 페귀, 《전야Êve》.

로마 약사

기원전 753년에 세워진 로마는 이탈리아의 한 도시로서, 기원전 1세기에 지중해 연안을 정복했다. 기원전 63년에 폼페이우스가 예루살렘을 정복했고, 기원전 50년경에 율리우스 카이사르가 갈리아 지방을 정복했으며, 기원전 30년에 옥타비아누스(아우구스투스)가 이집트를 합병했다. 처음에는 단지 조그만 도시에 불과하던 로마의 통치 제도는 공화정이었는데, 이 제도는 광활한 지역을 통치하기에는 적합하지 않았다. 아우구스투스(황제)라는 이름을 가진 옥타비아누스는, 공공연하게 드러내지 않고, 새로운 통치 제도를 만들어 나갔다. 그것이 기원전 27년부터 시작된 로마 제국이었다. 로마 제국의 시민princeps(군주)이 황제imperator(개선 장군)라는 칭호와 카이사르Caesar(옥타비아누스의 양아버지)라는 칭호를 가졌고, 이를 후임자에게 전수했다. 내전이 끝나자 로마에는 평화가 정착되었다. 흔히 로마 제국의 평화 시기에 예수께서 태어났다고 말한다. 지중해 연안은 그때부터 정치적·행정적으로 일치성을 이루고 있었다. 오늘날 런던과 예루살렘 사이를 여행하려면 많은 나라의 국경을 통과해야 하고, 때로는 몇 가지 어려운 점에 봉착하게도 되지만, 1세기에는 모든 사람들이 동일한 나라에서 살았다. 로마 제국은 속주(屬州, provincia)로 나누어져 있었고, 로마에서 로마 제국의 황제나 원로원이 속주의 통치자들을 임명했다. 이 통치자들에는 전임 집정관proconsul, 대사legatus(군 지휘관), 총독praefectus 혹은 재정 담당관procurator이 있었다.[10] 아주 멀고 외진 지역에서는 몇몇 왕들이 통치하는 경우도 있었지만, 그들의 권한은 엄격히 제한되어 있었다. 그 지역에서 독립하려는 기미가 조금이라도 보이면, 그 지역의 통치자는 즉시 로마의 관리들로 교체되었다. 신약 성경에도 이런 사실을 언급하는 부분이 있다(루카 3,1-3; 사도 13,6-7; 18,12; 23,26; 24,27 등). 도처에 설치된 주둔지가 로마 제국의 통치를 가능하게 해 주었다. 그리고 일종의 법률적인 통일성을 기하기 위해서 법이 제정되었다.

그런데 로마 황제의 계승에 대한 명백한 규정이 없었기 때문에 몇 가지 문제점이 드러났다. 비록 역사가들의 한담을 전적으로 신

---

[10] 집정관consul, 집정관 대리, 대사, 재정 담당관의 역할이 역사적으로 변하기 때문에, 지역과 경우에 따라 이 단어들이 총독 혹은 통치자 등으로 번역된다. 집정관을 역임한 이들 가운데서 전임 집정관을 뽑아 속주의 통치자로 1년간 일하게 했다. 전임 집정관은 집정관의 권한을 상당 부분 가졌다.

뢰할 수 없는 노릇이겠지만, 우리는 칼리쿨라와 네로 같은 포악한 황제들도 있었다는 사실을 잘 안다. 반면에 베스파시아누스와 티투스 같은 아주 훌륭한 황제들도 있었다. 한편, 로마 제국의 전성기는 2세기 안토니우스 왕조(트라야누스 황제부터 마르쿠스 아우렐리우스 황제까지) 시기였다.

로마 제국의 '도시들'

로마 제국은 엄밀한 의미에서 중앙 집권 국가가 아니었다. 당시 지중해 연안에 있던 나라들은 도시 국가였다. 그리스의 도시 국가들처럼 소아시아나 시칠리아도 도시 국가의 모습을 갖추고 있었다. 하지만 이 도시들은 알렉산더 대왕과 후계자들이 이들 지역에 도시를 건설할 때부터 독립성을 잃어버렸고, 그 이후 로마 제국이 형성되었을 때도 독립성이 없었다. 하지만 행정적으로는 상당한 자율권을 행사했다. 일반적으로 한 도시 국가의 범위에는 주변에 있는 마을들이 포함된다.

한편, 초기 그리스도교는 코린토에서 형성된 하느님의 교회(1코린 1,2 참조), 바오로와 실바누스와 티모테오가 설립한 테살로니카 교회(1테살 1,1 참조) 등에서 볼 수 있듯이 도시 종교로서 지역 공동체였다.

잘 정비된 교통망

▲ 가르교Pont du Gard[11]

로마 제국의 한쪽 끝에서 다른 쪽 끝으로 사람이 이동하거나 물건을 옮길 때에는 육로뿐 아니라 해로도 이용되었다. 그리고 이런 길들을 따라서 그리스도교가 전파되었다.[10] 리옹에서 발견된 시리아 상인의 비문은 시리아 상인들이 상인이면서 동시에 복음 선포자였다는 사실을 잘 보여 준다.[11] 바오로도 해로와 육로를 따라 전도 여행을 했다. 사도행전 27장과 28장에는 고대 세계의 항해 역사상 가장 찬란한 메시지가 담겨 있다. 전도 여행지의 여건에 따라, 바오로는 엄청난 고난과 시련을 겪기도 하고 때로는 쉽게 전도 여행을 하기도 했다.

"채찍으로 맞은 것이 세 번, 돌질을 당한 것이 한 번, 파선을 당한 것이 세 번입니다. 밤낮 하루를 꼬박 깊은 바다에서 떠다니기도 했습니다. 자주 여행하는 동안에 늘 강물의 위험, 강도의 위험, 동족에게서 오는 위험, 이민족에게서 오는 위험, 고을에서 겪는 위험, 광야에서 겪는 위

---

11 프랑스 남부에 있는 거대한 수로교水路橋. 고대 로마인들이 가르 강물을 오늘날의 님 시市로 끌어 오기 위해 기원전 19년경에 세운 다리.

험, 바다에서 겪는 위험, 거짓 형제들 사이에서 겪는 위험이 뒤따랐습니다. 수고와 고생, 잦은 밤샘, 굶주림과 목마름, 잦은 결식, 추위와 헐벗음에 시달렸습니다."(2코린 11,25-27)

먼저 육로와 계곡과 주요 도로망을 따라서 모든 항구에 복음이 전파되었다. 갈리아 지방에서 출발한 바닷길이 아를 지방에서 끝나고, 그곳에서 다시 뱃길을 따라 론 강과 손 강까지 올라갔다. 그리고 다시 저 멀리 게르마니아 지방까지 갔다. 사람들은 철학을 배우러 아테네로, 의학을 공부하러 페르가몬으로 가는 등 세계 여러 곳을 여행했다. 세계 7대 불가사의를 구경하러 떠나는 사람들도 있었다. 관리와 군인들은 고향으로 돌아갔고, 노예들은 먼 나라로 팔려 갔다. 복음 선포자들은 여행객들이 자주 드나들던 큰 도시에서 복음을 선포했다.

당시의 여행은 아주 위험했을 뿐만 아니라 시간도 많이 걸렸다. 따라서 손님 접대의 중요성이 부각되어 신약 성경의 작품들과 그 이후 작품들은 손님 접대를 지속적으로 강조한다.

알렉산드리아, 안티오키아 그리고 로마와 같은 큰 도시에서는 고향 사람들을 쉽게 만날 수 있었다. 마치 오늘날 그리스, 터키, 이탈리아, 중국 혹은 폴란드 사람들이 영국이나 미국의 큰 도시에서 모여 사는 것처럼, 당시의 큰 도시에는 각지에서 온 사람들이 있었다. 유다인들도 로마 제국 전역으로 퍼져 나갔다. 복음은 지방의 회당에서도 선포되었는데 그리스도교 문헌 중에서 가장 오래된 《디다케*Didache*》(열두 사도들의 가르침)는 복음을 제멋대로 선포하는 떠돌이 식객들을 조심하라고 권고한다.[43] "여러분에게 오는 모든 사도는 마치 주님처럼 영접을 받을 것입니다. 그러나 그는 하루만 머물러야 합니다. 그렇지만 필요하다면 이틀을 머물러도 됩니다. 만일 사흘을 머문다면 그는 거짓 예언자입니다."《디다케》, 11, 4-5)

당시의 우편 제도는 행정적인 목적을 위해서만 사용되었기 때문에 여행자들이 편지를 가지고 다녔다. 리옹에서 에페소로 편지 한 통이 전달되는 데는 수개월이 걸렸다.

10) 로마 제국의 교통수단

도로망 연결

오늘날 이탈리아에 있는 철도망은 주로 도로망 연결을 그대로 반영한다. 이탈리아에 있는 거의 모든 도로망의 기원은 공화정 시대까지 거슬러 올라간다. 많은 도로의 이름은 대개 그 도로를 만든 통치자의 이름을 따서 지어졌으며, 황제들의 주된 의무 중 하나는 각 속주를 연결하는 도로망을 개발하는 것이었다. 널리 알려진 도로에는 다음과 같은 것들이 있다.

- 로마에서 브린디시까지의 '아피아 가도'
- 로마에서 제노바까지의 '아우렐리아 가도'
- 이탈리아에서 갈리아 나르보넨시스를 경유해서 스페인까지 가는 '도미티아 가도'
- 두라초에서 비잔티움까지의 '에냐티아 가도'

마차의 무게는 마구馬具가 부족했기 때문에 엄격히 제한되었다. 마차는 500㎏을 넘을 수가 없었고, 물건을 운송하는 마차는 하루에 30㎞를 갈 수 있었다. 개인 우편물은 하루에 60㎞ 이상을 갈 수 없었다. 그러나 황제의 우편물은 하루 종일 150㎞를 달렸다. 따라서 황제 우편물이 비해서 일반 우편물은 훨씬 더디게 전달되었다.

▲ 대중 마차, 저 부조, 베오그라드.

항해

가끔 해로海路가 육로보다 더 선호되었다. 왜냐하면 작은 배라 할지라도 수백 톤을 운송할 수 있었기 때문이다. 곡물 운반선은 1천 톤 이상을 운송할 수 있었다. 한편, 바오로가 "276명의 승객을 운반하는" 여객선을 탔음을 우리는 알고 있다(사도

27,37 참조). 하지만 플라비우스 요세푸스는 바오로가 "600명의 승객을 운반하는" 배를 탔다고 기록했다(《자서전》 15).

11월부터 3월까지는 바다 여행을 할 수 없었고, 뱃사람들은 폭풍이나 장기간의 무풍 상태나 해적들에 의해서 많은 희생을 당했다. 따라서 바다 여행의 기간은 굉장히 변수가 많았다. 기록상으로 남아 있는 바다 여행의 기간은 다음과 같다.

- 포쭈올리(나폴리 근처)에서 알렉산드리아까지 9일이 걸렸고,
- 시칠리아에서 알렉산드리아까지 6일이 걸렸고,
- 카디스에서 오스티아까지 7일이 걸렸고,
- 아프리카에서 오스티아까지 2일이 걸렸고,
- 나르보넨시스에서 오스티아까지 3일이 걸렸다.

그러나 대부분의 항해는 앞에서 언급한 기간보다 훨씬 더 걸렸다. 때로는 여행을 계속하기 위해 겨울이 지나가기를 기다리면서 수개월을 보냈다(바오로의 여행 참조).

▲ 로마 모자이크에 그려진 오스티아 항구에 있는 배.

당시 항해는 주로 지중해 연안에서 이루어졌지만, 홍해를 거쳐 인도까지 여행하기도 했다. 이때 선원들은 계절풍을 이용하여 7월과 2월 사이에 인도로 갔다가 되돌아왔다.

11) 상인과 복음 선포자

이곳에 묻힌 사람에 대해 알고 싶으면, 그의 업적이 적힌 비문을 읽어라.

여기 잠든 사람은 성이 에우테크니오스이고 이름이 율리아노스이다. 그는 라오디케아Laodicea 지방 출신으로 시리아가 자랑하던 사람이었다. 부친은 아주 유명했지만 모친은 평범한 사람이었다. 그는 모든 사람에게 봉사했을 뿐만 아니라 그들에게 정당한 몫을 나누어 주었다. 그래서 그는 모든 사람으로부터 사랑을 받았다.

그는 시리아 사람이었지만, 켈트족에게 말을 할 때는 유창한 켈트어를 구사하여 많은 켈트족을 설득했다. 많은 나라를 여행한 그는 수많은 사람을 알고 지냈으며, 수많은 사람에게 자기 영혼의 강인함을 보여 주었다. 그는 끊임없이 파도와 바다에 맞서 싸우면서 동방에 전해진 하느님의 복음 말씀을 켈트족과 서방 땅에 전파했다. 그는 이 일을 아주 좋아했다.

그는 켈트족의 세 부족들에게 복음을 전해 주었다. ……

1972년 리옹에서 발견된 그리스어 비문(3세기 초로 추정).
《학자들의 신문Journal des Savants》(1975년), 60쪽에서 인용.

문화적 단일성

로마 제국은 다양한 나라들로 이루어진 하나의 거대한 집단이었다. 각 나라는 자신들의 고유한 관습과 언어와 문화를 갖고 있었다. 팔레스티나에 있었던 최초의 그리스도인들은 예수가 사용하던 언어인 아람어를 사용했고 다른 사람들은 시리아어와 같은 셈어를 사용했다. 갈리아 지방에서는 켈트어를, 아프리카에서는 베르베르어를 사용했다. 그러나 로마 제국에서는 그리스어와 라틴어가 주로 사용되었다.

여러 지역에서 구어로 사용되던 그리스어는 알렉산더 대왕에 의해 동방 지역에서 공용어가 되었다. 많은 방언 대신에 그리스어가 사용되었다. '코이네'라고 불리는 그리스어는 '평범한 언어'라는 뜻이다. 그리스어는 문화와 철학의 언어였을 뿐만 아니라 상인들이 사용하는 국제어이기도 했다. 동방의 큰 도시들뿐 아니라 로마에서도 가장 익숙한 언어는 그리스어로서, 프랑스의 리옹에서는 그리스어로 쓰인 비문들이 발견되었다. 그리스어는 마치 오늘날의 영어와 같았다. 그리스도교에서도 그리스어는 중요한 언어로, 그리스도인들은 그리스어로 번역된 유다인의 성경 《셉투아진타 *Septuaginta*》(칠십인역)를 사용했고 신약 성경도 그리스어로 번역되었다. 또한 그리스도교 문헌과 전례서들이 그리스어로 쓰였다. 로마에서는 3세기까지 그리스어가 사용되었다.

로마의 언어이자 당시 서방의 언어였던 라틴어는 그리스어에 비해서 널리 사용되지 않았다. 라틴어는 로마 제국 전역에서 법과 질서의 언어였다. 2세기 말경, 처음에는 아프리카에서 라틴어가 사용되었고, 그 다음에 로마에서도 사용되었다. 그러다가 3세기에는 서방 그리스도교 전역에서 라틴어가 사용되었다. 교회 안에서는 라틴어가 보통 언어로 사용되었다.

그리스도인들이 라틴어와 그리스어를 사용하게 되면서, 특별한 사고방식이 교회 안으로 들어오게 되었다. 그리스 철학은 초기 그리스도교 신학의 발전을 위한 토대를 마련해 주었고, 로마법은 라틴어를 통해 서방 공동체를 위한 법적 토대를 마련해 주었다. 4세기에 접어들면서 라틴어와 그리스어가 엄격히 구분되었다. 이 두 문화가 교회 안으로 들어와 서로 다르게 발전하면서 그리스 세계와 라틴 세계로 구분되었다.

2. 종교적인 불안감 때문에 수용이 용이해진 그리스도교

로마 제국 내에서 그리스도교의 복음 메시지는 다양한 종교들의 반대에 직면했다. 이들 종교는 복음 메시지에 상반되었지만, 그리스도교의 계시로 향하는 징검다리가 되기도 했다. 이를 간략하게 설명하기 위해서 고대 종교 생활을 세 가지 관점(전통 종교, 황제 숭배, '두 번째 형태의 종교')에서 살펴보겠다. '두 번째 형태의 종교'에는 철학, 동방 종교 혹은 신비 종교가 포함된다.

전통 종교

전통 종교는 도시 종교와 마을 종교로 구분된다. 주로 초자연적인 힘을 숭배하는 자연 종교였던 마을 종교는 계속해서 번창했다. 마을 종교에는 자연, 땅 그리고 짐승들의 풍요를 보장받기 위해 필요한 종교로 추수를 관장하는 신, 양 떼를 돌보는 신, 물을 공급하는 신이 있었다. 그러나 5세기에 접어들어 마을 지역에 그리스도교가 전파되기 시작하자, 이들 종교는 그리스도교에 흡수되거나 당시 성행하던 민간전승 종교에 흡수되어 자취를 감추었다.

그리스 지역의 도시든 라틴 지역의 도시든 모든 도시에는 그 도시의 고유한 전통 종교의 신들이 있었다.[12] 그러나 이 도시들이 정복당하면서, 각 도시의 고유한 신들은 그리스와 로마의 신들로 점차 바뀌어 갔다. 그래서 제우스(그리스)-주피터(로마), 헤르메스(그리스)-머큐리(로마), 포세이돈(그리스)-넵툰(로마) 등과 같은 비교가 가능해졌다. 점령당한 도시들이 독립성을 잃게 되자 그 도시들의 종교마저도 생명력을 잃어버렸다. 그 결과 도시의 종교들은 '내가 네게 주었으니 너도 나한테 주어야 한다do ut des.'와 같은 의례적인 형식이 되어, 더는 사람들의 정신을 계몽하지 못하고,

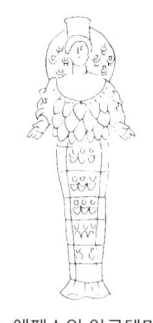
▲ 에페소의 아르테미스 여신상.

사람들이 갖고 있던 참종교에 대한 욕구를 충족시키지도 못했다. 그리하여 이 종교들은 더 이상 사람의 마음을 사로잡지 못하게 되었다. 하지만 사람들은 여전히 이런 종교들에 충실한 편이었다. 왜냐하면 종교는 대대로 물려받은 하나의 관습이었기 때문이다. 황제는 이런 종교들을 어느 정도까지는 부흥시킬 필요가 있다고 판단했는데, 이런 종교들이야말로 사회 질서를 유지하는 윤활유 역할을 해 주리라고 믿었기 때문이다. 종교를 전혀 믿지 않는 사람이라 할지라도, 도시의 종교 예식에 참여하는 것은 하나의 시민으로서 해야 할 당연한 행동이었다.[13]

12) 전통 종교

로마의 저술가이자 정치가였던 타키투스Tacitus(기원전 55년경 ~120년경)는 그의 저서 《역사》와 《연대기》에 아우구스투스 황제 때부터 도미티아누스 황제 때까지의 역사를 기록했다. 이 책들에는 주피터, 주노, 미네르바 등 로마의 세 수호신들의 신전인 카피톨, 법무관과 신전 여사제들과 제관과 희생 제물의 장기를 검사하는 장복관腸卜官들, 복스러운 물건들과 자질구레한 의식 소개 등 로마 종교의 여러 가지 특징이 기록되어 있다.

제1장 교회의 탄생 81

기원후 70년에 카피톨을 재건하여 봉헌하다

6월 21일(기원후 70년) 구름 한 점 없는 화창한 날이었다. 카피톨 신전 일대가 온통 리본과 화환으로 장식되어 있었다. 상서로운 이름을 가진 군인들이 복스러운 나뭇가지를 들고 신전 안으로 들어갔다. 이어 베스타 여사제들이 부모가 생존해 있는 소년 소녀들을 대동한 채, 샘과 도랑에서 길어온 물을 신전 경내에 뿌렸다. 그런 다음, 법무관 헬비디우스 프리스쿠스Helvidius Priscus가 제관 플라우티우스 아일리아누스Plautius Aelianus의 인도를 받으며, 돼지·양·황소를 제물로 바쳐 경내를 정화한 뒤, 잔디로 뒤덮인 흙 제단 위에 희생 제물의 장기들을 올려놓고, 주피터와 주노와 미네르바 그리고 제국을 수호하는 신들에게 기도를 바쳤다. "오늘 착공하는 이 공사가 잘 되게 하시고, 저희 인간들이 경건한 마음으로 짓기 시작한 수호신들의 거처가 신들의 가호로 다시 우뚝 서게 해 주소서."라고 기도한 뒤, 법무관이 밧줄을 휘감은 채 초석礎石과 연결되어 있던 리본을 손으로 만졌다. 그러자 다른 정무관, 사제, 원로원 의원, 기사와 수많은 사람들이 일제히 환성을 지르면서 힘을 합쳐, 그 큰 초석을 끌어당겼다. 사람들이 금화와 은화 그리고 한 번도 용광로에서 정제된 적이 없는 천연 원광석들을 신전 토대 위로 사방에서 던졌다. 복장사들은, 다른 용도로 만들어진 돌이나 금을 던져 넣는 것은 신전을 오염시키는 행위라고 경고했다. 새 신전은 옛 신전보다도 더 높게 세워졌다. 그것이 종법宗法상 허용된 유일한 변경 사항이었다. 옛 신전은 웅장함이 덜했다.

타키투스, 《역사Historiae》, 4,53.
프티P. Petit, 《우리 시대의 첫 세기Le premier Siècle de notre ère》, 264쪽에서 인용.

13) 어느 이방인의 비문

…… 여행자는 다음 경구를 소홀히 하지 마라. 더 멀리 가기 전에 멈추어 서서 듣고 배워라. 하데스[12]에는 배도 없고 나루지기 카론도 없으며, 열쇠를 보호하는 아이아스[13]도 없고 사냥개 케르베루스[14]도 없다. 죽은 자는 이곳에 뼈와 재만 남겼다. 내가 말하지 않았던가. 당신이 옳다고. 여행자여, 계속해서 가거라. 죽은 주제에 내가 너무 수다를 떨어서야 되겠는가.

향수와 화관을 보낼 장소도 없지만 돌 하나는 있다. 그러나 불을 피우지 마라. 쓸데없는 짓이다. 만일 그대에게 뭔

---

12 하데스는 죽은 자의 혼이 있는 곳이다.
13 아이아스는 트로이 전쟁의 영웅이다.
14 케르베루스는 지옥문을 지키는 개인데, 머리가 셋이고 꼬리는 뱀이다.

> 가 있다면, 내가 살아 있을 동안에 그것을 내게도 나누어 다오. 하지만 내 무덤 위에 술을 따르지 말아라. 죽은 자가 마실 수 있겠는가. 그게 바로 나의 모습이다. 그대는 내 무덤에 흙을 덮으면서 나에게 말할 것이다. "아, 그대가 태어나기 전에는 그대의 존재가 없었던 것처럼, 이제 또다시 그대의 존재가 없어져 버렸네."
>
> 1세기 그리스어 비문.
> 프티, 《우리 시대의 첫 세기》, 263쪽에서 인용.

황제 숭배

황제 숭배는 동방에서 시작되었다. 동방에서 그리스 군주들, 특히 알렉산더 대왕의 후계자들은 오래전부터 황제 숭배를 강조했다. 황제 숭배 사상이 서방에 들어오자, 로마 제국의 황제들도 황제 숭배를 강조했는데[14] 사람들은 이 사상을 낯선 것으로 생각했다. 황제 숭배는 일종의 정치적인 종교나 마찬가지로, 마치 스탈린과 마오쩌둥에 대한 숭배와 비슷한 점이 많았다. 그러나 황제들은 오늘날의 독재자들과는 달랐다. 비록 몇몇 황제들에게는 과대망상증이 있었지만, 대부분의 황제들은 그렇지 않았다. 한편, 동방의 속주들에서는 황제가 생존하는 동안에 그 황제에 대한 신성화 작업이 이루어졌지만 로마에서는 황제가 죽은 뒤에야 황제에 대한 신성화 작업이 이루어졌다.

로마에서 황제를 숭배하는 것은 일종의 정치적인 충성 행위였다. 3세기까지는 황제 숭배가 의무적으로 강요되지 않았다. 이때까지는 통치자와 군인들만이 황제 숭배에 참여했다. 그러다가 로마 제국이 그리스도인들에게 황제 숭배를 강요하자, 그리스도인들은 결사반대했다. 그들은 황제를 퀴리오스(주님)라고 부르기를 거부했는데 그 이유는 하느님과 그리스도만을 퀴리오스라고 고백했기 때문이다.

▲ 동물의 희생 제사, 루브르 박물관.

14) 황제 숭배

…… 그리고 관리에게 첫째 '아우구스투스(카이사르의 아버지)'의 신상을 세우게 하고, 둘째 그 오른쪽에 율리아 아우구스타(리비아, 아우구스투스의 약혼녀)의 신상을 세우게 하고, 셋째 티베리우스 카이사르(아우구스투스의 아들)의 신상을 세우게 하고, 관리에게 여러 신상들의 재료를 제공할 도시를 건설하게 한다. 그리고 나서 관리에게 극장 한 가운데에 탁자와 분향대를 세우게 한 뒤, 배우들이 도착하기 전에 원로원

> 들과 관리들에게 왕자들의 안전을 위해 분향하게 한다. ……
>
> 기원전 14~15년의 그리스어 비문(티베리우스 황제 초기),
> 프티, 《우리 시대의 첫 세기》, 125쪽에서 인용.

'두 번째 형태의 종교'

그리스도교가 시작되던 무렵에 영성 생활을 한 이들에게 해당하는 칭호가 '두 번째 형태의 종교'다. 로마 제국의 많은 사람들(노예, 군인, 관리)이 몰락하게 되는데 이들은 도시와 자연의 신들에 대해 전혀 흥미를 느끼지 못했다. 그래서 어떤 이들은 회의론에 빠지고 또 다른 이들은 위안을 주는 신들을 찾아다녔다.

철학

대부분의 철학이, 서서히 유일신론적인 방향으로 바뀌면서 사람들에게 해야 할 의무를 요구하고 다양한 것을 제공하는 종교 형태로 발전해 갔다. 우주의 질서에 순응하라고 가르치는 스토아학파가 바로 여기에 해당한다.[15]

스토아학파는 종교와 고대의 다신교를 심리학적·개인적인 방법으로 재해석했다.[16] 결국 다양한 신들이 서로 다른 방법으로 신성을 말하고 있었다. 스토아학파는 예식에 충실하면서도 도덕적인 정화를 강조했다.

스토아학파

15) 신을 찬미하기 위해 창조된 인간

프리기아 출신의 에픽테투스Epictetus(50년경~약 125년경)는 노예 신분으로 로마에 팔려 왔다. 그러나 자유를 얻어 노예 상태에서 풀려난 그는 로마에서 스토아학파의 철학 학교를 개설했다. 그 뒤 그는 그리스와 나폴리로 갔다. 그는 노예였을 때 당한 모진 고문과 고통으로 절름발이가 되었다. 그의 제자들 가운데 한 사람인 아리아누스가 그의 가르침을 후대에 전했다.

네가 앞을 못 보는 봉사가 되었기 때문에, 네가 해야 할 이 직무를 대신해 주고 너를 위해 하느님께 찬미의 노래를 드릴 수 있는 사람이 필요하지 않겠느냐? 늙고 절름발이인 내가 신께 찬미의 노래를 드리는 것 말고 할 수 있는 일이 무엇이 있겠느냐? 만일 내가 나이팅게일(밤꾀꼬리)이라면, 나는 나이팅게일처럼 노래를 부를 것이다. 만일 내가 백조라면, 나는 백조처럼 노래를 부를 것이다. 내가 비록 나이팅게일도 백조도 아니지만, 그래도 나는 이성을 지닌 존재다. 그러므로 나는 하느님께 찬미의 노래를 불러야만 한다. 이것이 내가 해야 할 일이다. 따라서 나는 이 일을 하겠다. 나는 이 자리를 포기하지 않겠다. 이 일이 나에게 주어진다면, 나는 이 일을 해 내겠다. 나와 함께 이 찬미의 노래를 같이 부르자고 네게 권한다.

에픽테투스, 《어록語錄》, 1, 16, 19~21.

16) 스토아학파 철학자의 신조

마르쿠스 아우렐리우스는 121년에 로마에서 태어나서 161년에 황제가 되어 180년까지 재위했으며, 이민족과 전쟁을 하다가 비엔나(빈)에서 전염병에 걸려 죽었다. 고결한 생각을 가졌음에도 불구하고 그는 그리스도인들을 싫어했다. 그는 순교자들이야말로 '골수 반항자들'이라고 생각했다.

어떤 순간에도 로마인으로서 그리고 남자로서 완전하고 단순한 위엄을 지녀야 하며, 사랑과 자유와 정의감을 갖고 주어진 일을 처리하고, 모든 잡념에서 완전히 벗어날 수 있도록 충실히 사고해야 한다. 만일 그대가 온갖 부주의와 이성의 명령을 거역하려는 감정적인 반항과 모든 위선과 이기심을 떨쳐 버리고, 동시에 자신에게 주어진 운명에 대한

> 불만을 버리고, 오늘 그대에게 주어진 삶이 인생의 마지막인 것처럼 생각하고 생활한다면, 그대는 스스로 안정을 얻게 될 것이다. ……
>
> 만물은 서로 연관되어 있으며, 이 연관성은 아주 신성하다. 만물은 서로 연관되어 있고 서로 결합해서 동일한 우주 질서를 형성한다. 만물로 구성된 유일한 우주, 만물을 섭리하는 유일한 신, 유일한 실체, 유일한 법칙, 모든 이성적 동물의 공통된 유일한 이성, 유일한 진리가 있을 뿐이다. ……
>
> 마르쿠스 아우렐리우스, 《명상록Meditationes》, 2,5; 7,9.

동방 종교 혹은 신비 종교

새롭게 소개된 동방 종교나 신비 종교들이 인구 밀집 지역에서 점점 더 많은 사람들의 관심을 끌었다. 다른 나라나 다른 지역에서 이주해 온 노예, 군인, 관리들이 소아시아의 종교나 이집트의 종교를 로마와 서유럽 전역에 전파시켰다. 비탄에 빠진 불행한 사람들이 자신들의 존재론적 고통에 대한 해답을 찾기 위해 이런 종교들을 선택했다. 이 종교들의 예식(행렬, 울림을 이용한 노래, 사람을 도취시키는 음악)은 분명 고대 종교의 예식과는 전혀 달랐다. 이 종교들은 선별된 소수의 사람들에게만 자신들의 신비를 가르쳤다.[17] 이 같은 신비 전수를 통해서 사람들은 개인적으로 신을 만났다. 이들은 자

▲ 미트라스, 신비의 신.

신이 많은 시련과 고난을 거쳐 깨끗해졌고 구원받은 특권층에 속한다고 믿었다. 마을 종교들은 세상 만사의 죽음과 부활을 기념했으나 신비 종교는 신앙에 충실한 자만이 죽었다가 다시 태어나 새 삶을 산다고 가르쳤다.

가장 널리 대중화된 동방 종교 예식으로는 이집트 종교의 이시스 예식과 페르시아 종교의 미트라스 예식과 프리기아(소아시아)에서 만들어진 퀴벨레-앗티스 예식이 있었다. 로마의 시인은 이 종교 예식들에 대해 다음과 같이 풍자적으로 꼬집어 노래했다. "호론테스의 하수구들이 테베레 강으로 흘러 들어간다." 그러나 그 어떤 것도 이들 새 종교가 전파되어 나가는 것을 멈추게 할 수는 없었다.

어떤 이들은 새로운 종교들이 하나의 거대한 방향으로 움직이면서 서로 일치 융합하여 하나의 보편 종교로 발전해 갔다고 지적했다. 바로 이런 시기에 그리스도교가 출현했다. 그리스도교는 인간의 도덕을 증진하고 구원에 대한 갈망을 충족시켜 줄 수 있는 종교였다. 복음은 결코 타협하거나 양보하지 않았다. 따라서 그리스도교는 다른 종교의 교의와도 혼합되지 않았다. 초세기의 종교계에서 그리스도교는 분명 다른 종교들과는 달리 독보적인 위치를 차지하고 있었다.

17) 신비 종교

그리스 토박이인 플루타르코스Plutarchos(50년경~125년경)는 그리스어로 글을 썼다. 많은 지역을 두루 여행한 그는 도덕주의자요, 철학자였다. 델피에 있는 사제 학교에서 수학했고, 특히 종교 문제에 깊은 관심을 가졌다.

위대한 신비를 체험한 사람들처럼, 영혼은 죽는 순간에 위대한 신비를 체험한다. …… 이것은 처음에는 이리저리 떠도는 고통스런 방황이며 어둠 속을 헤매는, 끊임없이 마음을 불안케 하는 여행이다. 게다가 이 같은 여행의 끝자락에는 엄청나게 무시무시한 공포가 덮쳐 온다. 몸서리쳐지는 전율과 두려움이 엄습해 오고 식은땀이 비 오듯 쏟아지며 공포에 짓눌린다. 그러나 바로 그 순간에 놀라울 정도로 신비스러운 빛이 쏟아진다. 우리는 푸른 풀이 우거지고 신선한 공기가 가득한 곳으로 나아간다. 저 위에서, 춤추고 노래하는 소리가 들려온다. 거룩한 말씀과 신의 모습이 종교적인 존경심을 한층 고조시킨다.

그러자 완전 상태에 들어선 신비 종교의 입문자는 머리에 왕관을 쓴 채 자유롭게 이리저리 다니면서 이 신비로운 현상을 찬미한다. 그는 깨끗하고 거룩한 사람들과 함께 산다. 땅 위에 있는, 신비 종교에 아직 입문하지 않고 정화되지 않은, 수많은 사람들이 그의 눈에 비친다. 그들은 어둠의 수렁에서 서로 때리고 짓밟고 싸우고 있다. 그들은 초월적인 것에 대한 두려움 때문에 죽음의 공포 속에서 끊임없이 사악한 행동을 저지르고 있다.

플루타르코스, 《영혼론》.
드 플라스E. Des Palces, 《그리스 종교 La religion grecque》(1969년), 213~214쪽에서 인용.

3. 로마 제국과 복음

선의의 협력

한 역사가는 첫 3세기의 그리스-로마 문명에 대해 설명하면서 '선의의 협력'이라는 단어를 사용했다. 그리스-로마 문명에는 굳건한 조직과 선의가 담겨 있었다. 그러나 그리스-로마 문명은 선택받은 소수 계층에게만 혜택을 제공했다. 유명 귀족들이 그 혜택을 누리는 특권층이었다. 그들은 철학과 문학, 예술과 우정 같은 고상함과 세련함을 추구했다. 세네카와 플리니우스가 바로 그 대표적인 예다. 물론 금권 정치가들과 사기꾼들도 특권층에 해당했다. 그들은 큰 사업으로 돈을 벌어서 흥청망청 먹고 마시면서 문란하고 난잡한 성생활을 하고 공중목욕탕을 자주 드나들면서 쾌락에 빠졌던 사람들이다. 그들은 마치 페트로니우스Petronius의 《사티리콘Satyricon》[15]에 나오는 영웅들 같았다.

약자에게 혹독했던 사회

고대 경제는 노예 제도 위에 세워졌다. 노예 제도 때문에 사람들은 육체노동을 천시했다. 이 말을 달리 표현한다면, 전문 기술 과정이 부족했다는 뜻이다. 비록 그리스의 과학이 중요한 발견을 많이 했다고 할지라도 말이다. 어떤 도시는 인구의 3분의 2가 노예였다.

노예에게는 아무런 권리나 권한이 주어지지 않았다. 노예는 결혼을 할 수도, 재산을 소유할 수도 없었고[18] 네로 황제 때에는 노예를 살리거나 죽일 수 있는 권한까지도 주인에게 있었다.[19]

스토아학파는 추종자들에게 노예를 한 인간으로 바라보고 인간으로 대접하라고 가르쳤지만 대부분의 스토아학파 추종자들은 이런 가르침을 따르지 않았다. 단지 몇몇 노예들만이 주인에게서 해방되어 노예의 운명에서 벗어날 수 있었다. 그러나 비록 노예가 자유인이 되었더라도, 결코 다른 자유인과 똑같은 자격을 누리지 못했다.

속주에서는 로마법의 보호를 받을 수 있는 사람들과 그렇지 못

---

[15] 《사티리콘》은 성性적 타락, 사이비 종교와 미신, 하층민과 노예들의 삶, 부정부패와 귀족들의 허영과 지식인의 이중성 등을 신랄하게 풍자한다. 이 작품에는 네로 황제와 귀족들에 대한 조롱과 풍자가 가득하다. 고대 그리스에서 비극 공연이 끝난 후 기분 전환용으로 무대에 올린 희극을 일컬어 '사티리콘'이라고 했다. 페트로니우스는 네로 암살 음모에 연루되었다고 고발당했다. 그는 결백했지만 스스로 목숨을 끊었다.

▲ 로마의 군인들, 트라야누스 황제의 기둥, 로마.

한 사람들 사이에 차별이 있었다. 이론상으로 로마 시민은 누구나 정의를 위해 황제에게 제소할 수 있었다. 바오로의 경우가 바로 여기에 해당한다(사도 25,12; 26,32 참조). 로마 시민이 아닌 사람들에게는 그럴 가능성이 전혀 없었다. 그러나 로마 시민이라 할지라도 항상 로마 시민으로서 자격을 인정받은 것은 아니다. 로마 시민은 두 그룹(귀족 계급과 열등 계급)으로 나뉘었다. 사회적 신분과 재산의 정도에 따라서 이 같은 구별이 이루어졌는데 신분에 따라서 법이 다르게 적용되었다.

로마에서는 많은 시민들이 굶주리고 헐벗었다. 이들은 단지 무료로 배급되는 옥수수로 생명을 부지할 수 있었다. 로마 시민들에게는 원형 경기장에서 서커스 경기를 관람하는 혜택이 주어지기도 했다. 그래서 '빵과 서커스panem et circenses'라는 말이 생겨났다.

18) 로마의 노예들(1세기)

노예의 이론상 신분

세네카(기원전 4년~기원후 65년)는 정치적인 직무를 수행했다.

그는 어린 네로의 가정 교사였으나 네로 황제 때문에 자살했다. 스토아학파의 도덕주의자였던 세네카가 항상 자신이 말하던 신념대로 행동하지는 않았다.

> 당신이 보낸 사람들을 통해서, 나는 당신이 노예들과 사이좋게 잘 지내고 있다는 사실을 알게 되어 기쁩니다. 이런 일은 당신처럼 현명하고 교양 있는 사람에게 어울리는 일입니다.
> 사람들은 말합니다. "그들이 노예입니까?" "아닙니다. 그들은 노예가 아니라 사람입니다." "그들이 노예입니까?" "아닙니다. 그들은 노예가 아니라 벗입니다." "그들이 노예입니까?" "아닙니다. 그들은 겸손한 친구입니다." "그들이 노예입니까?" "아닙니다. 만일 노예와 자유인에게 동등한 행운의 권리가 있다고 생각한다면, 우리도 그들과 마찬가지로 동료 노예입니다." ……
> 당신이 노예라고 부르는 그 사람도 당신과 마찬가지로 똑같은 혈통에서 났으며, 하늘로부터 똑같은 사랑을 받습니다. 당신이 그 사람 안에서 자유인을 보는 것처럼, 그 사람도 당신 안에서 노예를 볼 수 있습니다.
>
> 세네카, 《루킬리우스에게 보낸 편지》, 47.

19) 노예의 비참한 현실

얼마 뒤(기원후 61년)에 페다니우스Pedanius 세쿤두스Secundus 수도 경비대장이 자신의 노예한테 살해당했다. 살해당한 이유는 노예에게 해방시켜 주겠다고 약속하고서 그 약속을 지키지 않았기 때문이거나 또는 어린 미동美童(남색의 상대를 뜻함)을 성추행한 죄를 인정하면서도 미동의 주인이 요구한 것을 거절했기 때문일 것이다. 관습에 따르면, 이런 경우 대개는 범인과 같은 지붕 아래에서 살고 있는 모든 노예들은 사형에 처해지게 되어 있었다. 그래서 갑자기 모여든 성난 군중이 무고한 노예들의 목숨을 보호하고자 폭동을 일으켰다. 원로원에서 조차도 이런 조치가 너무 가혹하다고 격렬하게 반대하는 이들이 있었다. 물론 대다수 원로원 의원들은 이 법을 바꾸고 싶은 마음이 조금도 없었다. ……

사형을 지지하는 자들이 점점 더 많아졌다. 하지만 사형 집행은 이루어지지 않았다. 왜냐하면 성난 군중이 돌멩이와 횃불을 들고 있었기 때문이다. 그러자 황제는 칙령을 반포하여 군중을 비난하면서 무장 군인들을 도로변을 따라 길게 늘어서게 한 뒤, 군인들로 하여금 사형수들을 사형장으로 끌고 가게 했다. ……

타키투스, 《연대기》, 14,42~45.

여자와 어린이

그리스-로마 문명의 사회는 남성 중심의 사회였다. 로마 제국 시대에 해방이라는 주제가 공론화된 것은 분명한 사실이지만, 일반적으로 여자는 남자보다 열등한 존재로 간주되었다. 어떤 시인은 여자들에 대해 "여자들은 이혼하기 위해서 결혼하고, 결혼하기 위해서 이혼한다."라고 풍자했다. 하지만 이혼할 수 있는 권리와 자유는 단지 돈 많은 여자들에게만 해당했다. 가난한 여자들은 남편이 죽으면 어쩔 수 없이 매춘부로 전락했다. 이 같은 도덕적 몰락은 이미 도덕적으로 몰락해 버린 여자들에게 또다시 도덕적인 몰락을 강요했다. 한편, 여자들에 비해서 어린이들의 처지는 훨씬 더 안 좋았다. 왜냐하면 아버지는 갓 태어난 아이를 받아들이길 거절할 수 있었기 때문이다. 이런 경우 영아는 즉시 살해되거나 길거리에 내던져져 죽음을 당했다. 설사 이 같은 가혹 행위로부터 살아남은 어린아이라 할지라도, 자라면 노예로 팔려 가는 경우가 다반사였다. 교육이라는 것이 존재하기는 했지만, 엉성하기 짝이 없었다. 어린이를 노예로 길러 내는 것이 교육의 전부였다고 해도 과언이 아니다.

로마 제국과 역동적인 복음의 만남

로마 제국이 잘 조직되어 있었기 때문에, 지중해 연안의 나라들에 복음이 재빨리 전파될 수 있었다. 불과 몇 세기 전만 하더라도,

복음이 이처럼 빠르게 전파되는 것은 불가능했을 것이다. 복음이 재빨리 전파될 수 있었던 또 다른 이유는, 초세기 사람들이 지닌 욕구를 복음이 잘 충족시켜 줄 수 있었기 때문이다. 그리스도교 공동체는 사람들에게 사회적인 혁명을 강요하지 않으면서 모든 사람을 다 받아들였다. 왜냐하면 하느님 앞에서는 모든 사람이 다 평등하고, 또한 그리스도는 모든 이를 구원하기 위해서 돌아가셨기 때문이다. 특히 적대적인 세상에서 버림받은 채로 살아가던 노예들과 가난한 이들과 여자들과 어린이들은 쉽사리 복음을 받아들였다.

그리스도교는 로마 제국의 시대적인 현상들을 거슬러서 반대했음에도 불구하고, 성장해 나가는 데에 방해를 받지 않았다. 그리스도교는 소수 특권층에게만 유보된 종교이기를 단호하게 거부했다. 그리스도교의 메시지를 살펴보면, 그리스도교가 또 하나의 종교로 취급받거나 비춰지는 것을 얼마나 거부했는지 잘 알 수 있을 것이다. 당시 로마 제국은 성의 문란과 극도의 사치와 탐욕으로 점철되어 있었는데, 복음이 주장하는 도덕적인 가르침은 로마 제국의 일반적인 특징이 되어 버린 이런 현상들을 반대했다. 또한 그리스도교는 로마 제국을 신성화하고 황제를 숭배하는 것을 단호하게 반대했다.

그리스도교의 이 같은 특징은 로마 제국과 그리스도교 사이에 끊임없는 갈등이 수백 년간 계속되리라는 사실을 명백하게 보여 주는 증거다. 다른 한편으로, 그리스도교의 이 같은 특징 때문에, 로마 제국의 사람들은 그리스도교 복음에 대해 지속적인 관심을 가졌다.

제2장
적대적인 세계 속의 그리스도인
(1~3세기)

▲ 콜로세움, 기원전 80년에 세워진 로마의 원형 경기장.

그리스도인들이 증가하자, 사람들은 그리스도인과 유다인을 구별했다. 하지만 로마 제국에서 특별한 지위를 누려 오던 유다인들은 자신들이 그리스도인들과 다르다는 사실을 사람들에게 이해시키기가 어렵다는 사실을 깨달았다. 그리스도교가 하나의 중요한 소수 종교 형태로 형성되어 갈 무렵에 그리스도인들에 대한 문제가 불거졌다. 그리스도인들이 거행하던 예식에 대한 악의적인 소문과 비밀이 무성해졌고, 사람들은 그리스도교를 두려워하게 되었다. 당시 사람들의 심리 상태를 엿볼 수 있는 증거가 있다. "그리스도교는 동방에서 생겨났으며 그리스도인들은 대부분 이민자들이다. 그들의 관습은 아주 낯설고 이상하다. 그들은 은밀하게 분파를 이루고 있다. 이 말이 무슨 뜻인지를 사람들은 잘 알 것이다!" 이것은 로마 제국이 왜 그리스도인들을 미워하고 그리스도인들에 대해 호감을 갖지 않았는지를 알려 주는 이유가 된다. 당시의 그리스도교 작가(호교 교부)들은 그릇된 여론과 로마 제국에 대항해서 그리스도교 공동체를 옹호하기 위해서 헌신적인 노력을 했다. 그러나 호교 교부들이 그리스도인을 박해하며 쫓아다니던 로마 제국의 병사들의 만행을 멈추게 할 수는 없었다.

Ⅰ. 그리스도교에 대한 사람들의 시선

그리스도교를 비난하는 작품들이 오늘날까지 많이 전해져 온다. 이 작품들 가운데에는 그리스도인들이 그리스도교를 비난하던 자들을 반박하기 위해서 인용한 것들도 있다. 그리스도교를 비난하는 작품 중에는 터무니없는 중상모략을 일삼는 작품들도 있었고, 지적·논리적으로 비난하는 작품들도 있었다.

1. 그리스도교에 대한 공통된 비난

그리스도인에 대한 비난에는 주로 다음과 같은 세 가지 종류가

있었다.[20)]

첫째, 그리스도인은 무신론자라는 것이다. 왜냐하면 그들은 전통적인 예식이나 황제 숭배를 반대하고 심지어 동방 종교들의 예식에도 참여하지 않았기 때문이다. 따라서 사람들은 그리스도인에게는 종교가 없다고 판단했다. 그리스도인들은 고대 종교에 대해 전혀 귀를 기울이지 않았는데 사람들은 이 때문에 도시의 안전이 크게 위협받고 있다고 생각했다. 그리스도인들에게 버림받은 신들이 복수를 해서 홍수와 지진과 전염병과 야만족들의 침입 같은 엄청난 재난이 닥칠 것이라고 생각한 것이다. 사람들은 그리스도인들이 당나귀를 숭배하거나 십자가형으로 죽음을 당한 도둑을 숭배하는 등 로마 제국이 금지하는 예식에 몰래 참여한다고 의심했다.

둘째, 그리스도인들은 근친상간을 한다는 것이다. 그리스도인들은 함께 저녁 식사를 하기 위해 모였는데, 사람들은 이것을 단지 난잡한 섹스 파티를 하기 위한 것이라고 생각했다. 그리스도인들이 서로 형제, 자매라고 부르면서 가증스러운 일을 자행한다고 여겼다.

셋째, 그리스도인은 식인종이라는 것이다. 그들이 의식 중에 살해된 어린이의 살과 피를 먹고 마신다고 사람들은 생각했다.

당시에 이 같은 중상모략이 팽배해 있었지만, 모든 사람들이 이것을 곧이곧대로 믿지는 않았다. 그럼에도 불구하고 그리스도인들은 오랫동안 엄청난 오해를 받았다.[30)] 저술가이자 통치자였던 소小플리니우스는 그리스도인들이 몰상식하고 터무니없는 미신을 믿는 자들이라고 비난했다.[29)] 역사가 수에토니우스Suetonius는 약 120년경에 쓴 작품에서 그리스도교를 새롭게 등장한 위험한 미신이라고 비난했고, 역사가 타키투스도 그리스도교를 혐오스러운 미신이라고 비난했다. 심지어 현자라고 일컬어지던 마르쿠스 아우렐리우스 황제마저도 그리스도인은 완고하기 짝이 없는 고집불통이라고 비난했다.[21)] 그런가 하면 풍자가 루키아누스Lucianus는 그리스도인들이 누구에게나 쉽게 사기당하기 쉬운 순진한 시골 촌뜨기라고 비난했다.

20) 그리스도인에 대한 악성 소문

약 200년경에 로마의 법률가 미누키우스 펠릭스Minucius Felix는 《옥타비우스Octavius》라는 대화 형식의 작품을 썼다. 이 작품에는 그리스도인 옥타비우스가 이교인과 벌인 논쟁이 담겨 있다. 이교인은 그리스도인에 대한 무시무시한 소문을 들려주는데 다음의 내용을 통해, 우리는 당시에 난무했던 소문이 어떤 것인지를 어느 정도 알 수 있다. 이에 대해 옥타비우스는 이교인에게 그리스도인이 진정 어떤 사람인지를 냉정하고 설득력 있게 설명한다.

소문에 따르면, 터무니없고 얼토당토않은 것에 속아 넘어간 그리스도인들이 당나귀의 머리와 동물의 심장을 숭배한다고 한다. 예비 신자 입교식에 대한 이야기는 한마디로 혐오스럽기 짝이 없는데 이 이야기는 널리 알려져 있다. 먼저 어린아이를 밀가루로 덮어씌운다. 그렇게 하는 것은 예비 신자들이 밀가루 부대 속에 들어 있는 것이 무엇인지 알아보지 못하게 하기 위해서다. 밀가루로 뒤범벅이 된 어린아이를 신비 예식에 처음으로 참여하는 예비 신자들 앞에 내놓는다. 예비 신자들에게는 밀가루 덩어리라고 속인다. 그렇게 해야만 예비 신자들이 그것을 때리고 구타하면서도 결코 나쁜 행위가 아니라고 믿을 수 있기 때문이다. 그리하여 결국 예비 신자들은 어린아이를 죽인다. …… 그들은 어린아이의 피를 게걸스럽게 핥아 먹는다. 그런 뒤 그들은 어린아이의 몸뚱이를 어떻게 분배할 것인가에 대해 논쟁을 벌인다. 어린아이를 죽임으로써, 그들은 모두 맹세하게 된다. 왜냐하면 그들 모두 범죄에 공모했기 때문이다. 그렇게 함으로써 그들은 서로 침묵을 지킨다. ……

사람들은 그리스도인들의 축제에 대해 잘 알고 있다. 다음과 같은 내용은 어디에서나 들을 수 있는 것들이다. ……
축제 때가 되면, 그리스도인들은 축제를 지내기 위해 남녀
노소 모든 가족을 데리고 모인다. 배불리 먹고 난 후 축제
분위기가 절정에 달하면, 술에 취한 그들은 근친상간을 저
지른다. 그들은 개를 횃불 기둥에 묶어 놓고서, 개에게 고
깃덩어리 하나를 던져 주며 물게 한다. 하지만 묶인 개가
닿을 수 없는 거리에 고깃덩어리를 던져 놓았기 때문에 개
는 고깃덩어리를 물 수가 없다. 그들을 현혹시켰던 불꽃이
점점 사그라져 가면 그들은 서로 부둥켜안고 난장판을 이
룬다. …… 설사 이 같은 일이 실제로 발생하지 않는다 할
지라도, 그들은 마음속으로 이런 짓을 한다. 왜냐하면 그들
은 마음속으로 그런 짓을 간절히 원하기 때문이다.

미누키우스 펠릭스, 《옥타비우스》, 9,6.
라브리올르Labriolle, 《이교도의 반응La Réaction païenne》, 91쪽에서 인용.

21) 순진하고 잘 속는 그리스도인

시리아의 사모사타 출신인 루키아누스(125년경~192년경)는
뛰어난 그리스어 저술가다. 여러 지역을 두루 여행한 그는 단편

작품들을 많이 남겼다. 그가 쓴 작품들은 주로 대화체 형식으로 되어 있다. 그는 당시 사회상을 아주 흥미롭게 그려내면서 체계화된 철학과 종교의 가치들을 비웃고 조롱했다. 《페레그리누스의 죽음》이라는 작품에서, 그는 허풍을 잘 떠는 사기꾼의 인생을 이야기한다. 사기꾼은 단 한 번의 만남으로도 쉽게 속아 넘어가는 그리스도인들을 등쳐먹는다. 이 이야기를 통해서 루키아누스는 그리스도인들이 얼마나 순진하고 어리석은지를 보여 준다.

가난하고 불쌍한 종자인 이들이 제일 먼저 확신하는 것은 자신들은 불사불멸하며 영원히 살리라는 것이다. 그 결과 그들은 죽음을 경멸하고, 심지어 자진해서 감옥에 갇히기도 한다. 게다가 그들에게 최초로 계명을 준 사람은, 그들이 모두 같은 형제자매라고 하면서 그리스의 신들을 부정하고 십자가형으로 죽음을 당한 궤변론자인 자신을 숭배하고 자신의 법을 따라야 한다고 주장했다. 그래서 이들은 모든 것을 경멸하고 모든 것을 공동의 소유라고 주장한다. …… 따라서 돌팔이나 사기꾼도 만일 기회만 된다면 언제든지 이 어리석고 순진한 이들을 협박해서 재산을 등쳐먹을 수 있을 것이다.

루키아누스, 《페레그리누스의 죽음 De Morte Peregrini》, 13.
라브리올르, 《이교도의 반응》, 103쪽에서 인용.

2. 철학자와 정치인들의 비난

사실 그리스도인에 대해 악의적인 소문을 퍼뜨린 사람들은 그리스도인에 대해 잘 알지 못했다. 그러나 점차 지식인들이 성경을 읽고 그리스도교를 집중적으로 연구하면서 그리스도교를 반박하기 시작했다. 켈수스Celsus(2세기)와 포르피리우스Porphyrius(3세기)가 그 대표적인 인물이다. 그들은 주로 다음과 같은 세 가지 관점에서 그리스도교를 맹렬하게 비난했다.

그리스도인은 무식하면서도 허세 부리는 가난뱅이[22]

그리스도교는 사회적으로 가난한 하층민을 신자로 포섭했다. 즉, 절망에 빠진 육체노동자, 베 짜는 직공, 신발 장수 그리고 무두장이 등에게 주로 접근했다. 또한 그리스도교는 잘 속는 여자, 어린이, 노예들을 집중 공략했다. 한편, 힘든 육체노동을 하지 않고 잘 사는 현명한 사람들은 로마 문명에 대해 커다란 자부심을 가지고 있었는데 그리스도교는 로마 문명의 가치에 대해 의심하면서 문제를 제기했다. 남편과 아버지보다 부인과 어린이가 로마 문명의 가치에 대해 더 잘 의심할 수 있다고 판단한 그리스도교는 주로 남편과 아버지의 권위를 약화시키고 무너뜨리려고 했다.

그리스도인은 나쁜 시민

그리스도인은 도시 종교의 예배에도, 황제 숭배에도 참여하지 않았다. 한마디로 그들은 '조상들의 관습'을 인정하지 않았다. 게다가 그들은 행정 기관 근무뿐만 아니라 군 복무마저도 거부했다. 따라서 그들은 정치나 로마 제국의 안녕에 전혀 관심을 갖지 않았다. 사실 켈수스가 그리스도인들을 비난하는 작품을 저술할 때, 마르쿠스 아우렐리우스 황제는 다뉴브 강가에서 게르만족과 전쟁을 하고 있었다. 만일 모든 사람이 그리스도인처럼 행동했더라면, 어떻게 로마 제국이 살아남을 수 있었겠는가? 아마도 십중팔구 금방 멸망해 버렸을 것이다.

그리스도교는 비합리적인 종교

켈수스와 포르피리우스의 그리스도교에 대한 비난 가운데 일부가 여전히 오늘날에도 그 위력을 떨치고 있다.[22), 23)] 예를 들어 그리스도교에는 말도 안 되고 터무니없는 '육화'라는 말이 있는데, 완전하고 불변하는 하느님은 결코 자신을 낮추어 어린아이가 될 수 없다는 것이다.

이러한 비난 외에도 다음과 같은 다른 비난들도 많이 있다. 왜 하느님은 그토록 늦게야 육화했나? 소크라테스와는 달리, 예수는 죽을 능력조차 없던 가난뱅이였다. 예수의 가르침이라는 것은 고작해야 이집트와 그리스에서 이미 오래전부터 전해 오고 가르쳐져 오던 내용을 그대로 표절한 것에 불과하다. 육신의 부활은 얼토당토않은 어불성설이다. 포르피리우스는 신약 성경과 구약 성경이 온통 신인동형설神人同形說과 같은 잔인한 이야기들로 꾸며진 허무맹랑한 책이라고 주장했다. 복음서에 나오는 평화의 하느님과 구약 성경에 나오는 전쟁을 좋아하는 하느님은 일치하지 않고 네 복음서에 나오는 그리스도의 수난에 대한 이야기도 서로 일치하지 않고 상반된다는 것이다.

그들에 따르면, 그리스도교 의식은 한마디로 비윤리적이었다. 물 한 방울로 모든 죄를 단번에 용서받는다는 세례야말로 악을 조장하고 부추기는 행위이고, 아무리 우의적으로 해석한다고 할지라도 성찬례는 식인종의 의식에 불과했다. 마지막으로 우리 시대의 현명한 사람들은 그리스도인에 대해 이렇게 말한다. 그리스도인은 서로 갈라져 싸우면서 자기들끼리 서로 단죄하는 자들이다.

22) 어느 현자의 반박

많은 교육을 받은 이교도 켈수스는 그리스도교를 체계적으로 연구했다. 그는 170년경에 그리스도교와 그리스도인의 행동을 체계적으로 비난하는 《참말》이라는 작품을 그리스어로 집필했다. 오늘날에도 켈수스의 비난이 공감을 얻을 수 있을까?

여기 어제 갓 태어난 새로운 인종이 있다. 그들에게는 고향도 없고 전통도 없다. 그들은 정의를 추구하는 모든 종교적·시민적 제도를 거부하고 파렴치한 행위로 악명이 높은 자들로, 세상 사람들로부터 온갖 비난을 받는다. 그들이 바로 그리스도인이다. ……

그들의 행동 강령은 다음과 같다. "교육을 받은 사람, 현명한 사람, 분별력 있는 사람과는 가까이 하지 마라. 왜냐하면 그런 사람은 자신들의 능력으로 우리가 악하다는 것을 단번에 알아챌 수 있기 때문이다. 그런 사람에게 접근하지 말고 어리석고 무식하고 교육을 받지 못한 사람과 어린이들에게 접근하라."

이처럼 어리석고 무식한 자들만이 하느님을 받아들일 자격이 있다고 말하는 것 자체가 바로 그들이 어리석고 멍청하다는 증거가 아닌가! 그들은 바보와 무식쟁이, 노예와 여자와 어린이들만을 유혹한다. …… (3권, 44)

하느님이나 하느님의 아들이 세상을 심판하기 위해 하늘에서 내려왔다는 주장은 얼토당토않고 허무맹랑한 말이다. 이런 주장은 반박할 가치조차 없다. 도대체 무엇 때문에 하느님이 내려왔는가? 사람들에게 무슨 일이 일어났는지 알아보기 위해 내려왔는가? 하느님은 모든 것을 다 알지 않는가? 만일 하느님이 모든 것을 다 안다면, 왜 사람들을 올바르게 교정하지 않는가? 그런 목적을 위해서라면, 특별히 간택한 이를 내려보내지 않는다 하더라도, 하느님은 신적 권능으로 그런 일을 할 수 있지 않겠는가? …… (4권, 2f)

하느님이 우리를 구원하기 위해 당신에 관한 지식을 우리에게 주고, 그 지식을 받아들이는 착한 사람은 구원받지만 받아들이지 않는 악한 사람은 벌을 받도록 했는가? 아주 오랜 세월이 지난 지금에야 하느님이 인간을 심판하겠다던 것을 기억한 것인가? 그전에는 하느님이 전혀 신경을 쓰지 않고 있다가 말이다. …… (4권, 7)

하느님은 선하고 아름답고 행복한 분으로서 가장 아름다운 상태로 존재한다. 만일 그런 상태에서 하느님이 사람들에게 내려온다면, 하느님은 선에서 악으로, 좋은 것에서 수치스러운 것으로, 행복에서 불행으로, 가장 좋은 것에서 가장 사악한 것으로 변화되었을 것이다. 누가 이 같은 변화를 선택하겠는가? 하느님은 이런 변화를 겪을 수 없는 존재다. (4권, 14)

만일 그리스도인들이 자신들에게 주어진 신들을 합당하

게 숭배하지 않는다면, 그들은 결혼 적령기가 되어도 결혼해서는 안 되고, 자녀를 낳아서도 안 되고, 인생을 살아서도 안 된다. 만일 그들이 자식을 낳지 않고 이 세상을 떠난다면, 그리스도인 종족들은 이 세상에서 완전히 사라져 버릴 것이다. 만일 그들이 결혼해서 자녀를 낳고 세상의 기쁨을 누리며 불행을 견뎌 내고자 한다면, 그들은 이런 것들을 위임받은 신들에게 합당한 숭배를 드려야 한다. …… (8권, 54)

만일 모든 사람들이 너희들(그리스도인)처럼 행동한다면, 황제는 혼자 쓸쓸히 남아 있을 수밖에 없으며, 법도 질서도 없는 야만족이 이 땅을 통치하게 될 뿐만 아니라, 신을 섬기는 일도 불가능하고 진리에 대해서 단 한 마디 말도 들을 수 없게 될 것이다. (8권, 68)

그리스도인은 온 힘을 다해 로마 황제를 숭배하고 적극적으로 지지해야 한다. 그리스도인은 로마 황제와 함께 정의를 위해 헌신하고 황제를 위해 기꺼이 싸워야 한다. 위험이 닥치면, 황제와 함께 전쟁에 나가야 한다. (8권, 73)

…… 만일 법을 지키고 신을 섬기도록 그리스도인에게 관직이 주어진다면, 그리스도인은 조국을 위해 근무해야만 한다. …… (8권, 75)

'켈수스, 《참말 Discursus verus》'을
오리게네스, 《켈수스 반박 Contra Celsum》(3세기 작품)에서 인용.

▲ 리옹에 있는 로마와 아우구스투스의 신전.

23) 모순투성이인 그리스도교

튀루스[16]에서 태어난 포르피리우스(234~305년경)는 헬레니즘 교육을 받은 유다인으로서 철학자 플로티누스Plotinus의 제자였다. 고상한 도덕을 중시했던 그는 밀교에 관심이 많았다. 그

---

16 튀루스는 페니키아의 항구 도시다.

는 자신이 쓴 《그리스도인 반박Adversus Christianos》이라는 작품에서 복음의 내용이 서로 불일치하고 그리스도교 교의에 모순된 내용이 들어 있다고 주장했다. 그가 특히 비난한 주된 내용은 그리스도의 강생과 부활이었다.

'신들이 동상 안에 살고 있다.'라고 생각할 정도로 그리스인들이 멍청하고 어리석다고 가정해 보자. 설사 그리스인들 가운데 그렇게 믿는 자들이 있다손 치더라도, 그들은 그리스도인들보다는 훨씬 더 순수하고 깨끗한 생각을 가진 이들이다. 그리스도인들은 신이 내려와서 동정녀 마리아의 태중에 들어가 태아로 있었으며, 태어난 후에는 여러 가지 오물로 뒤덮인 구유에 누워 있었다고 믿는다. ……

그(그리스도)는 대사제와 총독 앞에 붙잡혀 왔을 때, 자신이 신의 사람이라는 것을 증명할 수 있는 말을 전혀 하지 않았다. 왜 그랬을까? …… 그는, 사람들이 자신을 때리고 얼굴에 침을 뱉고 머리에 가시관을 씌우도록 내버려 두었다. …… 그가 하느님의 명에 따라 그런 고통을 당할 수밖에 없었다고 한다면, 그는 그런 벌을 받지 않을 수 없었을 것이다. 하지만 그가 자기를 심판할 판관인 빌라도 앞에서 무례한 말을, 강경하고 지혜로운 말을 하지 않았더라면, 그런 고통을 받지 않을 수도 있었을 것이다. 그 대신에 그는

> 자신이 길거리에 내던져진 폭도처럼 모욕을 당하도록 내버려 두었다.
>
> 참으로 놀랍고 엄청난 거짓말이 아닌가!(테살로니카 신자들에게 보낸 서간 4장 14절에 나오는 그리스도의 부활에 대한 내용을 가리킴).
>
> 만일 네가 이 같은 새빨간 거짓말을 이성이 없는 짐승(단지 으르렁거릴 수만 있는 짐승)에게 대고 노래한다면, 그 짐승은 네 귀청이 터져 나가도록 크게 울부짖을 것이다. 육체를 지닌 인간이 새처럼 공중을 날아다니고 구름 위로 물건을 운반할 수 있다고 생각하는 어리석은 인간의 생각에 대해 ……
>
> 라브리올르, 《이교도의 반응 La Réaction païenne》, 260쪽.

3. 그리스도인의 대응

반박에 직면한 그리스도인들은 여론을 계몽하고 자신들을 변호할 필요성을 느꼈다. 그리스도인들은 작품을 통해서 자신들의 신앙과 종교 예식을 분명하게 설명함으로써 자신들에 대한 오해를 불식시키려고 했다. 이런 작품들을 일컬어 '호교론'이라고 부른다. 호교란 옹호 또는 정당화라는 뜻이다.

호교 교부

호교 교부들은 그리스도교 신앙을 믿지 않는 사람들(황제, 통치자, 지식인, 여론)을 대상으로 작품을 저술했다. 그들은 그리스도교를 비난하는 사람들이 이해할 수 있는 언어로 작품을 써야 했으므로 그리스-라틴 문화적인 배경에서 작품을 저술했다. 그리하여 그리스도교는 그리스도교만의 고립된 문화를 깨고 나오게 되었다. 호교 교부들은 그리스도교를 헬레니즘화했고, 헬레니즘을 그리스도교화했다. 이렇게 함으로써 최초의 그리스도교 신학을 만들어 냈다.

대부분 많은 교부들은 이름만 남아 있다. 그들 작품 중 극소수만이 카이사레아의 에우세비우스를 통해서 후대에 전해졌다. 하지만 몇몇 주요 작품들은 온전하게 보존되었다. 로마에서 그리스도교 철학 학교(140~150년)를 개설한 유스티누스Justinus는 이방인과 유다인들에 맞서서 그리스도교 신앙을 옹호했다. 익명의 작가가 쓴 《디오그네투스에게 보낸 편지》에는 그리스도인은 세상의 영혼이라고 설명하는 아주 유명한 구절이 있다.[24] '그리스 인간학에서 영혼이 육체에 생명을 준다고 한 것처럼, 그리스도인은 세상에 생명과 의미를 준다.' 이런 식으로 저자는 하나의 거대한 문제, 곧 '그리스도인과 다른 사람들을 구별시켜 주는 것이 무엇인가?'라는 물음에 대답한다. 그리스도교 호교론 가운데 가장 유명한 작품은 카르타고의 테르툴리아누스가 저술한 《호교론Apologeticum》이다. 그는 자신의 모든 재능과 변호사로서의 열정을 쏟아서 이 작품을 197년경에 저술했다.

모든 호교 교부들은 그리스도인에 대한 부당한 비난과 박해 시대에 자행된 유죄 판결의 부당성을 일일이 지적했다. 그들은 그리스도인에 대한 모든 비난을 단계적으로 일소해 나갔다.

우리는 비밀이 없다

"우리는 우리의 모든 예식을 당신들에게 자세하게 설명할 수 있다."라고 호교 교부들은 주장했다. 유스티누스의 작품을 통해서 2세기의 그리스도인들이 거행하던 주요 예식들에 대해 알 수 있다. 또한 테르툴리아누스의 작품을 통해서 그리스도교 공동체가 당시에 어떻게 살았는지도 알 수 있다. 유스티누스와 테르툴리아누스에 따르면, 당시 사람들은 그리스도인들이 생쥐처럼 숨어서 지낸다고 비난했다. 이 같은 비난에 대해 그리스도인들은 다음과 같이 반박했다. "우리는 어디든지 자유롭게 간다. 우리도 당신들과 똑같이 행동하고, 똑같은 음식을 먹고, 똑같은 옷을 입는다. 하지만 당신들과 달리, 우리는 신전과 원형 경기장에 가지 않는다."

당신들이야말로 야비한 관습을 지녔다

로마 사회는 유아 살해와 낙태를 자행했다. 그런 악행은 그리스도인들에게는 금지된 행위였다. 그리스도인은 말했다. "당신들이야말로 성범죄를 부추기고, 신들의 엽기적인 연애 행각을 자랑삼아 떠벌리고, 자기 아내와 남의 아내를 서로 바꾸는 파렴치한 사람들이다 ……." 그래서 테르툴리아누스는 아예 로마 제국의 주요 관습들을 싫어한다고 드러내 놓고 말했다.

그리스도교는 합리적인 종교

호교 교부들은 그리스도교와 구약 성경의 관련성을 강조하면서 그리스도교가 그리스 철학보다 더 오래되었다는 사실을 증명해 보였다. 모세는 그리스 철학자나 사상가들보다 훨씬 더 오래전에 살았던 사람인데, 이 모세를 그리스 사상가들이 표절했다는 것이다. 도대체 당신들은 얼마나 많은 증거를 들이대고 얼마나 많은 말을 해야 알아듣겠는가? 하지만 그리스도교를 비난하는 켈수스는 모세가 오히려 이집트 사상가들을 표절했다고 주장했다. 그래서 호교 교부들은 그리스도교를 옹호하기 위해서 적극적으로 이교도의 종교를 반박했다. 그들에 따르면 이교도의 신들은 도덕관념이 전혀 없는 사악한 신들이다. 유스티누스는 "당신들이 만들어 놓고 믿는 신들의 관점에서 보면, 우리는 분명 무신론자다."라고 주장했다.

그리스도인은 착한 시민

초세기에 로마 제국은 그리스도인들에 대해 상반된 두 가지 견해를 가지고 있었다. 하나는 부정적인 견해이고, 다른 하나는 긍정적인 견해였다. 그리스도인들은 요한 묵시록에 나타나는 사상을 근거로 하여 로마 제국을 바빌론이나 짐승으로 해석하는 경향이 있었다. 왜냐하면 로마 제국이 우상을 숭배했을 뿐만 아니라 그리스도교를 박해했기 때문이다. 붕괴 직전에 있던 거대한 석상처럼, 로마 제국은 점점 멸망의 길로 접어드는 것처럼 보였다. 그래서 그리스도의 재림(파루시아)이 임박했다고 믿게 된 그리스도인들은 세상일에 전혀 관심을 갖지 않았다. 이런 점 때문에 로마 제국은 그리스도인들을 부정적으로 생각했다. 그러나 로마 제국이 그리스도인에 대해 긍정적으로 생각한 면도 있다. 로마 신자들에게 보낸 서간 13장 1절에서 7절까지와 베드로의 첫째 서간 2장 13절을 살펴보면, 호교 교부들이 그리스도인들에게 로마 제국에 충성하도록 강조하는 것과 같은 내용이 나온다. "황제를 신으로 간주하지는 않지만, 우리는 황제에게 복종하고 황제를 위해 기도해야 합니다. 우리가 가장 먼저 해야 할 일은 세금을 내는 일입니다."[25]

24) 세상 속의 그리스도인

《디오그네투스에게 보낸 편지》의 저자가 어떤 사람인지는 알 수 없다. 이 편지는 약 200년경에 알렉산드리아에서 쓰였다. 편지의 저자는 수신자인 이교도 디오그네투스에게 그리스도교의 가치를 심도 있게 설명하면서 그리스도교를 변호한다.

그리스도인들이 다른 사람들과 구별되는 것은 출신지가 다르다거나, 이상한 언어를 사용한다거나, 다른 특별한 옷을 입고 있기 때문이 아닙니다. 그들은 자신들만의 고유한 도시에 살지도 않고, 어떤 특별한 방언을 사용하지도 않으며, 그들의 생활에 특별한 것이라곤 아무것도 없습니다. 그들의 교리는 정신 착란자의 상상이나 꿈이 만들어 낸 것도 아니며, 그들은 다른 사람들처럼 인간적 학설을 내세우지도 않습니다. 그리스도인은 각자의 운명에 따라 그리스나 다른 도시에 흩어져서 사는데, 그들이 속해 있는 영적 세계의 특수하고 역설적인 법을 따라 살되, 의식주의 생활방식은 온전히 그 지방의 관습에 따라 삽니다. 그들은 각자 자신들의 나라에 살면서도 마치 나그네처럼 살아갑니다. 시민으로서 모든 의무를 수행하지만, 외국인처럼 모든 것을 참습니다. 그들은 모든 낯선 나라를 자신들의 고향처럼 생각하지만, 모든 나라가 그들에게는 타향과 같습니다. 모든 사람들이 하듯 그들도 결혼하여 어린아이를 가지지만 아기를 버리지는 않습니다. 그들도 음식은 서로 함께 나누지만, 잠자리는 함께하지 않습니다.

그들은 육체를 지니고 있으되 육체를 따라 살지는 않습

니다. 그들은 지상에 살고 있으나 하늘의 시민입니다. 그들은 기존 법을 따르지만, 그들의 생활방식은 그 법을 정복하여 완전하게 합니다. 그들은 모든 사람을 사랑하지만, 모든 사람들은 그들을 박해합니다. …… 그리스도인들은 사람들로부터 저주를 받으면서도 오히려 그들을 축복해 줍니다.

한마디로 영혼이 육체 안에 존재하듯이, 그리스도인은 세상에 존재합니다. 그리스도인이 세상의 모든 도시에 흩어져서 살듯이 영혼도 육체의 모든 부분에 존재합니다. 영혼이 육체 안에 있지만 육체에 속하지 않는 것처럼, 그리스도인들도 이 세상 안에서 살지만 이 세상에 속하지는 않습니다. …… 영혼이 굶주림과 목마름으로 극기할 때 진보하듯이, 그리스도인은 박해를 당할 때 날로 계속해서 증가합니다. 하느님이 그들에게 주신 지위는 그렇게 고상한 것이기에 그것을 포기할 수는 없습니다.

《디오그네투스에게 보낸 편지》*Epistula ad Diognetum*, 5~6.

25) 로마 제국의 통치자들을 위한 기도문

로마의 클레멘스가 코린토 신자들에게 보낸 편지(61~62쪽 참조)의 끝 부분에는 그리스도인이 자신들과 세상 모든 사람을 위해 기도하는 기도문이 실려 있다.

우리 조상들이 경외심을 갖고 '믿음과 진리 안에서' 당신께 부르짖었을 때[17] 당신께서 우리 조상들에게 응답해 주신 것처럼, 우리와 땅 위에 있는 모든 이에게 조화와 평화를 주소서. 우리도 전능하시고 지엄하신 당신의 이름에 순종하고, 땅 위에 있는 모든 통치자들과 지배자들에게 순종하게 하소서.

주님, 당신은 위엄과 비할 수 없는 권능을 통해서 그들에게 당신의 주권을 드러내 보이셨나이다. 우리로 하여금 당신께서 그들에게 주신 영광과 명예를 알게 하심으로써 우리도 또한 그들에게 순종하고 당신의 뜻을 거스르지 않게 하셨나이다. 주님, 그들에게 건강과 평화, 일치와 조화와 항구함을 주시어, 그들이 당신께서 주신 나라를 잘 다스리게 하소서.

로마의 클레멘스, 《코린토 신자들에게 보낸 편지》, 60,4~61,1.

---

17 시편 145,18(LXX 144,18); 1티모 2,7.

관직과 군에 복무하는 그리스도인

테르툴리아누스는 《호교론》에서 그리스도인들은 세상 어디에나 있다고 말한다. 심지어 군대에도 그리스도인이 있다고 한다.[26),27)] 그러나 이 작품보다 10년 뒤에 쓴 《월계관 De Corona》에서는 '군인의 영예에 대해' 다음과 같이 말한다. "그리스도인은 군대에 복무해서는 안 된다." 이 같은 부정적인 사고방식은 테르툴리아누스가 나중에 몬타누스주의에 빠져든 이후로 더욱 강렬해졌다. 몬타누스파들은 세상 종말이 임박했기 때문에 세상과 완전히 단절해야만 한다고 강하게 주장했다.[28)] 테르툴리아누스가 몬타누스주의에 물들었던 시기에 저술된 작품들에는 그리스도인이 군에 복무해도 안 되고 공직에 근무해도 안 된다는 견해가 강하게 드러나 있다. 심지어 그는 군인과 공무원을 세례 후보자로 받아들여서는 안 된다고까지 주장했다.

《사도 전승 Traditio Apostolica》에는 이들을 받아들여서는 안 되는 두 가지 이유가 나온다. 그 이유는 로마 제국의 관리들과 군인의 행동이 복음의 가르침을 거스를 수 있다는 것인데, 관리들은 언젠가는 이교도들의 종교 예식에 참여하지 않을 수 없고 군인은 폭력을 휘두르지 않을 수 없기 때문이다. 또한 총독은 죄인에게 사형을 선고하게 되고, 군인은 전쟁터에서 사람을 죽이게 되리라는 것이다. 칼을 가진 사람들이 어떻게 그것을 포기할 수 있겠는가? 군인의 경우에는 상황이 더욱 복잡해진다. 로마 제국에서는 군대를 지원병으로 충원했는데, 일단 군대에 들어가겠다고 서명한 사람은 보통 20년이 지나도 군 복무를 피할 길이 없었다. 그래서 그리스도인은 절대로 군대에 들어가겠다는 말을 하지 못하게 했다. 교회는 그리스도인에게 사람을 죽여서도 안 되고 맹세해서도 안 된다고 가르쳤다. 왜냐하면 그런 것은 우상 숭배에서 비롯된 것이기 때문이다. 그러나 이는 쉬운 일이 아니었다.

당시에 군 복무는 의무가 아니었다. 따라서 구태여 로마 제국으로부터 미움과 위험을 받으면서까지 군 복무를 반대하지 않는다고 하더라도, 그리스도인들은 군대 문제를 비껴갈 수 있었을 것이다. 사실 그리스도인들의 숫자가 그리 많지 않던 때에는 군대가 그리스도인들에게 큰 문제가 되지 않았다. 그러나 그리스도인들의 숫자가 증가하면서, 그리고 국경 지역에서 전쟁이 빈발하면서, 그리스도인들이 군 입대를 거부하는 것이 큰 문제로 부각되었다. 그러자 켈수스는 그리스도인들을 맹렬하게 비난했다. 그러나 313년의 밀라노 관용령으로 인해 교회에 평화가 찾아오자, 그리스도인들이 군대를 거부하던 모습도 점차 사라졌다. 우상 숭배의 위험이 없어졌기 때문이다. 하지만 그리스도인들이 군대에 많이 들어가게 되자 새로운 문젯거리가 생겨났다. 그것은 군대에서 사람을 죽인 군인들의 죄를 어떻게 깨끗이 씻어 주고 용서해 주느냐 하는 문제였다.

26) 테르툴리아누스의 주장: 그리스도교가 통치자들의 선익에 도움이 된다

변호사 출신인 카르타고의 테르툴리아누스(155년경~230년경)는 자신의 능력을 그리스도인들을 위해 봉사하는 데 사용했다. 박해의 위험과 죽음 앞에서도 전혀 두려워하지 않는 그리스도인들의 용기에 감탄한 테르툴리아누스는 마침내 그리스도교에 입문했다. 그가 남긴 작품들은 아우구스티누스(아우구스티노, 354~430년)의 작품이 나오기 전까지 라틴어로 된 그리스도교의 문학 작품들 가운데서 가장 중요하다. 테르툴리아누스의 작품들은 대부분 논쟁적인 성격을 띤다. 그는 그리스도인들의 덕행을 낱낱이 밝힘으로써 그리스도교를 변호하고 그리스도교에 대한 비난을 가차 없이 반박했다.

우리는 단지 어제 태어났다. 그러나 우리는 당신들의 세상 곳곳에, 곧 도시, 섬, 요새, 마을, 시장, 군대, 종족, 마을 의회, 궁전, 상원, 공회당에 가득 채웠다. 우리는 당신들에게 당신네 신들의 신전 외에는 아무것도 남기지 않았다!
…… 그리스도교에 대한 사악한 비난들을 반박하기 위해서, 나는 계속해서 그리스도교 사회의 특징을 증명해 보이겠다. 나는 그리스도교의 장점을 적극적으로 지적하겠

다. 우리 그리스도인들은 하나의 믿음으로 연결된 지체이고, 그리스도교 가르침으로 일치된 지체이며, 같은 희망으로 결속된 지체이다. 마치 전쟁터에 나가기 위해 소집된 군대처럼, 우리는 기도로써 하느님을 위해 싸우기 위해 뭉친 단체이다. 또한 우리는 황제를 위해 기도하고, 황제의 신하들과 로마 제국의 모든 이를 위해 기도한다. 게다가 우리는 세계 번영을 위해 기도하고, 평화가 증진되고 종말이 지연되도록 기도한다.

…… 이교도인들이 그리스도인들을 터무니없는 말로 비난하지만, 그들은 그리스도인들의 사랑 앞에 감탄하며 말한다. "보라, 그리스도인들이 얼마나 서로 사랑하는지!" 왜냐하면 그리스도인을 비난하고 욕하는 자들은 서로 미워하기 때문이다. 그들이 "보라, 그리스도인들은 참으로 서로를 위해 죽을 준비가 되어 있다!"라고 말하는 것은, 그들은 서로 죽이려고 혈안이 되어 있기 때문이다. 우리가 서로 '형제'라고 부르기 때문에, 그들은 우리를 싫어하고 미워한다. 하지만 내가 보기에는, 그들이 우리를 그토록 미워하는 이유는 그들이 단지 거짓 사랑 안에서 말뿐인 인척 관계를 이루고 있기 때문이다. 같은 모성의 법에 따라, 우리는 당신들의 형제다. 당신들은 인간이라고 말할 수 없을 정도로 나쁜 형제들이지만, 우리 모두의 어머니인 자연법에 따르면,

그래도 우리는 형제다.

하지만 훨씬 더 이성적으로 생각해 본다면, 사람들은 같은 신을 아버지로 고백하고 같은 거룩한 영 안에서 마시고 같은 무지의 태중에서 나와 고통스럽게 같은 진리의 빛을 찾아 나서는 사람들을 형제라고 부르고 형제로 간주한다는 사실을 알 수 있다!

…… 우리는 당신들과 함께 지내면서 당신들과 마찬가지로 똑같은 음식을 먹고, 똑같은 옷을 입고, 똑같은 생활을 한다. 따라서 우리가 살아가는 데에도 당신들과 마찬가지로 똑같은 것들이 필요하다. 우리는 인도의 브라만[18]도 아니고 외딴 숲 속에서 지내며 일상적인 삶을 멀리하는 은수자도 아니다. …… 우리도 당신들과 똑같은 세상에서 살고 있다. 우리는 당신들이 가는 광장과 시장, 목욕탕과 상점, 일터와 여관, 공판장과 그 밖에 장사하는 곳에 간다. 우리도 당신들과 함께 배를 타고 바다에 나가고, 당신들처럼 군대에 복무하고, 이 땅에서 일하고, 장사를 한다. ……

테르툴리아누스, 《호교론》, 37; 39; 42(약 200년경에 쓴 작품).

---

18 인도 사성四姓 중 제1계급인 승려 계급.

27) 그리스도인은 군인이 될 수 없다

테르툴리아누스는 그리스도인 군인들에게 전례 중에 화관[19]을 쓰지 못하게 하고, 그리스도인은 군에 복무해서는 안 된다고 말했다.

…… 칼을 사용하는 사람은 칼로 망한다고 주님께서 직접 말씀하셨는데, 어떻게 칼을 잡는 것을 합법적이라고 말할 수 있겠습니까? 그리스도인은 법에 호소해서는 안 되는데, 어떻게 평화의 아들이 전쟁터에 나간단 말입니까? 자신의 잘못은 벌하지 않으면서, 어떻게 쇠사슬과 독약을 사용하고 고문하고 처벌한단 말입니까? …… 예전에 이미 끊어 버리겠다고 맹세한 신전 앞에서 어떻게 보초를 다시 선단 말입니까? 어떻게 사도들이 가지 말라고 금지시킨 장소에 가서 식사를 한단 말입니까? 어떻게 벌건 대낮에 미친 듯이 싸웠던 군인들을 보호한답시고 그들을 위해 기꺼이 보초를 선다는 말입니까? 어떻게 그리스도의 옆구리를 찔렀던 바로 그 창에 기대어 휴식을 취한단 말입니까? 어떻게 그리스도께 대한 적개심으로 불타올랐던 군기를 들고 다닌단 말입니까?

테르툴리아누스, 《월계관 De Corona》, 11(210년경).

---

19 고대 로마에서 전공戰功을 기려 수여하던 화관을 뜻함.

28) 세례 후보자에게 금지된 직업

로마의 사제였던 히폴리투스Hippolytus는 3세기 초에 쓴 작품 《사도 전승》에서 전례 기도의 모델을 제시한다. 그는 이 작품에서 세례받을 사람들과 교회 직무를 맡을 사람들에게 필요한 조건을 나열한다.

…… 우상을 숭배하는 제관들이나 우상들을 경비하는 사람은 이를 그만두게 하며, (그렇게 하지 않는다면) 돌려보내야 한다.

권력 하에 있는 군인은 사람을 죽이지 못하게 한다. 만일 (그런) 명령을 받으면 이를 이행하지 않게 하며, 선서를 하지도 않게 한다.

만일 그가 (이런 조건을) 거부한다면 돌려보내야 한다. 만일 칼의 권세를 가진 사람이나 자줏빛 옷을 입을 정도의 지역 통치자라면 이를 그만두게 하며, (그렇게 하지 않는다면) 돌려보낸다. 군인이 되기를 원하는 예비 신자나 신자는 내쫓을 것이니, 이는 하느님을 경멸하는 일이기 때문이다.

히폴리투스, 《사도 전승Traditio Apostolica》, 16.

Ⅱ. 그리스도교 박해

애석하게도 호교 교부들은 박해자들을 설득하는 데 성공하지 못했다. 당시 사람들은 왜 자신들에게 엄청난 불행과 재난들이 닥쳤는지를 생각하면서 그 불행과 재난의 원인을 찾았다. 좀 더 쉽게 말하자면, 자신들에게 불어 닥친 불행과 재난에 대해 책임질 희생양을 찾았다. 사람들은 그 희생양으로 그리스도인들을 선택했다. 그 결과 그리스도교를 비난하는 중상모략과 비난들이 난무하게 되었고, 이는 그리스도인에 대한 분노와 폭동을 자극했다. 타오를 대로 타오른 사람들의 분노를 가라앉히기 위해서, 로마 제국은 비난받을 짓을 한 자들에 대해서는 법대로 처벌하겠다고 발표했다. 그리하여 그리스도교에 대한 박해가 시작되었다.

1. 박해와 순교

오늘날 많은 사람들은 박해와 순교라는 말을 들으면 무시무시한 고문과 피가 낭자한 장면, 그리고 카타콤바 지하 묘지로 경배하러 가는 그리스도인을 떠올린다. 물론 이런 것들이 어느 정도 일리가 있기는 하지만, 박해를 당하는 교회, 순교자들의 교회, 심지어 카타콤바의 교회라는 용어들이 지나치게 일반화되어 사람들의 의식

속에 자리 잡고 있다.

박해에 대한 여러 가지 의미

먼저 그리스도교가 300년 동안 계속해서 박해를 받지는 않았다는 사실을 밝혀 두고 싶다. 또한 우리가 생각하는 것과는 달리, 고대 로마 시대에는 박해에 대한 의식이 잘 정립되어 있지 않았다. 20세기 초에 프랑스는 반反성직자법을 발표한 적이 있다. 프랑스 가톨릭교회는 이것을 박해라고 부른다. 또한 우리는 '철의 장막'[20] 저편에서 그리스도인들이 박해를 받았다는 점을 알고 있다. 하지만 박해에 대해 이야기할 때, 폴란드, 헝가리, 러시아 사람들이 박해를 받았다고 말할 수 있는 것일까? 마찬가지로 고대 로마 시대에는 다양한 형태의 박해가 있었다. 최초의 박해인 네로 황제의 박해는 로마에서만 일어났지만 디오클레티아누스 황제 때의 박해는 로마 제국 전역에서 자행되었다. 마지막으로 그리스도인들이 300년 동안 카타콤바에 숨어 지내면서 신앙생활을 한 것은 아니다. 그리스도인들이 카타콤바를 사용하기 시작한 것은 3세기 초가 지나면서부터였다. 카타콤바는 토지 대장에 표시된 구역이었기 때문에, 그리스도인들이 박해를 피해 은신하는 피난 장소로 카타콤바를 결코 사용할 수 없었다. 따라서 그리스도인들이 초기 300년 동안에는 비교적 불안정한 상황에서 신앙생활을 해 왔지만 대체로 오랫동안

---

20 제2차 세계 대전 후 소련이 구축한 정치적·군사적·이데올로기적 장벽. – 편집자 주

종교적인 평화를 누렸다고 말할 수 있을 것이다.

순교자

순교자라는 말을 들으면, 우리는 흔히 여러 가지 복잡한 고문을 받고 죽은 사람을 떠올린다. 그러나 그리스어로 순교μαρτύριον(마르튀리온)는 '증언' 또는 '증거'라는 뜻이다. 순교자는 황제를 포함한 모든 이의 주님인 예수에 대한 자신의 신앙을 고백했다. 그리스도인은 결코 일부러 순교자가 되려고 하지는 않는다. 가끔 일부러 순교자가 되려고 한 사람도 있었지만, 대다수 그리스도인들은 박해를 피해 도망쳤다. 그러나 체포되면 그리스도인들은 끝까지 자신의 신앙을 증언하는 증거자가 되어 자신의 열정과 죽음으로 그리스도를 따랐다. 그리하여 순교자는 그리스도의 수난과 죽음에 동참함으로써 자신을 그리스도와 완전히 동일시했다. 따라서 포티누스Photinus는 게세마니 동산에 있는 예수가 되고, 블란디나Blandina는 십자가상의 예수가 되고, 상투스Sanctus는 고통받는 예수가 된다. 그리하여 순교자는 주님과 함께 부활한다.

가치가 서로 다른 이야기들

다양한 자료를 통해 우리는 박해에 대해서 자세히 알고 있다.[29), 30), 33), 31)] 비그리스도교 역사가들(타키투스와 소小플리니우스)이 써 놓은 기록과 키프리아누스Cyprianus(치프리아노)를 재판하고 단죄한 내용을 써 놓은 순교 행전이나 재판 기록 등을 통해서도 알 수 있다. 또한 177년 리옹에서 순교한 사람들의 순교록과 순교 현장을 직접 목격한 이들이 기록한 자료도 있다. 모두 매우 귀중한 자료들이다.

콘스탄티누스 황제가 313년 밀라노 관용령을 선포하자, 박해의 위험이 사라지고 그리스도교는 자유와 평화를 누리게 되었다. 교회는 순교자들을 높이 평가했고 많은 지역에서 그리스도교 공동체는 순교 자료를 수집·정리하면서 의심스러운 자료들을 적극적으로 가려내기 시작했다. 이 시기에 만들어진 몇몇 자료 가운데 신빙성과 진실성이 결여된 전설에 불과한 내용도 있다.

▲ 원형 경기장에서의 경기, 리비아의 모자이크.

2. 초기 2세기 동안의 박해

초기 200년 동안 그리스도인들은 박해를 당하지 않고 비교적 자유롭게 신앙생활을 했다. 이때까지는 아직 그리스도인들을 직접 겨냥한 박해 법령이 존재하지 않았다. 이 시기의 박해는 주로 지엽

枝葉적인 차원에서 이루어졌고 박해 기간도 대단히 짧았다. 여기서는 널리 알려진 박해에 대해서만 언급하겠다.

첫 번째 박해자, 네로 황제

역사가 타키투스는 네로 황제(54~68년)가 그리스도교를 박해했다고 기록했다.[29] 이 첫 번째 박해는 64년에 발생한 로마 화재 때문에 일어났다. 하지만 그리스도교 작가들은 로마 화재에 대해 막연하게 언급한다. 한편, 타키투스는 그리스도인들을 따라 다닌 악의적인 소문(로마 화재의 방화범)에 대해 언급하지만, 그리스도인들을 로마 화재를 일으킨 장본인으로 간주하지 않았다. 하지만 네로 황제는 그리스도인들을 로마 화재의 방화범으로 처벌했다. 이 박해는 로마에서만 자행된 것으로 추정된다. 전승에 따르면, 베드로와 바오로가 네로 황제의 박해 때 로마에서 순교한 것으로 전해진다.

---

[29] **네로 황제의 박해(64년)**

그 어떤 인간의 도움도, 황제의 아량도, 하늘의 힘도, 로마의 화재가 황제의 명령에 의해 발생했다는 소문을 잠재우거나 믿음을 없앨 수는 없었다. 그래서 그 같은 소문을 잠재우기 위해서, 네로는 화재의 범인을 바꿔치기하고서 극악무도한 방법으로 그리스도인들을 처벌했다. 그리스도인들이 저지르는 꺼림칙한 행동 때문에, 세상 사람들은 평소 그리스도인들을 증오했다. 그리스도교의 창설자인 그리스도는 티베리우스 황제 통치 때에 폰티우스 빌라도 총독의 재판으로 죽음의 형벌을 당한 자다. 이 사악한 종교는 이 질병의 본 고장인 유다에서 시작되어 세상에 있는 모든 무섭고 수치스러운 것을 다 끌어들이고 널리 전파되어 유행처럼 수도 로마에서조차도 극도로 창궐하고 있다. 그래서 먼저 이 신앙을 고백하는 자들이 체포되어 심문을 받았다. 체포된 자들의 진술로 토대로 하여 엄청나게 많은 사람들이 방화죄라기보다는 오히려 인류 증오죄를 선고받았다. 죽을 때까지 그들에 대한 조롱이 따라다녔다. 그들에게 맹수의 가죽을 덮어씌우고는 개들로 하여금 물어뜯어 죽게 했다. 그런가 하면 어떤 이들은 십자가에 매달고는 날이 저물면 밤을 밝히는 횃불처럼 불을 붙여 화형에 처했다. 네로는 자신의 정원에서 이 같은 구경거리를 보도록 허락했고, 전차 경기를 개최하여 마부 복장을 하고 군중들 사이를 돌아다니거나, 스스로 전차를 몰았다. 그러자 사람들은 그리스도인들에 대

▲ 네로 황제.

제2장 적대적인 세계 속의 그리스도인 135

> 해 동정심을 갖기 시작했다. 물론 이들은 죄인이고 가장 잔인한 벌을 받아도 마땅하지만 말이다. 왜냐하면 이들은 로마 제국의 안녕을 위해서 희생당한 것이 아니라 오직 한 사람의 만행 때문에 희생당한 것처럼 생각되었기 때문이다.
>
> 타키투스, 《연대기》, 15,44(115년경).

트라야누스 황제 시대의 박해

소아시아 지방의 북쪽에 있던 비티니아의 총독이던 소小플리니우스가 트라야누스 황제(97~117년)에게 서신을 보냈는데, 그 편지에는 비티니아 지방의 그리스도인들을 색출해서 처형한 내용이 담겨 있다.[30] 플리니우스 총독은 그리스도인을 좋지 않게 생각하고 심문했지만 별다른 혐의점을 발견하지 못했다.

그래서 그는 황제에게 다음과 같이 질문했다. "그들을 어떻게 해야 할까요? 그들이 스스로 그리스도인이라고 고백했다는 사실만으로 그들을 처형해야 할까요? 아니면 그들이 범죄를 저질렀다는 사실이 입증되면 처형해야 할까요?" 하지만 트라야누스 황제가 보내온 답신은 총독을 당혹스럽게 만들었다. "절차를 정하기 위해서 일반 규칙을 만들 수는 없다. 그리스도인을 추적해서 심문할 필요도 없고, 또한 익명으로 그리스도인을 고발하는 것을 믿을 필요도 전혀 없다. 그러나 끝까지 자신이 그리스도인이라고 주장하는 사람은 사형에 처해야 한다." 이 자료를 통해 플리니우스 총독이 이 문제의 처리에 대해 아주 난감해했다는 사실을 알 수 있다. 한편으로, 플리니우스가 보낸 서신을 통해 초세기 그리스도교 공동체의 삶에 대해서 자세하게 알 수 있다.

안티오키아의 이냐티우스 주교는 트라야누스 황제 시대에 순교했다. 이냐티우스가 로마로 압송되면서 쓴 일곱 통의 편지는 전해지고 있지만, 그가 순교한 장면에 대해서는 잘 알려지지 않았다.

30) 소小플리니우스 총독이 트라야누스 황제에게 보낸 서신

대大플리니우스는 나이가 지긋하고 박학다식했다. 그의 조카이자 양아들인 소小플리니우스 총독(61~114년경)은 변호사였고, 웅변가였으며, 정치가였다. 트라야누스 황제는 비티니아 지방의 총독으로 플리니우스를 임명했다. 정직하고 학식이 출중한 플리니우스 총독은 자신의 서간집을 발행했다. 이 서간집에 그가 트라야누스 황제에게 보낸 서신(111년경~112년)이 들어 있다. 이 서신에는 그리스도인에 대한 내용과 이들의 처리 방법에 대해 황제에게 문의하는 내용과 황제의 답신이 담겨 있다.

…… 그리스도인들을 심문해 봤지만, 저는 그들에게서 아무런 혐의점도 찾지 못했습니다. 그래서 저는 주로 어떤 형벌로 그들을 처벌해야 할지, 또 어떤 혐의로 그들을 조사해야 할지, 또 어느 정도까지 정상을 참작해 주어야 할지 …… 드러난 범죄가 없는데도, 단지 그리스도인이라는 이름 때문에 그들을 처벌해야 할지, 그렇지 않으면 그들의 이름과 관련해서 드러나지 않은 범죄 때문에 처벌해야 할지 모르겠습니다.

그동안 저는 그리스도인이라고 고발당한 사람들을 이렇게 처리했습니다. 제가 그들에게 "너희가 그리스도인이냐?"라고 물어 봤습니다. 만일 그들이 그리스도인이라고 고백하면, 저는 그들에게 그러면 처벌을 받을 것이라고 두 번 세 번 경고했습니다. 그래도 그들이 말을 듣지 않으면 저는 그들을 처형하라고 명했습니다. 저는 그들이 인정한 것이 도대체 무엇인지에 대해 더는 질문하지 않았습니다. 어쨌든 지나치게 완고하고 굽힐 줄 모르는 그들의 옹고집은 처벌받아 마땅합니다. 그런가 하면 개중에는 미치광이 같은 짓을 하는 자들도 있었습니다. 그런데 그들은 로마 시민들이었습니다. 그래서 저는 그들에 대한 내용을 적어서 로마로 보냅니다. …… 여러 지역에서 이와 같은 일들이 발생했습니다. ……

그리고 자신이 절대로 그리스도인이 아니고 그리스도인이 아니었다고 주장하는 사람들에 대해서는 저는 석방하는 것이 좋겠다고 생각했습니다. 그래서 그들이 제 지시에 따라 신들에게 기도를 바치고, 제가 법정으로 가져오라고 명한 당신의 석상과 신들의 동상에 분향하고, 술을 따르고, 기원을 드리게 했으며, 그리고 나서 그리스도를 저주하게 했습니다. 그런데 사람들에 따르면, 그리스도를 저주하는 것은 참으로 그리스도인이라면 절대 할 수 없는 일이라고 합니다. ……

그런가 하면 어떤 이들은 자신이 그리스도인 생활을 이미 오래전에 그만두었다고 이야기합니다. 어떤 이들은 3년 전에, 또 어떤 이들은 훨씬 더 오래전에, 어떤 이들은 심지어 20년 전에 그만두었다고 얘기합니다. 이들도 마찬가지로 당신의 석상에 숭배하며 신들의 석상에 숭배하고 그리스도를 저주하게 했습니다.

그런가 하면 그들은 자신들이 이런 식으로 잘못과 실수를 했다고 주장했습니다. 즉, 정해진 날이면 규칙적으로 날이 밝기 전에 모여서 신이라고 하는 그리스도에게 번갈아 가면서 기도를 바쳤다고 합니다. 그리고 앞으로는 어떤 범죄도, 도둑질이나 강도질이나 간통죄도 저지르지 않겠고, 약속도 어기지 않겠으며, 공탁금을 내라고 요구받으면 그것도 거절하지 않겠다고 스스로 맹세했습니다. 그들은 이렇게 하고 나서 헤어졌다가 다시 모여서 음식을 먹었는데, 이 음식은 일상적이고 아무런 해가 없는 것이었습니다. 그런데 그들은 저의 칙령이 반포된 이후로는 이런 짓을 하지 않겠다고 말했습니다. 저는 당신의 명령에 따라서 비밀 집회를 금지시켰습니다. 이 문제와 관련해서 여부제라고 불리는 두 명의 여자 노예들부터 더 조사해야겠다고 생각했습니다. 그래서 저는 고문을 하면서 과연 어디까지가 진실인지 살펴봤지만, 다른 혐의점은 찾지 못하고 단지 그것이 사악하고 지나치게 미신적인 종교라는 점만 발견했습니다.

그래서 저는 재판을 휴정하고 즉시 폐하에게 조언을 구합니다. 제 생각에 이 문제는 좀 더 심사숙고해야 할 문제라고 여겨집니다. 수많은 사람들이 위험에 빠져 있기 때문입니다. 남녀노소 신분과 귀천을 떠나서 모든 사람이 여기에 가담해 있고 앞으로 점점 더 위험이 증대될 것이라고 간주되기 때문입니다. 이 같은 사악한 종교가 도시뿐만 아니라 마을과 시골에까지도 급속히 번져 나갔습니다. 하지만 그것을 중단시키는 것이 가능하고 또 그렇게 하는 것이 옳은 일이라고 생각합니다. 어쨌든 분명한 사실은 그동안 텅 비어 있던 대부분의 사원들이 사람들의 발길로 북적거리게 되었을 뿐만 아니라, 잘못 남용되어 오던 종교 예식들도 서서히 다시 제자리를 잡아가고 있다는 것입니다. ……

소小플리니우스, 《서신》, 10,96.

플리니우스 총독에게 보낸 트라야누스 황제의 답신

　친애하는 나의 플리니우스, 그대가 그리스도인이라고 고발당한 사람들을 심문한 것은 당연히 해야 할 일로써 아주 잘한 일이다. (그러나) 절차를 정하기 위해서 일반 규칙을 만들 수는 없다. 그리스도인을 일부러 추적할 필요도 심문할 필요도 없다. 그리스도인이라고 고발당한 확실한 이들만 다음과 같은 엄격한 절차에 따라 처벌해야 한다. 즉, "그리스도인이 아니다."라고 고백하는 사람은, 비록 혐의가 있다 할지라도, 그 자체로 무죄가 입증되는 것이니, 우리의 신들께 희생 제사를 드리게 하고 자신의 잘못을 뉘우치는 대가로 용서해 주는 것이 좋겠다고 생각한다. 익명으로 그리스도인을 고발하는 것에 대해서는 전혀 믿을 필요가 없다. 왜냐하면 익명의 제보를 받아들인다면, 그것은 악한 표양이 될 뿐 아니라 우리 시대에 전혀 어울리지 않은 일이기 때문이다.

소小플리니우스, 《서신》, 10,96.

마르쿠스 아우렐리우스 황제 시대

철학자이며 황제였던 마르쿠스 아우렐리우스 시대(161~180년)에 호교 교부 유스티누스가 로마에서 순교했다. 그리고 요한 사도의 제자였으며 이레네우스의 교리교사였다가 후에 리옹의 주교가 된 폴리카르푸스는 스미르나에서 순교했다. 순교자들의 유해를 숭배하던 예식에 대해 역사적으로 최초로 증언한 이가 바로 폴리카르푸스였다. 순교자들이 순교한 날은 바로 천상에서 다시 태어나는 참된 출생의 날로, 이날을 기념하여 그리스도인은 순교자들의 묘지를 참배했다.

리옹의 그리스도인들은 아시아의 그리스도인들에게 편지를 보내, 177년에 발생한 리옹의 박해에 대해 자세하게 설명했다.[31] 카이사레아의 에우세비우스가 쓴 《교회사》에 그 내용이 실려 있는데 이는 우리의 심금을 울린다. 원인을 알 수 없는 폭동이 발생하자, 당국에서는 그리스도인 50여 명을 체포하여 처형했다. 순교자들 가운데에는 아흔 살이 넘은 포티누스 주교와 상투스라는 부제 그리고 제일 늦게 순교한, 몸이 허약한 노예 블란디나가 있었다. 갈리아 지방에 그리스도교가 존재했다는 역사적인 사실을 증언하는 가장 오래된 자료라는 점에서 이 편지는 중요하다고 할 수 있다.

31) 리옹의 순교자들(177년)

상투스는 어떤 질문을 하든지 언제나 "나는 그리스도인입니다."라고 라틴어로 대답했습니다. 자기 이름과 사는 곳, 그리고 어느 민족인지를 묻는 질문과 그 밖의 다른 모든 질문에도 항상 이렇게 고백했습니다. 이교도들은 그에게서 이 말 외에 다른 말은 전혀 들을 수가 없었습니다. …… 결국 더는 고문할 방법이 없게 되자, 그들은 빨갛게 달아오른 놋쇠 판을 그의 몸에서 가장 연약한 부분에 갖다 대고 지져댔습니다. 몸이 불타올랐지만, 상투스는 조금도 굴하지 않고 견디면서 그리스도의 옆구리에서 흘러나오는 천상의 생명수로 인해 더욱 굳건한 힘을 얻어 신앙을 굳게 지켜 냈습니다. 그의 가련한 육체에는 그가 당한 가혹한 고문의 흔적들이 생생하게 남아 있었습니다. 그의 몸은 온통 상처투성이고 난도질까지 당해 전혀 사람의 형상이 아니었습니다. 그의 몸 안에서 그리스도께서 고난을 받으시고 여러 가지 기적을 행하시어 적들을 패하게 하셨습니다. 그리고 남은 사람들에게 하느님 아버지의 사랑과 그리스도의 영광이 있는 곳에서는 아무런 고통도 없다는 모범을 보여 주셨습니다. ……

리옹의 주교직을 충실히 수행한 복된 포티누스는 아흔

살을 훌쩍 넘긴 고령으로 몸이 무척 쇠약했습니다. 그는 몸이 너무 허약해서 숨을 쉬기도 힘들 정도였지만, 정신만은 순교에 대한 열망으로 가득 차 있었습니다. 그는 스스로 재판정으로 끌려 나갔습니다. 고령인데다 병까지 있어서 몸은 곧 쓰러질 것처럼 약했지만, 아직 목숨이 붙어 있었습니다. 이제 그리스도께서 승리하실 것입니다. 그가 병사들에 의해 법정으로 끌려갈 때, 리옹의 당국자들과 군중들은 마치 그가 그리스도라도 되는 것처럼 호위했습니다. 군중들은 그를 향해 고래고래 고함을 질렀습니다. 그러자 그는 그들에게 고귀한 증언을 했습니다. 총독이 그에게 그리스도인들의 하느님은 누구냐고 묻자, 그는 대답했습니다. "당신이 알 만한 자격이 있다면, 알게 될 것입니다." ……

한편 블란디나는 말뚝에 묶인 채 맹수들에게 먹이로 내던져졌습니다. 그런데 짐승들이 그녀를 보고서도 전혀 공격하지 않았습니다.[21] 그녀는 십자가 형상으로 말뚝에 매달려서 열심히 기도하면서, 싸우고 있는 이들(순교자들)에게 용기를 주었습니다. 왜냐하면 그들은 고통 중에서도 눈을 들어 저 멀리 있는 그녀를 통해서 자기들을 위해 십자가에서 돌아가신 그분을 보았기 때문이고, 그분께서 당신을 믿는 사람들을 위로해 주시고 당신의 영광을 위해 고난을 받

---

21 블란디나는 말뚝에서 풀려 다시 투옥되었고, 다음 처형일을 기다려야 했다.

는 사람들은 누구든지 살아 계신 하느님과 함께 영원한 친교를 누리게 해 주실 것이라고 믿었기 때문입니다. ……

복된 블란디나는 마치 명문 가문의 어머니인 듯이, 자녀들을 격려하여 승리자처럼 당당하게 왕에게로 나아가게 했습니다. 그리고 나서 그 자신도 자녀들이 겪은 것과 같은 고난의 길을 따라갔습니다. 그녀는, 마치 맹수에게 내던져진 것이 아니라 혼인 잔치에 초대를 받은 것처럼, 기쁨과 환희 속에서 길을 떠났습니다. 그녀는 채찍질을 당하고 맹수에게 내던져지고 살이 불태워지는 고문을 당한 뒤, 그물 속에 갇힌 채 황소 앞에 내던져졌습니다. 결국 그녀는 황소의 뿔에 받혀서 의식을 잃고 아무런 고통도 느끼지 않은 채 세상을 떠났습니다.

그리하여 마침내 가슴속에 깊이 간직한 희망처럼 확고한 신앙으로 그리스도와 영원한 친교를 맺게 되었습니다. 이방인들조차도 그토록 고통스러운 고난을 많이 견뎌 낸 여인은 없었다고 말했습니다. ……

'리옹과 비엔나의 그리스도인들이 보낸 편지',
에우세비우스, 《교회사》, 5,1.

박해의 법적 근거?

그리스도교를 박해하는 법적 근거가 초기 200년 동안에는 존재하지 않았다. 로마 제국은 합법적인 종교와 불법적인 종교를 분명하게 구분했다. 유다교는 합법적인 종교였지만 그리스도교는 불법적인 종교에 속했다. 그러나 로마인들은 불법적인 종교에 대해 관용적이었으므로 3세기까지 로마 제국은 황제 숭배를 강요하지 않았다. 네로 황제도 그리스도교를 박해하는 결정적인 법을 입법화하지 않았다. 그러나 네로 황제의 그리스도교 박해는 역사적으로 박해에 대한 하나의 선례가 되었다.

박해에 대한 가장 그럴 듯한 설명은, 그리스도인이 현존하는 법질서의 테두리 안으로 들어오자, 통치자들이 그리스도인에 대해 자기 좋을 대로 해석했다는 것이다. 로마인들이 그리스도인을 반대하여 폭동을 일으키자, 당국에서는 그리스도인에게 법질서를 깨뜨린 책임을 떠넘겼고 그리스도인을 방화범과 살인범으로 간주했다. 당시의 정의에는 자비가 끼어들 틈이 없었다. 당시 사람들은 범죄자를 단죄해야만 나쁜 의도로 발생한 폭동이나 긴장 관계를 누그러뜨릴 수 있다고 생각했고, 폭동에 가담한 자들을 원형 경기장의 희생물로 제공하는 것이 당연하다고 생각했다.

▲ 데키우스 황제와 갈리에누스 황제.

3. 3세기의 박해: 박해 칙령

2세기 말부터 로마 제국의 튼튼한 제도가 무너져 내리기 시작했다. 내전과 국경 지역에서의 이민족의 침입, 인플레이션과 인구 감소 등으로 로마 제국이 흔들리기 시작했다. 그러자 황제들은 이 같은 혼란과 분열을 잠재우기 위해서 황제 숭배를 강조하면서 로마 제국을 굳건하게 결속시키려 했다. 그들은 지속적으로 로마 제국에 대한 충성심을 강요했지만, 그리스도인들은 결연히 반대했다. 결국 황제들은 로마 제국의 일치와 안녕을 위해 여러 가지 새로운 방법으로 반反그리스도교적인 법을 만들었다.

셉티무스 세베루스의 법령

세베루스Septimius 황제(193~211년)는 유다교나 그리스도교로 개종하는 사람들을 혹독하게 처벌함으로써 변두리 종교이던 유다교와 그리스도교가 발전하지 못하게 했다. 달리 말하자면, 교리 교육을 불법화하는 등 정책적으로 그리스도교를 원천 봉쇄했다(202년). 펠리키타스Pelicitas(펠리치타)와 페르페투아Perpetua가 순교한 것도 바로 이 때문이었다.[32] 페르페투아의 순교록을 통해서 이들이 모두 예비 신자였고 감옥에서 세례를 받았다는 사실을 알 수 있다(203년).

막시미누스 트락스Maximinus Thrax는 그리스도교의 지도자들을 닥치는 대로 잡아 죽임으로써 그리스도교를 뿌리째 뽑으려고 했다(235년).

32) 펠리키타스의 순교

노예였던 펠리키타스는 귀부인 페르페투아와 함께 감옥에 갇혔다가 순교했다(카르타고, 203년). 다음 내용은 두 사람이 어떻게 체포되어 순교했는가를 잘 보여 주는 것으로 자주 인용되는 글이다. 이 내용을 읽다 보면, 자신들의 신앙 때문에 순교를 당한 이들 안에 그리스도께서 현존하신다는 사실을 알 수 있다.

펠리키타스는 주님의 은총을 많이 받았다. 체포되었을 때, 그녀는 임신 8개월이었다. 경기(순교) 날이 점점 임박하자, 그녀는 임신한 것 때문에 자신의 순교가 연기될지도 모른다는 생각에 슬퍼졌다. 왜냐하면 임산부에 대한 처형은 법으로 금지되어 있었기 때문이다. 또한 나중에 범죄자들의 무리 속에서 자신이 티 없이 깨끗한 피를 흘리게 될 수도 있다는 생각에 두려워졌다. 순교만을 기다리던 동료들도 그처럼 훌륭한 동료, 같은 희망을 향해 자기들과 함께 여행 중인 친구를 홀로 남겨 두고 떠날지 모른다는 생각에 슬퍼졌다.

▲ 성 칼리스투스 카타콤베에 있는 통로.

경기가 있기 3일 전, 그들은 함께 주님께 기도드렸다. 기도가 끝나자마자, 펠리키타스는 산고로 괴로워했다. 임신 8개월째였던 그녀는 너무 힘들고 고통스러워 신음했다. 그러자 한 교도관이 그녀에게 말했다. "네가 지금 고통스럽다고 앓는 소리를 낸다면, 희생 제사를 드리기를 용감하게 거부한 너지만 맹수에게 던져질 때는 과연 어떻게 하겠느냐?" 그러자 펠리키타스가 교도관에게 대답했다. "비록 내가 지금 고통받고 있지만, 나와 함께 고통받는 분이 계십니다. 또 다른 분이 내 안에 계신데, 그분께서 나를 위해 고통을 당하실 것입니다. 내가 지금 고통받고 있는 것은 바로 그분을 위한 것입니다."

펠리키타스는 딸을 낳았는데, 어느 그리스도인 부인이 그 아기를 자신의 딸로 입양했다.

함만A. Hamman, 《피의 몸짓La Geste du sang》, 81쪽.

데키우스 황제 때부터 발레리아누스 황제 때까지

로마 제국의 변방 지역들이 끊임없이 이민족의 침입을 받자, 데키우스Decius 황제(249~251년)는 로마 제국의 시민들에게 충성을 다할 것을 강요하면서 제도적인 장치를 마련했다. 황제는 모든 시민이 로마 제국의 신들에게 제사를 드리고 증명서를 발급받아야 한다는 명을 내렸다(250년). 이것이 전국적인 규모로 그리스도교를 탄압한 첫 박해의 시작이었다. 데키우스 황제의 박해는 오랫동안 조용하고 평화롭게 지내던 교회에 갑자기 불어 닥친 박해로, 많은 그리스도인들이 순교했다. 하지만 로마 제국의 신전 앞에서 희생 제사를 드리고 증명서를 발급받은 그리스도인(배교자)들도 많았다. 우리는 카르타고의 키프리아누스 주교의 증언을 통해서 박해 기간에 배교했던 자들이 교회로 되돌아오면서 아프리카 교회를 엄청나게 뒤흔들고 분열시켰다는 사실을 알 수 있다. 박해 기간에 희생 제사를 드렸던 자들이 박해가 끝나자 교회로 되돌아오고 싶어 했고 이들을 어떤 절차와 조치를 거치게 한 후에 교회 안으로 다시 받아들일 것인가 하는 문제로 북아프리카 교회는 몸살을 앓게 되었다.

페르시아와 전쟁 중이던 발레리아누스Valerianus 황제(253~260년)는 로마 제국을 일치 단결시키려고 고심했다. 그가 보기에 그리스도인들은 적국 페르시아에 동조하는 첩자처럼 생각되었다. 그래서 257년, 발레리아누스 황제는 그리스도교의 성직자들을 체포하게 하고 공동묘지에서 거행하는 그리스도교의 예식과 집회를 모두 금지시켰다. 그리고 258년에는 로마 제국의 신들에게 희생 제물을 바치기를 거부한 그리스도인들을 사형에 처했다.[33)] 이 무렵에 카르타고의 키프리아누스, 로마의 식스투스Sixtus(식스토) 2세 주교(교황)와 그의 부제였던 라우렌티우스Laurentius(라우렌시오)가 순교했다.

33) 카르타고의 키프리아누스 주교의 순교록

갈레리우스 막시무스Galerius Maximianus 전임 집정관은 키프리아누스를 대령시키라고 명령했다. ……

전임 집정관: 그대가 타스키우스 키프리아누스인가?

키프리아누스: 그렇소.

전임 집정관: 그대가 이 불경스런 사람들의 교황[22]인가?

키프리아누스: 그렇소.

전임 집정관: 거룩하고 지엄하신 황제들께서 그대에게 로마 제국의 신들께 제사를 바치라고 명령을 내리셨다.

키프리아누스: 나는 그렇게 하지 않겠소.

전임 집정관: 그대를 위해서 하는 말이니, 잘 생각해 보라.

키프리아누스: 그대가 명을 받은 대로 하시오. 이처럼 명백한 상황에서 더 이상 생각할 필요가 없소.

갈레리우스 전임 집정관은 배심원들과 판결에 대해 몇 마디 상의한 뒤 마지못해 다음과 같이 판결문을 낭독했다. "그대는 오랫동안 불경한 삶을 살았고, 또 그대 주위에 많은 범죄자들과 미신자들의 무리를 끌어모았으며, 로마의 모든 신과 그분들께 드리는 예배 의식에 적대감을 드러냈다. 그리고 경건하고 거룩하올 발레리아누스 황제 폐하와

---

22 교황Pope은 '아버지'라는 뜻이며, 5세기까지는 모든 주교에게 사용되었다. – 필자 주

> 갈리에누스 황제 폐하, 그리고 공경하올 발레리아누스 부황제 폐하께서 그대에게 공적 예배를 드리라고 누차 명했지만, 그대는 이를 어기고 극악무도한 중죄를 지어 체포되었다. 그대는 엄청난 죄의 장본인이요 그런 범죄를 충동질한 자로서 그대와 사악하게 관계를 맺은 자들에게 본보기가 되었다. 그래서 그대의 피로써 법 기강을 확립하고자 한다." 이 말을 끝내고, 전임 집정관은 자기 자리에서 큰 소리로 다음과 같이 판결문을 낭독했다. "타스키우스 키프리아누스 주교를 참수형에 처하노라."
>
> 키프리아누스: 하느님, 감사합니다.
>
> 《키프리아누스 행전》.
> 함만, 《피의 몸짓》, 126~127쪽에서 인용.

폭풍 후의 고요

발레리아누스 황제는 페르시아와 전쟁을 하다가 체포되어 비극적인 죽음을 당했다. 그러자 그리스도인들은 황제의 죽음을 하느님의 처벌이라고 생각했다. 261년, 갈리에누스 황제(260~268년)는 그리스도교에 대한 관용령을 발표했다. 그리하여 그리스도교는 50년간 로마 전역에서 평화를 누렸다. 물론 몇몇 지역에서는 폭동이 발생하여 평화가 깨지기도 했지만, 그래도 그리스도교는 별 탈 없이 평화로운 시기를 보낼 수 있었다. 이 시기에 그리스도교가 크게 성장했는데, 가장 눈부시게 성장한 곳은 소아시아 지역이었다. 이들 지역에 수많은 교회 건물들이 세워졌다.

4. 로마 제국에서의 마지막 박해

전체주의 통치에 돌입한 로마 제국

285년, 권력을 잡은 디오클레티아누스Diocletianus 황제는 로마 제국의 통치력을 완전히 재건하기 위한 일련의 조취를 취했다. 황제는 로마 제국을 네 지역으로 구분하여 동방을 자신과 갈레리우스 부황제가 통치하고, 서방을 막시미아누스 황제와 콘스탄티우스 클로루스Constantius Chlorus 부황제가 통치하게 함으로써 사두四頭 체제를 확립했다. 그리고 96개의 속주屬州를 12개의 행정 단위dioceses로 묶어 나누었다. 또한 방대한 규모의 군대를 유지하고 거대한 건물들을 건설하는 데 소요되는 자금을 조달하기 위해서 시민들에게 가혹한 세금을 부과했다. 로마 제국은 전체주의적인 정치 제도에 따라 일사불란하게 움직였고, 그리하여 정의라는 이름으로 가혹한 행위들이 자행되었다. 황제 숭배 사상은 절정에 달했다. 황제가 왕관을 쓰고 왕권을 책임지고 전권을 행사했으며, 사람들은 황제에게 충성하고 황제를 숭배해야만 했다. 로마 제국은 이중적으로, 즉 정치적·종교적으로 복구 작업이 이루어졌는데 이같은 조치가 기존의 종교에는 엄청난 피해를 입혔다. 로마 제국은 황제 숭배를 거부하는 반대자들을 박해했다. 그 결과 마니교도들이 박해를 당했고(297년) 그 다음은 그리스도인들이 박해를 당했다.

로마 제국 전역으로 확산되어 나가는 그리스도교

일부 그리스도인 군인들이 황제 숭배를 반대하자, 디오클레티아누스 황제는 화가 치밀었다. 동방에서 디오클레티아누스 황제와 공동 통치를 하던 갈레리우스 부황제는 그리스도교가 로마 제국의 전통 기반을 크게 위태롭게 한다고 판단했다. 그리하여 가장 혹독하고 무시무시한 마지막 박해(303~305년)가 시작되었다. 303년 2월부터 304년 2월까지 그리스도교를 반대하는 칙령들이 잇따라 반포되었다. 새로운 칙령이 반포될 때마다 더욱 혹독한 내용이 추가되었다. 성경은 압수되었고, 전례 장소들은 파괴되었으며, 그리스도인들의 재산은 합법적으로 몰수당했다. 그리고 그리스도인들은 탄광촌으로 유배당하거나 사형을 선고받았다. 그리스도교를 반대하는 이 같은 칙령들이 여러 지역에서 전면적으로 실시되었다.

콘스탄티우스 클로루스 부황제가 통치하던 서방에서는 박해가 그리 크지 않아서, 갈리아 지역에서만 몇몇 교회들이 파괴되었다. 하지만 이탈리아와 스페인과 아프리카에서는 짧은 기간에 혹독한 박해가 발생했다(303~305년). 갈레리우스 부황제가 통치하던 동방에서는 박해가 장기간 자행되었다(303~313년). 그는 아무런 근거 없이 그리스도인을 중상모략 하는 온갖 악의적인 소문을 퍼트리면서 전무후무할 정도로 혹독하게 그리스도교를 박해하고 재판했다. 하지만 이미 로마 제국 전체 국민의 절반이 그리스도인이었다.

전환점

306년부터 디오클레티아누스 황제의 정치 제도가 무너지기 시작했다. 사두 체제가 무너지자, 일곱 명의 황제들이 로마 제국을 분할 통치했다. 그런데 이들이 자기들끼리 서로 싸우면서 로마 제국은 크게 동요했다. 콘스탄티누스가 등장한 것은 이 무렵이었다. 그는 서방에서 적대자들을 하나씩 물리쳤다. 312년, 콘스탄티누스는 밀비오 다리에서 막센티우스Maxentius를 물리치고 테베레 강을 건넘으로써 로마 제국의 내전을 종식시켰다. 그리스도교의 저술가들(락탄티우스Lactantius, 에우세비우스)은 콘스탄티누스가 전쟁에서 승리한 것을 두고 하느님이 직접 개입하여 도와줬기 때문이라고 설명했다. 콘스탄티누스는 "이 (십자) 표시로 승리하리라."라는 문구가 새겨진 십자가가 하늘에서 빛나는 것을 보았다고 한다. 그리스도교로 개종한 콘스탄티누스는 군기Labarum, 즉 황제의 깃발에 그리스도의 모노그램(그리스도의 상징)을 새겨 넣고 전쟁터로 나갔다.[23]

---

[23] 콘스탄티누스 1세가 처음으로 사용한 로마 제국의 군기이다. 이전에 로마 제국의 황제들이 사용하던 군기인 벡실룸vexillum을 그리스도교적으로 변화시킨 라바룸Labarum의 십자가 모양을 살펴보면 위에 P, 아래에 X 표시가 있다.

평화의 도래

서방에서는 이미 여러 해 전에 그리스도교 박해가 끝났지만, 동방에서는 박해가 계속되고 있었다. 그러나 무서운 질병에 걸려 죽음의 문턱을 헤매던 갈레리우스가 마침내 311년에 관용령에 서명했다. 하지만 갈레리우스의 후계자는 박해를 멈추지 않았다. 결국 동방의 새로운 지도자로 등장한 리키니우스Licinius가 결국에는 종교의 평화를 선언했다. 313년, 서방의 콘스탄티누스 황제와 동방의 리키니우스 황제가 함께 만나 박해를 종식시키는 종교 정책에 합의했다. 그 내용이 비티니아의 총독에게 보내는 편지에 들어 있다. 이것이 바로 우리가 전통적으로 알고 있는 '밀라노 관용령'이다.**34)** 밀라노 관용령은 로마 제국 전역에서 모든 로마 시민들이 자유롭게 자신들의 종교 예식을 거행할 수 있다고 선언했다. 그리스도인들은 박해 때에 몰수당한 건물들을 되돌려 받을 수 있게 되었다. 또한 로마 제국의 모든 종교들도 그리스도교와 똑같은 혜택을 누리게 되었다. 하지만 다른 종교들에게도 주어졌던 혜택은 이내 산산조각이 나서 흩어져 버렸는데, 이 시기가 그리스도교에 대해 아주 우호적이던 때였기 때문이다.

이는 그리스도(구세주)의 그리스어 철자 크리스토스Χριστός의 앞 두 글자 X(Chi)와 P(Rho)에 해당한다. 따라서 일명 '키로Chi-Rho' 십자가라고도 부른다. 4세기의 역사가 에우세비우스는 《콘스탄티누스의 생애》에서 "긴 창끝에 금박을 입히고, 창대에는 보석이 박힌 네모난 자주색 천이 걸려 있으며, 창 꼭대기에는 성스러운 글자 문양을 둘러싼 황금 화환이 있다."라고 묘사했다. 락탄티우스에 따르면, 콘스탄티누스는 밀비오 전투 전날 밤 꿈에서 십자가의 형상과 함께 "이 십자 표시로 승리하리라."라는 소리를 들었다고 한다.

313년은 그리스도교와 로마 제국에게 새로운 시대의 시작을 알리는 원년으로, 이때부터 사람들은 '콘스탄티누스의 교회', '그리스도교 제국'이라는 말을 하기 시작했다.

34) 비티니아 총독에게 보낸 편지(밀라노 관용령, 313년)

나 콘스탄티누스 황제와 나 리키니우스 황제는 제국의 부귀와 안녕에 관하여 논의하기 위해 밀라노에서 기쁘게 만났다. 우리는 종교와 하느님 숭배 의식에 관하여 우선적으로 논의하기로 결정했다. 왜냐하면 우리의 결정이 여러 모로 사람들에게 큰 도움이 될 것이기 때문이다. 우리는 그리스도인들과 다른 모든 사람에게 자신들이 선택한 종교를 따를 자유를 주기로 결정한다. 이것은 하늘에 계시는 하느님께서 우리 자신뿐 아니라 우리가 다스리는 모든 사람에게 복과 은혜를 내리시게 하려는 것이다. 그러므로 우리는 그리스도인들이나 다른 종교를 믿는 사람들에게도 완전한 자유를 주는 것이 정당하고 합리적이라고 판단했다. 그래야 우리가 깊은 경의를 표하는 그리스도교의 하느님께서 우리에게 변함없는 호의와 은혜를 내려 주실 것이다. 따라서 우리는 그

> 리스도인들에 관하여 전에 그대(총독)에게 내린 모든 규정을 철폐하는 바이다. 전에 내린 규정들은 우리의 너그러움에 반대되므로, 그것들을 폐지하는 것이 우리의 뜻이며 의지라는 것을 알아주기 바란다. 이제부터 그리스도교를 믿는 사람은 모두 완전히 자유롭게 믿을 수 있으며, 어떤 방식으로든 방해받거나 괴롭힘을 당하는 일이 없을 것이다. ……
>
> 락탄티우스, 《박해자들의 최후 De mortibus persecutorum》, 48.

순교자들의 숫자

얼마나 많은 그리스도인들이 순교했을까? 사람들은 수십만 명, 심지어 수백만 명의 그리스도인들이 순교했다고 말한다. 그러나 이 같은 숫자는 지나치게 과장된 것이다. 로마 제국 시대에 있었던 박해를 오늘날의 대량 학살과 비교해서는 안 된다. 오늘날의 역사가들은 지나친 과장을 거부하고, 단지 역사적인 기록으로 남아 있는 순교자들의 이름과 순교의 종류만을 갖고서 순교자들의 숫자를 계산하려고 한다. 하지만 이런 식으로 계산하면 순교자들의 숫자는 크게 줄어들 것이다. 역사가들은 마지막 박해인 디오클레티아누스 황제의 박해 때에 순교한 순교자들의 숫자가 3천 명을 넘지 않는다고 말한다.

순교자들의 숫자에 대한 진실은 순교자의 숫자를 지나치게 부풀리거나 지나치게 축소하려는 양 극단 사이에 들어 있을 것이다. 하지만 마지막 박해의 실상을 전해 주는 무시무시한 기록들을 자세하게 살펴본다면, 순교자의 숫자를 어느 정도는 정확하게 헤아릴 수 있을 것이다.

양심의 자유를 지킨 증거자들

그리스도교의 뿌리를 이루는 순교자와 증거자라는 단어의 의미를 살펴보는 것이 순교자의 숫자를 헤아리는 것보다도 훨씬 더 중요하고 흥미로운 작업일 것이다. 순교자들은 예수를 증거한 증거자들이다. 하지만 우리는 오늘날까지 그 시대를 특징짓던 모든 증거자들 가운데에서 순교자들만을 가려낼 수는 없을 것이다. 그들 모두가 전체주의 권력 앞에서 양심의 자유를 지킨 증거자들이다.

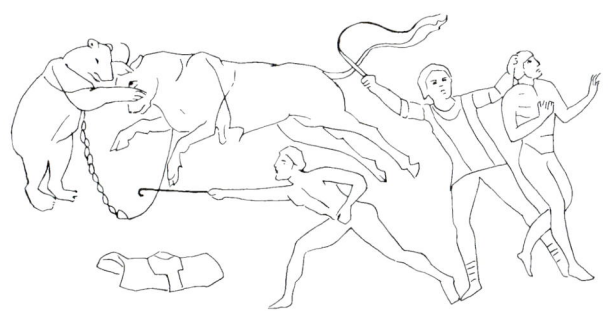

▲ 원형 경기장에서의 경기, 리비아의 모자이크.

제3장
초세기 그리스도인의 모습
(1~3세기)

▲ 착한 목자, 도미틸라의 카타콤바.

그리스도인이 된다는 것은 예수의 기쁜 소식을 받아들여 자신의 삶을 변화시키는 것을 의미한다. 복음의 말씀이 세상 곳곳으로 퍼져 나갔고 강둑에서는 세례가 베풀어졌다. 그러나 그리스도인은 개인적으로 고립된 채로 살지 않았다. 그리스도인은 하느님의 새로운 백성, 즉 교회라는 공동체에 속해 있었다. 예수는 사회의 규칙을 만들지 않았고, 오순절 날 사도들도 규칙을 만들지 않았지만, 그리스도인으로서 살기를 원하는 사람들은 함께 모여 그리스도교의 조직을 만들어 냈다. 집회 장소가 필요했고, 미래의 그리스도인은 예수의 선물을 받아들이기 위해서 예비 신자 교리 교육을 이수해야만 했다. 또한 그리스도인은 정기적으로 함께 모여 성찬례를 거행했는데 그 결과 성찬례에 대한 규칙들이 하나씩 등장했다.

이 장에서는 초대 교회 신자들의 내적 삶, 즉 세례를 통한 그리스도교 입문과 성찬례 거행, 기도와 공동체의 의무, 로마 제국 전역으로 퍼져 나간 그리스도인들 사이에 존재했던 유대 관계와 긴장 관계 등이 어떻게 조직되었는가를 집중적으로 살펴보겠다.

Ⅰ. 전례와 기도

1. 전례 장소의 이동: 가정집에서 공공장소로

초대 교회 때 그리스도인들은 부유한 그리스도인의 큰 집에 모여서 기도했다. 동방에서는 그리스도인들이 조용하고 은밀한 곳을 집회 장소로 사용했는데 이 경우에 주로 그 집에서 제일 높은 곳에 있는 방을 사용했다(사도 20,7-11 참조). 서방에서는 부유한 신자의 집 거실을 주로 이용했다. 세례 장소로는 목욕탕이나 세면대를 이용했는데 원래 '세례대'라는 말이 처음에는 연못과 침수 세례를 의미했다. 얼마 후에 그리스도인들은 야외나 정원이나 공동묘지에 있는 폐쇄된 장소에서 만났고 2세기 말부터는 집을 오직 전례 장소로만 사용하도록 기증했다.

실질적으로 교회 건물이 건축된 것은 3세기 중엽부터로, 가장 오래된 교회 건물은 유프라테스에 있는 두라 에우로푸스의 가정 교회다(250년경). 디오클레티아누스 황제 시대에는 이미 그리스도교를 위해 기증된 건물들이 많이 있었다. 그래서 황제는 박해 초기에 교회 건물을 모두 파괴하도록 명했다.

2. 그리스도교 입교

'그리스도교 입교'라는 말은 오늘날 우리가 잘 알고 있는 것처럼 세례성사, 견진성사, 그리고 첫 영성체(성체성사)를 포함한 모든 준비 과정을 의미한다.

그리스도교 입교를 위해서 예수의 제자들은 유다교에서 물려받은 전통 관습에 따라 물에 잠기는 것(浸水)을 채택했다. 제자들은 개종과 정화라는 전통적인 의미에 새로운 의미를 부여했다. 유일무이하고 결정적으로, 세례는 성령을 통해서 재생을 가져다주었다.

그리스도인은 그리스도의 죽음과 부활을 체험해야만 했다(로마 6,2-11; 갈라 3,27; 콜로 2,11-13 참조). 그리스도인이 되고자 하는 사람은 누구나 자신의 죄를 뉘우치고, 계명을 지키고 복음을 받아들이고, 구세주 그리스도에 대한 신앙을 선포해야만 했다. 이것은 그리스도인이 되기 위한 준비 과정이었다. 그런데 처음에는 이 같은 신앙 고백의 내용이 아주 짧고 간단했다.

오늘날과 달리 중앙 집권적으로 조직화되지 않았던 초대 교회에서는 세례의 준비 과정과 예식이 시대와 장소에 따라 서로 다르고 다양했다.[36)] 우리는 히폴리투스의 《사도 전승》을 통해서 3세기 말에 로마에서 거행되던 전례에 대해 자세하게 알 수 있다. 이 시기에는 세례 준비나 예비 신자 교리 교육이 3년 동안 이루어졌다.

예비 신자 후보자들은 신자들의 추천을 받아야 했다. 그리스도인들은 예비 신자들을 위해 후견인 역할(대부·대모)을 하면서 그들에게 좋은 품행을 보여 주어야 했다.[28)] 우상 숭배나 부도덕한 행위와 관련된 직업을 가진 사람들은 예비 신자가 되기 전에 그 직업을 포기해야 했다.

세례 준비 과정인 '예비 신자 교리 교육' 기간에는 교의와 윤리에 대한 내용을 주로 가르쳤다. 그 내용은 쉽게 기억할 수 있도록 문답식으로 되어 있었다. 교리 문답은 복음의 내용(케리그마)을 전달받고 깨우친 사람들이 그 내용을 쉽게 이해할 수 있도록 만들어졌다. 예를 들면, 사도행전에 나오는 베드로와 바오로의 연설이 이에 해당한다. 히폴리투스의 증언에 따르면, 예비 신자 교리 교육은 주로 '교사'가 실시했다. 교사는 성직자나 평신도가 될 수 있었다. 예비 신자 교리 교육의 각 단계마다 기도와 교사의 안수가 행해졌다. 예비 신자 교리 교육의 마지막 단계에서 세례 후보자들은 그동안 자신의 삶이 어떻게 변화되었는지 그 진척 과정을 알아 보는 시험에 통과해야만 했다.

　세례받기 전 성금요일에 예비 신자들은 공동체의 다른 이들과 함께 모여서 단식을 했다.[35] 마지막 준비 과정인 이 모임에서, 주교는 성토요일에 세례 후보자들에게 안수해 주고, 그들의 죄를 용서해 주고 그들의 얼굴에 숨을 불어넣어 주고, 이마와 귀와 코에 십자 표시를 해 주었다. 예비 신자들은 토요일 밤부터 일요일까지 밤새 깨어 있으면서 강의를 듣고 교육을 받았다.

　그리고 나서 파스카 한밤중인 부활 성야에 세례 예식이 거행되었다.[36] 주교가 마지막으로 안수를 해 주고 도유를 해 주면 세례자들은 다시 옷을 입었다. 이것은 오늘날 견진성사의 근원이 되었다. 그런 다음 새 영세자들은 곧바로 성찬례에 참여했다. 이 성찬례로 그리스도교 입문 예식이 끝을 맺었다. 세례식 다음날에는 보통 흰옷을 입었다. 어떤 교회에서는 새 영세자들이 나뭇잎으로 만든 화관을 머리에 쓰고 우유와 꿀을 마셨다. 새 영세자는 하느님의 나라인 교회 안으로 이제 막 들어왔기 때문이다.

　세례식은 주로 성인들을 대상으로 이루어졌지만, 어린이들은 나이에 상관없이 부모가 세례를 받을 때 함께 받을 수 있었다. 그런가 하면 부모가 이미 신자일 경우에는, 그들의 자녀인 어린이들은 나중에 따로 세례를 받았다. 그런데 많은 교부들이 어린이 세례를 반대했다. 카르타고 출신으로 논쟁적인 변호사였던 테르툴리아누스는 다음과 같이 말했다. "사람은 그리스도인으로 태어나는 것이 아니라 그리스도인이 되는 것이다."

35) 세례(2세기)

《디다케》는 2세기 초에 시리아에서 편집된 일종의 설교용 책자다. 전례와 사목에 관한 규정 외에 '두 가지 길(생명의 길과 죽음의 길)'이라는 주제에 대한 윤리적인 예비 신자 교리 내용이 들어 있다.

세례의 절차는 다음과 같습니다. 이 모든 것을 먼저 말해 주고 나서 "성부와 성자와 성령의 이름으로 세례를 줍니다."라고 말하면서 흐르는 물에 세례받는 사람의 몸을 잠그십시오. 만일 흐르는 물이 없으면, 보통의 물에 잠그십시오. 이 경우에 찬 물이어야 하지만, 그마저도 없으면 더운 물을 사용하십시오. 둘 다 없으면 "성부와 성자와 성령의 이름으로 세례를 줍니다."라고 말하면서 물을 머리에 세 번 뿌리십시오. 세례 전에 세례를 주는 사람과 세례를 받는 사람은 모두 미리 단식을 해야 합니다. 그리고 다른 이들도 할 수 있으면 (미리 단식을 하십시오). 당신은 세례를 받는 사람에게 하루나 이틀 전에 단식하라고 명하십시오.

《디다케》, 7.

36) 세례(3세기)

3세기 초, 로마의 사제였던 히폴리투스는 로마의 주교들(제피리누스, 갈리스투스Callistus)과 여러 가지 문제로 다투다가 결국 자신의 지지자들을 모아 교회를 세우고 최초로 대립 교황이 되었다(우르바누스Urbanus와 폰티아누스Pontianus 교황 재임 때). 그가 남긴 작품에는 《모든 이단 반박Refutatio omnium haeresium》과 성경에 대한 주석들과 《사도 전승》이 있다. 《사도 전승》에는 로마 교회 공동체의 전례 관습에 대한 내용들이 자세히 설명되어 있다.

수탉이 울 시각에 먼저 물에 기도한다. …… (세례받을 사람들은) 옷을 벗도록 하며, 너희는 어린이들에게 먼저 세례를 베풀도록 한다. 말할 수 있는 사람은 모두 스스로 대답하고, 말할 수 없는 (어린이들의 경우에는) 부모나 그들 가족 중 한 사람이 그들 대신 대답한다. 먼저 남자들에게 세례를 주고, 그 다음에 여자들에게 세례를 주는데, 여자들은 모두 머리를 풀고 몸에 걸친 금이나 은으로 된 장신구를 벗어 놓도록 하니, 어느 누구도 다른 어떤 것을 걸치고 물에 들어가지 말아야 한다.

세례를 베풀기 위하여 정해진 시간이 되면, 감독자는 기름에 감사의 기도를 바친 다음 그릇에 담을 것이니, 이를 감사의 기름이라 부른다. 그리고 다른 기름을 들고 구마식을 할 것이니, 이를 구마의 기름이라 부른다. 한 봉사자는 구마의 기름을 가지고 장로의 왼편에 서고, 다른 봉사자는 감사의 기름을 가지고 장로의 오른편에 선다.

장로는 세례받을 사람들을 한 사람씩 잡고 (다음과 같이) 말하면서 끊어 버리도록 명한다. "사탄아, 나는 너와 너에 대한 모든 숭배와 모든 (미신적인) 행위를 끊어 버린다."

각자가 끊어 버리겠다고 (대답하면), (장로는) 각자에게 "모든 (사악한) 영이 그대에게서 떠나갈지어다."라고 말하면서 구마의 기름을 바른다. 이러한 모양으로 세례받을 사람은 세례에 사용될 물 옆에 서 있는 감독자나 장로에게 벗은 채로 인도된다.

봉사자는 이러한 모양으로 그와 함께 내려간다. 세례받을 사람이 물에 내려가면 세례를 베푸는 이는 그에게 안수하면서 "전능하신 하느님 아버지를 믿습니까?" 하고 묻고 세례받을 사람은 "믿습니다."라고 대답한다. 그러면 즉시 그의 머리에 안수하면서 한 번 침수시킨다.

그 다음 "하느님의 아들 예수 그리스도, 성령으로 인하여 동정녀 마리아에게서 태어나시고, 폰티우스 빌라도 치하에서 십자가에 못 박혀 돌아가시고 (묻히셨으며) 사흘날에 죽은 이들 가운데서 부활하시고 하늘에 올라 성부 오른편에 앉으시고 산 이와 죽은 이들을 심판하러 오실 것을 믿습니까?" 하고 묻는다. 그가 "믿습니다."라고 대답하면, 그를 다시 침수시킨다.

그리고 다시 "성령과 거룩한 교회와 육신의 부활을 믿습니까?" 하고 묻는다. 세례받는 이가 "믿습니다."라고 대답하면 세 번째로 그를 침수시킨다.

그 다음 그가 (물에서) 올라오면, 장로는 성화된 기름을 그에게 바르면서 "나는 예수 그리스도의 이름으로 당신에게 성유를 바릅니다."라고 말한다. 이렇게 하여 한 사람씩 몸을 닦고 옷을 입게 한 다음 성당 안으로 들어가게 한다.

감독자는 그들에게 안수하면서 이렇게 기도한다. "이들을 성령으로 말미암은 재생의 목욕을 통하여 죄의 용서를 얻기에 합당한 사람들이 되게 하신 주 하느님, 당신의 은총을 이들에게 내려 주시어 당신의 뜻에 따라 당신을 섬기게 하소서. 영광이 성부와 성자와 성령께, 처음과 같이 이제와 항상 영원히. 아멘."

> 그 다음에 (자기) 손에 성화된 기름을 부어 (세례자의) 머리에 안수하면서 "전능하신 주 성부와 예수 그리스도와 성령 안에서 성유를 그대에게 바릅니다."라고 말한다.
>
> 그리고 이마에 (십자) 표시를 해 주고 입맞춤을 하면서 "주님께서 그대와 함께."라고 하면, 표시를 받은 사람은 "또한 당신의 영과 함께."라고 대답한다. 이렇게 각 사람에게 하도록 한다.
>
> 그 다음 그들은 비로소 회중과 함께 기도하게 되니, 이 모든 (예식을) 거치기 전에는 신도들과 함께 기도하지 못하게 되어 있기 때문이다. ……
>
> 히폴리투스, 《사도 전승》, 21.

3. 주님의 부활을 기념하는 성찬례

그리스도인들은 주일마다 함께 모여서 주님의 부활을 기념했다. 태양의 날(주일)은 한 주간의 첫날이고, 안식일은 한 주간의 마지막 날인데, 그리스도께서는 한 주간의 첫날에 새롭게 창조하셨다. 그리하여 태양의 날은 여덟 번째 날이자 시간의 완성을 뜻하게 되었고 또한 그리스도 재림의 표지가 되었다.

부활절

주님의 부활을 다른 어떤 것보다도 더욱 장엄하게 기념하는 날이 있었다면, 그것은 부활 축일이었다. 처음에는 부활 축일을 동방의 그리스도인들만 기념했고, 서방의 그리스도인들은 매 주일을 기념했다. 그러다가 결국 2세기 말에 이르러 모든 그리스도인이 부활 축일을 기념하게 되었다. 하지만 '언제 부활 축일을 지낼 것인가?' 하는 문제에 대해서는 논란이 많았다. 일부 동방 교회[24]에서는 유다교의 전통을 고수하여 니산 달(히브리 달력의 첫 번째 달) 14일에 부활 축일을 지냈다.[25] 하지만 알렉산드리아 교회와 로마 교회를 포함한 대부분의 교회에서는 일요일에 부활 축일을 지냈다.[26]

몇 차례 논쟁이 거듭된 뒤, 190년경에 리옹의 주교이던 이레네우스가 중재자로서 부활 축일 논쟁을 가라앉히고자 노력했다. 나중에는 주일에 부활 축일을 지내는 전통이 모든 교회에서 보편화되었다.

---

[24] 요한의 전통을 따르는 아시아 교회.
[25] 아시아 교회에서는 무슨 요일이든 상관없이 오로지 니산 달 14일에 부활 축일을 지내는 것이 중요했다. 이것은 그리스도께서 돌아가신 날짜에 근거를 둔 것이다.
[26] 부활 축일 문제로 적잖은 논쟁이 발생했다. 폴리카르푸스 주교가 로마로 빅토리우스 1세 교황을 찾아가 부활 축일에 관한 문제로 논쟁을 벌였는데, 교황은 만일 아시아 교회가 니산 달 14일을 고집한다면 단죄하겠다고 위협했다. 나중에 두 사람은 화해했지만, 부활 축일에 관해서는 의견의 일치를 이루지 못했다.

▲ 항아리와 빵은 성찬례, 공작은 불사不死, 고래와 닻은 희망을 상징한다.

성찬례

성찬례라고 일컫는 최후 만찬 전례는 그리스도인들이 지내는 주일과 장엄한 부활 축일 예식의 핵심이었다. 최후 만찬을 통해서 그리스도인들은 예수의 죽음과 부활을 함께 기념하고 함께 나눴다. 신약 성경은 '빵을 쪼개는 예식(성찬례)'이 어떻게 발전했는지에 대해 거의 말해 주지 않는다(사도 2,42; 20,7-11; 27,35; 1코린 10,16; 11,17-33 참조). 플리니우스는 그리스도인들을 심문하면서 그리스도인들이 거행하던 이 식사(성찬례)에 대해 관심을 보였고[30] 《디다케》에서는 이 예식을 거행하기 전에 자신의 죄를 고백할 것을 권고했다. 우리는 유스티누스의 작품에서 성찬례에 관한 기본적인 틀을 발견할 수 있다.[37] 그리고 이 기본적인 틀은 오늘날의 성찬 전례에서도 발견된다.

강론은 그리스도인들에게 주어지는 새로운 형태의 가르침으로, 강론이야말로 최초의 예비 신자 교리 교육이었다. 교회는 강론을 통해서 구약 성경과 예수의 인격 사이의 연결성을 강화했고 동시에 윤리적인 내용을 권고했다. 또한 히폴리투스는 성찬 기도의 골격을 우리에게 전해 주는데, 그것에 따르면 성찬 기도 때에 자유 기도가 허용되었다.[38]

성체를 영하는 신자들은 자신의 손바닥에 축성된 빵을 받았다. 주교가 신자들에게 성체를 주면서 "천상의 빵, 예수 그리스도."라고 말하면, 신자들은 각자 "아멘."이라고 대답했다. 이는 오늘날에도 그대로 전해 내려오는 관습이다. 그리스도인들은 성체를 자신의 집으로 가져가 보관해 두었다가 식사 전에 영했는데, 그들은 성체에 치유의 능력이 들어 있다고 믿었다.

> **[37] 성찬례(2세기 중엽)**
>
> 사람들은 그리스도인들이 부도덕한 것을 숭배한다고 악의적으로 비난했다. 그러자 2세기 중엽에 유스티누스가 이를 반박하기 위해서 《호교론》을 저술했다. 유스티누스는 그리스도인을 변호하고 옹호하는 이 작품을 저술하여 안토니우스 황제에게 보냈다. 유스티누스는 말한다. "우리에게는 비밀이 없습니다. 이것이 우리가 예배드리는 방법입니다." 이런 식으로 글을 쓰면서, 그는 2세기의 세례식과 성찬례를 설명했다.

유스티누스의 《호교론》을 통해서 우리는 성찬례에 관한 기본적인 틀을 확인할 수 있다. 오늘날의 성찬례에는 《호교론》에 나오는 성찬례의 내용들, 즉 성경 봉독, 강론, 세상을 위한 기도(보편 지향 기도), 성찬 기도와 영성체 등이 그대로 들어 있다.

태양의 날(일요일)이라 불리는 날, 도시와 마을에 사는 모든 사람이 한 곳에 모입니다. 시간이 허락하는 한 오래도록 사도들의 기록과 예언자들의 글을 읽습니다. 독서가 끝나면, 모임을 주재하는 사람(장로)이 사도들과 예언자들의 훌륭한 일들을 본받도록 권하고 격려하는 말을 합니다. 그리고 모두 일어나 함께 기도를 바칩니다. 그 다음에 형제들의 모임을 주재하는 사람에게 빵 그리고 물과 포도주를 섞은 잔을 가져다줍니다. 주례자는 이것을 받아 성자와 성령의 이름으로 우주의 아버지께 찬미와 영광을 드리고, 우리가 이 선물을 받기에 합당한 사람으로 뽑힌 데 대하여 오랫동안 감사를 드립니다. 그가 기도와 '감사 기도Eucharistia'를 드리면, 모든 참가자(회중)는 "아멘." 하고 환호성을 올립니다. 모임을 주재하는 사람이 감사 기도를 드리고 회중이 응답하고 나면, 부제라고 부르는 사람들이 모든 참석자에게 '축성된' 빵과 물 탄 포도주를 나누어 주고, 그곳에 오지 못한 사람들에게도 가져다줍니다. 부유하여 희사하기를 원하는 사람들은 각자 원하는 만큼 희사를 합니다. 이렇게 모아진 것들이 주례자에게 전달되면, 주례자는 그것들을 고아와 과부들, 병이나 다른 여러 가지 이유로 도움이 필요한 이들과 감옥에 갇힌 이들, 여행 중에 있는 이방인들에게 나누어 줍니다. 한마디로 말해, 그는 도움이 필요한 모든 이의 보호자이기 때문입니다. ······

우리는 태양의 날에 함께 모입니다. 왜냐하면 바로 이날이 하느님께서 어둠과 물질을 변형시켜 세상을 만드신 첫째 날일 뿐만 아니라, 우리 구세주 예수 그리스도께서 죽은 이들 가운데서 부활하신 바로 그 날이기 때문입니다.

유스티누스, 《호교론》, 1,67.

위 본문 바로 앞에서, 유스티누스는 일반 식사가 아닌 성찬례에 참여하는 조건에 대해 구체적으로 언급한다.

이 음식을 우리는 축성된 양식이라고 부릅니다. 우리가 가르치는 진리를 믿지 않는 이, 죄의 용서와 재생을 위한 세례를 받지 않은 이, 그리스도께서 가르쳐 주신 계명대로 살지 않는 이는 아무도 여기에 참석할 수 없습니다. 왜냐하면 우리는 이 양식을 일반 빵이나 음료로 먹지 않기 때문입니다. 하느님의 말씀으로 우리 구세주 예수 그리스도께서 우리의 구원을 위해 육화하시어 살과 피를 취하신 것처럼, 이 양식은 그분께서 제정하신 기도의 말씀으로 축성됩니다. 이 양식은 우리를 양육하시기 위해 우리와 같은 살과 피를 취하여 육화하신 예수의 살과 피입니다. 이것이 바로 우리가 배운 교리입니다. ……

유스티누스, 《호교론》, 1,66.

38) 성찬 기도(3세기 초)

히폴리투스가 전하는 성찬 기도에 관한 내용을 보면, 그것이 로마 가톨릭교회 전례의 성찬 기도 제2양식과 매우 유사함을 알 수 있다. 이 둘을 서로 비교해 보는 것도 좋을 것이다. '거룩하시도다Sanctus'는 4세기 이후에 성찬 기도에 도입되었고, 5세기 중엽에 모든 교회에서 보편화되었다.

봉사자들이 예물을 그(주교)에게 갖다 바치면, 그는 모든 장로들과 함께 그 위에 손을 얹고 감사의 기도를 바친다. 그가 "주님께서 여러분과 함께." 하면, 모든 이는 "또한 당신의 영과 함께."라고 응답한다. 또한 "마음을 드높이." "우리는 주님께 (마음을) 향합니다." "주님께 감사합시다." "마땅하고 옳은 일입니다."라고 주고받는다. 그리고 그는 이렇게 계속한다.

"하느님, 마지막 시대에 우리에게 구원자요 구속자이며 당신 뜻의 사자使者로 보내 주신 당신의 사랑하시는 아들 예수 그리스도를 통하여 감사드리나이다. 그분은 당신의 불가분의 말씀으로서, 당신은 그 말씀을 통하여 만물을 창조하셨고, 당신은 그분 안에서 가장 기뻐하시나이다. 당신은 (그분을) 하늘로부터 동정녀의 품 안으로 (내려) 보내셨고, 그 모태에서 육화하게 하셨으며, 당신의 아드님으로 나타나게 하셨고, 성령과 동정녀에게서 태어나게 하셨나이다.

그분은 당신의 뜻을 채우시고 당신께 거룩한 백성을 얻어 드리고자, 당신을 믿는 이들을 고통으로부터 구원하기 위해 당신이 수난하실 때에 손을 펼치셨나이다.

그분은 자신을 스스로 수난에 부치시어 죽음을 소멸하셨고, 악마의 사슬을 깨뜨리셨으며, 지옥을 몰아내셨고, 의인들을 비추셨으며, (신앙의) 법을 제정하셨고, 부활을 드러내 보이셨나이다. 그분은 빵을 드시고 당신께 감사의 기도를 바치면서 말씀하셨나이다. '너희는 받아먹어라. 이는 너희를 위해 바수어질 내 몸이다.' 잔을 드시고도 역시 같은 모양으로 말씀하셨나이다. '이는 너희를 위하여 흘릴 내 피다. 너희는 이를 행할 때(마다) 나를 기념하여라.'

그러므로 우리는 그분의 죽음과 부활을 기념하여 당신께 빵과 잔을 드리며, 우리로 하여금 당신 어전에 합당한 자로 서게 하시고 봉사하게 하신 (은혜에) 감사하나이다.

청하오니, 거룩한 교회의 예물에 당신 성령을 보내 주소서. 거룩한 (신비에) 참여한 우리 모든 이를 일치시켜 주시고 진리 안에서 믿음이 굳세어지도록 성령으로 충만케 하시어, 우리로 하여금 당신의 아들 예수 그리스도를 통하여 당신께 찬미와 영광을 드리게 하소서. 당신의 거룩한 성교회 안에서 성령과 함께 그분을 통하여 당신께 드리는 영광과 영예를 지금과 세세에 영원히 받으소서."

히폴리투스, 《사도 전승》, 4,4~13.

감독자는 앞에서 규정한 대로 감사(의 기도)를 바친다. 앞에서 규정한 기도와 똑같이 바칠 필요는 없으며, 하느님께 감사(의 기도)를 암기하여 바치도록 힘써야 하겠지만, 각자는 자기 능력에 따라 기도하도록 한다. 만일 누가 충분히 (길게) 그리고 성대하게 기도를 바칠 능력이 있으면 좋은 일이다. 만일 누가 기도를 바칠 때 정도에 맞게 기도한다면, 그를 저지하지 말고 그가 정통 교리에 맞는 건전한 기도를 바치도록 한다.

히폴리투스, 《사도 전승》, 9,4~5.

4. 참회

신약 성경에 따르면, 하느님은 세례를 통해서 죄를 용서해 준다(사도 2,38 참조). 그러나 예수는 훨씬 폭넓고 다양한 방법으로 죄를 용서하는 권한과 죄인들을 추방하는 권한을 열두 제자들과 교회 공동체에 주었다(요한 20,22-23; 마태 16,18-19; 18,15-18 참조). 바오로는 근친상간을 저지른 사람들을 추방하라고 코린토 교회 공동체에 요구했다(1코린 5,1-13 참조). 한편, '모든 죄를 다 용서받을 수 있는가?'라는 문제에 대해 성경은 서로 다른 상황에서 서로 다른 해석을 내놓는다(마태 12,31-32; 1요한 5,16-17; 히브 6,4-6; 10,26-31 참조).

2세기, 《디다케》는 신자들에게 기도하기 전과 성찬례를 거행하기 전에 자신들의 죄를 고백하도록 권고했다(《디다케》, 4,14; 14,1 참조). 죄를 고백하라는 《디다케》의 권고는 일상생활에서 저지른 모든 잘못에 대해 고백하라는 뜻이었다. 이 같은 내용이 야고보 서간에도 나온다(야고 5,16 참조). 세례받은 이는 누구든지 중죄를 지어서는 안 되었다.**39)** 그러나 2세기에 접어들어, 교회는 중죄(배교, 살인, 간음 등)는 일생에 단 한 번 용서받을 수 있다고 마지못해 인정했다. 그리고 참회를 통해 다시 새로워짐으로써 참회는 세례와 같은 효과를 지니게 된다고 했다. 하지만 테르툴리아누스는 처음에는 중죄를 한 번 용

▲ 기도하는 모습, 프리스킬라의 카타콤베.

서받을 수 있다고 했으나, 나중에는 그 생각을 바꾸어 중죄는 결코 용서받을 수 없다고 주장했다. 그에게 특히 간음은 결코 용서받을 수 없는 중죄였다.[40)]

데키우스 황제의 박해(250년)가 끝나자, 박해 시기에 배교한 자들의 죄를 용서할 수 있느냐 없느냐 하는 문제[27]로 엄청난 논쟁이 벌어졌다. 용서할 수 있다고 주장하는 사람들과 용서할 수 없다고 주장하는 사람들로 인해 카르타고 교회와 로마 교회가 심각한 갈등에 처하게 되었다. 그 결과, 열교裂敎가 생겨나서 교회 공동체가 분열될 위기에 봉착했다. 하지만 초기 300년 동안에 참회가 어떤 역사적인 과정을 거쳐 발전해 왔는지에 대해서는 자세히 알려져 있지 않다.

39) 단 한 번뿐인 회개

헤르마스(25~27쪽 참조)는 '목자'라고 부르는 참회의 천사와 이야기를 나눈다.

헤르마스: 저는 우리가 물에 들어가서 전에 지은 죄를 용서받는 회개 외에 다른 회개가 없다는 말을 몇몇 교사에게

---
27 교회가 배교자들의 죄를 용서하고 그들을 다시 교회에 받아들이느냐 하는 문제.

들었습니다.

목자: 너는 제대로 들었다. 실제로 그렇다. 죄를 용서받은 이는 더는 죄를 짓지 말고 깨끗하게 살아야 한다. …… (모든 사람의) 마음을 아시고, 모든 것을 미리 아시는 주님께서는 인간의 약함과 마귀의 교활함을 알고 계셨다. …… 매우 자비로우신 주님께서는 피조물을 불쌍히 여기시어 이러한 회개(의 가능성)을 정하셨고, 이러한 회개를 (집행할) 권한을 나에게 주셨다. …… 그러나 나는 너에게 말한다. 누가 위대하고 거룩한 부름을 받은 뒤에 마귀의 유혹으로 죄를 짓는다면, 그에게는 회개(의 가능성)이 한 번 있다. 그러나 그가 계속 죄를 짓고 또 회개한다면, 그러한 사람에게는 (아무것도) 도움이 되지 않는다. 그가 생명을 얻기란 어렵기 때문이다.

헤르마스, 《헤르마스의 목자》, '넷째 계명' 3,1~6.

40) 고통스러운 시련

테르툴리아누스는 《참회론》에서 중죄에 대해서는 일생에 단 한 번의 회개 가능성이 있다고 주장했다. 그러나 몬타누스의 엄격주의에 물든 이후에는 간음과 같은 중죄는 결코 용서받을 수 없다고 주장했다.

이 두 번째이자 마지막 참회에 대한 의무가 엄중한 만큼 그것을 시험하는 일도 그만큼 힘들 것입니다. 양심으로만 참회하는 것으로는 충분하지 않고, 그것을 구체적인 행동으로 보여야 합니다. 이러한 참회 행위는 …… 이런 방법(공개 참회)으로 우리가 주님께 우리의 죄를 고백하는 것입니다. …… 그러므로 공개 참회는 사람으로 하여금 엎드리게 하고 겸손해지게 하는 고행이고, 죄인에게 하느님의 자비가 내리도록 해 주는 제도적인 행동이며, 옷 입는 것뿐만 아니라 먹는 것까지도 관계된 제도입니다. (이러한 고행은) 지은 죄에 대한 대가로 베옷이나 재를 뒤집어쓰고 엎드리거나, 몸에 상복을 걸치거나, 영혼이 비탄에 잠기거나, 죄인의 신체를 엄하게 다스리는 것입니다. …… 위장을 기쁘게 하기보다는 오히려 영혼의 선익을 위해 단지 물과 간단한 음식을 섭취하면서 많은 시간을 단식으로 기도하고 탄식하는 가운데 밤낮 없이 하느님께 눈물로 호소하고, 사제들 앞에 엎드리고, 하느님의 사랑을 받는 사람들 앞에 무릎을 꿇고서, 하느님의 용서를 얻을 수 있도록 모든 형제들이 간구해 달라고 책임을 지우는 것입니다.

테르툴리아누스, 《참회론 De paenitentia》, 9.

5. 기도와 예배의 다른 측면

고대 그리스도교의 몇몇 작가들은 하루 종일 기도하라고 권고했다. 그리스도인들은 아침에 일어나면 동쪽을 향해 기도해야 했다. 동쪽에서 참빛이 온다고 믿었기 때문이다. 그리고 아홉 시, 정오, 오후 세 시, 해질 녘과 등불을 켜는 시간에 기도했다. 그들은 보통 선 채로 양팔을 높이 쳐들고 손바닥은 밖을 향해 펼치고 기도했는데 이 자세가 청원 기도의 자세였다.

기도는 사람이 태어나서 죽을 때까지의 인생의 중요한 단계들을 잘 구분해 준다. 그러나 이 말을 인생의 각 단계마다 그 단계에 맞는 특별한 예식이 있었다는 뜻으로 오해해서는 안 된다. 예를 들면, 초대 교회에 그리스도인들의 결혼식이 별도로 있었다고 오해해서는 안 된다는 말과 같다.

《디오그네투스에게 보낸 편지》가 증언하는 바에 따르면, 그리스도인들도 이방인들과 똑같은 방식으로 결혼했지만 이방인들과 달리 결혼식에 새로운 의미를 부여했다. 그리스도인들은 전통적인 결혼 관습을 고수하면서도 거기에서 이교적인 요소를 제거하고 새롭게 변형시켰다. 또한 그들은 낙태와 어린아이를 길거리에 내버려 죽게 하는 옛 관습들을 단죄했다. 바오로 서간(에페 5,21-33 참조)은 남편과 아내에게 결혼의 영성을 심어 주었다. 결혼의 불가해소성은 그리스도교에만 있는 독창적인 것이다.[24)] 한편, 결혼한 그리스도인 부부에게 같은 신앙을 공유해야 한다는 것이 가장 중요했다.[41] 아주 초세기부터 결혼한 부부들을 위한 기도가 존재했었다. 그러나 부부들을 위한 기도가 있었다고 해서 이것이 독특한 결혼 예식을 의미하는 것은 아니다.

공동체의 지도자들은 병자들을 방문하고 그들에게 축성된 기름을 발라 주었다. 축성된 기름은 치유의 목적과 희망으로 사용되었던 것 같다. 당시의 이방인들과 비교해 볼 때, 그리스도인들은 죽은 이들, 특히 순교자들을 존경했다. 그리스도인들은 순교자가 순교한 날을 그의 천상 탄일로 간주했기에, 순교자들의 천상 탄일에 그들의 묘지를 참배하며 그들을 공경했다.

처음에는 그리스도인도 죽으면 이방인들과 같은 장소에 묻혔다. 그러나 3세기부터 그리스도인들은 이방인들과는 달리 그리스도인들만을 위한 묘지를 사용하기 시작했다. 이것이 로마에 있는 카타콤바 지하 묘지들이다.

[41] 그리스도인의 결혼관

《부인에게》라는 작품은 테르툴리아누스가 자신의 아내에게 쓴 작품이다. 이 작품에서 그는 자신이 죽고 난 후에 그의 부인이 어떻게 처신해야 하는지에 대해 설명한다. 테르툴리아누스는 자기 아내에게 재혼해서는 안 된다고 권고한다. 설사 새 남편이 될 사람이 그리스도인이라고 할지라도 말이다. 테르툴리아누스는 《부인에게》라는 작품을 통해서 그리스도인의 결혼관에 대해 설명한다. 어떤 학자들은 이 작품이 2세기부터 시작된 그리스도인들의 결혼관을 설명하는 작품이라고 주장하지만 오늘날 대부분의 학자들은 이 같은 주장에 반대한다. 대부분의 학자들은 테르툴리아누스가 단지 바오로의 가르침을 참고로 해서, 신앙 안에서 그리스도인의 결혼이 변화된다는 점을 강조하고 싶어 했을 따름이라고 주장한다.

교회가 결합시켜 주고 성체성사가 확증해 주고 하느님의 축복이 날인해 준 결혼의 행복을 가장 잘 설명할 수 있는 말들을 나는 어디에서 찾을 수 있을까요? 천사들이 결혼을 선포하고 하늘의 아버지께서 결혼을 확증하십니다. ……
하나의 희망으로, 하나의 소망으로, 하나의 규율로, 하나의 봉사로 일치된 두 그리스도인의 유대는 얼마나 놀랍습니까! 부부는 같은 아버지의 자녀들이고 같은 죄인의 종들입니다. 영적으로든 육적으로든 아무것도 그들을 갈라놓을 수 없습니다. 반대로 부부는 한 지체(몸) 안에서 참으로 둘입니다. 지체가 하나라면 영도 하나이기 마련입니다. 부부

> 는 함께 기도하고, 함께 엎드리고, 함께 단식하고, 서로 가르치고, 서로 격려하고, 서로 칭찬하며 용기를 줍니다. 부부는 모두 함께 하느님의 교회 안에 있고, 하느님의 잔치에 참여하며, 시련도 함께 당하고 박해도 함께 당하고 위로도 함께 당하고 ……
>
> 테르툴리아누스, 《부인에게 Ad uxorem》 2,8,6~8.

그리스도교 예술

그리스도교 예술의 시작과 부흥은 카타콤바 지하 묘지에서 시작되었다. 그리스도인들은 묘지에 복음서와 성경에 나오는 중요한 장면들이며 닻과 물고기[28] 같은 그리스도교의 상징들을 그려 넣기 시작했다. 가장 오래된 그리스도교 묘비, 가령 아베르키우스Abercius의 묘비는 2세기 말과 3세기 초에 만들어졌다.[46)]

Ⅱ. 정착되어 가는 교회의 직무

여러 세기를 거쳐 오면서 여러 가지 직무가 교회 안에 정착되어

---

28 그리스어로 '하느님의 아들 구세주 예수 그리스도Ιησούς Χριστος Θεου Υιος Σωτηρ'라는 구절을 이루는 단어들의 첫 글자를 조합하면 '물고기'를 뜻하는 단어인 '익투스ιχθύς'가 된다. 대문자 표기로는 'ΙΧΘΥΣ'다.

갔다. 하지만 그 직무가 어떤 과정을 거쳐서 발전해 왔는지에 대해서는 정확하게 알 수 없다. 또한 직무와 관련된 용어들도 아주 다양했으며, 설사 같은 용어라 할지라도 반드시 같은 것을 의미하지 않는 경우도 있었다. 그리고 지역과 시대에 따라 그 의미가 서로 달랐다. 여하튼 간에 오늘날 우리가 교회 안에서 찾아볼 수 있는 모든 조직의 기원을 신약 성경 안에서 찾아볼 수 있는 것은 아니다.

1. 팔레스티나 공동체

최초의 신앙 공동체는 이중적인 구조를 갖고 있었다. 하나는 예수와 함께 생활했던 열두 사도의 집단이고(마르 3,16-19 참조), 다른 하나는 유다가 죽은 후에 형성된 집단(사도 1,15-26 참조)인데, 이들은 히브리어(아람어)를 말하는 팔레스티나 공동체를 관리했다. 스테파누스의 친구들인 일곱 명의 부제단(사도 6,1-6 참조)은 그리스어를 사용하는 그리스계 유다교 공동체로부터 분리되어 나온 공동체를 돌보았다.

2. 선교의 시작

스테파누스의 순교를 필두로 시작된 박해로 인해 그리스계 유다인들이 사방으로 흩어졌다. 그리하여 그들이 선교사가 되었다. 이 때부터 공동체가 생겨나는 상황에 따라 서로 다른 조직들이 생겨나기 시작했다.

예루살렘 공동체와 유다교에서 파생된 다른 공동체들은 유다교 공동체를 자신들의 모델로 삼았다. 장로단 또는 장로[29]들이 이 공동체들을 이끌었는데 예루살렘에서는 야고보 사도가 장로단의 지도자였다. 열두 사도들은 자신들이 가는 곳마다 공동체를 세웠다.

안티오키아에서는 이중 구조를 가진 전도 교회가 생겨났다.[30] 여러 지역을 여행하며 선교 활동을 하는 선교사(순례 선교사)들이(1코린 12,28 참조) 카리스마적인 직무를 수행했는데, 그들은 이 직무를 평생토록 지녔던 것 같다. 비록 열두 사도는 아니었지만, 이들도 역시 바오로와 바르나바와 마찬가지로 사도였다. 이들은 복음 선포의 중책을 맡았기 때문에 늘 여러 도시로 전도 여행을 다녔다. 당시에는 신자들에게 하느님의 말씀을 해설하는 예언자들뿐만 아니라 성경에 조예가 깊은 일종의 그리스도교 랍비인 박사들도 있었다.

선교사들은 자신이 여행한 지역에 지역 공동체를 창설하고 각 지역 공동체의 백성을 돌보도록 지도자를 임명했다. 이 지도자들이 바로 감독들과 부제들(필리 1,1에 나오는 '감독들과 봉사자들')이다. 흠잡을 데 없는 감독들이 지역 교회를 책임 맡았다(티토 1,6-9; 1티모 3,1-13 참

---

29 그리스어 '프레스뷔테로스'는 '장로'를 의미한다.
30 일반적인 교회와 복음 선포를 위해 전도 여행을 다니는 순례 선교사들의 교회.

조). 티토에게 보낸 서간의 저자는 감독들에게 장로라는 직책을 주었다(티토 1,6-9 참조). 그들은 복음을 선포하고 세례를 베풀고 성찬례를 거행했다. 모든 직무자들을 임명할 때에는 기도와 단식을 한 다음에 그들에게 안수를 해 주었다(사도 6,6; 13,3; 1티모 5,22 참조). 하지만 신약 성경에는 이에 대해 자세하게 언급되어 있지 않다.

이 밖에도 여러 직무에 대한 기록들이 나타나는데, 그 예로 에페소 신자들에게 보낸 서간 4장 11절에 언급된 것처럼 사도들과 예언자들과 복음 선포자들과 목자들과 교사들이 있었다.

3. 직무의 발달(2~3세기)

신약 성경에 나오는 애매모호한 용어들이 1세기 말과 2세기 초의 작품들에도 나타난다.[42] 로마의 클레멘스와 《디다케》는 '감독 장로'들과 부제들이 있는 공동체에 대해 말한다.[43] (처음에는, 감독과 장로가 따로 있었던 것이 아니고 '감독 장로'라는 한 호칭만 있었다.) 그러다가 서서히 '감독 장로'들 가운데서 지도자를 선출했고 얼마 후 그 지도자에게 '감독'이라는 호칭이 주어졌다. 그리하여 감독은 '장로단'에서 완전히 분리되었다. 그리고 낮은 직무에 해당하는 부제는 주교의 관할 하에 있었다. 이것이 오늘날 우리가 알고 있는 세 가지 직무, 즉 주교, 사제, 부제다.[44] 안티오키아의 이냐티우스는 자신의 편지에서 이 같은 내용을 최초로 증언한다. 이때부터 주교 단일 체제, 즉 사제단에서 완전히 분리된 주교가 등장한다.

여러 도시를 돌아다니는 순례 직무자들은 점차 사라졌다. 사도들(열두 사도의 후계자들)은 한 지역에 머물렀는데, 그들이 이 무렵에 주교단에 흡수되면서 열두 사도들의 후계자로 간주되었다.

그 외에도 앞에서 언급한 직무보다 훨씬 더 하위 직무로 간주되는 다른 직무도 있었다. 이런 직무는 교회와 시대에 따라서 다양해졌다. 약 250년경에 로마의 주교는 자신의 교회를 다음과 같이 설명했다. "46명의 사제들과 7명의 부제들, 7명의 차부제들과 42명의 시종들, 52명의 구마자들과 독서자들과 성당 문지기들, 1500명 이상의 과부들과 궁핍한 자들이 있는데, 그들은 모두 주님의 은총과 사랑으로 보호받고 있다. ……"(에우세비우스, 《교회사》, 6,43,11).

2세기 초에는 주교만이 성찬례를 거행하고 강론을 하고, 세례를 베풀고 죄를 사해 주었다. 사제들은 단지 주교의 보조자였다. 그러나 그리스도인들의 수가 증가함에 따라, 아프리카와 같이 특별한 지역에서는 주교좌가 증가하고 로마와 알렉산드리아와 같은 몇몇 큰 도시들에는 전례 장소가 생겨났다. 그리고 그 전례 장소에 사제들이 파견되어 그들 나

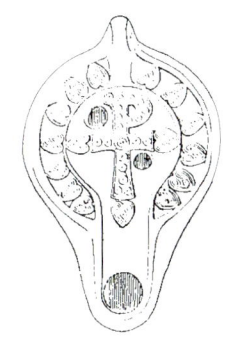
▲ 카르타고에서 출토된, 그리스도의 상징인 십자 표시가 새겨진 등잔.

름의 특정한 책무를 수행했다.

성직자단과 신자들은 성직자들을 임명하는 데 다양한 방법으로 참여했다. 성직자를 서임할 때 가장 필수적인 요소는 안수 기도였다. 주교를 서임할 때는 다른 주교들이 안수를 했고, 사제를 서임할 때에는 주교와 다른 사제들이 안수를 했으며, 부제를 서임할 때에는 주교 홀로 안수를 했다. 그러나 다른 직무자들의 경우에는 (안수를 받는 대신) 자기들이 봉사할 때 사용할 물품을 받았다. 예를 들어, 독서자들은 성경을 받았다.

42) **직무**(1세기 말)

로마의 클레멘스(61~62쪽 참조)는 코린토 교회 신자들에게 교회 직무의 기원에 대해 환기시키면서, 아무런 이유도 없이 직무자들을 해고한 그들을 비난했다. 한편, 클레멘스가 '장로'와 '감독'을 명확하게 구분하지 않고 혼용해서 사용하는 것으로 보았을 때, 이 시기에는 직무에 대한 전문 용어가 아직 정착되지 않은 듯하다.

복음은 우리를 위하여 주 예수 그리스도에 의해 사도들

에게 주어졌습니다. 그리스도는 하느님께로부터 파견되어 오셨고, 사도들은 그리스도께로부터 왔습니다. 따라서 이 둘은 순서대로 하느님의 의지로부터 온 것입니다. 그러므로 그들은 주님의 계명을 받았고, 우리 주 예수 그리스도의 부활에 대한 확신과 하느님 말씀에 대한 굳은 믿음으로 가득 차 있습니다. 그들은 성령께서 주시는 굳은 확신으로 하느님 나라가 가까이 다가왔다는 소식을 선포했습니다.

그리하여 그들은 마을과 도시에서 복음을 선포하면서 자신들의 첫 열매를 선발했습니다. 그들은 자신들의 첫 열매를 성령 안에서 조사한 후에 앞으로 생겨날 신자들을 위한 감독(주교)들과 부제들로 임명했습니다. ……

로마의 클레멘스, 《코린토 신자들에게 보낸 편지》, 42.

마찬가지로 우리의 사도들은, 우리 주 예수 그리스도를 통하여, 감독(주교) 직분에 대한 분쟁이 있으리라는 것을 알고 있었습니다. 이 점을 진작부터 잘 알고 있었기에, 사도들은 앞에서 언급한 직무자들을 임명했고, 나중에 그들이 죽으면 검증받은 다른 사람들이 그들의 직무를 계승하도록 지시했습니다.

그러므로 이들은 교회의 전폭적인 동의를 거쳐 사도들로부터 임명을 받은 뒤에 겸손하고 평화롭게 헌신적으로 그리스도의 양들을 위해 봉사한 이들로서 오랫동안 모든 이들에게 인정을 받았으며, 우리가 보기에는 직무에서 쫓겨나서는 안 될 사람들이었습니다.

우리보다 앞서서 풍성하고 완전한 죽음을 맞이한 장로들은 참으로 복됩니다. 왜냐하면 그들은 이제 누군가가 자신이 이미 결정된 자신의 자리에서 내쫓기지 않을까 하고 더는 두려워하지 않아도 되기 때문입니다.

로마의 클레멘스, 《코린토 신자들에게 보낸 편지》, 44.

43) 떠돌이 직무자와 붙박이 직무자

《디다케》에 등장하는 사도들과 예언자들과 교사들은 코린토 신자들에게 보낸 서간 12장 28절 이하에 나오는 직무자들과 같은 이들로 이해해도 될 것이다. 《디다케》는 사도 시대와 거의 같은 시기에 저술되었다.

사도들과 예언자들에 관해서는 복음의 지침에 따라 이렇게 하십시오. 여러분에게 오는 모든 사도는 마치 주님처럼 영접을 받아야 할 것입니다. 그러나 그는 하루만 머물러야 합니다. 그렇지만 필요하다면, 이틀을 머물러도 됩니다. 만일 사흘을 머문다면 그는 거짓 예언자입니다. 그리고 그가 떠날 때는 유숙할 때까지 빵 외에 (다른 것은) 받지 말아야 합니다. 만약 돈을 요구한다면, 그는 거짓 예언자입니다. ……

《디다케》, 11.

여러분 곁에 머물기를 원하는 참된 예언자는 누구나 먹을 자격이 있습니다. 같은 모양으로, 참된 교사도 (먹을) 자격이 있습니다. 일꾼이 먹을 자격이 있는 것처럼(마태 10,10) 그도 그렇습니다. ……

《디다케》, 13.

여러분은 여러분을 위해 감독들과 봉사자들을 선출하되, 주님께 합당하고 온순하며, 돈을 좋아하지 않고 진실하며, 인정받은 사람들을 선출하십시오. 그들이 여러분에게 예언자들과 교사들의 직무를 수행할 것이기 때문입니다. 여러분은 그들을 무시하지 마십시오. 그들은 예언자들과 교사들과 함께 여러분의 존경을 받는 이들이기 때문입니다.

《디다케》, 15.

직무와 사제직

신약 성경에 나타난 공동체의 직무자들은 주로 복음을 선포하는 일에 주력했다(1코린 1,17 참조). 그들은 기도를 주관하고 빵을 나누는 예식을 거행하고, 교회 직무를 수행했다. 이 직무자들은 유다교의 사제나 이방 종교의 사제와는 달랐다. 그리스도인은 누구나 사제직을 가졌고(1베드 2,9 참조) 예수는 그들 중에서 최고의 대사제였다. 그러나 교회는 구약 성경을 읽고 거기에서 영향을 받고 또 다른 종교와 비교해 가면서, 점차 그리스도교의 직무자들에게 전례의 역할을 강조하기 시작했다. 이는 다른 종교의 사제들이 하는 역할과 같았다. 그래서 히폴리투스는 그리스도교의 지도자들을 언급할 때 사제직이라는 용어를 사용했다. 이것은 사제라는 단어가 갖는 이중성을 설명해 준다. 즉, '사제'는 어원학적으로 장로를 의미하지만, 실질적으로는 예식과 관련된 거룩한 직무를 책임 맡은 사람을 지칭하는 말이다.

한편, 키프리아누스와 같은 주교들은 독신으로 지냈지만, 모든 성직자에게 독신제가 의무는 아니었다.[107]

44) 직무의 세 가지 등급

안티오키아 교회를 책임 맡은 이냐티우스는 약 110년경에 로마로 압송되어 로마에서 순교했다. 이냐티우스는 로마로 압송당하는 순교의 여정 중에 소아시아에 있는 (일곱) 교회들에게 편지를 써 보내어, 신자들이 신앙 안에서 끝까지 일치하도록 격려하고 독려했다. 그는 '감독, 장로, 부제'로 이루어진 삼중 구조의 교계 제도가 존재했다는 사실을 분명하게 증언한다.

오늘날 우리는 그가 사용한 단어(감독, 장로, 부제)들을 '주교, 사제, 부제'로 번역할 수 있다. 그러나 2세기 말까지도 이레네우스는 이 어휘를 확정적으로 사용하지는 않았다.

여러분은 모두 예수 그리스도께서 아버지를 따르듯이 감독을 따르고, 사도들을 따르듯이 장로단을 따르며, 하느님의 계명을 섬기듯이 부제들을 섬기십시오. 어느 누구든 감독을 제쳐 두고 교회와 관계되는 일을 해서는 안 됩니다. 감독이 드리는 감사례, 또는 감독이 위임한 사람이 드리는 감사례만이 유효합니다.

예수 그리스도께서 계신 곳에 가톨릭교회가 있듯이, 감독이 나타나는 곳에 공동체가 있어야 합니다. 감독을 제쳐 두고 세례를 베풀거나 애찬을 행하지 마십시오. 감독이 인정하는 것은 하느님께서도 흡족해 하시므로 여러분이 하는 모든 일은 확실하고 적법하게 됩니다.

이냐티우스, 《스미르나 신자들에게 보낸 편지*Epistula ad Smyrnaeos*》, 8.

> 마찬가지로 모든 사람은 예수 그리스도께 하듯이, 그리고 하느님의 모상인 감독에게 하듯이 부제들을 공경해야 합니다. 또한 장로단을 하느님이 (주재하시는) 모임인 듯, 사도들의 무리인 듯이 여기고 (장로들을 존경하십시오). 이들 없이는 그 어떤 것도 교회라 일컬을 수 없습니다.
>
> 이냐티우스, 《트랄레스 신자들에게 보낸 편지 Epistula ad Trallianos》, 3.

4. 여성의 직무

신약 성경에는 예수를 따랐던 여자들이 등장한다(루카 8,1-3 참조). 당시 그들은 복음과 예언을 선포하는 책임을 맡았다(로마 16,1-3; 필리 4,2-3; 1코린 11,4-5; 사도 21,9 참조). 그러나 남자들이 맡은 직무와 관련해서 비슷한 점을 찾아내기란 쉽지 않다. 여기서 지적해야 할 중요한 사실은 여자들의 적극적인 역할이 제한되어 있었다는 점이다(1코린 14,34; 1티모 2,11-14 참조). 한편, 여러 공동체에 과부들에 관한 지침이 있었다(1티모 5,3-16 참조). 과부들은 여자와 관련된 여러 가지 봉사와 기도에 전념했다. 즉, 병자 방문과 같은 일을 했다.

3세기의 시리아 교회는 '여부제'에 대해 분명하게 증언한다.[45] 여부제는 여자들에게 필요한 직무를 남자 부제와 동등하게 수행했고 안수도 받았다. 그리고 '동정녀'들이 가끔 공동체 안에서 특별한 그룹을 형성하고 있었지만 엄밀한 의미에서 볼 때, 동정녀들이 직무와 연관되어 있었다고 말할 수는 없다. 하지만 과부들의 역할과 여부제들의 역할과 동정녀들의 역할이 서로 중첩되었다는 것은 확실하다.

45) 시리아 교회의 여부제(3세기)

주교는 자신과 함께 구원 사업에 참여할 수 있는 협력자로서 정의의 관리자들을 선출하도록 하라. 모든 사람 가운데서 자신의 마음에 드는 사람을 선택하여 그들을 부제로 임명하라. 남자 부제들은 필요한 모든 일을 수행할 것이며, 여자 부제들은 여자들에게 필요한 모든 일을 수행할 것이다. 왜냐하면 이교도들 때문에 여자들이 사는 집에 남자 부제를 보낼 수 없기 때문이다. 그런 경우에 주교는 여부제를 보낼 수 있다.

그 외에도 많은 경우에 여부제의 직무가 필요하다. 세례 때 여자들이 물 속으로 들어가면, 그들에게 기름을 발라 주어야 한다. …… 그런데 물속에 있는 그들을 향해 하느님의 도움을 탄원하는 이름들을 남자가 소리 내어 읽어야 한다.

> 그리고 세례를 받은 여자가 물 밖으로 나오면, 여부제가 그녀를 맞이하여 데리고 가서 어떻게 하면 세례 인호印號를 깨끗하고 거룩하게 지킬 수 있는지에 대해서 가르치게 해야 한다.
>
> 《사도들의 가르침*Didascalia Apostolorum*》.
> 크라이손R. Cryson, 《고대 교회의 여성들의 직무*Le Ministère des femmes dans l'Église ancienne*》, 75~77쪽에서 인용.

Ⅲ. 교회의 분열과 일치

1. 만방으로 퍼져 나가는 교회

아베르키우스, 오리게네스 그리고 이레네우스의 작품들에는 다음과 같은 공통점이 있다.[46), 47), 48), 49)] 2세기 말부터 그리스도인은 교회의 보편성을 명백하게 인식했다. 세계 만방, 즉 로마 전역에 그리스도인들이 퍼져 있었다. 동방(소아시아, 시리아, 팔레스티나)에는 그리스도인이 아주 많았는데 특히 시골 변두리 지역에 많았다. 마지막 박해였던 디오클레티아누스 박해 때에는 이교인들보다 오히려 그리스도인이 더 많은 지역도 더러 있었다.

하지만 서방에서는 복음화가 골고루 이루어지진 않았다. 이탈리아 중부, 스페인 남부, 아프리카(지금의 모로코, 알제리, 튀니지 지역)에는 그리스도인이 아주 많았다. 거기에 비해서 일리리쿰(지금의 유고슬라비아), 이탈리아 북부, 갈리아(프랑스) 지방에는 상대적으로 그리스도인이 적었다. 리옹을 제외한 갈리아 지역에는 3세기 중엽 이후에야 중요한 교회들이 생겨나기 시작했다(툴루즈, 파리, 랭스, 트리어).

로마 제국의 영역 밖에서는 200년경에 에데사 왕국(지금의 우르파와 터키)이 그리스도교로 개종했다. 페르시아 제국은 메소포타미아 북부 지역에 그리스도인들의 수가 가장 많았다. 샤푸르 1세 왕(240~272년)은 안티오키아와 전쟁을 치르면서 그리스도인들과 주교들을 페르시아 영토 안으로 집단 이주시켰는데 그들은 그곳에서 박해를 받았다. 아르메니아는 300년경에(조명자 그레고리우스Gregorius와 티리다테스Tiridates 왕의 도움으로) 복음화가 되었다.

46) 만방으로 퍼져 나간 그리스도교

아래 비문의 저자는 쉬운 시적 언어를 구사하면서, 예수에 대한 자신의 신앙과 교회와 성찬례를 천명한다. 이 저자는 일찍이 교회의 '가톨릭성(보편성)'을 증언했다. 여기서 물고기는 그리스도를 상징한다.

나의 이름은 아베르키우스다. 나는 산과 들에서 양떼를 보살피시는 거룩한 목자의 제자인데, 그분은 사방 곳곳을 볼 수 있는 예리한 눈을 가지셨다. 그분이 나에게 소중한 신앙의 가치를 지닌 성경을 가르쳐 주셨다. 최상의 주권자를 살피고 황금 옷을 입고 황금 신발을 신은 여왕을 보도록, 나를 로마로 보내신 분이 바로 그분이셨다. 나는 그곳에서 빛나는 표지로 표시된 사람들을 보았다. 나는 또한 시리아의 평원과 모든 도시들, 그리고 유프라테스 강 저편에 있는 니시비스를 보았다. 나는 도처에서 그리스도인들을 만났다. 사방 곳곳에서 신앙이 나의 길잡이가 되었다. 모든 곳에서 신앙은, 거룩한 동정녀가 크고 깨끗한 물에서 잡아 올린 물고기를 나에게 양식으로 주었다. 동정녀는 친구들과 함께 먹으라고 물고기를 끊임없이 주었다. 동정녀는 빵과 더불어 향기로운 포도주도 주었다. 나 아베르키우스는 이 모든 것을 일흔 두 살에 썼다. 이 모든 것을 이해하는 형제들은 아베르키우스를 위해 기도해 주기를 바란다.
……

<small>아베르키우스(2세기말 시리아 히에라폴리스의 주교)의 비문 Titulus Abercii.
함만, 《초대 그리스도인들의 기도 Prières des premiers chrétiens》.</small>

47) 각계각층에 전파된 복음

알렉산드리아 출신인 오리게네스(오리게네스에 대해서는 215~216쪽 참조)는 로마 제국, 특히 동로마 제국을 두루 여행했다. 그는 직접 복음을 선포했고, 그가 '첫째 원리들'에 관해 저술한 《원리론》은 교의 신학에 관한 최초의 입문서다(3세기 전반).

그리스도교 고백자들 가운데 더러는 박해로 죽임을 당하고 더러는 재산을 잃을 것이라는 협박을 받았음에도 불구하고, 게다가 교사가 많지 않았는데도 불구하고 복음의 말씀은 불과 몇 년 안에 세상 도처에 선포되었다. 그리하여 그리스인들과 비그리스인들, 지혜로운 이들과 어리석은 이들이 예수께서 세우신 종교를 받아들였다. 이 같은 일은 인

> 간의 능력을 뛰어넘는 일이라고 우리는 주저 없이 말할 수 있다. 예수께서는 복음의 말씀이 튼튼히 뿌리내릴 수 있도록 모든 권위와 확신을 지니고 가르치셨다.
>
> 오리게네스, 《원리론De principiis》, 4,1,2.

2. 교회를 위협하는 불안과 분열

그리스도교의 일치가 위협을 받을 때도 있었다. 교회의 일치를 가로막는 것들로는 전례 논쟁, 배교자들을 용서하는 문제에서 야기된 논쟁 그리고 주교직에 대해 개인적인 경쟁 관계를 갖고 있던 사람들이 저지른 논쟁이 있다.

그런데 이런 것보다도 훨씬 더 심각하게 교회의 일치에 해를 끼친 것들이 따로 있었다. 2세기 중엽에 교회는 교의 문제로 인해 심한 몸살을 앓았다. 교의 문제는 결국 서로 대립하고 경쟁하는 집단으로까지 발전했다. 과연 이런 집단들도 교회의 지체들인가? 참된 신앙을 어떻게 판단할 것인가? 이것은 교회를 크게 위협하는 문제였다. 여기서는 몇 가지 예만 간단하게 언급하겠다.

유다계 그리스도인들은 어떤 희생을 무릅쓰고서라도 자신들만의 고유한 예식과 신학을 지키려고 했다. 그들은 할례를 준수하면서 유다교의 전통에 따라 일부 음식을 먹지 못하도록 제한했다. 구약 성경에 나타나는 유일신 사상을 고수하기 위해 안절부절못하던 유다계 그리스도인들은 예수를 한낱 인간으로 생각했다. 그들은 예수가 세례 때 하느님에 의해 양자로 받아들여졌다고 주장했다(그리스도 양자설). 그들은 자신들의 편협된 사고에 갇혀 있다가 결국 얼마 후에 그리스도교 공동체에 의해 이단으로 단죄되었다.

다양한 집단과 분파들

'영지주의'를 예로 들 수 있다. 그리스 이원론의 영향을 받은 영지주의 그리스도인들은 물질과 정신(몸과 영혼)이 서로 대립한다고 주장하면서 악의 문제에 집착했다. 그들은 구약 성경과 신약 성경을 극단적인 방법으로 해석했다. 그리하여 그들은 그리스도의 육화를 부정하고 비밀 단체를 통해 전수되어 내려오는 비밀스러운 지식(영지)이 주는 매력에 끌렸고, 이 지식이 구원을 가져다준다고 보았다. 이 종교(영지주의)는 그리스도교, 유다교, 헬레니즘과 심지어 이란의 종교에서 여러 가지 요소를 받아들여 만들어졌다. 그리스도교 저술가들은 영지주의를 그리스도교의 이단으로 간주했다. 하지만 역사가들은 영지주의 안에 그리스도교적인 요소가 들어 있긴 하지만, 영지주의와 그리스도교는 무관한 것으로 보았다.

'마르키온 이단'을 두 번째 예로 들 수 있다.[48] 이레네우스에 따르면, 마르키온은 성경에서 창조주 하느님과 육화에 대한 내용을 모두 삭제했다. 왜냐하면 마르키온은 물질과 몸을 악한 것이라고

▲ 착한 목자, 키르켄 박물관.

믿었기 때문이다. 한편, 다른 영지주의자들도 아주 복잡한 사변을 통해 자신들의 사상을 전개했다.

'마니교'를 세 번째 예로 들 수 있다. 메소포타미아 출신인 마니(216~277년)는 이란 종교와 그리스도교의 교의를 받아들여 완전한 이원론을 주장했다. 마니에 따르면, 세계의 역사는 선(빛)의 신과 악(어둠)의 신이 싸우는 거대한 전쟁이다. 인간은 악한 물질로 둘러싸인 빛의 파편으로 이루어졌다. 이 빛의 파편들은 수많은 정화 작용이나 재육화(再肉化) 과정을 거친 후에 선의 왕국에서 다시 결합되어야 하는데, 예수가 바로 이 방법을 보여 주었다. 마니 자신은 바로 예수의 사도요, 새로운 파라클리토(성령)였다.

이러한 집단들은 제법 성공을 거두었다. 왜냐하면 인간이면 누구나 갖고 있는 깊은 고뇌의 문제들을 파고들어서 일종의 해답을 제시했기 때문이다. 몇몇 영지주의자들은 참된 종교 문제를 찾는 일에 매진했다. 하지만 그들이 주장하는 내용이 가끔은 상반되기도 했다. 또한 엉성하게 배치되거나 증명되지 않은 잡동사니 같은 소문들로 뒤엉켜 있었다. 어쨌거나 이로 인해 토대가 뒤흔들릴 정도로 심각한 위험에 처하게 된 그리스도교가, 성장해 가는 이 집단들을 마냥 보고만 있을 수는 없었을 것이다.

48) 교회의 일치를 위협했던 마르키온의 가르침

다양한 교의와 집단과 분파들이 그리스도교의 메시지와 보편 교회의 일치를 위협했다. 이레네우스는 카리스마를 지닌 이 단체들의 지도자들이 내놓은 거짓 계시를 폭로했다. 이 지도자들 가운데 가장 유명한 이가 아마 마르키온일 것이다. 그의 가르침은 굉장히 단순하고 논리적이었는데 이런 점 때문에 마르키온의 사상은 그리스도교에 큰 위협이 되었다. 그는 구약 성경의 하느님을 악의 하느님으로, 그리고 예수에 의해 계시된 신약 성경의 하느님을 선의 하느님으로 구별했다. 마르키온은, 예수는 인간의 참된 본성을 지니지 않았다고 주장함으로써, 인간의 몸과 영혼이 함께 구원된다는 그리스도교의 관점을 전면 부정했다.

그 뒤를 이어서 폰투스 마르키온이 왔다. 그는 자신만의 독특한 가르침을 개발하여 부끄러울 정도로 율법과 예언서들이 선포한 하느님을 모독했다. 그는 하느님은 모든 악의 창조자요 전쟁을 좋아하고 변덕스럽기 짝이 없는 모순된 존재라고 설명했다. 그런가 하면 예수는 세상을 창조한 하느님보다도 더 높은 성부에게서 왔는데, 티베리우스 카이사르의 집정관인 폰티우스 빌라도 시대에 유다에서 태어났다고 그는 말했다. 예수는 유다 지방에 있는 사람들에게 인간의 모습으로 나타나서 예언서와 율법을 폐기했고, 세상을 창조한 하느님, 곧 마르키온이 세상의 통치자라고 일컬은 하느님의 모든 업적들을 폐기했다. 그 외에 그는 루카 복음서에서 주님의 탄생에 관한 모든 부분을 삭제하고 성부를 이 우주의 창조자라고 고백하는 주님의 말씀에 대한 가르침도 역시 삭제했다. 마르키온은 복음을 전해 준 사도들보다도 자신이 더 정직하다고 자신의 제자들을 감언이설로 꼬드기면서 그들에게 복음이 아니라 복음의 단편들을 전해 주었다. 그는 또한 바오로가 하느님이 세상을 창조하셨다고 말한 내용과 하느님이 예수의 아버지라고 명백하게 언급한 내용을 바오로 서간에서 모두 삭제했다. 그뿐만 아니라 그는, 바오로가 주님의 재림을 예언한 예언서를 인용하여 가르친 내용들도 모두 삭제했다.

마르키온에 따르면, 오로지 그의 가르침을 배운 사람들의 영혼만 구원될 수 있다. 육체는 땅으로부터 왔기 때문에 구원될 수 없다.

리옹의 이레네우스, 《이단 반박 Adversus haereses》, 1,27,2.

3. 신앙의 규칙

2세기 말, 리옹의 이레네우스 주교는 자신이 저술한《이단 반박》에서 오류라고 판단되는 몇 가지 잘못된 교설들에 대해 설명한다. 그는 '어디에서 참된 교회와 교의를 발견할 수 있는가?' 하는 문제를 지적하면서 이단들을 나열한다.[49)] '그리스도인들은 사도들의 전승에 의탁해야만 한다. 사도들의 전승은 교회를 통해서 오늘날까지 전해내려 왔고, 신앙의 규칙의 기원은 교회 안에서 주교들과 장로들의 계승을 통해서 사도들에게까지 거슬러 올라간다.'[50)] 이 때문에 이레네우스는 일부러 베드로와 바오로에서 시작되는 로마 교회 주교들의 명단을 밝힌다. 스미르나 교회와 에페소 교회에서도 역시 주교들의 기원은 사도들에게까지 거슬러 올라간다. '한 친구에게 보낸 편지'[31]에서 이레네우스는, 깊은 감동에 잠겨, 자신이 스미르나의 폴리카르푸스 주교가 주님을 직접 뵌 요한 사도에 대해 이야기하는 것을 자신이 들은 적이 있다고 회상한다. 이렇게 해서 결국 이레네우스 자신의 기원도 역시 폴리카르푸스를 통해서 예수에게까지 거슬러 올라간다.[51)]

---

31 영지주의에 빠진 친구에게 보낸 것으로 제목은《어떤 알렉산드리아인에게 보낸 편지 *Epistula ad Alexandrinum quendam*(단편)》이다.

참된 교회의 특징

리옹의 이레네우스는 거짓 교의에 대해 토론하는 가운데 참된 교회의 특징을 지적한다.

49) 동일한 메시지를 온 세상에 선포하는 교회

이 설교와 신앙을 받아들였으므로 교회는 비록 온 세상에 널리 퍼져 있지만 그것을 감시한다. 마치 그것이 한 울타리 안에 살고 있는 것처럼 말이다. 교회는 마치 한 영혼과 한 마음을 가진 것처럼 똑같은 방법으로 그것을 선포하고 그것을 가르치고 그것을 마치 입이 하나인 것처럼 동일한 목소리로 전해 준다.

세상에 비록 다양한 언어가 있음에도 불구하고 사도들로부터 전해오는 전승의 내용은 하나이고 동일하다. 게르마니아에 있는 교회도 하나의 신앙 또는 하나의 전승을 가지고 있고 이베리아(스페인)에 있는 교회, 켈트족들 가운데 있는 교회 그리고 동방과 이집트와 리비아와 세계의 중심인 로마에 세워진 교회도 역시 같은 하나의 신앙과 전승을 가진다. 마치 하느님의 피조물인 태양이 세상에 오직 하나이고 똑같은 태양인 것처럼, 진리를 선포하는 이들도 세상 모든 것을 비추고, 진리를 알고 싶어 하는(1티모 2,4) 모든 사람을 비추어 준다.

이레네우스, 《이단 반박》, 1,10,2.

50) 주교들의 계승 안에서 사도 전승을 전달하는 교회

그러므로 진리를 발견하기를 원하는 사람들은 전 세계에 전해진 사도들의 전승을 모든 교회 안에서 명백히 관찰할 수 있을 것이다. 우리는 교회 안에서 사도들에 의해서 주교로 임명된 이들과 현재 주교직을 맡고 있는 그들의 후계자들을 모두 알고 있다. …… 왜냐하면 사도들은 자신들의 후계자로 임명하여 자기들의 고유한 직책인 가르치는 권리를 물려준 사람들이 모든 면에서 완전하고 나무랄 데 없는 자들이 되어 줄 것을 바랐기 때문이다. 만일 그들이 자기 임무를 충실히 수행한다면 교회에 지극히 고마운 일이 되겠지만, …… 이 책에 모든 교회의 계승을 다 열거한다는 것은 대단히 지루한 일일 것 같아서, 가장 위대한 두 사도 베드로와 바오로에 의해 로마에서 창설되고 조직되었으며 모든 이에게 알려진 지극히 오래되고 가장 큰 교회만을 살펴봄으로써, 사도들로부터 전해 내려온 전승과 사람들에게 주어진 믿음이 주교들의 계승을 통하여 우리에게까지 이르렀다는 사실을 밝히려 한다. 그렇게 함으로써 자만심이나 허영심이나 무분별이나 그릇된 판단 등 온갖 방법을 가리지 않고 부당한 집단을 형성하는 자들을 창피하게 만들고자 한다. 모든 교회는 이 로마 교회가 지니는 특수한 권위로 인해 마땅히 로마 교회와 일치해야 하기 때문이다. 이 모든 교회는 전 세계에 있는 신자들을 의미하며, 그들을 통하여 항상 자신 안에 사도들의 전승을 보존해 온 것이다.

이레네우스, 《이단 반박》, 3,3,1~2.

51) 이레네우스에서 예수까지

190년경, 이레네우스는 이단에 물든 친구 플로리누스에게 편지를 썼다. 이레네우스는 자신들이 어렸을 때 폴리카르푸스의 문하생이었다는 사실을 친구에게 상기시켰다. 요한을 통해서 자신(이레네우스)과 친구(플로리누스)를 그리스도께 연결해 준 든든한 연결 고리는 폴리카르푸스였다.

나는 복된 폴리카르푸스가 앉아서 이야기하던 자리, 드나들던 장소, 그의 모든 행동과 외모, 사람들 앞에서 행한 연설을 당신(플로리누스)에게 일일이 설명할 수 있습니다. 그가 요한과 주님을 뵌 다른 사람들과 어떻게 교제했고, 그들의 말을 어떻게 인용했으며, 주님과 그분의 기적과 가르침에 관하여 그들에게서 무엇을 들었는지에 대해 말한 것들을 나는 기억합니다. 폴리카르푸스는 '로고스(말씀)'의 삶을 목격한 사람들에게서 직접 전해들은 모든 것을 성경과 완벽히 부합되게 선포했습니다.

당시에 나는 하느님께서 나에게 베푸신 자비에 힘입어 이런 내용들을 주의 깊게 귀담아 들었으며, 그것을 글로 받아 적지는 않았지만 마음에 깊이 새겨 두었습니다. 하느님의 은총으로 나는 끊임없이 그 내용을 묵상했습니다. 그리고 만일 그 복되고 사도적인 장로(폴리카르푸스)의 귀에 이러한(플로리누스가 이단에 물들었다는) 소문이 들어간다면, 그는 버럭 고함을 치면서 자신의 귀를 막을 것이라고 나는 하느님 앞에서 증언할 수 있습니다. ……

에우세비우스, 《교회사》, 5,20,6~7.

성경의 정경화

이레네우스는 사도로부터 이어오는 계승, 즉 사도들의 전승을 벗어난 성경에 대해서는 아무런 관심이 없다고 천명했다. 그러나 그가 말한 사도 전승을 벗어난 성경이 어떤 것인지 말하기는 쉽지 않다. 왜냐하면 2세기 초까지는 그리스도인들이 성경이라고 특별히 강조하던 작품들이 아직 없었기 때문이다. 2세기 그리스도인들이 보기에는, 유다인들에게는 오늘날 우리가 구약 성경이라고 말하는 성경, 즉 영감받은 책들이 있었다. 그리스도인들은 유다인들과는 다른 방법으로 구약 성경을 읽었는데 그들은 구약 성경을 예수의 도래를 미리 예언한 예언서로 간주했다. 따라서 그리스도인들은 구약 성경을 히브리 민족의 역사로 보려 하기보다는 오히려 구약 성경 안에 나타나는 예수에 관한 내용을 찾기 시작했다. 이 말은 그들이 예수에 관해 뭔가를 알고 있었다는 것을 의미한다.

사람들은 예수에 대해 말할 때 사도들의 증언과 사도들을 직접 만난 사람들의 증언을 인용했다. 이런 증언들은 원래 구두로 진술되었다. 그런데 사도들이 죽거나 사라지자, 사람들은 사도들의 작품을 기록해 둘 필요성을 느꼈고 작품에 권위를 부여하기 위해서 사도들을 그 작품의 저자로 간주했다. 그리고 작은 집단들에서는 토마스 복음서, 야고보 복음서, 바오로 복음서, 베드로 복음서와 같은 자신들 나름대로의 복음서를 갖고 있었다. 그런가 하면 마르키온이나 다른 몇몇 사람들은 복음의 내용을 나름대로 취사선택하기도 했다.

그리하여 복음서의 숫자가 많아지자, 각 공동체들은 복음서의 진위를 판단할 수 있는 기준을 찾아 나섰다. 그 기준 가운데 하나가 바로 '사도성'이었다. '사도성'은 '고대성'과 같은 의미이기 때문이다. 그렇다고 이때에 위경이 없었다는 말은 아니다. 결국 2세기에 성경과 관련해서 가장 중요한 결정이 이루어졌다. 이레네우스가 주장한 바와 같이, 4복음서만이 모든 교회가 공인하는 복음서이고 그밖에 다른 복음서는 없다는 것이다.

직접적이든 간접적이든 간에, 4복음서는 네 명의 사도들의 작품이다. 그리고 이레네우스가 인정한 다른 성경들도 역시 네 사도들의 작품이었다. 네 사도들은 바로 마태오(복음), 베드로(서간, 마르코 복음), 바오로(서간들, 루카 복음과 사도행전), 요한(복음, 묵시록, 서간들)이다. 2세기 중엽에 나온 또 하나의 저술로 18세기에 발견된 것이 있는데, 발견한 사람의 이름을 따서 《무라토리 단편》(또는 《무라토리 경전 Canon Muratorianus》)이라고 불리는 이 저술도 이레네우스와 비슷한 정보를 제공한다. 하지만 상당한 반대와 논란을 거친 후에야 비로소 요한 묵시록, 유다서 같은 작품들이 정경으로 인정되었다. 그런가 하면 일부 그리스도인들은 《디다케》나 《헤르마스의 목자》를 영감을 받아 기록된 책(성경)으로 간주하기도 했다. 2세기 말, 교회는 신약 성경에 대한 정경 목록을 규정했다.

4. 신학의 탄생

그리스도교 교의가 싹트기 시작하자, 공동체의 지도자들은 신자들에게 그리스도교의 참된 신앙이 무엇인지 가르치려고 애를 썼다. 그래서 그들은 정경으로 인정한 작품들을 해석하면서, 그리스도께서 성경의 계시를 완성하셨다는 사실을 보여 주고자 노력했다. 그들은 이 같은 내용을 성찬례와, 세례 후보자에게 실시하는 예비 신자 교리 교육에서 구두로 설명했다. 이런 직무를 맡았던 주교들, 사제들 그리고 그 밖의 다른 이들이 저술 활동을 통해 최초의 신학자가 되었다.

우리에게는 안티오키아의 이냐티우스 주교가 쓴 일곱 통의 편지가 있다. 2세기 초, 이냐티우스는 소아시아에 있는 교회들 사이의 교의적인 일치를 지켜 내려고 무척 애를 썼다. 당시 많은 사람들은 '예수는 단지 인간의 형상을 했을 뿐'이라고 주장했지만, 이냐티우스는 예수의 참된 육화를, 예수는 참으로 역사상의 인물이었고 참된 사람이었음을 강력하게 변론했다. 그리고 그리스도인들은 성찬례를 통해서 하나로 일치된 공동체 안에서 이 예수를 만난다고 했다.[44] "여러분은 하나의 성찬례에 참여하도록 하십시오. 왜냐하면 주교가 하나인 것처럼, 우리 주 예수 그리스도의 몸도 단 하나이고, 그분의 피로써 우리를 일치시켜 주는 잔도 단 하나이며, 제단도 단 하나이기 때문입니다."《필라델피아 신자들에게 보낸 편지》, 4)

앞에서 살펴본 것처럼, [48), 49), 50), 51)] 이레네우스는 부활절 날짜 문제로 야기된 논쟁에서 평화의 사도로서 중재 역할을 수행했다. 그리고《이단 반박》과《사도적 가르침의 논증 Demonstratio praedicationis apostolicae》에서 거짓 계시를 반박하면서 신학을 전개했다.《사도적 가르침의 논증》은 성경에 대한 교리 교수법이었다. 이레네우스는 바오로 서간 중 에페소 신자들에게 보낸 서간 1장 10절에 나오는 바오로의 수렴 사상에 대한 신학적인 사고를 체계화했다. 인간의 삶은 하느님 말씀의 인도로 서서히 그리스도를 향한 수렴의 방향으로 이동해 가고, 예수 안에서 육화하신 말씀은 인간과 세상의 모든 역사를 수렴해 나간다는 것이다. 우리는 이레네우스가 한 유명한 말을 생생하게 기억한다. "살아 있는 인간은 하느님의 영광이며, 인간의 삶은 하느님을 바라보는 것이다."(《이단 반박》, 6,20,7)

이집트의 알렉산드리아 태생인 오리게네스(185~253년)는 신자들을 가르치고 설교하는 데 일생을 바쳤다.[32] 알렉산드리아의 데메트리우스Demetrius 주교는 오리게네스에게 예비 신자 교리 학교의 교장직을 맡아달라고 부탁했다. 이 학교는 최초의 예비 신자 교리 학교였다. 오리게네스는 여러 지역을 두루 여행했다. 그는 팔레스티나의 카이사레아에서 사제품을 받았고, 규모가 큰 그리스도교 도

---

32 오리게네스는 하늘나라 때문에 고자가 된 사람들에 관한 구절(마태 19,12)을 문자적으로 이해하여 스스로 고자가 되었다.

서관을 세우고 그곳에서 가르쳤다.[33] 그는 데키우스 박해 때 당한 혹독한 고문의 후유증으로 세상을 떠났다.

오리게네스는 성경을 주석하고 가르치는 데 일생을 바쳤다.[52], [53] 그러나 그가 남긴 엄청난 작품들은 대부분 유실되었다. 왜냐하면 그의 사후 약 200년 뒤에 그를 거슬러 이단 논쟁이 벌어졌기 때문이다. 오리게네스에 따르면, 그리스도는 성경 전체에 나타나 있다. 구약 성경에 등장하는 사람들과 사건들은 모두 그리스도와 그리스도교의 성사와 교회를 예언한다. "그리스의 인간론에 따르면, 인간의 몸은 육체, 영혼, 정신으로 이루어져 있다. 이와 마찬가지로 성경도 세 가지 의미로 해석되는데 문자적 의미(역사적 의미), 윤리적 의미, 신비적 혹은 영적 의미가 바로 그것이다." 이런 식으로 오리게네스는 우의(알레고리)적인 성경 해석 방법을 전개해 나갔다. 그런데 이러한 해석 방법이 가끔 사람들을 당혹스럽게 만들었다.

우리는 이미 앞에서 테르툴리아누스를 살펴보았다.[26), 27), 40), 41)] 그리고 그가 남긴 유명한 말을 인용했다. 그는 "순교자들이 흘린 피는 그리스도교의 씨앗이다."라고 말했다. 그가 이 말을 한 이유는 그 자신이 바로 죽음을 두려워하지 않는 그리스도인들의 용기에 감탄하여 그리스도교로 개종했기 때문이다. 성격이 불같았던 테르툴리아누스는 말년에 몬타누스 이단에 빠져, 로마와 카르타

---

33 오리게네스는 카이사레아에서 그의 친구 주교들에게서 사제품을 받았다. 그러나 그가 알렉산드리아로 돌아오자, 알렉산드리아의 데메트리우스 주교는 그의 사제직을 박탈하고 추방했다. 그러자 오리게네스는 다시 카이사레아로 갔다.

고에서 큰 주류를 이루던 그리스도교 공동체들을 격렬하게 비난했다. 하지만 그는 아주 뛰어난 논쟁가이자 신학자였다. 그는 하느님과 관련해서 '삼위일체'와 '위격'이라는 용어를 최초로 사용함으로써 그리스도교 신학에 라틴어를 도입했다.

이교도 가정에서 태어난 키프리아누스(200~258년)는 그리스도교에서 윤리적인 해방을 발견했다. 그는 사제가 되었고, 곧이어 카르타고의 주교가 되었다. 키프리아누스는 데키우스 황제의 박해의 소용돌이에 휘말렸고, 그 후 전염병과 맞서 싸웠다. 한때 그는 로마 주교와 팽팽한 긴장 관계를 유지하기도 했다. 세례 신학 문제로 서로 첨예한 갈등을 빚고 의견의 일치를 이루지 못한 것이다. 이단자들의 교회에서 세례를 받은 이단자가 뉘우치고 다시 가톨릭으로 돌아올 때, 그에게 다시 세례를 베풀어야 한다는 것이 카르타고 교회의 입장이었다. 하지만 로마 교회는 이단자가 이미 받은 첫 세례가 유효하기에 다시 세례를 베풀어서는 안 된다는 입장이었다.

키프리아누스는 순교로 자신의 삶을 마쳤다.[33] 사목자였던 그는 작품에서 그리스도인의 삶에 대한 기도, 자선, 의복 등 여러 가지 측면에서 다루었다. 그는 많은 작품들을 통해 박해로 흔들리는 교회의 일치를 수호하기 위해 노력했다. 교회의 일치야말로 그리스도를 참으로 만날 수 있는 표지이며, 이 일치는 신자들을 사목하는 주교들의 일치에 달려 있다고 본 것이다. 키프리아누스는 자신의 편지에서 수많은 사람과 사건을 언급했다.

오리게네스

52) 성경은 항상 영적인 의미를 지니지만, 항상 문자적인 의미를 지니는 것은 아니다

예리고가 사제들의 나팔 소리에 무너져 내렸다. 사제들의 트럼펫 소리에 무너져 내린 예리고는 이 세상의 권력과 요새의 모습(상징)이라고 나는 앞에서 말했다. 그들이 의지했던 이 세상의 권력과 요새와 담벼락이 바로 우상 숭배였다. …… 눈의 아들 여호수아(그리스어로는 예수)는 그리스도께서 곧 오신다고 예고했다. 그리스도께서 오셨을 때, 여호수아가 사제들을 파견한 것처럼 우리 주 예수 그리스도께서도 자신의 사제들을 파견했다. 그리고 여호수아의 사제들처럼 사제들도 소리 나는 나팔, 즉 복음을 지니고 다녔다. …… 그리고 우상 숭배의 모든 수단과 철학자들의 사상이 이 땅에서 사라졌다. ……

오리게네스, 《여호수아기 강해*In Iesu Nave homiliae*》, 7.

53) 착한 사마리아인(루카 10,30-37)

'어떤 사람이 예루살렘에서 예리고로 내려가고 있었다.' 우리는 이 사람에게서 아담, 남자, 하느님의 말씀에 순명하지 않음으로써 타락한 남자의 운명을 본다. 예루살렘은 천국 또는 천상 예루살렘이다. 예리고는 이 세상이다. 강도들은 적의를 가진 마귀들과 그리스도 이전에 이 세상에 들어온 거짓 사상들을 상징한다. 상처들은 불순종과 죄를 상징하고, 옷을 빼앗긴 것은 청렴결백과 불멸성과 그 밖의 모든 덕을 빼앗긴 것을 상징하며, 반쯤 죽은 남자는 현재 우리의 본성 상태를 상징한다. 우리의 본성은 이미 절반 정도 죽어 있다(그러나 사실 영혼은 불사불멸하다). 사제는 율법을, 레위는 예언을 상징하며, 사마리아인은 마리아의 태중에서 육체를 취하신 그리스도를 상징한다. 노새는 그리스도의 몸을 상징하고, 포도주는 그리스도의 가르침의 말씀을 상징한다(이는 화해를 통한 치유를 상징한다). 기름은 사람들에 대한 선의의 말씀과 자비로운 동정심을 상징하고, 여관은 교회를 상징하며, 여관 주인은 사도들과 사제들의 후계자, 즉 주교들과 교회의 교사들을 상징한다. …… 다시 오겠다는 사마리아인의 약속은 그리스도의 재림(즉, 두 번째 나타나심)을 상징한다.

오리게네스, 《루카 복음 강해*In Lucam Homiliae*》, 34,2~3.

제4장
그리스도교 제국 치하의 교회
(4~5세기)

▲ 콘스탄티누스 황제.

콘스탄티누스의 교회……

313년에 교회가 평화를 누리게 된 것은 '콘스탄티누스의 교회'가 시작되었음을 드러내는 단초였다. '콘스탄티누스의 교회'라는 말은 교회와 사회 사이에 생긴 하나의 새로운 관계, 즉 교회가 그리스도교 국가로 간주되는 하나의 국가 안으로 통합되었다는 것을 내포한다. 이 사실은 많은 것을 의미한다. 국가는 그리스도교의 삶에 직접 개입하면서 국가를 이념적으로 지지해 줄 것을 교회에 요구했다. 황제는 제국의 법과 질서를 뒤흔드는 교의적인 논쟁들을 무마하려 했고 공의회를 직접 소집했다. 동시에 교회는 로마 제국으로부터 재정적, 물질적 그리고 법적인 편의를 제공받았다. 교회는 이단과 이교도들에 맞서 싸우기 위해서 황제에게 의존했다.

'콘스탄티누스의 교회'라는 말에는 흔히 조롱의 뜻이 내포되어 있기도 한다. 그때부터 교회는 복음에 대한 뜨거운 열정을 영원히 식혀 버리는 정치적, 문화적 구조 안에 갇히게 되었기 때문이다. 어떤 사람들은 제2차 바티칸 공의회를 통해서 비로소 '콘스탄티누스의 교회'가 막을 내렸다고 말한다. 제2차 바티칸 공의회는 마침내 교회가 세속 권력과 분리되어 거리감을 유지해야 한다는 사실을 받아들인 것이다.

또는 테오도시우스의 교회?

하지만 자세히 들여다보면 문제는 그리 간단하지 않다. 교회 발전은 콘스탄티누스 황제 이전부터 시작되었고, 그 이후로 오랫동안 계속 이어졌다. 3세기 말이 되어서야 일부 주교들은 로마 제국의 통치자들의 통치 형태를 채택했다. 게다가 테오도시우스 Theodosius 황제(378~395년) 때에 이르러서 비로소 그리스도교는 로마 제국의 국교가 되었다(380년).

종교 지도자들과 정치 지도자들 모두에게 명백하게 도움이 되었으면 좋았겠지만, 도리어 교회가 자신을 에워싸고 있는 문화적·법적 환경 속으로 서서히 흡수되었다는 사실이 더 문제였다.

로마 제국은 교회에 좋은 영향을 미칠 수 있는 환경을 갖추고 있었고, 사회는 로마 제국 전역에서 하나의 중요한 제도로서 자리 잡고 있던 교회로부터 영향을 받았다. 이 장에서는 로마 제국 안에서 교회와 사회가 변화되어 가는 과정을 살펴보겠다.

Ⅰ. 밀라노 관용령과 국교화

1. 콘스탄티누스의 종교

콘스탄티누스는 280년경, 나이수스Naissus(현 세르비아의 니시)에서 아버지 콘스탄티우스 클로루스와 어머니 헬레나 사이에서 태어났다. 아버지는 그리스도교에 호의적인 황제[34]였고 어머니는 312년에 그리스도교 신자가 되었다. 콘스탄티누스가 왜 그리스도교로 개종했으며, 그가 과연 어떤 신앙을 갖고 있었는지는 알 수 없다. 본래 콘스탄티누스 가족의 종교 성향은 태양신을 숭배하는 종교 혼합주의로 일종의 유일신관이었다. 그러나 밀비오 다리에서 벌어진 전투와 관련된 전설은 당시 그곳에서 무슨 일이 일어났고 그 이후 콘스탄티누스 황제가 왜 자신을 그리스도교 신자라고 생각했는지에 대해 알려 준다.[54)] 그리스도 덕분에 전투에서 승리했다고 말하는 그리스도인들의 말을 콘스탄티누스는 믿었다. 하지만 비록 에

---

34 당시 로마 제국은 사두 체제로 통치되었다(153쪽 참조).

우세비우스가 콘스탄티누스를 극찬했지만, 실제로 콘스탄티누스에게서 그리스도인의 모범을 찾아볼 수 없다. 그는 죽기 직전에야 침대에서 세례를 받았을 뿐이며(337년), 생전에 저지른 많은 범죄들을 볼 때 그를 그리스도인이었다고 말하기는 어려울 것이다. 콘스탄티누스는 심지어 자신의 가족들까지, 즉 장인과 세 명의 인척들, 아들 하나와 그의 아내를 사형에 처했다. 그는 윤리 의식이라고는 찾아볼 수 없는 신앙인의 대표적인 예였다.

유일한 황제, 콘스탄티누스

313년, 로마 제국의 서쪽은 콘스탄티누스가, 제국의 동쪽은 리키니우스가 통치하고 있었다. 하지만 얼마 후 두 황제가 서로 충돌했다. 당시 리키니우스는 그리스도교를 박해하고 있었다. 리키니우스를 물리치기 위해 콘스탄티누스가 군대를 이끌고 전쟁터로 나가자, 사람들은 그가 그리스도교를 수호하기 위해서 종교 전쟁을 수행한다는 인상을 받았다. 전쟁에서 패한 리키니우스가 암살되자 콘스탄티누스는 324년, 로마 제국의 유일한 황제가 되었다. 따라서 이때를 그리스도교 제국의 원년으로 간주할 수 있을 것이다.

새로운 수도, 콘스탄티노플

콘스탄티누스 황제는 로마 제국의 동쪽에 머물러야겠다고 작정하고, 제국의 새로운 수도를 건설했다. 그는 보스포루스Bosphorus

해협에 위치한 비잔티움이라는 작은 마을을 선택한 후 자신의 이름을 따서 콘스탄티노플Constantinople(콘스탄티누스의 도시)이라고 명명했다. 새 수도를 정할 때 콘스탄티누스는 꿈에 하느님으로부터 그 장소를 계시받았다고 한다. 콘스탄티노플은 330년 5월 11일에 장엄하게 제국의 새로운 수도로 봉헌되었다. 이 봉헌 예식에 이교인들과 그리스도인들이 함께 참석했다. 제국의 수도 이전은 제국뿐만 아니라 속국들에게도 지대한 영향을 끼쳤다. 로마 제국의 무게 중심이 서에서 동으로 이동했고, 제국의 서쪽은 후대 황제들의 관심 밖으로 밀려났다. 그뿐만 아니라, 콘스탄티노플은 교회 안에서 '제2의 로마'가 되려고 시도했으며, 콘스탄티노플로 그리스 문화권의 그리스도인들을 끌어들였다. 새 수도 건설은 향후 교회 분열을 야기할 씨앗을 품게 된 사건이었다.

2. 그리스도인 황제들

그리스도인 황제들은 전통 종교의 수장을 의미하는 '폰티펙스 막시무스Pontifex Maximus(대제관)'라는 칭호[35]를 지니고 교회 안에서 대제관의 역할을 수행했다. 315년부터 동전에 그리스도의 모노그램

---

35 이 칭호는 나중에 교황에게 적용되었다. 대 레오Leo 교황은 자신을 일컬어 '대사제'라고 불렀다.

(상징)이 새겨졌고, 이 동전들은 그리스도교를 널리 전파하는 수단이 되었다. 콘스탄티누스 황제는 자신을 '사도들과 동일시'하거나 '교회 밖에 있는 이들의 주교'로 간주했다. 그런데 이것은 황제가 교회 일에 직접 간섭한다는 것을 의미했다. 박해가 끝나고 황제의 태도가 이렇게 바뀐 것은 에우세비우스를 비롯한 모든 그리스도인에게는 당황스러운 일이었다. 어쨌거나 하느님의 나라가 지상에서 실현되었다.[54] 이제 그리스도인들은 황제를 신성한 본성을 지닌 존재로 받아들였고, 그 결과 자연스럽게 황제를 모든 그리스도인의 수장首長, 즉 새 모세이자 새 다윗으로 받들었다. 바로 황제에 대한 이러한 칭호 때문에 황제가 공의회를 소집할 수 있었던 것이다.

[54] 콘스탄티누스 황제의 제국, 지상에 실현된 하느님 나라?

따라서 지상의 모든 사람들은 폭군들의 압제로부터 벗어났고, 예전에 겪던 괴로움으로부터 해방되었다. 여러 가지 방법으로 그들은 모두 한 분이신 참하느님이 신적인 수호자이심을 깨닫게 되었다. 먼저, 하느님이신 그리스도를 희망으로 간직한 사람들에게는 말할 수 없는 행복이었고, 신적인 즐거움이 모든 이의 마음속에 가득했다. 얼마 전까지만 해도 폭군들의 사악함 때문에 먼지가 되어 버렸던 모든 장소들이 이제는 마치 오랫동안 죽을 정도로 목 졸려 있던 상태에서 되살아난 것 같았다. 그리고 주교좌성당들이 다시 하늘 높이 솟아올랐고, 적들에 의해 파괴되기 전보다 훨씬 더 웅장한 모습을 지니게 되었다.

또한 지극히 존엄한 황제들(콘스탄티누스, 리키니우스)은 그리스도인들에게 호의적인 일련의 칙령을 반포함으로써 더 광범위하고 확실하게 베푸시는 하느님의 축복을 확인시켜 주었다. 황제는 주교들에게 훈장과 포상금과 함께 개인 서한을 계속해서 보냈다. ……

지난날의 고통은 잊어져 갔고, 모든 불경스러움은 망각 속으로 사라져 버렸다. 사람들은 현재 주어진 안락함을 누렸고, 다가올 안락함을 학수고대했다. 승리한 황제는 모든 도시에서 인간미 넘치는 칙령과 자비로움과 참된 경건을 보여 주는 법령을 공포했다. 이처럼 모든 폭정을 깨끗하게 정화한 뒤, 콘스탄티누스와 그의 아들들은 로마 제국을 굳건하게 다스리게 되었다. 하느님을 증오하는 세상을 깨끗하게 정화하는 자신들의 첫 번째 과제를 성공적으로 수행한 그들은 하느님께서 베푸신 축복을 기뻐했다. 그리고 그들은 모든 사람이 볼 수 있도록 이런 일을 함으로써 사람들로 하여금 덕을 실천하고, 하느님을 사랑하며, 전능하신 하느님께 헌신하고 감사드리게 만들었다.

에우세비우스, 《교회사》, 10,2,9.

◀ 콘스탄티누스 황제의 아들 콘스탄티우스 2세 때 만들어진 동전. 콘스탄티누스 황제가 자기 군대의 선봉에 내세웠던, 그리스도의 표지가 새겨진 군기가 보인다.

황제의 호의

그리스도인들은 황제의 호의를 마음속으로 기대하고 있었다. 콘스탄티누스 황제는 종교 의식에 사용할 바실리카[36]와 궁전을 주었다. 황제는 바티칸의 성 베드로 대성전, 예루살렘의 성묘 대성전, 베들레헴의 대성전, 콘스탄티노플의 모든 성당들과 같은 아름다운 예배 장소들을 지어 주었다. 그리고 주교들에게 값진 선물을 하사했다. 또한 그리스도교 공동체들의 유산 상속을 허락한 덕분에,[55] 교회는 막대한 유산을 물려받을 수 있게 되었다. 성직자들은 법적

---

[36] 원래 왕궁을 의미하는 그리스어 바실리케에서 유래된 바실리카basilica는 주로 관공서로 사용되었다. 로마 제국 시대에는 주로 재판이 열렸지만, 때로는 연설이나 갖가지 행사가 열렸고 특산물을 전시하는 시장으로 이용되기도 했다. 그러나 로마 가톨릭교회와 그리스 정교회에서 바실리카는 교회법에 따라 특정 교회 건물에 붙이는 명예로운 이름이 되었다. 수백 년 동안 바실리카 양식은 교회 건축의 기본 양식이 되었다.

특권을 갖게 되었다. 교구 법정에서 민사 재판이 열렸고, 주교들은 총독과 같은 서열로 간주되었다.[56]

주교들과 사제들의 후원자이며
정통 교리의 수호자인 콘스탄티누스 황제

다음 두 편지는 313년에 씌었다. 케킬리아누스Caecilianus가 카르타고의 주교로 선출되자, 도나투스Donatus의 추종자들이 강력하게 반발했고, 이로써 도나투스 분파가 생겨났다. 콘스탄티누스 황제는 도나투스주의를 '불길한 사상'이라고 말했다.

[55] 콘스탄티누스 황제가 카르타고의
케킬리아누스 주교에게 보낸 편지

모든 속주, 즉 아프리카, 누미디아, 그리고 마우레타니아Mauretania에서 합법적이고 가장 거룩한 가톨릭 종교의 직무자로 임명된 사람들은 비용을 충당할 일정한 기부금을 받게 될 것이라고 내가 이미 결정한 바 있으므로, 나는 아프리카의 탁월한 재정 담당관인 우르수스Ursus에게 칙서를 보내 현금으로 3000폴레스folles(정확한 금액을 알 수는 없으나 아주 큰 액수로 추정됨)에 해당하는 양도 증서를 준비하라고 통지하는 바이다. ……

불길한 사상을 퍼뜨리는 몇몇 사람들이 가장 거룩한 가톨릭교회의 신자들을 불명예스러운 미끼로 그릇된 길로 이끌고 있다는 소식을 들었노라. 그래서 나는 아눌리누스Anulinus 집정관과 파트리키우스Patricius 사령관 대리에게 친히 모든 지시 사항을 하달했다. 이번 일과 관련된 모든 사항에 관해서 이 두 사람이 적절한 조치를 취할 권한을 가지니, 일련의 사건들을 절대로 간과하지 말라고 한 바 있다. 그래서 이 같은 내용을 주교에게도 통보하는 바이다. 그러므로 주교는 이 같이 미친 행동을 고집하는 사람을 목격하거든 주저 없이 앞서 언급한 관리들에게 문의하고 해당 사건을 그들과 상의해야 할 것이다. 왜냐하면 내가 친히 그들에게 지시해 온 바이지만, 그들이 그런 수고를 능히 감수해 낼 수 있다고 믿기 때문이다.

에우세비우스, 《교회사》, 10,6.

56) 콘스탄티누스 황제가 카르타고에 있는 아프리카의 아눌리누스 집정관에게 보낸 편지

내가 귀관에게 맡긴 속주에 있는 가톨릭교회에 대해서 케킬리아누스 주교가 관할권을 행사하고 있다. 그래서 나는 거룩한 전례에 전적으로 봉사하는 사람들, 즉 대개는 성직자라고 불리는 사람들에게 그대가 모든 세금을 완전히 그리고 영구히 면제해 주기를 바라노라. 이러한 조치는 성직자들이 어떤 오류도 없이 또는 은총에서 멀어져 신성 모독의 나락으로 떨어지지 않고 하느님께 마땅히 드려야 할 예배 행위에 온전히 투신하도록 보장해 주려는 것이다. 그렇게 되면 성직자들은 언제나 자신들의 법에 따라서 완전히 자유롭게 봉사할 수 있게 될 것이다. 성직자들이 온 마음으로 하느님을 섬기는 성직에 투신함으로써 그리스도교 공동체의 안녕에 크게 기여할 것이라고 기대하는 바이다.

에우세비우스, 《교회사》, 10,7.

종교 정책

그 어떤 황제도 종교 문제가 제국의 안녕을 해칠 경우에는 그 문제를 결코 수수방관하지 않았다. 그래서 그리스도인들은 자신들의 종교 분쟁을 중재해 달라고 황제에게 호소했다. 325년부터 시작된 아리우스Arius 논쟁으로 촉발된 위기 상황에서 황제가 직접 신앙 문제에 개입한 것을 다음 장에서 자세하게 다룰 것이다. 그러나 그보다 먼저 논란이 된 도나투스 논쟁을 살펴보겠다.

313년부터 아프리카의 그리스도인들은 도나투스 논쟁과 관련하여 황제의 중재를 계속 요청했다. 도나투스 논쟁은 4세기 내내 아프리카 교회에 막대한 피해를 입혔다. 312년에 케킬리아누스가 카르타고의 주교로 서품되자, 아프리카 교회는 논쟁의 소용돌이에 휘말려들었다. 케킬리아누스를 반대하던 사람들은 케킬리아누스를 서품한 주교들이 디오클레티아누스 황제의 박해 때에 배교한 자들이라고 주장했다. 그래서 그들은 대립 주교로 도나투스를 임명했다. 도나투스 논쟁은 북아프리카 전역으로 확산되었다. 북아프리카의 많은 도시들에서 도나투스파 주교들과 가톨릭의 주교들이 서로 적대 관계를 이루었다.

콘스탄티누스 황제가 합법적으로 서품된 주교들(케킬리아누스와 그의 동료 주교들)에게만 재정 지원을 하자, 도나투스파 주교들은 자신들이 정당하다고 주장하면서 황제에게 호소했다. 황제는 이 문제를 이탈리아와 갈리아의 주교들에게 일임했다(314년, 아를 시노드). 이탈리아와 갈리아의 주교들은 도나투스를 단죄했다. 이에 도나투스의 추종자들이 크게 반발했다. 콘스탄티누스 황제는 도나투스파들이 점거하고 있던 모든 성당에 군대를 보내어 그들을 몰아냈다. 그러나 황제의 노력에도 불구하고 평화가 이루어지지 않았다. 결국 황제는 양쪽 모두에게 예배의 자유를 주었고, 가톨릭 신자들에게는 그들만의 성당을 새로 짓도록 자금을 대 주었다.[37]

3. 서서히 자취를 감추는 이교 신앙

313년, 콘스탄티누스 황제는 로마 제국 내의 모든 종교에게 양심과 예배의 자유를 허용했다. 옛 종교들은 비록 예전의 힘은 상실했지만, 그래도 여전히 영향력을 발휘하고 있었다. 로마 제국의 동쪽 지역을 제외한 대부분 지역에서 그리스도인들은 채 절반도 되지 않았고, 전통적인 옛 종교들이 빈부귀천을 막론하고 사회의 모든 계층에 깊이 뿌리를 내리고 있었다. 로마의 원로들과 지성인들이

---

[37] 311~312년에 카르타고의 멘수리우스 주교가 죽자 케킬리아누스 대부제가 주교직을 계승했다. 박해 시기에 멘수리우스는 이단 서적을 제출했고, 케킬리아누스는 감옥에 갇힌 고백자들에게 신자들이 사식(私食)을 넣어 주는 것을 방해했다. 이 같은 전력을 가진 케킬리아누스는 누미디아의 대주교가 도착하기 전에 주교로 서품되었다. 이 서품에는 두 가지 문제점이 있었다. 첫 번째 문제점은 배교자를 주교로 서품한 것이고, 두 번째 문제점은 카르타고의 모든 주교들을 서품할 권한이 누미디아의 대주교에게 있었음에도 불구하고 그가 도착하기 전에 서둘러서 케킬리아누스를 서품한 것이다. 뒤늦게 도착한 누미디아의 대주교는 시노드를 소집하고(주교 70명 참석, 321년) 마요리누스를 대립 주교로 서품했다. 그리고 그가 죽자, 도나투스가 후임 대립 주교로 선출되었다. 콘스탄티누스 황제는 도나투스주의를 뿌리 뽑기 위해 케킬리아누스 주교에게 호의적인 조치를 베풀었다. 그는 316년, 케킬리아누스에게는 호의적이고 도나투스에게는 가혹한 법을 공포했다. 하지만 도나투스 지지자들은 아프리카에서 그들의 영역을 넓혀 나갔다. 그리하여 도나투스는 336년에 270명의 주교들을 대동하고 카르타고에서 시노드를 소집했다.

속해 있던 환경은 한마디로 문화적·정치적, 그리고 종교적으로도 옛 전통과 밀접하게 연결되어 있었다. 시골 사람들은 땅을 비옥하게 해 주고 가축을 번성하게 해 준다고 믿어 온 옛 종교 예식들을 계속 거행했다. 본래 이교도주의paganismus란 단어는 '시골에서 사는 사람'이라는 뜻을 가진 '파가누스paganus'에서 유래한 말이다.

▲ 바티칸의 첫 번째 베드로 대성전(K.J. 코난트가 재건)의 입구 쪽에 널찍한 안마당이 있었다.

이교 신앙에 대한 금지 조치

그리스도교에 우호적인 법령들이 4세기에 점점 더 많이 제정되었다. 황제들이 점차로 이교 종교 예식들을 주도적으로, 때로는 그리스도인들의 압박을 받아서 금지시켰다. 이에 대한 구체적인 예는 로마 법전에 나오는 몇몇 법령들이 잘 보여 줄 것이다.[57] 콘스탄티누스 황제는 마술, 점술(동물들의 내장으로 점을 치는 것)과 같은 특정 행위를 금지시켰다. 이후로 이 같은 금령들이 점차 늘어났고 더욱더 엄격해졌다. 콘스탄티누스 황제는 마침내 희생 제사를 금지시키고 이교 신전들을 봉쇄했다. 그리고 이를 어기는 사람들에 대해서는 사형에 처한다는 법령을 선포했다(356년). 하지만 이 법령이 엄격하게 적용되지는 않았으며 이 법령에 대한 저항도 만만치 않았다.

57) 종교의 자유에서 국가 종교로

로마 제국의 황제들이 종교에 대해 내린 결정들이 여러 단계를 거치면서 로마 제국의 법전에 수록되었다. 로마 제국의 법전들 가운데 가장 중요한 두 법전은 테오도시우스 법전(테오도시우스 2세 황제의 이름을 딴 것으로, 438년에 편찬)과 유스티니아누스 법전(유스티니아누스Iustinianus 황제의 이름을 딴 것으로, 529년에 나옴)이다. 법전에는 법령을 제정한 사람들의 이름이 보존되어 왔다. 한편, 392년부터 '종교'라는 말은 '그리스도교'라는 말과 동의어로 간주되었다.

콘스탄티누스 황제(319년)

테오도시우스 법전 IX.16.2

우리는 점쟁이들, 무당 그리고 가가호호 방문하면서 우

정이라는 핑계로 종교 의식을 행해 오던 사람들의 행위를 금지하는 바이다. 이들이 법을 무시하고 행동한다면 가차 없이 처벌할 것이다. 그러나 이런 요술이 이롭다고 생각하는 사람들은 공공의 장소에 설치된 제대와 사당에 가서 각자의 관습에 따라 종교 의식을 거행할 수 있다. 왜냐하면 우리는 지나간 세대의 왜곡된 종교 행위들을 공개적으로 거행하는 것을 금지하지는 않기 때문이다.

콘스탄티우스 황제(356년)

테오도시우스 법전 XVI.10.6

누구든지 희생 제사 또는 우상을 공경하는 데에 몰두하는 것이 밝혀지면, 극형에 처할 것이라고 명하는 바이다.

테오도시우스 황제의 테살로니카 칙령(380년)

테오도시우스 법전 XVI.1.2

우리의 관대하신 황제가 다스리는 모든 백성은, 하느님께서 선택하신 베드로 사도가 로마인들에게 전해 준 종교 의식을 행해야 한다는 것이 우리의 뜻이다. 왜냐하면 그 종교는 오늘날에 이르러 더욱 의심할 바가 없다는 것이 명백해졌기 때문이다. 이 종교는 다마수스Damasus 교황Pontifex과 알렉산드리아의 베드로 주교가 신봉한 바로 그 종교임이 분명하다. …… 이 종교 의식을 행하는 사람들은 가톨릭 그리스도인이라는 이름으로 불리게 될 것이다. 그러나 그 외의 종교를 믿는 나머지 사람들에 대해서는 상식이 없는 자 혹은 정신 이상자로 판단하는 바이니, 그들은 이단 교설을 따른다는 오명을 지니게 될 것이다. 그리고 그들의 집회 장소는 교회라는 이름을 갖지 못할 것이다. 그들은 먼저 하느님의 징벌을 받게 될 것이고, 그 다음에는 우리가 주도하는 보복을 받게 될 것이다. 그것은 하느님의 심판에 따라 우리가 내리는 보복이다.

테오도시우스, 아르카디우스 그리고 호노리우스 황제(392년)
테오도시우스 법전 XVI.12

그러나 죽을 운명을 지닌 인간들이 만들어 놓은 우상 앞에서 향을 피워 공경하거나, …… 혹은 나무에 띠를 둘러놓거나 땅을 파서 흙으로 제단을 세우는 행위들 …… 이것은 명백히 종교(그리스도교)를 모독하는 것이다. 종교 침해의 범죄를 저지른 사람은 그가 이교도의 미신 행위를 행한 곳으로 밝혀진 집이나 땅을 몰수당하는 벌을 받게 될 것이다.

▲ 테오도시우스 황제.

율리아누스 황제와 이교 신앙으로의 '복귀'

율리아누스Iulianus 황제의 재위(361~363년) 중에 이교 신앙이 다시 번성했다. 그래서 그리스도인들은 율리아누스 황제를 '배교자'라고 불렀다. 율리아누스 황제는 콘스탄티누스 황제의 조카였다. 그런데 그의 일가족이 콘스탄티누스 황제의 상속자들에게 모두 살해당했고, 율리아누스만 간신히 목숨을 건졌다. 그에게는 그리스도교의 가치관에 대해 회의적인 입장을 취할 만한 이유가 있었던 셈이다. 그는 그리스도인으로 교육을 받고 자랐지만, 황제가 된 후에는 그리스도교를 배척했다. 그는 자신의 작품 《갈릴래아인 반박》[38]에서 그리스도교를 비난했다. 율리아누스는 고전 문학에 심취했고, 전통 종교를 부흥시키기 위해 심혈을 기울였다. 그는 분명 훌륭한 자질을 지녔으나, 그럼에도 불구하고 사람들은 그를 좋아하지 않았다. 율리아누스가 전쟁터에서 전사하자, 사람들은 그가 천벌을 받았다고 생각했다. 하지만 이러한 상황에서도 그리스도교는 성장을 멈추지 않았다.

▲ 율리아누스 황제.

---

38 율리아누스는 그리스도인을 조롱하여 '갈릴래아 사람'이라고 불렀다.

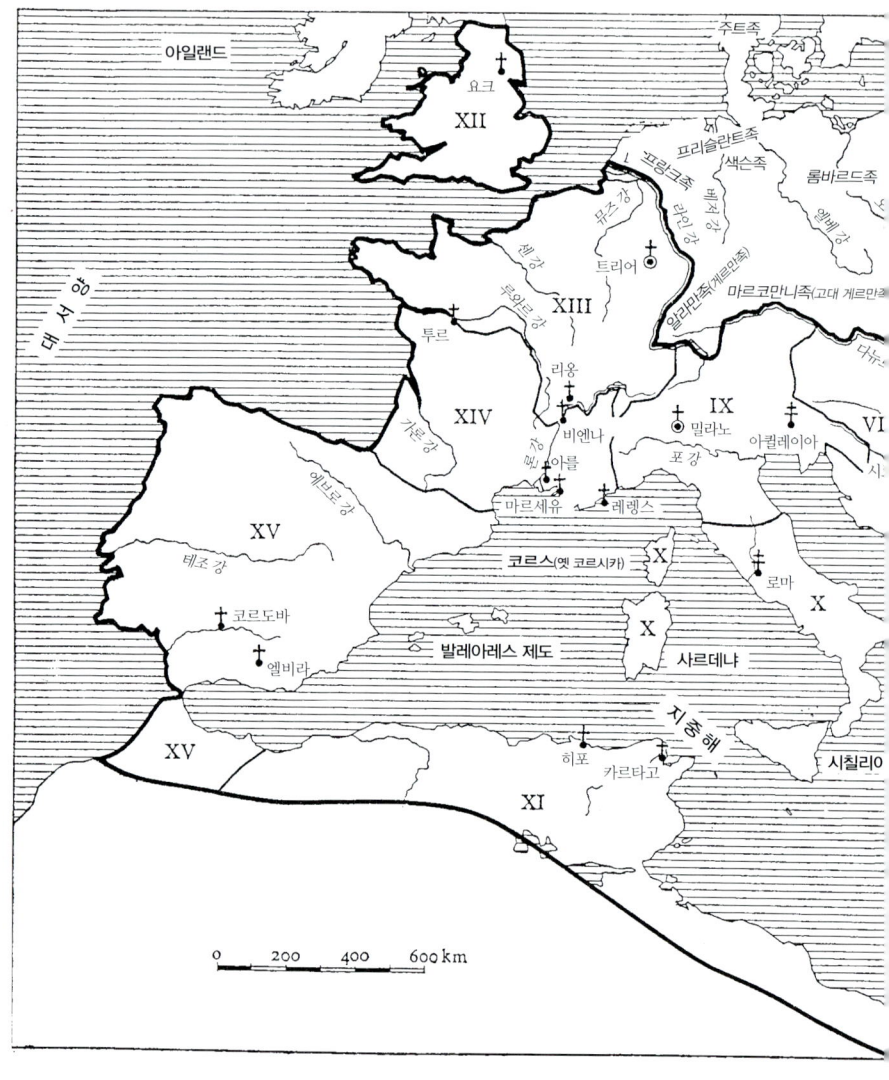

4세기 말 로마 제국의 영토

로마 제국의 속주들을 재배열한 것이 교구들이다.

I. 이집트   III. 폰투스   V. 트라키아   VII. 다키아
II. 동방   IV. 아시아   VI. 마케도니아 VIII. 판노니아

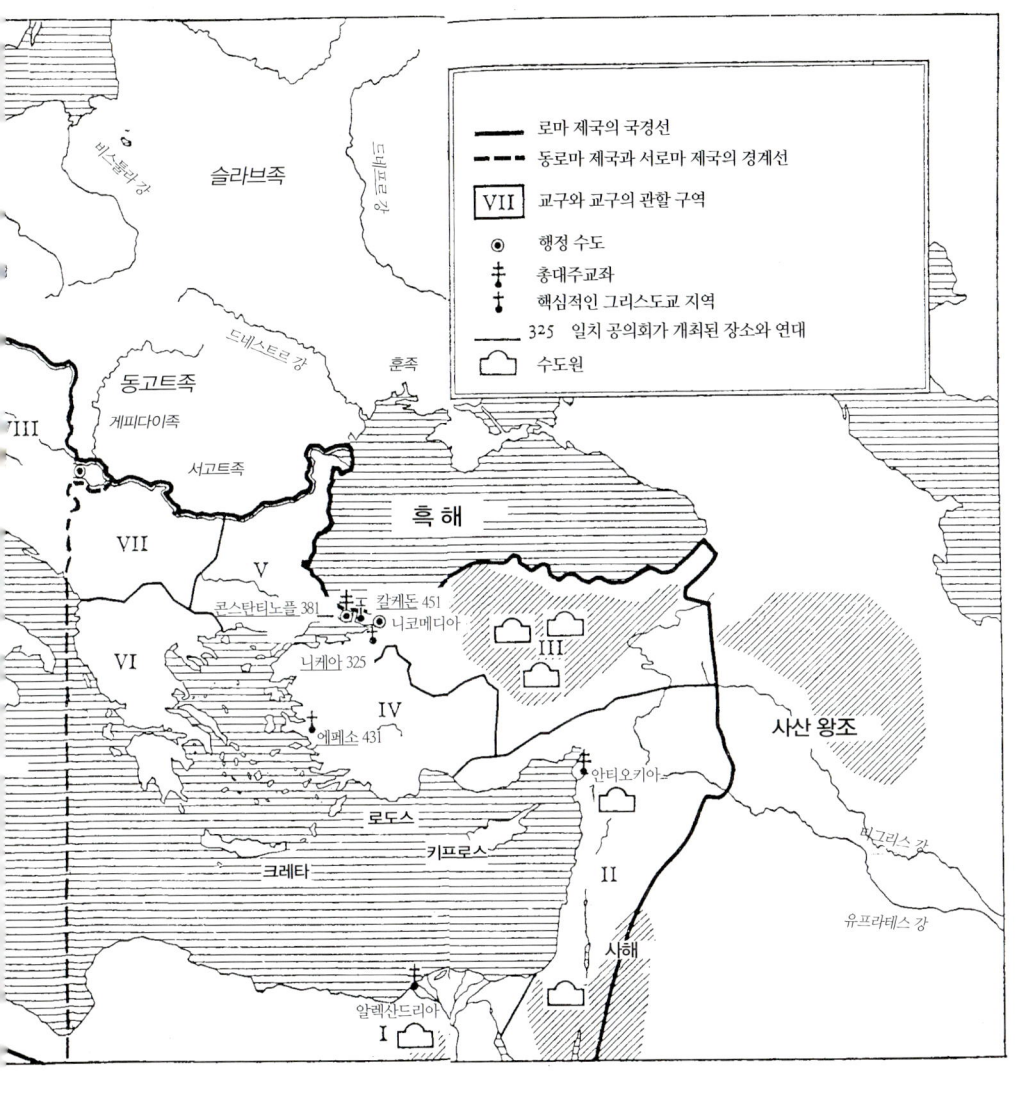

IX. 이탈리아 안노나리아   XI. 아프리카   XIII. 갈리아   XV. 히스파니아(스페인)
X. 로마 근교 지역   XII. 브리타니아 XIV. 7개의 속주

법의 보호를 박탈당한 이교주의

율리아누스 황제가 죽은 후에, 그를 계승한 황제들은 이교도와 그리스도교의 이단에 대해서 단호한 조치를 취했다. 379년, 그라티아누스 황제는 대제관이라는 칭호를 거부했고, 380년, 테오도시우스 황제는 그리스도교를 로마 제국의 국교로 선포했다. 이런 상황에서 이단자들은 이교도들과 똑같이 박해를 당했다. 392년에는 모든 이교의 신앙 관습이 금지되었는데 이것이 고대 종교에게는 독毒이 되었다. 이교도들의 축제는 더 이상 거행되지 않았고 그들의 신전은 파괴되었다. 그리스도인들은 자신들에게 이교도들과 이교도들의 예배 장소에 대해 폭력 행위를 행사할 권한이 있다고 생각했다. 4세기 초부터 이와 같은 역전 현상이 철저하게 이루어졌다. 박해를 가하던 이교도들이 이제는 박해를 당하는 입장이 된 것이다. 전에는 국가 공권력이 이교주의를 보호했지만, 이제는 그리스도교를 옹호했다. 그러나 이 같은 역전 현상의 밑바탕에는 똑같은 사고방식이 작용하고 있었다. 어떻게 그것이 달라질 수 있겠는가? 즉, 종교와 로마 제국의 분리는 상상할 수 없는 일이었다. 종교는 여전히 사회의 토대이며 사회 구성원을 결속하는 역할을 했다. 단지 종교가 이교주의에서 그리스도교로 바뀌었을 뿐이었다.

설득 혹은 억압

그리스도인들은 이교 신앙과 이단자들에 대항해서 싸우면서 국가 공권력의 도움을 받는 것을 좋게 생각했을까? 대부분의 그리스도인들이 그렇게 생각했으며, 심지어 황제들도 결국에는 그런 식으로 이해했다는 것은 확실하다. 그러나 몇몇 주교들은 프리스킬리아누스Priscillianus를 단죄할 때 공권력의 개입을 주저했다.

380년대에 스페인 아빌라Avila의 주교인 프리스킬리아누스는 활발한 교회 공동체를 선동하여 아주 엄격한 비밀 단체로 만들어 버렸다. 그러자 스페인의 주교 두 명이 프리스킬리아누스 주교를 마니교도라고 교회 당국과 트리어Trier에 있는 막시무스 황제에게 고발했다. 우연히 트리어에 들른 투르Tours의 마르티누스Martinus 주교가 프리스킬리아누스를 단죄한 주교에게는 주교직에서 물러날 것을, 막시무스 황제에게는 피를 흘리지 말 것을 촉구했다. "이런 것은 일찍이 들어 본 적이 없는 일이며 교회의 일을 세속 법정에서 판결하는 것은 터무니없는 일입니다."라고 마르티누스 주교는 말했다. 그럼에도 불구하고 막시무스 황제는 프리스킬리아누스와 추종자 몇 사람을 비윤리적이며 마술을 행했다는 혐의로 사형에 처했다(385년). 이들은 국가 사법권의 주도 아래 처형당한 최초의 이단자였다. 일이 이렇게 되자, 밀라노의 암브로시우스Ambrosius(암브로시오, 340~397년) 주교는 프리스킬리아누스를 고발한 주교들과의 관계를 단절했고, 이교도 교양인들도 이 같은 사태에 대해 몹시 분노했다.

상황은 실제로 아주 복잡해졌다. 아프리카 교회에서 도나투스파로 인해서 골치를 앓던 히포의 아우구스티누스 주교는 종종 무장

투쟁과 폭력을 일삼는 도나투스파에 대항하기 위해서 마침내 황제의 공권력을 수락하게 된 것이다.[58]

58) 아우구스티누스 성인: 설득에서 억압으로

히포의 주교 아우구스티누스는 396년부터 도나투스주의를 신봉하던 주교들의 격렬한 반대에 부딪쳤다. 도나투스파는 사회적인 갈등을 일으키면서 자주 폭력 행위를 저질렀다. 아우구스티누스는 반대자들을 납득시키기 위해 우선 설득과 회유책을 사용했다. 그러나 도나투스파들의 폭력성에 점점 지치게 된 아우구스티누스는 노선을 설득에서 '선의의 강요'로 바꾸었다가, 결국에는 공권력에 의한 조직적인 억압으로 바꿨다. 그리하여 루카 복음서 14장 23절에 나오는 '콤펠레 인트라레compelle intrare' (그들을 억지로라도 데려 오라)라는 말이 중세 시대에 자주 인용되기에 이른다.

나는 사람들에게 어떤 당파의 친교를 기꺼이 받아들이라고 강요하는 것이 아니라, 진리를 찾는 사람들이 진리를 알게 되어 마음의 동요에서 해방되기를 바랍니다. 우리 편에서는 사람들이 두려워하는 세속 권력에 호소하지는 않을 것입니다. 당신들 편에서도 키르쿰켈리오네스 Circumcelliones[39] 폭도들이 위협하지 못하게 해야 할 것입니다. 우리 함께 토론의 장으로 나와서 진정한 논점에 집중해서, 가능한 한 감정에 치우치지 않고 우리의 주장을 냉정하게 이성과 성경의 권위 있는 가르침에 바탕을 두도록 합시다. 우리가 함께 바라고, 찾고 그리고 두드리면 마침내 우리는 얻게 되고, 찾게 되며 그리고 우리 앞에 문이 열릴 것입니다.

《편지》, 23(392년).

당신들은 단지 강요당한다는 그 사실에만 매달리지 말고, 강요를 당하는 사람의 편에서 그 강요의 성격이 좋은 것인지 혹은 해로운 것인지를 생각해 봐야 할 것입니다. 그 어떤 사람도 자신의 의지를 무시하면서 선해지는 것이 아니라, 자신이 바라지 않는 벌을 받게 될까 두려워서 적대적인 편견을 버리거나 그동안 모르고 있던 진리를 어쩔 수 없이 찾게 되는 것입니다. 그리고 이런 두려움의 영향을 받아서 그들이 그동안 옹호해 오던 오류를 거부하고, 전에는 전혀 몰랐던 진리를 찾게 되고, 이제는 전에 배척했던 것들을 기쁜 마음으로 간직하게 됩니다. ……

---

[39] '키르쿰켈리오네스'는 농장의 일꾼들이나 정처 없이 떠도는 부랑인들을 가리킨다. 이들이 도나투스파의 돌격대 역할을 했다.

그러므로 나는 앞서 내 동료들이 제시한 사례들이 제시하는 증거에 따라왔습니다. 내 견해는 처음부터 어느 누구도 그리스도와 일치하도록 강요당해서는 안 된다는 것이며, 또한 우리는 단지 우리가 말한 바를 실천에 옮겨야 하고 논쟁으로만 싸워야 하며, 이성의 능력으로만 우위를 입증해야 한다는 것입니다. 그래야만 우리가 보기에는 명백한 이단자들인데 자신들은 가톨릭 신자임을 가장하는 그런 상황에 장차 우리가 처하지 않게 될 것입니다. 그러나 이러한 내 견해는 바뀌었습니다. 내 견해를 논박한 사람들의 말에 의해서가 아니라, 그들이 지적한 결정적인 실례에 의해서 극복되었습니다.

《편지》, 93(408년).

불의한 박해가 있습니다. 불의한 박해란 사악한 사람들이 그리스도의 교회에 끼치는 해악입니다. 반면에 의로운 박해가 있습니다. 의로운 박해란 그리스도의 교회가 사악한 사람들에게 가하는 것입니다. …… 더욱이 교회는 사랑의 정신에 입각해서 박해를 가하지만, 사악한 자들은 분노에 이끌려 박해를 합니다. ……

이런 이유로 만일 교회가 적절한 때에 하느님께서 지정해 주셔서 받게 된 권한이, 종교적인 특성과 왕들의 신앙을 통해서 간선 도로에 있는 자들과 울타리를 치고 있는 사람

> 들 즉, 이단자들과 분리주의자들을 강제로 (교회 안으로) 들어
> 오게 만드는 도구가 된다면, 그때 그들은 강요당한 것을 비
> 난하지 않고 왜 그렇게 강요당했는가를 생각하게 될 것입
> 니다. 주님의 만찬은 그리스도의 지체의 일치입니다. ……
>
> 《편지》, 185(417년, 루카 복음서 14장 23절 주해).

4. 복음으로 변화된 사회

그리스도교 정신은 과연 후대 로마 제국의 사회 제도에 영향을 끼쳤을까? 물론이다. 325년에 일요일과 그리스도교의 주요 축일이 공휴일이 된 이후로, 그리스도교의 전례력은 로마 제국의 사회생활에 리듬을 가져다주었다. 그리스도교의 영향은 가족 문제와 관련된 법령에서도 찾아볼 수 있다. 그리스도교의 영향을 받아 제정된 법들은 노예와의 간음을 금지시키고 누구를 막론하고 이혼을 할 수 없게 했다. 노예 제도에도 뚜렷한 변화가 생겼다. 당시에는 교회도 노예를 소유했는데, 노예 가족들을 해체시켜 헤어지게 하는 것이 금지되었고, 노예들은 성당에서 성직자가 입회한 가운데 노예 해방 선포문이 낭독되면 훨씬 더 쉽게 자유의 몸이 될 수 있었다. 그리고 간수들이 수감자들을 굶겨 죽이지 못하게 하고, 수감자들이 하루에 한 번은 반드시 햇빛을 볼 수 있도록 함으로써 수감

자들의 인권도 상당 부분 개선되었다. 성직자들은 감옥을 방문할 수 있는 권한을 갖게 되었다.

자선 단체

현행 관습을 크게 변화시키기 힘든 상황에서, 그리스도교는 자선 단체를 설립하는 데 관심을 보였다. 장기적으로 보면 사회 제도가 변화된 것은 이들 자선 활동 기관 때문이다. 전통적으로 사도행전 시대 때부터 행해져 온 자선 활동은 그리스도교 제국에서도 성행했다. 카파도키아 지방 카이사레아의 바실리우스Basilius(바실리오, 330~379년) 주교는 성당, 수도원, 순례자들을 위한 숙소와 병원을 갖춘 명실상부한 그리스도교 도시를 건설했다. 여행자, 병자 그리고 가난한 이들이 이곳에서 환대를 받았다. 카이사레아의 수도자들은 좋은 자질을 갖추고 있었다. 알렉산드리아에서는 주교 밑에 500명의 남자 간호사 부대가 있었고 항구 도시 오스티아Ostia에는 순례자들을 맞을 수 있는 숙소가 있었다.

한계에 부딪친 복음화

하지만 사회를 완전히 그리스도교화하는 데는 여전히 한계가 있었다. 새 세례자들이 항상 자신들의 옛 생활 방식을 바꾸려고 했던 것은 아니었다. 또한 유아 살해는 법률로 금지되었으나, 어린이 유기遺棄는 법률로 금지되어 있지 않았다. 검투사 경기를 금지하는 법이 있었지만, 4세기까지는 유명무실한 법에 불과했다. 그러나 그리스도인들이 군 입대를 꺼리는 경향은 사라졌다.

후대의 로마 제국은 더욱더 전체주의적 통치 구조에 입각한 폭압적 경찰 국가가 되어 갔다. 법을 집행할 때는 흔히 고문이 자행되었다. 주교들이 종종 이러한 법의 폭력을 반대했지만, 잘 지켜지지 않았다. 암브로시우스 주교는 테살로니카에서 7천 명을 학살하도록 명령한 테오도시우스 황제에게 성찬례에 다시 참례하기 위해서는 반드시 참회 예식을 거쳐야 한다고 강력하게 요청했다(390년).

Ⅱ. 예식의 발전과 복음화 과정

1. 세례식과 참회 예식의 발전

교회에 평화가 도래하기 전만 하더라도, 그리스도인이 된다는 것은 순교의 위험을 무릅쓴다는 것을 의미했다. 하지만 313년 밀라노 관용령으로 교회에 평화가 찾아오자, 모든 것이 변화되었다. 로마 제국에 거주하는 많은 사람들은 그리스도인이 되는 것이 자신에게 이롭다고 생각했다. 하지만 그들은 세례를 받음으로써 부과되는 그리스도인으로서의 윤리적인 요구는 기꺼이 받아들이지 않았다.[59] 따라서 세례식과 참회 예식 자체가 변하지는 않았지만,

사목적인 면에서 많은 부분이 수정되었다.

세례

많은 사람들이 십자 표지를 받고, 기본적인 신앙 교육을 받고, 축성된 소금을 맛보았다.[86) 하지만 그것으로 끝이었다. 그들은 세례를 받기 위한 다음 단계로 나아가려고 하지 않았다. 예비 신자 기간을 늦출 수 있는 대로 늦추고, 아주 늙거나 죽음이 임박해서야 세례를 받으려고 했다. 사실, 세례를 받으면 모든 죄를 용서받지만 참회는 일생에 단 한 번만 할 수 있었기 때문에, 사람들은 육체적인 욕망을 다 사용하고 난 다음에 그리스도교에 결정적으로 투신하는 것이 낫다는 생각을 했다. 교회는 이와 같은 잠정적인 예비 신자들보다 일찍 세례를 받고자 하는 사람들에게 먼저 관심을 보였다.

세례를 받을 사람들은 사순 시기가 시작될 때 세례 후보자로 지명되었다. 사순 시기에는 이들의 세례 준비를 돕기 위해 시기별로 구성된 프로그램이 운영되었다. 주교나 주교의 대리자들이 가르치던 예비 신자 교리 시간에는 신조 또는 신경을 통해서 신앙의 내용이 단계별로 설명되었다. 예비 신자들은 교육적인 이유 때문에, 교리 시간에 배운 내용에 대해서 세례를 받지 않은 사람들 앞에서 함구하도록 요청을 받았다. 교리 시간에 배운 내용은 삶으로 살아야 비로소 완성되는 가르침이지 지식으로 배워서 끝나는 가르침이 아니었기 때문이다. 예식이 거행되는 동안에 예비 신자들은 구마 의식을 거치고 사도신경이 장엄하게 낭독되는 것을 들었다. 성토요일에는 그들은 사도신경을 암송해야만 했다. 어떤 지역 교회에서는 똑같은 방식으로 주님의 기도를 암송해야 했다. 그러나 부활 성야의 전례는 어디서나 같았다. 교리 교육은 세례를 받은 그 다음 주에도 계속되었다. 그 이유는 세례받기 전에 받는 '세례 교리'와 세례를 받고 나서 받는 '신비 교리'가 가끔 구분되어 있었기 때문이다.[59] 세례 교리는 주로 신경과 도덕적 회심에 초점이 맞추어져 있었고, 신비 교리는 세례 자체와 성찬례에 초점이 맞추어져 있었다.

   그리스도교에 대한 적대적인 투쟁이 진정 국면으로 들어서자, 신학은 전례의 효력과 가치를 강조하면서 하느님의 선물이 은총을 통해서 전달된다고 가르쳤다. 아우구스티누스는 유아 세례의 필요성을 강조하기 위해서, 본죄가 전혀 없는 상태에서조차도 하느님의 개입이 요청되는 원죄를 강조했다.

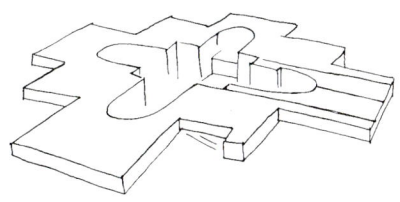

▲ 아프리카 세례대.

59) 세례 지원자들의 다양한 세례 동기(4세기 중엽)

키릴루스Cyrillus(치릴로, 313~387년)는 예루살렘의 주교로 있을 때 아리우스주의 때문에 세 차례나 유배를 갈 정도로 많은 어려움을 겪었다. 그가 남긴 가장 유명한 작품은 24편의 강의로 구성된 《예비 신자 교리 교육》인데, 이것은 키릴루스가 성묘 대성전에서 예비 신자들에게 강의한 내용을 모은 작품이다.

다음에 소개되는 내용은 사순 시기가 시작될 때, 키릴루스가 세례 지원자들을 환영하면서 행했던 교리 교육에서 인용한 것이다. 세례 지원자들이 다양한 동기로 예비 신자 교리를 받으러 왔지만, 키릴루스는 그들의 동기에 속아 넘어가지 않았다.

우리 그리스도의 성직자들은 모든 사람을 받아들여 왔습니다. 말하자면, 문지기의 입장에서 우리는 문을 활짝 열어 놓았습니다. 그래서 죄와 왜곡된 자유 의지로 더럽혀진 영혼을 지닌 여러분이 이 문을 통해서 들어올 수 있었습니다. 그러나 여러분은 들어오도록 허락을 받았기 때문에 들어온 것입니다. 여러분의 이름이 새겨졌습니다. 여러분은 우리 신자들의 선행을 보았습니까? 질서와 규율을 보았습니까? 성경 낭독과 성직자의 현존과 우리가 가르치는 과정을 눈여겨보았습니까? 지금 이 자리에서 여러분의 눈높이를 낮추어서 여러분이 보는 것에서 가르침을 받으십시오. 적절한 때인 지금 (교회 밖으로) 나가십시오. 그리고 가장 적절한 때인 내일 들어오십시오.

여러분의 마음이 탐욕으로 가득 차 있다면 다른 옷으로 갈아입고 돌아오십시오. 여러분이 전에 입었던 옷을 벗어 버리고, 다른 옷으로 그것을 감추지 마십시오. 방탕과 불결의 옷을 벗어 버리고 순결의 빛나는 옷으로 갈아입으십시오. 이것은, 여러분 영혼의 신랑이신 예수님께서 여러분 마음의 옷차림새를 보시기 전에 내가 여러분에게 드리는 조언입니다. 여러분에게는 시간이 있습니다. 왜냐하면 여러분에게는 40일이라는 회개할 수 있는 시간이 주어졌기 때문입니다. 여러분은 옷을 벗고, 목욕을 하고, 옷을 갈아입고 들어올 충분한 시간을 받은 것입니다.

그러나 만일 여러분이 악한 목적을 계속 고집한다면, 비록 여러분이 하는 말이 흠잡을 데 없다 하더라도, 여러분은 은총을 받을 희망이 없을 것입니다. 왜냐하면 세례의 물이 여러분을 받아들이겠지만, 성령이 여러분을 받아들이지 않을 것이기 때문입니다. 만일 어떤 사람이 상처를 입으면, 그 사람이 연고를 바를 수 있도록 하십시오. 만일 어떤 사람이 넘어지면, 그 사람이 일어설 수 있도록 하십시오.

아마 여러분이 또 다른 동기로 (교회에) 왔을 수도 있습니다. 아마 남자가 여자의 비위를 맞추기 위해 왔을 수도 있습니다. 그런 동기로 여러분은 왔습니다. 이 말은 여자들에게도 똑같이 적용됩니다. 아마 종이 주인을 기쁘게 해 드리기 위해, 그리고 친구가 자신의 친구를 기쁘게 해 주려고 왔을 수도 있습니다.

나는 낚싯바늘에 있는 이 미끼를 감수하려고 합니다. 즉, 여러분들이 건전하지 않은 동기로 이곳에 왔지만 그러나 그런 동기로라도 여러분이 희망으로 머물러 있을 것이니, 나는 여러분을 환영합니다. 아마 여러분은 어디에서 왔는지, 그리고 어떤 그물에 여러분이 걸려들게 되었는지도 알지 못했을 것입니다. 여러분은 교회의 그물 안으로 들어온 것입니다. 여러분은 산 채로 잡혔으니 도망치려고 하지 마십시오. 왜냐하면 예수님께서 여러분을 낚아채고 계십니다. 그런데 그분은 여러분을 죽이기 위해서 낚아채시는 것이 아니라, 여러분을 살게 해 주시려고 죽이시는 것입니다. 죽어야만 다시 살아날 수 있기 때문입니다. 여러분은 사도들이 한 말을 들어 보았을 것입니다. "참으로 죄에 대해서는 죽었지만, 의로움으로 산다." 여러분은 여러분의 죄에 대해서는 죽으십시오. 그러면 의로움으로 살게 될 것입니다. 그리고 바로 오늘부터 살아가십시오.

예루살렘의 키릴루스, 《예비 신자 교리 교육 Catecheses ad illuminandos》.

참회

그리스도인들은 열정이 식었을 때 가끔 중죄를 저질렀다. 그러나 참회는 일생에 단 한 번만 허용되었기 때문에, 죄를 지은 사람들은 가능한 한 인생의 마지막 순간까지, 즉 죽음이 임박할 때까지 참회를 미루었다.

공적 또는 교회법적 참회는 예외적인 의식이었다. 즉, 중죄와 스캔들을 일으키는 죄를 범해서 성찬례에 참여할 수 없게 된 사람들만이 공적(공개) 참회를 받을 수 있었다. 그런데 이런 죄들은 흔히 '죽을 죄'라고 일컫는 죄들과 정확히 일치하지는 않았다. 대다수 그리스도인들은 이런 장엄한 참회를 행할 기회가 없었다.

중죄를 범한 사람들은 누구나 원칙적으로 주교에게 비밀리에 죄를 고백했다. 주교는 또한 죄인들을 불러 참회하도록 요청할 수 있었다. 이런 참회 절차는 전례 집회의 틀 안에서 단계적으로 이루어졌다. 죄인들이 참회 행위를 시작하면, 주교는 참회자의 머리에 손을 얹어 안수를 해 주고 염소의 털로 만든 참회복을 참회자에게 입혀 주었다. 이때부터 참회자들은 성당 안에서 특별한 집단(참회단)에 속하여 빵과 포도주를 봉헌하는 예식과 성체를 모시는 예식에 참여하지 못했다. 사순 시기 동안 사제들은 참회자들에게 다시 안수해 주었다. 참회 기간은 죄의 경중에 따라 달랐고, 여러 해가 걸릴 때도 있었다. 참회 기간이 끝나면, 일반적으로 성목요일의 발 씻김 예식 때 주교가 참회자들에게 안수하며 죄를 용서해 주었다.

참회자에게 주어지는 조건은 매우 엄격하고 까다로웠다. 참회자는 거지가 입는 옷을 입고, 목욕도 못했으며, 단식과 금욕을 하면서 자선금을 내야만 했다. 참회자는 특정 사업에 종사하는 것이 금지되었고, 성관계를 갖는 것도 금지되었다. 심지어 죄를 용서받은 후에도 사업에 종사하거나 성관계를 갖는 것이 죽을 때까지 금지되는 경우도 있었다. 이런 규제 조치를 준수하지 않는 사람은 누구든지 배교자로 간주되었고, 죄를 용서받을 수가 없었다. 왜냐하면 참회는 일생에 단 한 번만 허용되었기 때문이다. 이런 사람이 가질 수 있는 유일한 희망은 임종 순간에 병자성사를 받는 것이었다.

공적 참회가 이처럼 엄격하다 보니, 많은 부작용이 생겨났다. 예비 신자들은 세례받기를 자꾸 뒤로 미루었다. 특별한 어려움을 겪지 않고 단번에 자신들의 죄를 용서받을 수 있는 것이 세례였기 때문이다. 일단 세례를 받은 다음에 죄를 지은 사람들은 가능한 한 일생의 마지막 순간까지 참회를 미루었다. 왜냐하면 그들은 사업과 부부 관계를 완전히 포기하는 것은 원치 않았기 때문이다. (교회가) 젊은 사람들에게는 참회의 기회를 주지 않았다. 따라서 참회는 노인들과 죽음이 임박한 사람들에 대한 사목적 배려로 변해 버렸다.

참회는 죽음이 임박한 마지막 순간에 행해야 할 일이 되었기 때문에, 죄인들은 일상생활에서 날마다 할 수 있는 보속 행위, 즉 극기, 기도 그리고 자선 등을 하도록 권유받았다. 그들은 또한 성찬례에 참여할 수도 없었다. 아주 극악한 죄를 범한 사람들은 그 사실 자체로써 파문당했다. 그러나 그들 가운데 상당수는 일정 기간 동안에 보속을 실행한 다음에 죄를 용서받는 절차를 거치지 않고서도 다시 성체를 모실 수 있게 되었다. 심지어 어떤 이들은 성체를 모시는 것이 자신들의 죄를 씻어 준다고 생각했다. 5세기가 되자 참회단에 속해 있던 많은 죄인들이 참회단에서 이탈해 버렸다. 참회 규정이 너무 엄격해서 받아들이기 힘들었기 때문이었다. 하지만 이런 일반적인 현상과는 달리, 아주 엄격한 그리스도인들은 겸손한 정신으로 엄격한 공적 참회를 수행했다.

2. 휘황찬란한 예식

호화로운 대성전과 교회 건물, 제의와 전례 용품으로 성찬례는 점점 더 화려하게 거행되었다. 연설, 행렬 그리고 강론의 횟수가 늘어났다. 서방 교회에서는 성찬례를 매일 거행하는 관습이 점차 발전해 갔다. 하지만 동방 교회에서는 성찬례를 거행하는 관습이 지역에 따라 다양했다.

전례주년

2세기 말부터 부활 대축일 경축이 50일까지 연장된 것으로 보인다. 그러나 성령의 은사를 기념하는 성령 강림 대축일 경축은 4세기 말에 이르러서야 시작되었다.

　오래전부터 부활 대축일 전 이틀은 단식과 부활 준비 기간이었다. 특히 부활 성야에 세례를 받을 예비 신자들에게는 더더욱 그러했다. 한편, 사순 시기 자체는 부활 대축일에 앞서 40일 동안 지내는 준비 기간이었다. 사순 시기를 지내는 것은, 박해가 끝나고 교회에 평화가 찾아온 후에 곧바로 생겨났다. 사순 시기가 처음 제정될 때에는 부활 대축일 전 일주일 동안만 단식을 했는데, 나중에 그 기간이 40일로 연장되었다. 사순 시기의 기간은 다양한 방식으로 계산되었는데, 이 기간을 정한 의도는 예수가 광야에서 40일 동안 단식한 것을 본받고자 함이었다. 그리고 사순 시기에 집중적으로 예비 신자들의 세례를 준비시킴으로써 이 시기의 의미는 계속 강화되었다.

　4세기에 이르러 고정된 날짜에 지내는 축일 두 가지가 생겨났다. 동방 교회에서는 1월 6일에 하느님의 지상 현현顯現, 즉 예수의 탄생과 세례를 기념하는 공현 축일을 지냈다. 1월 6일은 이집트에서 태양신을 숭배하는 축제일이었다. 그러나 서방 교회에서는 330년경부터 12월 25일에 예수의 탄생을 기념했다. 이날은 낮의 길이가 점점 길어지는 시기를 맞아 승리를 거둔 태양신을 숭배하는 이교도들의 축제일이었다. 4세기 말에는 이 두 축일이 동방과 서방 교회에서 각각 거행되었다. 서방 교회에서는 '예수의 현현'인 베들레헴에서의 탄생을 기념하는 성탄절을 따로 지내고, 예수의 또 다른 현현인 동방 박사들의 방문, 예수의 세례, 첫 기적인 카나 혼인 잔치의 기적을 기념하는 축일들을 별도로 지냈다.

순교자 공경 예식과 성지 순례

순교자들을 공경하는 신심이 교회 안에 널리 퍼졌고, 순교자 공경 예식은 거창하게 발전했다. 때로는 예전 이교도들의 종교 의식을 차용하기도 했다. 예를 들면, 무덤에 음식을 가져다 놓는 관습인 레프리게리움refrigerium이 바로 그것이다.

바티칸 언덕 위에 지은 성 베드로 대성전과 같이, 순교자들의 유해가 묻힌 곳에 거대한 대성전이 지어졌다. 사람들은 자신들도 죽으면 순교자의 무덤 위에 지은 대성전 곁에 묻히기를 원했다. 순교자의 유해에 대한 깊은 관심은 엄청나게 선풍적인 발굴 작업으로, 즉 그리스도의 십자가, 스테파누스 성인의 유해와 사도들의 유해 등의 발굴로 이어졌다. 그리고 발굴에 대한 관심은 성경과 관련된 장소들과 그리스도의 지상에서의 삶과 관련된 장소들에 대해서도 똑같이 나타났다.

잘 정리된 순례기 중에서 에게리아가 400년경에 예루살렘 성지를 순례하고 기록한 《여행기 또는 성지 순례》가 가장 널리 알려졌다. 성지 순례자들의 신심은 성지 순례 안내자들의 업무를 촉진시켰고, 이로써 엄청난 유물들이 발굴되었다.[60]

60) 예루살렘 성지 순례(4세기 말)

에게리아Egeria(또는 에테리아Etheria)가 어떤 사람이었는지 정확히 알 수는 없다. 에게리아는 4세기 말에 살던 부유한 스페인 여성(갈리키아 출신)이었을 가능성이 많다. 아마 그녀는 수녀였거나 적어도 세속에서 동정녀로 살았을 것이다. 에게리아는 성지들을 순례했고, 순례 중에 기록한 것을 동료 수녀들에게 전했다. 에게리아가 남긴 텍스트(순례 여행기)는 고대 말기에 중동 지방에 있었던 그리스도교 공동체의 생활상과 예루살렘 교회의 전례에 대한 소중한 정보를 전해 준다. 그녀는 단순한 믿음과 신심이 구약 성경과 신약 성경에 나오는 장소와 사건들에 대한 지리적인 위치를 확인하고 소중한 유물들을 발견하는 데 얼마나 많은 도움이 되었는가를 잘 보여 준다. 성지 순례 도우미들은 순례자들의 호기심을 충족시켜 줄 만반의 준비가 항상 되어 있었다.

우리가 시나이 산을 바로 내려와서 모세의 떨기나무 자리에 도착한 때가 약 4시경이었습니다. 이것이 내가 전에 말한 불타는 떨기나무입니다. 주님께서는 불타는 떨기나무 형상을 통해서 모세에게 말씀하셨습니다. 모세의 떨기나무는 수도원 성당과 수도자들의 수방修房들이 위치한 계곡 깊숙한 끝자락에 있습니다. 이 떨기나무는 매우 아름다운 정원이 딸린 성당 앞에 있는데, 그 정원에서는 아주 맑은 물이 풍부하게 흘러내렸습니다. 그 근처에는 하느님께서 모세에게 "네가 서 있는 곳은 거룩한 땅이니, 네 발에서 신을 벗어라." 하고 말씀하실 때, 모세가 서 있던 바로 그 자리 또한 보입니다. 우리가 그곳에 도착했을 때가 이미 오후 4시경이었기 때문에 예물을 봉헌하기에는 너무 늦었습니다. 그러나 우리는 성당에서 기도를 했고, 그리고 떨기나무 옆 정원에서 기도를 했습니다. 그리고 관례대로 모세에 관련된 성경 구절을 봉독했습니다. 그런 다음에, 이미 시간이 늦었으므로, 우리는 그 떨기나무 근처의 정원에서 수도자들과 함께 식사를 했습니다. 그리고 그날은 거기서 하룻밤을 묵었습니다. …… (4,7f)

(느보 산 위에서), 우리는 소돔 땅 전체를 보았습니다. …… 여러분이 성경을 읽어서 알듯이, 우리는 롯의 아내가 소금 기둥이 된 바로 그 자리도 둘러보았습니다. 그러나 우리가 본 것은, 거룩한 동정녀들이여, 실제로 그 소금 기둥이 아니었습니다. 다만 그 소금 기둥이 있었던 장소였습니다. 그 소금 기둥은 사해死海 속으로 잠겼다고 합니다. 어쨌든 우리는 그 소금 기둥을 보지 못했습니다. 나는 마치 우리가

그 소금 기둥을 본 것처럼 거짓으로 꾸며대고 싶지는 않습니다. 사실 그 소금 기둥을 볼 수 있었던 때는 지금으로부터도 아주 오래전이었다고 우리에게 말씀해 주신 분은 그곳, 즉 조아르Zoar의 주교님이었습니다. …… (12,6f)

그런 다음에 나는, 성경에 따르면, 세례자 요한이 세례를 베풀었다고 하는 애논Aenon(요한 3,23)이 살림Salim 근처였다는 것을 기억해 냈습니다. 그래서 나는 그곳이 여기서 멀리 떨어져 있는지 물어보았습니다. "거기가 바로 여기지요. 200야드 정도 떨어져 있습니다."라고 신부님께서 말씀해 주셨습니다. "여러분이 원하신다면 우리 함께 그곳으로 걸어가 봅시다. 여러분이 보시듯이, 동네를 풍부하게 적셔 주는 이 맑은 물이 바로 그 샘에서 흘러나옵니다." 우리는 신부님께 감사드리면서, 우리를 그곳으로 데려다 달라고 부탁드렸고, 그곳을 향해 출발했습니다. 그분은 우리를 잘 보존된 계곡을 따라서 잘 가꾸어진 사과 과수원으로 안내했습니다. 그곳 중간쯤에서 그분은 개울로 흘러내려 가는 아주 맑은 샘을 우리에게 보여 주었습니다. 그 샘 앞에는 거룩한 세례자 요한이 세례를 베풀었을 것으로 보이는 웅덩이가 있었습니다. …… (15,1f)

에게리아, 《여행기 또는 성지 순례/tinerarium seu Peregrinatio ad loca sancta》.

3. 복음화의 진행 과정

로마 제국의 변방 지역에서의 복음화

로마 제국의 경계 내에 있는 대부분의 도시들이 그리스도교화되었다. 그리스도인들은 자신들의 조상들이 전에 박해를 받은 적이 있다는 사실을 까마득히 잊어버린 듯이, 마지막 남은 이교도들의 신전을 파괴했다(389년의 알렉산드리아에서의 이교 신전 파괴, 399년의 카르타고에서의 이교 신전 파괴). 세월이 흘러 시대가 그렇게 변한 것이다. 주교들은 자연의 힘을 숭배하는 종교가 여전히 뿌리내려 있던 시골을 복음화하는 데 주력했다. 370년부터 397년까지 투르의 주교였던 마르티누스는, 비록 그에 관한 행적이 지나치게 부풀려서 하나의 전설처럼 전해 내려오기도 하지만, 자연 종교가 성행하던 시골을 두루 다니며 선교 활동을 한 사람들 가운데서 가장 유명한 선교사였다. 특정한 상투적인 주제들이 계속 생겨났다. 선교사들은 이교도들의 신상을 파괴했고, 신들에게 바쳐진 과수원을 베어 내고 신전과 성소를 불질렀다. 그리고 나서 그 잿더미 위에다 다시 성당과 경당을 지었다. 수많은 군중이 집단으로 세례를 받았다. 하지만 옛 종교들은 겉모습만 그리스도교로 위장한 채 명맥을 유지하고 다시 나타났다.

시골들이 복음화되면서 아주 많은 본당들이 생겨났다. 자치 지역인 본당을 책임질 사제들은 주교좌 도시에서 파견되었다. 4세기

초만 하더라도 극소수의 그리스도교 신자들이 있던 많은 지역들이 그 한 세기 동안에 주교좌 도시로 성장했다. 이탈리아 북부 지역에서는 300년에 대여섯 개에 불과하던 주교좌 도시가 400년에는 약 50개로 증가했다. 갈리아에서는 314년에 22개였던 주교좌 도시가 400년에는 70개로 늘어났다.

로마 제국 밖으로의 복음화

4세기 중반에 심하게 박해를 받던 페르시아 교회는 셀레우키아(바그다드)[40] 시노드(410년) 이후에 조직을 재정비하여 동쪽, 즉 페르시아 만과 중앙아시아 지역으로 엄청난 선교 활동을 펼쳤다. 4세기에 아르메니아 교회가 설립되었고, 아르메니아어는 알파벳을 고안한 메스로프Mesrop 성인의 도움으로 5세기에 교양인들의 언어가 되었다. 그리스도교는 카우카수스Caucasus지방들(현 러시아, 그루지야)에도 뿌리를 내렸다. 로마인들에게 납치된 노예 소녀였던 니노Nino 성녀는 게오르기우스Georgius(제오르지오)를 개종시켰다. 에티오피아로 잡혀 온 사람들 또한 에티오피아를 복음화하고 에티오피아 교회를 알렉산드리아 교회와 연결시켰다. 울필라스Ulfilas는 게르만족을 아리우스파 그리스도교로 개종시켰다.

5세기, 로마 제국 밖에 있는 대부분의 교회들은 에페소 공의회와 칼케돈 공의회의 결정 사항을 받아들이지 않았다(제5장 316~331쪽 참

---

[40] 정확한 표현은 '셀레우키아-크테시폰Seleucia - Ctesiphon'이다.

조). 이 교회들은 로마 제국에 있던 교회로부터 떨어져 나갔다. 하지만 이 같은 분열이 이들 교회들이 지닌 뜨거운 선교 열정을 멈추게 하지는 못했다.

▲ 라벤나의 모자이크.

Ⅲ. 수도 생활의 시작

1. 교회에 봉헌된 삶의 기원

그리스도교 공동체는 초대 교회 때부터 하느님 나라를 위해 동정과 정결을 선택하는 것을 명예로 간주했다. 동정과 정결의 선택은 예수의 모범과 가르침(마태 19,22; 19,30 참조) 그리고 바오로의 모범과 가르침(1코린 7,29-35 참조)에 근거한 것이다. 티모테오에게 보낸 첫째 서간 5장에 나오는 과부들에 관한 이야기와 사도행전 21장 8절에서 9절에 나오는 동정녀로서 예언 능력을 가진 필리포스의 네 딸들에 관한 이야기가 봉헌 생활에 대해 말해 주는 첫 증거다.

2~3세기를 거치면서 금욕 생활과 정결 생활을 선택하는 남자와

여자들이 점점 더 많이 늘어났다. 하느님 나라를 위해 모든 것을 희생하려는 그리스도교적 동기에 다른 동기들이 덧붙여져 동정과 정결을 선택하는 사람들이 더 많아진 것이다. 어떤 사람들은 만연해 있는 부도덕한 삶을 혐오하여 정결 생활을 선택했다. 여성의 경우, 동정 생활은 결혼이라는 사회적인 억압으로부터 해방될 수 있는 하나의 수단, 즉 해방의 시작이었다.

봉헌 생활을 선택한 과부들은 자기 가족들과 함께 지내면서 모든 신자들과 더불어 생활했다. 그들은 가끔씩 서로 만났다. 그들은 다른 사람들과 구별되는 특별한 복장을 하지는 않았다. 교회는 과부들에게 가난을 실천하도록 권고했고, 자선을 실천하고 가난한 이들과 병자들을 방문하고 성경을 묵상할 것을 기대했다. 3세기부터는 이들이 서원을 했지만, 그것은 어디까지나 개인적인 서원이었을 뿐 구속력을 갖지는 않았다.

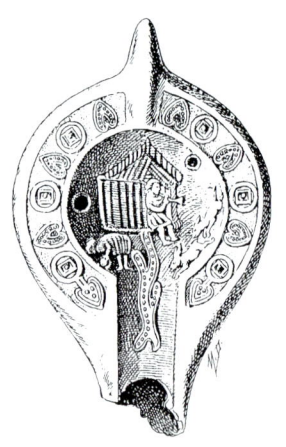
▲ 나무 위에서 수도 생활을 하는 나뭇가지 수행자, 카르타고에서 발굴된 그리스도인의 램프에 새겨진 그림.

3세기에 저술된 작품들은 동정의 영성을 강조하면서, 동정 생활이 세례의 연장이라고 설명했다. 즉, 동정은 아담과 하와의 타락 이전의 상태를 회복하는 것이었다. 그리고 그리스도와의 혼인이 곧 동정이라는 주제가 이 시기에 생겨났다. 하지만 동시에 동정 생활과 관련된 잘못된 일탈 현상들이 나타났다. 어떤 동정녀들은 자신이 선택한 동정 생활에 대한 자부심이 아주 컸고, 그런가 하면 다른 동정녀들은 동정 생활을 선택한 남자들과 함께 지냈는데, 이것은 일종의 신비적 혼인이었다. 동정 생활을 지나치게 찬양하다 보니, 결국에는 결혼 생활을 경멸하는 결과를 초래하기도 했고, 심지어는 그리스도인들에게 결혼이 금기시되기도 했다.

> 수도승Monachus(모나쿠스): '홀로'라는 뜻의 그리스어 모나코스$\mu o v a \chi \acute{o} \varsigma$에서 유래함. 원래 수도원을 뜻하는 말인 모나스테리움Monasterium은 한 수도자의 거주지였다.
>
> 은세隱世 수도승Eremita(에레미타): '광야'를 뜻하는 그리스어 에레모스$\acute{\epsilon} \rho \eta \mu o \varsigma$에서 유래함. 인간 사회로부터 떨어진 광야에서 생활하는 사람을 지칭한다.
>
> 독거獨居 수도승Anachoreta(아나코레타): '물러나 구릉 지대로 가는 것'을 뜻하는 그리스어 아나코레인$\acute{a} v a \chi \omega \rho \epsilon \hat{\iota} v$에서 유래함. 세속을 떠난 사람을 가리킨다. 이 말은 은세 수도승과 거의 동의어로 사용된다.

> 공주共住 수도승Coenobita(케노비타): '공동 생활'을 뜻하는 그리스어 코이노스 비오스κοινός βίος에서 유래함. 공동체를 이루어서 사는 수도승들을 가리킨다.
>
> 아빠스Abba(또는 Apa): 아버지, 수도원장, 장상을 의미한다.
>
> 암마Amma: 어머니, 여 수도원장, 여 장상을 의미한다.
>
> 수도 생활Monasticismus: 세속을 떠나 자신을 온전히 하느님께 봉헌한 모든 사람의 생활양식을 가리킨다. 수도 생활 초기에는 두 가지 주된 형태, 즉 홀로 수도 생활을 하는 것(독수 생활과 은수 생활)과 공동으로 수도 생활을 하는 것(공주 수도 생활)이 있었다.

2. 첫 동방 수도자들

교회에 평화가 도래함에 따라 순교의 가능성이 사라졌다. 박해 시대에는 그리스도인이 되는 것은 순교를 각오하겠다는 의미였지만, 이제는 그리스도인이 되어도 아무런 위험이 없었다. 그러자 많은 그리스도인들의 신앙생활이 아주 느슨해졌다. 열정적으로 신앙생활을 하고 싶어 하고 세상사에 그다지 얽매여 있지 않던 그리스도인들이 도시를 떠나 사막으로 들어갔는데 이것이 바로 수도 생활의 기원이 되었다.

알렉산드리아의 아타나시우스Athanasius(아타나시오) 주교는 안토니우스Antonius(안토니오, 251~356년)의 낭만적인 삶을 기록하여 《성 안토니우스의 생애》라는 작품을 남겼다.[61] 안토니우스는 이집트 사막의 은수자들과 독수자들의 아버지다. 수많은 그리스도인들이 안토니우스의 모범을 따랐다. 아우구스티누스도 《고백록》에서 안토니우스의 모범을 이야기했다(8,6).

파코미우스Pachomius(286~346년)는 나일 강의 계곡 상류에 공주 수도 생활을 하는 남자들을 위해 함께 생활하는 공동체를 창설했다. 그런가 하면, 파코미우스의 누이동생 마리아는 여성들을 위한 수도 공동체를 최초로 설립했다.

이 같이 원초적인 수도 생활이 이집트, 팔레스티나, 시리아 그리고 메소포타미아 지역으로 급속하게 퍼져 나갔다. 그러나 아직은 수도 생활의 정밀한 법적 구조가 갖춰지지 않았다. 수도 생활 지원자들은 스스로 홀로 설 수 있을 때까지 영적 지도자(아빠스)의 지도를 받으면서 생활했다. 은수자들은 서로 경쟁이나 하듯이 금

▲ 기둥 위에서 수도 생활을 하는 알리피우스 성인, 기둥 수행자, 베네치아의 성 마르코 대성전.

욕적인 삶을 살기 시작했다. 나뭇가지 수행자Dendrite들은 나무 위에서 생활했고, 기둥 수행자Stylite들은 기둥 위에서 살았고, 은둔자들은 오두막집에 모여 살았으며 아담주의자들Adamites(나체주의자)**41**은 옷을 벗어 버리고 나체로 살았다.

간단히 말해서, 이런 수도 생활이 성행했다는 것은 그리스도교가 사람들에게 아주 인기 있고 대중적이었음을 말해 주는 증거다. 수도 생활에서는 또한 마귀에 대항하는 투쟁을 강조했다. 오늘날 우리가 세균을 보듯이, 정령 숭배자들은 도처에서 마귀를 보았다. 사람들은 수도 생활이 인류를 타락 이전 상태로 다시 인도해 줄 것이라고 믿었다. 이 같은 이유 때문에, 수도자들은 야생 동물을 길들이며 길렀다. 그리고 관상 수도자라 할지라도, 손님을 따뜻이 환대했다.

한편, 수도 생활을 하는 사람은 공부해서는 안 된다는 강박 관념에 사로잡힌 수도자들은 공부하기를 거부했다. 그런 수도자들은 교의 연구에 투신하는 수도자들을 의심의 눈초리로 바라보았다.

카이사레아의 바실리우스 주교는 이상하고 기이한 수도 생활에 대해 단호하게 대처했다. 그는 자신의 규칙서에서 수도자들은 공동체 생활을 해야 한다고 요구하면서, 그들이 지적 활동에 종사하고 가난한 이들을 돌보도록 독려했다. 수도자들에게 예루살렘의

---

41 아담주의는 선악과를 따먹고 에덴 동산에서 쫓겨나기 전까지 벗은 채로 지낸 아담을 본받아 나체로 지내자는 주의이다.

초기 그리스도교 공동체는 자기들이 본받고자 하는 하나의 이상이었다.

수도자가 지켜야 할 첫 번째 의무는 수도원장(장상)에게 순명하는 것이었다. 오직 장상만이 최고의 규칙서인 복음을 해석하고, 그것을 일상생활에 적용했다. 많은 그리스어 저술가들은 육체를 경시하는 플라톤의 인간학에 기초하여 수도 생활에 대한 신학을 전개해 나갔다. 결국 수도원은 이곳 지상에 있는 사회를 대체할 수 있는 이상적인 그리스도교 사회가 되었다.

61) 은수자들의 아버지, 안토니우스

…… (부모님이 돌아가신 후 그는 어린 여동생과 함께 홀로 남았다. 그는 열여덟 살에서 스무 살쯤 되었고, 가정과 여동생을 책임지고 있었다. 부모님이 돌아가신 지 여섯 달이 채 되지 않았을 때) 그는 평소처럼 주님의 집으로 가면서 생각을 가다듬었다. 걸어가면서 안토니우스는 어떻게 사도들이 모든 것을 버리고 구세주를 따랐는지, 사도행전에 나오는 사람들이 어떻게 자신의 모든 재산을 팔아 처분한 것을 가져와서 가난한 사람들에게 나누어 주도록 사도들의 발아래 놓았는지, 그리고 하늘

나라에 그런 사람들을 위한 희망이 쌓여 있는지를 깊이 생각했다.

안토니우스가 이런 생각에 잠겨 성당으로 들어갔는데, 마침 그때 복음이 낭독되고 있었다. 안토니우스는 주님께서 부자 청년에게 하시는 말씀을 들었다.

"네가 완전한 사람이 되려거든, 가서 너의 재산을 팔아 가난한 이들에게 주어라. 그러면 네가 하늘에서 보물을 차지하게 될 것이다. 그리고 와서 나를 따라라."(마태 19,21)

마치 하느님의 섭리로 안토니우스가 성인들을 기억하는 것 같았고, 그 성경 구절이 자신을 위해서 낭독되고 있는 것 같았다. 안토니우스는 즉시 성당을 나와 조상들에게서 물려받은 재산을 마을 사람들에게 나누어 주었다. 그것은 300 아로우라에arourae(이집트의 땅 측정 단위로 약 207에이커)에 이르는 비옥하고 좋은 땅이었다. 재산이 더는 그와 여동생에게 방해물이 되지 않도록 했다. 그리고 나머지 동산을 모두 팔아서 그 돈을 가난한 이들에게 나누어 주었다. 다만 약간의 돈을 동생 몫으로 남겨 두었다. ……

아타나시우스, 《성 안토니우스의 생애Vita sancti Antonii》, 2.

[안토니우스는 세상을 피해서 아주 엄격한 적막 속으로 들어갔고, 거기서 그는 마귀의 공격에 대항해 승리했다.]

그러나 선을 미워하고 시기하는 마귀는 젊은 안토니우스가 그처럼 굳은 결단을 내린 것을 도저히 보고만 있을 수가 없었다. …… 그래서 마귀는 우선 안토니우스로 하여금 그런 결심을 포기하도록 온갖 힘을 다 썼다. 마귀는 안토니우스에게 그의 재산에 대한 기억, 여동생을 돌봐야 한다는 생각, 친척들과의 유대, 돈과 명예에 대한 애착, 식도락의 즐거움, 안락한 삶, 그리고 마지막으로 덕을 추구하고 수도 생활을 하는 것의 어려움 등을 안토니우스의 귀에 대고 은밀하게 속삭였다. ……

그러나 온갖 시도가 수포로 돌아가자, 궁지에 몰린 마귀는 어느 날 밤 여자로 변장하고 갖은 교태를 부리면서 어떻게 해서든지 안토니우스를 현혹시키려고 했다. 그러나 안토니우스의 마음은 그리스도로 가득 차 있었고, 그분의 고귀함으로 영감을 받고 있었고, 자기 영혼의 영성에 대해 생각하고 있었기 때문에 마귀의 속임수의 불을 끌 수 있었다. ……

아타나시우스, 《성 안토니우스의 생애》, 5.

그날 밤 마귀들이 큰 소리로 외치면서 몹시 시끄럽게 하자, 온 세상이 지진으로 크게 흔들리는 것 같았다. 마귀들이 안토니우스가 거처하고 있던 무덤의 네 벽을 완전히 박살내고 들어오는 것 같았다. 마귀들은 야수와 파충류의 형상을 하고 안으로 들어왔다. 안토니우스가 거처하던 장소는 갑자기 사자, 곰, 표범, 황소, 뱀, 독사, 전갈, 늑대들의 형상으로 가득 찼고, 이 모든 짐승들은 각기 자신의 본능대로 움직였다. 사자는 포효하면서 덤벼들려고 했고, 황소는 뿔을 위 아래로 흔들면서 받으려고 했고, 뱀은 몸을 비틀면서 주변을 기어 다녔고, 늑대는 그를 향해 곧장 덮칠 듯이 달려들었다. 한마디로 말해, 모든 환영들이 울부짖는 소리는 무시무시했으며, 그들의 분노는 맹렬했다. ……

아타나시우스, 《성 안토니우스의 생애》, 9.

거의 20년 동안 안토니우스는 혼자서 수도 생활을 하면서 자신을 수련했다. 그는 함부로 밖으로 나오지 않았다. 아주 드물게 사람들의 눈에 띄었을 뿐이다. 이후에 많은 사람들이 안토니우스의 모범을 본받고자 하는 강한 열망과 의지를 가졌다. 친구 몇 사람이 찾아와서 안토니우스가 머물던 요새의 문을 강제로 부서뜨려 열고 들어오자, 안토니우스는 마치 하늘나라의 신비에 이끌렸다가 하느님의 영을 충만히 받고 지성소에서 나오기라도 하는 것처럼 밖으로 나왔다. 안토니우스가 자신을 찾아온 사람들을 만나러 요새 밖으로 나온 것은 이때가 처음이었다. 사람들은 안토니우스의 몸과 건강 상태가 예전과 같은 것을 보고 깜짝 놀랐다. 운동 부족으로 살이 찌지도 않았고, 단식을 하며 마귀들과 투쟁하고 있었는데도 전혀 야위지도 않았다. 칩거 생활을 하기 이전의, 그들이 알고 있던 모습 그대로였다. 그리고 그의 영혼은 아주 깨끗했다. 왜냐하면 그의 영혼은 고뇌로 인해 찌들지도 않았고, 쾌락으로 말미암아 느슨해지지도 않았으며, 기쁨이나 낙담에 사로잡히지도 않았기 때문이다.

그는 군중들을 보고도 전혀 흔들리지 않았고, 많은 사람들에게서 인사를 받아도 전혀 우쭐거리지 않았다. 그는 이성의 인도를 받는 사람처럼 완전히 평정심을 유지했고, 본성을 따르는 데 흔들림이 없었다. 안토니우스를 통해서 주님께서는 그곳에 있던 많은 사람들 가운데 몸이 아파 고생하는 사람들을 치유해 주셨고, 악령에 사로잡힌 사람들을 깨끗이 낫게 해 주셨다. 그리고 주님께서는 안토니우스에게 말씀의 은사를 주셨다. 그리하여 그는 슬픔에 잠겨 있는 많은 사람들을 위로해 주고, 서로 싸우고 미워하는 사람들을 화해시켜 하나가 되게 했으며, 세상의 그 무엇보다도 먼저 그리스도의 사랑을 먼저 생각하라고 촉구했다.

그리고 그는 그들에게 앞으로 있을 좋은 일들과 우리를 위해 당신의 아드님까지도 아끼지 않으시고 내어 주신 하느님의 사랑을 마음에 깊이 새기라고 권고하면서, 많은 사람들에게 은수 생활을 시작하라고 권유했다.

  그리하여 이때부터 심지어 산 속에까지 수방들이 들어서기 시작했다. 그리고 사막은 가족과 친지를 떠나 하늘나라의 시민이 되기로 결심한 수도자들로 인해 북적거렸다. ……

아타나시우스, 《성 안토니우스의 생애》, 14.

  마침내 박해가 끝나고 복된 베드로(알렉산드리아의 주교, 300년~311년에 참수형으로 순교) 주교가 증언을 마치자, 안토니우스는 알렉산드리아를 떠나 다시 암자로 돌아갔다. 그는 그곳에서 날마다 양심의 순교자가 되어, 치열하게 신앙의 싸움을 했다. 그는 훨씬 더 힘들고 고통스러운 규칙 생활(수도 생활)에 전념했다. 그는 항상 단식을 했다. 그는 안쪽이 까칠까칠한 털로 되어 있고 바깥쪽은 가죽으로 되어 있는 고복苦服을 입었다. 그는 죽을 때까지 이 옷을 입었다. 그는 물로 몸을 씻지 않았고, 발도 씻지 않았다. 필요한 경우가 아니면, 발을 물에 담그는 것조차도 용납하지 않았다. 안토니우스가 옷을 벗는 것을 본 사람은 아무도 없었다. 죽어 땅에 묻힐 때에야 비로소 안토니우스는 맨몸이 되었다. ……

아타나시우스, 《성 안토니우스의 생애》, 47.

3. 서방에서의 수도 생활

과거에 그러했듯이, 하느님께 서원한 많은 동정녀들과 고행자들이 계속해서 자신의 가족들과 함께 지냈다. 그러한 때에 동방에서 온 여행자들, 예를 들어 아타나시우스와 히에로니무스Hieronymus(예로니모, 347~419년)가 수도 생활을 널리 선전하고 전파했다. 엄청난 수의 동정녀들, 남용과 퇴보의 가능성, 동방 교회의 모범 그리고 수도 단체로 발전하려는 전반적인 경향 등이 서방에서 수도 생활을 조직화하는 데 도움이 되었다. 350년경, 로마에는 귀족 가문 출신의 여자들이 설립한 공동체가 몇 개 있었다. 동정녀들의 축복을 위한 전례 또는 베일을 받는 예식이 만들어졌다. 이런 예식들은 혼인의 상징성에서 영감을 얻어서 만들어졌다. 암브로시우스는 성모 마리아를 동정녀들이 본받아야 할 모범으로 제시했다.

동방에서 수도 생활을 하던 히에로니무스가 로마에 와서 귀족 가문의 여인들 앞에서 수도 생활을 찬양하는 말을 했다. 히에로니무스는 그를 반대하는 이들을 거슬러서, 결혼 생활에 비해서 동정 생활이 훨씬 더 우월하다고 엄숙하고 열정적으로 변론했다. 그는 친구 바울라와 함께 로마에서 팔레스티나로 돌아와서 베들레헴에 여성들을 위한 수도 공동체들을 설립했고, 여성들의 사회적 지위에 따라 소임을 조정했다. 그리고 히에로니무스는 남자 수도원을 하나 세우고 자신도 그곳에서 함께 살았다.

히에로니무스가 수도 생활에 기여한 가장 큰 공로는 수도자들로 하여금 성경의 문화를 음미하고 이해할 수 있게 해 주었다는 점이다. 히에로니무스의 영향으로, 수도자들은 성경을 이해하기 위해 지적으로 연구 노력했다. 그리하여 성경의 말씀이 수도자들의 영적 양식이 되었다. 이민족들의 침입으로 인해 고대 문명이 붕괴[42]된 후에, 그리스도교 문화와 고전 문화를 부흥시키기 위해 일생을 바친 수도자들의 전형이 바로 히에로니무스였다.

아우구스티누스는 회심한 뒤에 수도자로 살고 싶어 했다. 그래서 주교가 된 다음에 그는 교구 사제들에게 수도 생활이라는 검증된 생활을 받아들일 것을 요구했다. 이것은 사제의 삶에 수도자의 삶을 일치시키는 새로운 형태의 삶의 시작이었다.[43] 아우구스티누스는 되도록이면 수도자들 가운데서 사제를 선발하려고 했다. 그리고 그는 이 사제들에게 수도 생활의 일정한 측면을(독신제 등) 요구했다. 아우구스티누스의 편지 211에 부록으로 실려 있는 《규칙서Regula》에는 수도 생활에 대한 조언과 일반적인 규정들이 개괄적으로 씌어 있다.

루마니아 출신인 요한 카시아누스Cassianus(360~435년)는 동방에 있

---

42 서로마 제국의 멸망을 뜻함.

43 아우구스티누스가 요구하는 삶은 교구 참사 수도회를 의미한다. 교구 참사 수도회의 시조는 암브로시우스다. 동방 신학을 서방 교회에 소개하기도 한 암브로시우스는 밀라노 교구의 사제들이 주교관에 모여서 공동으로 기도하고 생활할 수 있도록 배려함으로써 교구 참사 수도회의 시조가 된 사목자들의 아버지였다.

는 수도원들을 방문한 뒤에 마르세유에 수도원 두 곳을 설립했다. 하나는 남자 수도원인 생 빅토르Victor 수도원이고, 다른 하나는 여자 수도원인 생 사비오르 수도원이다. 그의 작품《공주 수도승 규정집De institutis coenobiorum》과《담화집Conlationes》은 동방의 수도자들과 서방의 수도자들 사이에 다리 역할을 했다. 그는 분별력을 수도 생활에서 최고의 덕목으로 생각했다. 한편, 레렝스Lérins에 있는 섬들은 수도 생활을 번창시키고 확산시킨 중심지였다.

누르시아의 베네딕투스 규칙서

아일랜드에서 그곳 출신의 세 수도자 파트리키우스Patricius(파트리치오), 콜룸바Columba(골룸바), 콜룸바누스Columbanus(골룸바노)가 동방의 첫 수도자들처럼 자유분방하게 살던 아일랜드 수도자들의 수도 생활을 바로잡고 정착시키려고 노력했다면(5~7세기), 유럽에서는 누르시아의 베네딕투스Benedictus(베네딕토, 480년경~547년경)가 쓴 규칙서가 서방의 모든 수도원들이 올바르게 나아가도록 영감을 주었다. 그 영향력은 12세기까지 계속되었다. 베네딕투스 규칙서는 이전에 나온 모든 수도 생활의 전통에 대해 따뜻한 찬사를 보내면서 그 전통을 이어받았다.[62] 베네딕투스 규칙서는 정주定住에 대한 규칙을 끊임없이 강조했다. 즉, 수도자들은 자신이 머무는 수도원 안에서만 생활하겠다는 것을 서원하게 했다. 수도원장은 수도자들이 공동 생활을 하는 데에 중심축이 되어 영적 지도자로서의 역할과 공동체의 장상으로서의 역할을 동시에 수행했다.[63] 수도원장은 수도자들에 의해 종신직으로 선출되었으며, 수도자들은 수도원장에게 절대 순명했다. 이 순명으로 인해 수도자들은 겸손의 사다리를 타고 오를 수 있었고, 겸손은 영적인 진보에 기본이 되었다. 정주, 순명, 겸손은 수덕생활에서 가장 중요한 핵심이었다. 한편, 베네딕투스는 기후가 온화한 지역에 수도 생활을 소개했고, 동방의 극단적인 수도 생활을 반대했다. 수도자들은 전적으로 청빈한 삶을 살았지만, 먹고 입고 잠자고 기도하는 것에 관련된 엄격성은 다소 완화되었다.

수도자의 하루일과는 '오푸스 데이Opus Dei', 즉 하느님의 일(기도와 숭배)에 전념하면서 틈틈이 하는 성경 독서와 묵상, 육체노동 그리고 휴식으로 이루어졌다. 성경 연구는 지적 활동과 작업을 위한 출발점이었다.

베네딕투스 규칙서는 유연성의 여지를 간직하면서도 수도 생활을 위한 충분한 기반을 제공해 주었기 때문에, 이 규칙서에서 뿜어져 나오는 광채는 수도 생활 전통이라는 기나긴 길을 관통하며 비추어 주었다. 서로마 제국이 멸망한 뒤, 베네딕투스 수도원들은 중세 유럽을 탄생시키는 데에 결정적인 공헌을 했다.

62) 베네딕투스 규칙서의 수신인과 규칙서의 목적

서문

아들들이여, 스승의 가르침에 귀를 기울이고, 그 가르침을 마음에 새기도록 하십시오. 만일 사랑이 넘치는 영적 아버지의 조언을 따르고 순명의 거친 길을 간다면, 그대들은 정녕 불순명으로 길을 잃고 헤매던 것에서 벗어나 하느님께 되돌아갈 것입니다.

각자 자신의 의지를 버리고, 순명의 깃발 아래 자신의 이름을 등록하고, 합당한 주권자이신 주 그리스도의 인도 하에 영적 싸움에 나설 여러분 모두에게 나는 말합니다. ……

나는 주님께 봉사하려고 온 초심자들을 위해 학교 하나를 세우려고 합니다. 규칙에 입각해서 학교를 세우되, 규칙이 지키기에 너무 어렵거나 부담스러운 것이 되지 않도록 하겠습니다. 그러나 합당한 이유가 있다면, 즉 악습을 줄이거나 애덕을 지키기 위해서라면, 나는 다소 엄격해 보일 수도 있는 규칙들을 요구할 것입니다. 그러나 여러분은 그 같은 구원의 방법들로 인해 움츠러들거나 두려워해서는 안 될 것입니다. 그런 방법들은 언제나 처음에는 '좁고 엄격한 길'이 될 것입니다. 그러나 우리가 종교 예식과 신앙에서 한 발자국씩 진보해 나간다면, 하느님의 놀랍고 감미로운 사랑으로 인해 우리의 마음이 열리고 넓어질 것입니다.

그러면 우리는 하느님의 계명의 길로 달려가게 될 것입니다. 따라서 우리가 학교의 방침과 학교에서 배운 가르침을 잘 지키면서 죽을 때까지 수도원에서 인내를 실천하고 산다면, 우리는 이미 여기서 그리스도의 수난에 인내로써 동참하게 되는 것이고, 장차 하느님 나라에서 그분과 함께 일치를 이룰 수 있는 합당한 자격을 갖게 될 것입니다. 아멘.

결론

나는 이 규칙서를 따를 수도자들이 적어도 어떤 덕성을 가지고 참으로 선한 생활을 시작했다는 사실을 보여 줄 목적으로 이 규칙서를 썼습니다. 그러나 사람들은 완덕의 삶을 추구합니다. 그리고 그들에게는 거룩한 사부님들의 가르침이 있고, 그 가르침은 그것을 따르는 사람들을 진정한 완덕으로 인도해 줄 것입니다. 영감을 받아 기록된 신·구약 성경의 어느 쪽, 심지어는 어느 문장엔들 훌륭하지 않은 삶의 규칙이 있겠습니까? 거룩한 가톨릭교회의 사부님들이 쓴 어떤 책인들 우리의 창조주께로 가까이 나아가는 지름길을 가르쳐 주지 않겠습니까? 사부님들의 《담화집》과 《공주 수도승 규정집》, 그분들의 생애, 그리고 우리의 사부이신 바실리우스 성인의 《도덕 규칙서*Regulae morales*》, 여기에는 그분들을 따르는 수도자들을 도와 선한 삶을 살도록 이끌어 주는 방법들이 있습니다. 게으르고 태만한 죄인들인 우리에게 이 가르침들은 꾸지람과 부끄러움으로 다가옵니다.

여러분이 누구든 간에 천상 고향으로 속히 나아가기를 갈망한다면, 먼저 그리스도의 도움으로 초심자들을 위한 이 작은 규칙서를 실천하십시오. 그리하면 여러분은 마침내 하느님의 보호 아래 거룩한 교부들이 여러분에게 손짓을 하며 초대하는 그 높은 학덕과 성덕으로 올라가게 될 것입니다.

《베네딕투스 규칙서*Regula Benedicti*》.

63) 베네딕투스 규칙서에 나타난 수도원장

잘 아시다시피, 수도자에는 네 부류가 있습니다. 첫째 부류는 공주 수도자들로서 규칙서와 수도원장의 지도 아래 수도원에서 사는 수도자들입니다. …… (제1장)

수도원을 통치하는 자격을 부여받은 수도원장은 자신에게 주어진 수도원장이라는 직분을 항상 명심하면서 훌륭한 삶을 통해서 장상의 직책을 수행해야 합니다. 왜냐하면 수도원장으로 부름을 받아 수도원에서 그리스도의 자리를 대행함으로써 존경을 받기 때문입니다. 바오로 사도의 말씀처럼 "그대는 아들들을 입양하는 영靈을 받았으며, 그리하여 우리는 그대를 아빠, 아버지라고 부르는 것입니다." ……

누구든지 수도원장이라는 직책을 맡게 되면, 그 사람은 두 가지 방식으로 제자들을 가르쳐야 합니다. 말하자면, 수도원장은 제자들에게 선하고 거룩한 것을 가르치되 말보다는 표양으로 가르쳐야 할 것입니다. 주님의 법을 가르치는데, 이해력이 빠른 사람들은 말로써 가르치고 마음이 완고하고 이해력이 더딘 사람들은 표양으로써 가르쳐야 합니다. 또한 수도원장은 강론대에서 단죄한 악행에 대해서는 행동으로도 혐오한다는 점을 보여 주어야 합니다. 그렇게 하면 그는 사람들에게 설교하는 바와 행동하는 바가 일치하지 않는 사람이 되지 않을 것입니다. …… (제2장)

수도원에서 아주 중대한 일을 논의할 때, 수도원장은 공동체의 형제들을 모두 불러 모아 허심탄회하게 알려 주고 형제들의 의견을 경청한 뒤에 심사숙고해야 합니다. 그래야만 수도원장은 자신이 최선의 판단을 내린다고 확신할 수 있을 것입니다. 이 같은 이유에서 공동체의 모든 형제들이 한데 모일 것을 명하는 바입니다. 왜냐하면 하느님께서

는 종종 가장 좋은 것을 젊은 형제들에게 보여 주시기 때문입니다. (제3장)

겸손의 첫 단계는 즉각적인 순명입니다. 순명은 무엇보다도 그리스도를 사랑하는 사람들에게 반드시 필요한 것입니다. 이들은 자신들이 행한 거룩한 소임 때문이든, 아니면 지옥 벌에 대한 두려움 때문이든, 또는 영원한 천상 영광을 바라는 마음 때문이든 간에, 자신들에게 주어진 일에 대해서, 마치 하느님께서 명령하신 것처럼, 지체 없이 즉각 수행해야 합니다. (제5장)

《베네딕투스 규칙서》.

▲ 라테란 대성전의 석관石棺에 새겨진 그리스도 모노그램.

제5장

신경의 형성
교회의 삶에서 보는 초기 일치 공의회들(4~5세기)

▲ 니케아 공의회. 16세기 불가리아의 프레스코화.

초기 그리스도인들은 처음부터 철학이나 신학을 제시하지 않았다. 그들은 예수를 증언했다. "예수께서는 성경에 나타난 한 분이신 하느님을 아버지라고 말씀하셨다. 예수께서는 죽임을 당하셨지만, 하느님께서는 여러분이 십자가에 못 박은 이 예수를 주님과 메시아로 삼으셨다(사도 2,36 참조). '주님'이라는 말은 성경에서 하느님께 붙여진 호칭으로, 하느님께서는 당신 자신의 이름을 당신의 아들 예수에게 주셨다(필리 2,6-11 참조). 따라서 그리스도이신 예수는 하느님과 가까이 계신 분이라고 말할 수 있다. 잠언 8장에서 나오는 지혜처럼, 그분은 인간이 되시기 전에 이미 하느님과 함께 계셨다(콜로 1,15 참조).”

요한 복음서의 서문에는, '예수께서는 육화하신 하느님의 말씀이시고 이 말씀으로 인해서 세상이 창조되었다.'라는 내용이 나온다. 말씀은 그리스어로 '로고스λόγος', 라틴어로 '베르붐verbum'이다. '로고스'라는 단어는 성경적인 용어로, 구약에서는 종종 하느님의 말씀을 가리킨다. 그러나 그리스 철학자들은 로고스를 '생각' 또는 '신적 의지'라고 말했다. 거기에는 하나의 접합점이 있다고 할 수 있다.

우리는 신약 성경 안에서 신경의 윤곽이라고 말할 수 있는 신앙 고백을 발견할 수 있다. 세례 예식과 성찬례에는 신앙 고백이 포함되어 있다(1코린 8,6 참조). 그리스도인들은 성경에서 따온 구절들로 신앙을 천명했다. 그러나 그리스도인들은 자신들이 살고 있는 세상 사람들에게 신앙을 이해시켜야만 했다. 그들은 먼저 서로 모순되는 것처럼 보이는 것을 설명할 필요성을 느꼈다. '하느님께서 어떻게 유일한 분이시면서, 동시에 아버지와 아들일 수 있는가?', '모든 변화를 초월하는 분이 하느님이시다고 굳이 말하지 않는다 하더라도, 도대체 인간으로 태어나서 살다가 죽은 분이 어떻게 하느님일 수 있는가?'와 같은 질문에 대답하는 과정에서 그리스도교 신학이 생겨났다. 그러나 신학적인 사고들은 서로 다른 방향으로 전개되어 나갔다. 그래서 언젠가는 이런 다양한 사고들이 서로 일치되어야만 했다. 이런 작업을 하는 것이 공의회였다. 공의회는 교회의 지도자인 주교들을 한데 모이게 했다.

주일마다 성당에서는 니케아-콘스탄티노플 신경으로 신앙을 고백한다. 이 신경은 신학적인 사고들이 서로 평화롭게 교환되서 이루어진 것이 아니라, 격렬한 논쟁을 통해서 정립된 것이다. 그런데 격렬한 논쟁이 반드시 교의 문제만을 가지고 발생했던 것은 아니었다. 니케아-콘스탄티노플 신경이 형성된 배경에는 민족과 문화와 지역 간의 갈등, 유배, 유혈 사태, 군대와 경찰의 개입 등도 있었다.

Ⅰ. 어떻게 예수 그리스도와 성령이 하느님인가?

1. 아리우스 위기의 시작

2세기부터 그리스도교 사상이 다양한 방향으로 박차를 가하면서 전개되었다. 즉, 성경에 나타난 유일신 사상과 세례 때에 고백하는 삼위일체 신앙을 모두 보호하려고 노력했던 것이다. 어떤 이들은 하느님은 동시에 아버지와 아들이라고 생각했다. 또 어떤 이들은 성부는 성자와 마찬가지로 수난을 받으셨다고 생각했다. 그런가 하면, 어떤 이들은 성부와 성자를 구분하고, 성부와 그분의 말씀(로고스)을 구분해야 한다고 했다. 그들의 주장은 이렇다. "성자는 하느님이지만, 성부와 똑같은 하느님이 아니다. 성자(로고스)는 성부에게 종속되어 있다. 예수는 인간이었는데, 성부에 의해 양자로 입양되어 하느님이 되셨다." 몇몇 성경 구절들이 이런 의미를 지닌 것으로 해석될 수 있었다(요한 14,28 참조). 이 시기의 저술가들은 그리스어와 라틴어 단어들을 다른 방식으로 사용함으로써, 상당한 혼란을 초래시켰다.

교회에 평화의 시기가 도래하기 전까지만 해도, 이 같은 불일치는 지역적으로 매우 한정된 문제였다. 그러나 313년 이후에는 이런 용어상의 혼란이 로마 제국 전역으로 급속하게 확대되어 나갔다. 알렉산드리아 교회에서 발생한 하나의 위기(아리우스 위기)가 곧장 동방에 있는 모든 교회를 뒤흔들어 놓았다. 알렉산드리아에서 본당 신부로서 많은 존경을 받던 엄격한 성격의 소유자였던 아리우스는 앞선 시대의 많은 사람들처럼, 자신도 유일신 하느님(시작이 없으신 유일한 하느님)의 관념을 고수하려고 했다.[64] 아리우스는 이렇게 주장했다. '만일 이 하느님이 성부라면, 그것은 성부께서 어느 특정 시기에 성자를 낳으셨기 때문이었다. 따라서 성자에게는 시작이 있다. 그러므로 성자는 성부와 본성에 있어서 완전히 똑같지가 않고 성부에 종속되어 있다.' 아리우스는 잠언 8장 22절[44]과 요한 복음서 14장 28절[45]을 이용해서 자신의 주장을 뒷받침했다. '결국 예수는 사람들에게 그 자신의 모범을 따르라고 촉구함으로써

---

44 주님께서는 그 옛날 모든 일을 하시기 전에 당신의 첫 작품으로 나를 지으셨다.
45 '나는 갔다가 너희에게 돌아온다.'고 한 내 말을 너희는 들었다. 너희가 나를 사랑한다면 내가 아버지께 가는 것을 기뻐할 것이다. 아버지께서 나보다 위대하신 분이시기 때문이다.

인류를 구원하셨다. 인류는 언젠가 예수와 함께 영광스럽게 될 것이다.'

알렉산드리아의 알렉산더 주교는 이런 신학을 받아들이지 않았다. 알렉산더는 하느님의 말씀이신 성자는 성부와 한 본성으로서 영원으로부터 계시는 분이라고 주장했다. '만일 말씀이 완전한 하느님이 아니라면, 인간은 완전하게 신화神化, deificatio될 수 없다. 왜냐하면 인간으로 육화하신 분이 하느님이 아니기 때문이다. 따라서 인간은 구원받을 수 없었다.'

아리우스와의 만남과 토론이 효과 없이 끝나 버리고, 아리우스와 그의 추종자 열두 명이 파문당했다(318년). 물론 아리우스는 이 같은 단죄를 받아들이지 않았다. 아리우스는 자신의 지지자들이 많이 있는 동방으로 갔다. 그곳에서 많은 사람들은 아리우스의 견해를 교회의 전통으로 간주했다. 그러자 알렉산드리아에서 논쟁의 불길이 삽시간에 확 타올랐다. 신학 논쟁에 있어서 있을 수 없는 무례한 행동들이 극장과 장터에서 일어났다. 그런 가운데 아리우스는 자신의 신학을 옹호하기 위해서 글을 쓰고 노래도 지었다.[65]

리키니우스와의 전투에서 승리한 이후, 로마 제국의 유일한 통치자가 된 콘스탄티누스는 동방에서 평화가 회복되기를 원했다.[66] 아리우스 논쟁은 단지 용어상의 불일치 때문에 일어난 문제에 불과하다고 콘스탄티누스는 말했다. 모두가 화해를 위해서 노력해야 했다. 하지만 혼란이 가라앉지 않고 계속되자, 콘스탄티누스는 대규모의 공의회를 개최하기 위해서 주교들을 소집하기로 결심했다.

64) 교의상의 대립

아리우스

말씀은 영원으로부터 성부와 함께 계시지 않았다.
말씀은 무無로부터 창조되었다.
말씀은 본성적으로 성자가 아니고, 엄격히 말해서,
성부의 것이 아니다.
성자의 본성은 성부의 본성으로부터 나온 것이 아니다.
말씀은 성부의 뜻에 의해서 존재하기 시작했다.
말씀은 본성적으로 물리적, 도덕적 변화에 놓여져 있다.

알렉산더

말씀은 영원으로부터 성부와 함께 계셨다.
말씀은 창조되지 않았고, 모든 것을 창조하신 분이시다.
말씀은 입양에 의해서가 아니라,

본성에 의해서 성자이시다.

말씀은 성부와 같은 본성을 지니셨다.

말씀은 성부와 본질의 소통에 의해서 존재한다.

본성적으로 신성을 지닌 말씀은

변화 또는 고통을 겪지 않는다.

65) 아리우스의 탈레이아(Θάλεια, 향연)

아리우스가 자신의 가르침을 제시하는 이 작품은 그의 반대자들이 인용한 글에만 남아 있다. 여기 인용된 내용은 아리우스의 지지자들이 암기하고 다녔던 산문과 운문으로 된 구절이다. 이 시들을, 아리우스가 지은 것으로 알려진 노래들과 혼동해서는 안 된다.

…… 하느님은 항상 아버지이신 것은 아니다. 그분께서 아직 아버지가 아니셨던 시간이 있었다. 그러고 나서 그분께서는 아버지가 되셨다. 성자께서도 항상 있었던 것은 아니다. 왜냐하면 현재 존재하는 모든 것들은 존재하지 않는 것으로부터, 즉 존재하는 모든 피조물과 업적들은 존재하

지 않는 것으로부터 만들어졌기 때문이다. 그래서 하느님의 말씀 또한 존재하지 않는 것으로부터 창조되었다. 따라서 하느님의 말씀은 존재하지 않았던 때가 있었다. 즉 하느님의 말씀은 창조되기 이전에는 없었다. 그래서 그분에게는 창조된 때가 있는 시작이 있다. 왜냐하면 하느님 한 분만 홀로 계셨고, 말씀과 지혜는 아직 존재하지 않았기 때문이다. ……

하느님의 말씀은 본성에 의해서 우리 모두와 마찬가지로 변화를 겪는다. 그러나 말씀 자체로는 변화에 자유롭다. 하느님의 말씀은 의지에 관한 한 선하다. 만일 원한다면, 그분은 우리와 같이 변할 수 있다. 왜냐하면 본성에 의한다면, 그분은 변할 수 있기 때문이다. ……

하느님의 말씀은 진정한 하느님이 아니다. 그러나 만일 그분이 하느님이라고 불린다 하더라도, 그분은 진정한 하느님은 아니며, 단지 은총의 참여에 의해서 그렇게 불릴 수 있다. ……

모든 피조물은 본성적으로 하느님과 구별되며, 그분과는 다르다. 마찬가지로 하느님의 말씀 또한 본질과 속성에 있어서 성부와는 절대적인 차이가 있다. 왜냐하면 말씀은 하느님의 피조물과 업적에 속하기 때문이다. 말씀은 피조물 가운데 하나이다. ……

성부와 성자와 성령의 본질은 본성으로 나누어지며, 거리가 있으며, 분리된다. 그리고 이 세 본질 사이에는 어떤 교환도 없다. 따라서 성부와 성자와 성령은 본질과 영광에 있어서 전적으로 다르다. ······

오르티 드 우르비나Ortiz de Urbina,
《니케아와 콘스탄티노플Nicée et Constantinople》, 254~255쪽.
《일치 공의회의 역사Histoire des conciles oecumnéniques》, I.

66) 교의 논쟁에 대한 콘스탄티누스 황제의 견해

처음에 서방에서 살았던 콘스탄티누스는 리키니우스를 물리친 후(324년), 동방의 수도, 니코메디아Nicomedia에서 황제로 착좌했다. 그곳에서 그는 알렉산드리아에서 발생해서, 동방의 전 지역을 소용돌이로 몰아넣었던 신학 논쟁에 대해 알게 되었다. 신학적인 논쟁이 제국의 질서에 해롭다고 생각한 콘스탄티누스는 두 적대 세력을 진정시키려고 노력했다. 그에 눈에는 이들이 마치 하찮은 용어에 급급해서 논쟁을 하는 것처럼 보였다. 그러나 적대적인 두 진영을 화해시키려던 노력이 실패로 끝나자, 그는 니케아 공의회를 소집했다.

승리자 막시무스(위대한) 아우구스투스, 콘스탄티누스가 알렉산더와 아리우스에게:

나는 현재 일고 있는 논쟁의 기원을 다음과 같이 이해한다. 알렉산더, 그대는 사제들에게 하느님의 율법에 나타난 특정 구절(잠언 8,22)에 관해 그들 각자가 주장해야 할 견해를 요구했다. 하지만 내가 보기에는 그대가 사제들에게 무익한 문제와 관련된 것을 요구한 것으로 보인다고 말할 수밖에 없다. 그리고 아리우스, 그대는 전혀 상상해 본 적도 없던 것을, 또 설사 상상해 봤다 하더라도 침묵으로 고백하고 묻어 두었어야만 했던 것을 가지고 경솔하게 계속해서 주장하고 있다. 그대들 사이에서 일어난 불화로 인해, 우정이 사라져 버리고 하느님의 성도들이 여러 파당으로 갈라져 버려, 더 이상 한 지체의 일치를 유지할 수 없게 되었다. 그러므로 지금부터 그대들은 모두 똑같은 정도의 인내심을 보여 주어야 하며, 그대들의 동료-종이 합당하게 무시했던 그 충고를 받아들여야 한다.

그러면 이 충고라는 것이 무엇이냐? 먼저, 다음과 같은 문제들을 제기하거나 답하는 것은 잘못이었다. 왜냐하면 이런 논쟁점은 무법적인 권위에 의해서 강요된 것으로, 오히려 여가 시간을 잘못 사용하는 바람에 생겨난 논쟁적인 정신의 산물이라고 볼 수 있다. 단지 지적 훈련을 위해 그런 것들이 의도되었다고 할지라도, 그것들은 분명 우리들의 생각 속에서만 이루어져야 하는 것이지, 대중 집회에서 경솔하게 제시하거나 분별력 없이 막무가내로 대중의 귀에 쑤셔 넣어서는 안 된다. 그렇게 고상하고 심오한 주제들을 정확하게 이해하고 적절하게 설명할 수 있는 사람이 도대체 몇 사람이나 되겠느냐?

그대들이 이견을 보이는 그런 문제들은 결코 하느님 율법에 관한 교의나 가르침이 되지 못했던 것일 뿐만 아니라, 그대들 사이에서 촉발된 하느님 경배에 관한 논쟁에도 결코 새로운 이단적인 요소는 들어 있지 않았다. 그대들은 참으로 하나의 똑같은 판단을 하고 있다. 그러므로 그대들은 친교와 우정 안에서 하나가 될 수 있을 것이다. 그대들이 그렇게 하찮고 사소한 문제에 대해 계속해서 논쟁을 하는 한, 그렇게 많은 하느님 백성들을 그대들의 판단력의 지도 하에 방치해 둔다는 것은 합당하지 않다. 왜냐하면 그대들은 그대들끼리 서로 갈라져 있기 때문이다. ……

그대들도 잘 알다시피, 하나의 체계를 고수한다는 철학자들조차도 어떤 논점에 대한 논쟁에서 자주 일치점을 찾지 못하고, 십인십색으로 서로 다른 견해를 보인다. 하지만 그들은 그들이 가진 공통된 학설에 대한 결속력 때문에, 일치된 감정으로 다시 돌아오곤 한다. 철학자들도 그렇게 하는데, 지고한 하느님의 성직자들인 그대들이 같은 종교를 고백하는 데 있어서 일치된 정신을 가져야 한다는 것은 두 말하면 잔소리일 것이다. ……

별로 중요하지도 않는 문제에 대해 그대들 사이에 엄청난 이견이 있다 손치더라도, 그대들 사이에 하느님에 대한 하나의 신앙, 하나의 이해와 하나의 일치된 판단이 있다고 한다면, 그대들이 한 시노드의 위엄이 지켜지고, 그대들의 전 지체의 친교가 깨지지 않고 유지될 수 있을 것이다. …… 그리고 이제 공통된 애정의 고귀함, 진리 안에서의 신앙, 그리고 하느님께 대한 합당한 영예와 그분의 법을 준수하는 데에 합당한 영예가 그대들 안에서 변함없이 계속되기를 바라는 바이다. ……

'콘스탄티누스의 편지'를
에우세비우스, 《콘스탄티누스의 생애*Vita Constantini*》 2,69에서 인용.

2. 니케아 공의회

앞선 세기에 몇 차례 시노드가 개최되었다. 콘스탄티누스는 니케아로 모든 주교를 소집했는데, 니케아는 보스포루스 해협에서 약간 남쪽에 위치한 비티니아 지방에 있었다. 그는 교회 안에서 하나의 새로운 제도인 '일치 공의회(보편 공의회)'를 수립했다. 바로 니케아 공의회가 최초의 일치 공의회이며, 20세기에 열렸던 제2차 바티칸 공의회가 21번째 일치 공의회다.

니케아 공의회에 약 300명의 주교들이 참석했고, 그중 220명의 이름이 지금도 기록으로 전해진다. 이들은 주로 그리스 문화의 배경을 가진 동방에서 온 주교들이었다. 그들은 교의 논쟁에 대해 가장 가까이서 그리고 가장 활발하게 활동했다. 서방 교회에서 참석한 사람으로는 칼라브리아Calabria 출신인 카르타고의 카이킬리아누스Caecilianus와 로마의 실베스테르Sylvester 주교를 대표해서 참석한 두 명의 사제 이름만이 전해진다(한 명은 갈리아에 있는 디아Dia의 니카시우스Nicasius 주교이고, 다른 한 명은 콘스탄티누스 황제의 교회 자문 역할을 했던 코르도바의 호시우스Hosius 주교이다).

니케아 공의회는 깊은 인상을 남겼다. 이전에 이렇게 많은 교회의 저명인사들이 동시에 한 자리에 모인 적은 없었다.[67] 주교들은 불과 몇 년 전만 하더라도 박해를 받았기 때문에, 그들은 박해의 흔적들을 생생하게 기억하고 있었다. 하지만 세월이 흐르고 시대가 변해, 그들은 격세지감을 느꼈다.[69] 막강한 영향력을 가진 고위 주교들과 하위 주교들이 서로 어깨를 맞대고 인사했고 주교들은 황제의 따뜻한 환대에 감탄했다. 환영식장 궁전은 온통 도금으로 장식되어 있었고, 군복을 입은 군인들이 주교들에게 경례를 했다. 하느님의 나라가 이보다 더 찬란할 수 있을까?

대부분의 주교들은 아리우스를 단죄하는 것을 승인했다. 하지만 주교들은 교의에 대해 명확한 입장을 표명해야만 했다. 그러자 카이사레아의 에우세비우스는 자기 교회의 신경을 주교들 앞에 제시했다. 니케아 공의회는 이 신경을 받아들였으나, 콘스탄티누스 황제의 요청과 호시우스의 조언으로, 공의회에 참석한 주교들은 '하느님의 아들'이라는 말에 '동일 본질homoousios'이라는 형용사를 추가시켰다. 다시 말해, 성자는 성부와 동일한 본질ousia, 동일한 본체substantia라는 것, 즉 성자는 성부와 본체로서 동일하다는 것이다. 이 용어로 성부와 성자가 절대적으로 같다는 것이 확인되었다. 이러한 수정을 제안한 사람이 바로 콘스탄티누스 황제였기 때문에, 아리우스와 함께 추방당한 두 명의 주교를 제외한 나머지 주교들은 모두 이 신경을 확증했다.[68]

또한 니케아 공의회는 교회 규범의 몇 가지 조항들을 정리했다. 부활 대축일 날짜는 로마와 알렉산드리아 교회가 지내고 있는 날짜로 채택하겠다고 공의회는 결정했다. 주교직에 관한 일련의 규정들도 정해졌는데, 주교직에 대해서는 잠시 후에 살펴보겠다. 또한 공의회는 부인과 함께 사는 성직자들에 대해 몇 가지 제한 규정을 달았다. 5세기 초의 교회 역사가 소크라테스에 따르면, 주교들은 결혼한 성직자들에게 결혼 생활을 포기하도록 강요하고 싶어 했다. 그런데 스페인 지역에서 이러한 규정이 도입되었던 것 같다.[69] 파프누티우스Paphnutius 주교는, 비록 자신이 독신 생활을 철저하게 준수하고 있었음에도 불구하고, 주교들의 이 같은 요구를 반대했다. 결국 니케아 공의회는 이 문제에 대해 주교, 사제, 부제들이 스스로 자유롭게 결정하도록 허락했다. 공의회는 박해로 인해 생겨난 문제들을 해결하기 위한 몇 가지 결정을 내렸다. 즉, 이단자들의 화해 문제(이단자들을 교회로 받아들일 때, 세례를 다시 베풀어야 하느냐 하는 문제), 참회 예식 문제(배교자들에게 어떤 참회 절차를 밟게 하느냐 하는 문제) 등이 그것이다.

67) 최초의 일치 공의회, 니케아 공의회(325년)

사실상, 유럽과 리비아와 아시아에 있는 모든 교회의 유명한 성직자들이 한 자리에 모였다. 하느님의 권능으로 말미암아 넓어진 기도의 집은 시리아인과 킬리키아인, 페니키아인과 아라비아인, 팔레스티나에서 온 대표단과 이집트에서 온 사람들, 테베인과 리비아인, 그리고 메소포타미아 지역에서 온 사람들을 동시에 수용할 수 있을 정도로 아주 넓었다. 이 회의에는 페르시아 주교도 한 명 참석했다. 하지만 스키티아인은 한 사람도 참석하지 않았다. 폰투스, 갈라티아, 팜필리아, 카파도키아, 아시아, 프리기아에서는 가장 유명한 고위 성직자들을 파견했다. 그리고 트라케, 마케도니아, 아카이아, 에피루스처럼 아주 먼 곳에서도 참석했다. 호시우스는 스페인(코르도바)에서 명성이 아주 자자했지만, 그는 개인 자격으로 이 위대한 공의회에 참석했다. 황제의 도시(로마)의 주교는 나이가 너무 많아서 참석하지 못했지만, 로마 교회의 사제들이 그의 역할을 대신했다. ……

주교들은 궁전 안에 있는 커다란 홀로 들어가서 그들을 위해 준비해 놓은 자리에 서열 순서대로 앉았다. …… 그리고 이어서 황제의 입장을 알리는 팡파르가 울려 퍼지자, 모든 사람들이 일동 기립했다. 마침내 황제는 회중들 사이를 가로질러 입장했다. 그 모습은 마치 빛의 광채로 하느님의 천상 천사 같았다. 황제의 휘황찬란한 예복은 자주색 빛으로 눈부시게 빛났고, 찬란한 금과 보석으로 장식되어 있었다. ……

(공의회 폐막 즈음에) 황제 등극 20주년 기념일이었다. 로마 제국의 모든 속주에서는 민중들이 공식 축제에 참석하여 축하 잔치를 벌였다. 황제는 자신이 직접 화해시킨 하느님의 성직자들을 초대해서 연회를 베풀었다. 황제의 연회장에서 섭섭함과 아쉬움을 느낀 주교는 단 한 사람도 없었다. 연회장은 말로 표현할 수 없을 정도로 화려했다. 황궁의 입구에는 황제의 친위대와 군인들이 칼을 뽑아 들고, 빙 둘러

도열해 있었다. 하느님의 사람들이 군인들 사이를 두려움 없이 지나서 황제 처소의 가장 안쪽까지 들어갔다. 그곳에서 몇몇 사람들은 황제와 함께 식사했고, 또 다른 몇몇 사람들은 양쪽에 준비된 긴 의자에 비스듬히 누워 식사를 했다. 마치 그리스도의 왕국을 직접 눈으로 보는 것 같았다. 도저히 현실이 아닌 꿈만 같았다. 성대한 연회가 끝나자, 황제는 참석한 모든 하객들에게 진심으로 인사하면서, 각자의 서열에 따라 미리 준비한 선물을 나누어 주면서 관대한 호의를 베풀었다.

에우세비우스, 《콘스탄티누스의 생애》, 3, 15, 16.

68) 니케아 신경

우리는 한 분이신 하느님을 믿나이다. 그분은 전능하신 아버지이시며 유형무형한 만물의 창조주이시다. 그리고 우리는 한 분이신 주 예수 그리스도를 믿나이다. 그분은 하느님의 외아들이시며 아버지께로부터 나셨으며 곧 아버지의 본질에서 나셨다. 하느님에게서 나신 하느님이시며 빛에서 나신 빛이시며 참 하느님에게서 나신 참 하느님이시다. 그분은 창조되지 않고 나셨으며 아버지와 본질에서 같으시다. 그분으로 말미암아 만물이 하늘에 있는 것들이나 땅에 있는 것들이 생겨났다. 그분께서는 우리 인간을 위하여 우리의 구원을 위하여 내려오시어 육신을 취하시고 사람이 되셨으며 고난을 받으시고 사흘날에 부활하시고 하늘로 올라가셨으며 산 이들과 죽은 이들을 심판하러 오실 것이다. 그리고 우리는 성령을 믿나이다.

"그분이 존재하지 않았던 시대가 있었다.", "나시기 전에는 존재하지 않았다." 하고 말하는 사람들을 또는 "비존재로부터 생겨났다."거나 다른 휘포스타시스ὑπωστασις(위격)[46] 또는 우시아ὁυσια(본질)[47]에서 존재한다고 말하는 사람들 또는 하느님의 아들은 창조되었으며 변할 수 있으며 달라질 수 있다고 말하는 사람들을 보편되고 사도로부터 이어오

---

[46] '휘포스타시스'가 처음에는 본질, 실체를 뜻하는 단어였는데 '우시아'와 같은 의미로 사용되었다. 하지만 칼케돈 공의회 전까지는 학자들마다 서로 다른 의미로 사용되었다. 결국에는 휘포스타시스는 위격을 의미하게 된다.

[47] 칼케돈 공의회 전까지만 하더라도 전문 용어가 아직 확정되지 않았다. 그래서 신학자들은 같은 의미를 서로 다른 단어로 표현함으로써, 신학적인 논쟁을 더욱 가중시켰던 것이다. 초기 그리스도론의 연구에 있어서 가장 어려운 점은 그리스도론에 관한 전문 용어 우시아ὁυσια, 휘포스타시스ὑπωστασις, 프로소폰προσωπον, 퓌시스φυσις라는 그리스어와 숩스탄티아substantia, 에센티아essentia, 페르소나persona라는 라틴어의 개념이 정확하게 정의되지 않았다는 점이다. 예를 들어, 카파도키아주의자들은 삼위일체 교리를 '한 우시아 안에 있는 세 휘포스타시스'라는 형식으로 표현한데 반해, 네스토리우스는 '세 프로소폰으로 된 한 우시아'라는 형식으로 표현했다. 이 경우에 네스토리우스는 휘포스타시스를 프로소폰의 의미로 이해했다. 테르툴리아누스는 "세 페르소나와 한 숩스탄티아"로 표현했다. 참고로 우시아는 본질, 본체, 휘포스타시스는 위격, 프로소폰은 위격, 퓌시스는 본성이다. 하지만 어떤 신학자들은 이 네 가지 전문 용어를 모두 '본질'이라는 의미로 사용하기도 했다.

는 교회는 파문한다.

오르티 드 우르비나, 《니케아와 콘스탄티노플》, 70~71쪽,
《일치 공의회의 역사》, I.

69) 파프누티우스 주교와 니케아 공의회에서 논의되었던 성직자의 결혼 생활

콘스탄티노플에서 변호사였던 소크라테스Socrates(380~440년경)는 305년과 439년 사이에 일어난 종교적인 사건들에 대해 카이사레아의 에우세비우스 주교가 들려준 내용을 기록했다. 소크라테스는 자신이 수집한 자료들을 글자 그대로 정리했기 때문에, 그의 기록은 더할 나위 없이 소중한 정보의 원천이다.

파프누티우스는 테베 상부에 위치한 도시들 가운데 한 도시의 주교였다. 하느님의 은총을 가득히 받은 그는 특별한 기적을 많이 행했다. 그는 박해 기간에 고문으로 인해 눈 하나를 잃었다. 콘스탄티누스 황제는 파프누티우스 주교를 대단히 존경한 나머지, 종종 신하를 보내 그를 궁궐로 초대했다. 그러고 나서 황제는 눈 하나를 뽑는 형벌을 받았던, 궁궐 안에 있던 그 장소로 가서 엎드려 입맞춤을 했다. ……

평신도였을 때 결혼한 사람이 성직자(주교, 사제, 부제)가 되면, 이제는 더 이상 자기 부인과 성관계를 가져서는 안 된다고 하는 새로운 법을 교회에 도입하는 것에 대해 주교들은 합당하고 옳은 일이라고 생각했다. 이 문제에 대한 토론이 한창 진행 중일 때, 파프누티우스는 주교들 가운데서 일어나서 교회의 직무자들에게 너무 심한 멍에를 지우게 해서는 안 된다고 주교들에게 진지하게 간청했다. 파프누티우스는 결혼 그 자체는 명예로운 것이며, 부부 생활은 순결한 것이라고 역설했다. 또한 그는 주교들이 성직자의 결혼 생활을 너무 엄격히 제한함으로써 교회에 상처를 주어서는 안 된다는 점을 하느님 앞에서 촉구했다. 계속해서 그는 '모든 남자들이 엄격한 금욕 생활을 견디어 낼 수 있는 것은 아니다'는 점과 '그렇게 한다고 해서 부인들의 정결이 지켜질 수 있는 것도 아니다'는 사실을 말했다. 그러면서 그는 한 남자가 합법적인 부인과 성관계를 갖는 것을 정숙한 것이라고 말했다.

이미 성직에 들어 온 사람들은 교회의 옛 전통에 따라 결혼을 포기해야 하지만, 아직 서품을 받지 않았을 때, 결혼한 사람들은 서품을 받은 후에 부인과 헤어져서는 안 된다고 그는 생각했다. 파프누티우스는 결혼 생활을 해 본 적도 없고, 분명하게 말하자면, 여성과 성관계를 가진 적도 없으

> 면서도 이 같은 견해를 피력했다. 그는 소년 시절부터 수도원에서 양육을 받았고, 그 누구보다도 정결 문제에 있어서는 특별히 명망이 높았다.
>
> 공의회에 참석한 모든 성직자들은 파프누티우스의 합리적인 의견에 동의했다. 따라서 그들은 이 문제에 대해 더 이상 토론을 하지 않고, 이미 결혼한 성직자들의 판단에 맡겨 두었다.
>
> 소크라테스, 《교회사》, 2, 11.

3. 혼란스러운 50년 세월

니케아 공의회에서 합의된 사항이 얼마 가지 않아서 위기를 맞았다. 많은 사람들이 '동일 본질'이라는 용어가 성경에 나오지 않는다는 이유로 이 용어를 사용하는 것을 거부했다. 어떤 사람들은 성부와 성자를 전혀 구별하지 않았던 이단자들이 이 단어를 사용했다는 사실을 상기시켜 주었다. 곧이어 동방 교회의 대다수의 사람들이 니케아 신경을 거부했다. 328년부터 알렉산드리아의 주교였던 아타나시우스만 동방에서 유일하게 니케아 신경을 찬성했다. 그러나 서방 교회는 일반적으로 니케아 신경에 충실했다.

니케아 신경을 전폭적으로 지지해 왔던 콘스탄티누스 황제는 격정이 태산 같았다. 니케아 신경을 지지하면, 동방 교회와 우호적인 관계를 계속해서 유지할 수 없을 것 같았기 때문이다. 그러다가 결국 마음을 바꾸어 니케아 신경을 포기했다. 폭력 사태가 발생했고 분쟁을 해결하기 위한 일련의 조치들이 취해졌다. 아리우스를 복직시키는 것에 찬성하지 않던 아타나시우스는 티루스Tyrus 시노드(335년)에서 면직되어, 게르마니아(독일)와 접경 지역인 트리어로 유배를 갔다. 니케아 신경을 온몸으로 수호했기 때문에, 아타나시우스는 이후에도 네 차례나 더 유배 생활을 했다.

콘스탄티누스 황제의 아들이 재위하고 있을 때, 니케아 신경을 둘러싼 불협화음이 더욱 증폭되었다. 342년에서 343년까지 열렸던 사르디카(소피아) 시노드에서는 서방 교회와 동방 교회의 주교들 사이에 충돌이 일어나서 시노드 참석자들이 격노해서 갈라지는 상황이 발생했다. 351년부터 유일한 황제가 된 콘스탄티우스는 일방적으로 아리우스주의만을 편애했다. 바로 이때, 로마의 리베리우스Liberius, 푸아티에Poitiers의 힐라리우스Hilarius, 코르도바Cordoba의 호시우스Hosius와 같은 서방 교회의 주교들이 동방으로 유배 갔다. 아리우스 문제로 인해 여러 차례 시노드가 열려 수많은 교령이 반포되었지만, 만족할 만한 해답을 제시하지 못했다. 359년, 콘스탄티우스 황제는 '성자는 성부와 유사하다(homoios, 유사 본질)'는 상당히 애매모호한 정식을 강압적으로 만들어 내는 데 성공했다. 이에 대해 히에로니무스는 "온 세상이 불평하고 신음하고 있다. 유사 본질이라는 단어 안에 아리우스주의가 들어 있다니 참으로 경악스럽다."라고 말했다.

아리우스주의 논쟁으로 말미암아 지역 교회마저도 심각하게 분열되었다. 당시 안티오키아에는 다섯 명의 주교가 통치하는 다섯 개의 그리스도교 공동체가 있었다. 그런데 이들 공동체들에서는 제각기 아리우스주의와 관련된 미묘한 차이가 있는 신학 용어들이 난무했다. 또한 로마 교회가 로마의 리베리우스 주교의 후임 주교를 선출해야 할 때, 아리우스주의로 인해서 분열되어 문제가 아주 복잡하고 어려워졌다. 두 명의 후보가 서로 주교가 되기 위해 싸웠는데, 결국 다마수스가 로마의 주교로 선출되었다. 그러나 선거 투쟁의 결과는 엄청났다. 37명이 선거 투쟁 과정에서 죽었다.

4. 콘스탄티노플 공의회와 아리우스 위기의 해결

아리우스주의로 야기된 혼란으로 인해 상당한 수준의 신학 발전이 이루어졌다. 신앙 정식을 표현하는 신학 용어들이 더욱 명백해졌다. '우시아$ο\dot{υ}σια$(본질)'와 '휘포스타시스$\dot{υ}π\omega στασις$(위격)'에 대한 구별이 분명해졌다. 한 본질이라는 점에서 성부와 성자가 동일하다는 것과, 두 위격이라는 점에서 성부와 성자가 구별된다는 것이, 이 두 전문 용어로 인해 가능해졌다.

카이사레아의 바실리우스 주교는 신학적인 사고를 통해서 일차적으로 일치점을 도출해 냈다. '성령이 하느님인가?' 하는 하나의 새로운 문제가 대두되었는데, 아리우스파들은 성령은 하느님이 아니라고 주장했다. 이 같은 주장 때문에, 그들은 '프뉴마토마코이(성령에 대항해서 싸우는 사람들)'라는 별명을 갖게 되었다. 하지만 바실리우스는 자신의 저서 《성령론De spiritu sancto》에서, 성령도 또한 성부와 동일 본질이라는 점을 논증했다. 그의 친구인 나지안주스Nazianzus의 그레고리우스Gregorius(나지안조의 그레고리오, 330~390년)도 바실리우스와 같은 노선에서 글을 썼다.[70] 바실리우스는 동방 교회의 다른 주교들에게 자신의 사상을 설득했고, 아타나시우스에게 서방 교회와 긴밀한 유대를 맺으라고 요청했다. 갈리아와 이탈리아의 주교들에게 보낸 편지에서, 동방 교회가 겪고 있는 혼란에 대해 자세하게 설명했다. 하지만 로마의 다마수스 주교는 화해를 위한 노력을 전혀 하지 않았다.

아리우스파 발렌스 황제valens가 아드리아노폴리스Andrinopolis에서 고트족과의 전투에서 사망하자(378년), 사람들은 그가 하느님의 심판을 받은 것으로 생각했다. 서로마 제국의 그라티아누스Gratianus 황제와 동로마 제국의 테오도시우스 황제는 결국 신학적인 논쟁을 종식시키기로 결심했다. 왜냐하면 그 논쟁으로 인해 사람들이 거리로 뛰쳐나와 소동을 일으키고 있었기 때문이었다.[71]

콘스탄티노플 공의회(381년)

70) 성령은 하느님이시다

하느님께 속한 어떤 호칭이 성령께 적용되지 않겠습니까? …… 이런 것들을 말하고 가르치는 사람들, 그리고 더욱이 성령을 또 다른 하느님이라는 의미로 또 다른 보호자(요한 14,16)라고 부르는 사람들, 그리고 성령을 모독한 사람들은 용서받지 못한다는 것(마태 12,31)을 알고 있는 사람들, 그리고 아나니아스Ananias와 사피라Sapphira에게 성령을 속였다는 무시무시한 오명을 뒤집어씌운 사람들을 여러분은 어떻게 생각하십니까? 그들이 하느님의 성령을 선포합니까? 아니면 다른 어떤 것을 선포합니까? 여러분이 이것을 의심하고, 여러분을 가르칠 다른 사람을 필요로 한다면, 여러분은 참으로 어리석고 성령으로부터 아주 멀리 떨어져 있는 사람들입니다.

나지안주스의 그레고리우스, 《신학적 연설Theologicae V》.

71) 거리의 신학

도시 어느 곳에서든지 이 같은 대화(거리의 신학)가 넘치고 있습니다. 골목, 교차로, 광장, 거리……. 거리의 신학을 옷 장수, 환전상, 식료품 장수들도 하고 있습니다. 만일 환전상에게 환전율이 얼마냐고 물어본다면, 환전상은 낳음을 받은 분과 낳음을 받지 않은 분에 대해서 논하면서 당신에게 대답할 것입니다. 만일 빵의 품질과 가격에 대해 질문한다면, 빵집 주인은 '성부는 가장 위대하시고, 성자는 성부에게 종속되어 있다.'라고 대답할 것입니다. 만일 목욕탕에서 물이 준비되었느냐고 물어본다면, 목욕탕 주인은 '성자는 무無로부터 생겨났다.'라고 분명하게 말할 것입니다. 나는 이런 악마에게 무슨 이름을 붙여 주어야 할지 모르겠습니다. 격앙이나 광기라고 해야 할지…….

니사의 그레고리우스, 《성자와 성령의 신성 De deitate Filii et Spiritus sancti》.

72) 주교들의 언쟁

콘스탄티노플의 주교인 나지안주스의 그레고리우스가 논란이 된 문제에 대해 주교들을 일치시키려고 노력했으나 허사였다.

> 주교들은 까치 떼처럼 지절거렸다. 그것은 유치한 소동이었다. 회의 중에 소란이 시작되었다. 한마디로 그것은 모래 폭풍, 허리케인 같았다. …… 말벌 떼가 날아다니는 것처럼 토론이 혼란스러웠다. 주교들이 한꺼번에 모두 얼굴을 똑바로 쳐다보며 비난했다. 백발이 성성한 존경받는 주교들조차도 젊은 주교들을 말리기는커녕, 그들과 함께 요란하게 소란을 피웠다. ……
>
> 나지안주스의 그레고리우스,
> 《자기 자신에 관한 시가Carmina de se ipso》, 1680 이하.

다시 찾아온 평화

테오도시우스 황제는 그리스도교를 로마 제국의 국교로 선포했고(380년), 나지안주스의 그레고리우스를 콘스탄티노플의 총대주교로 임명했으며, 자신이 통치하던 제국의 수도 콘스탄티노플에서 공의회를 소집했다. 콘스탄티노플 공의회는 동방만을 위한 공의회였다. 이 공의회의 카논canon(그리스도교적 신앙 및 행위의 기준을 뜻함) 가운데서 단지 네 개만 전해져 온다. 니케아 공의회에서 선포된 신앙 정식을 수호하고, 최근에 일어난 여러 이단을 반대하기 위해 소집된 공의회였다. 따라서 콘스탄티노플 공의회는 니케아 신경을 다시 확인하고, 니케아 신경에 성령에 대한 언급을 추가했다.

"우리는 주님이시며 생명을 주시는 성령을 믿는다. 성령께서는 성부로부터 발하시어, 성부와 성자와 함께 흠숭과 영광을 받으신다." 이렇게 해서 오늘날 매 주일에 고백하는 니케아-콘스탄티노플 신경이 작성되었다. 8세기에는 라틴 교회의 주교들이 여기에 그 유명한 '필리오퀘filioque(그리고 성자에게서)'를 첨가시켰다. 그런데 이것이 11세기에 라틴어를 사용하는 서방 교회와 그리스어를 사용하는 동방 교회를 갈라서게 하는 원인 가운데 하나가 되었다.

또한 콘스탄티노플 공의회는 개인적인 분쟁의 장이 되었다.[72] 나지안주스의 그레고리우스가 콘스탄티노플의 총대주교에 서임되자, 총대주교 서임 문제로 논쟁이 생겨났다. 왜냐하면 그레고리우스가 전에는 단지 중간 정도 크기의 마을(사시마)의 주교였기 때문이었다. 이 문제로 인해 소란이 일자 실망한 그레고리우스는 고향으로 되돌아갔다.[48] 퇴역 관리가 후임 총대주교로 임명되었다.

같은 해에 서방 교회에서는 그라티아누스Gratianus 황제가 아퀼레이아Aquileia(아드리아 해 연안의 트리에스테 근처)에서 시노드를 소집했다. 하지만 이 시노드에는 북부 이탈리아와 갈리아에서 온 주교 몇

---

48 나지안주스의 주교였던 아버지의 권유로 강제적으로 사제품을 받은 그레고리우스(361년)는, 서품식이 끝나자 집을 뛰쳐 나갔다가 다음해 부활절에 돌아와, 자신이 어쩔 수 없이 사제 직무로부터 도망칠 수밖에 없었다고 고백했다. 대 바실리우스 주교가 그레고리우스를 사시마의 주교로 임명했지만(372년), 그는 끝내 수락하지 않았다. 테오도시우스 황제가 콘스탄티노플 공의회(381년)에서 그레고리우스를 콘스탄티노플의 총대주교로 인정했다. 마음이 내키지 않았으나 그레고리우스는 교회의 평화를 위해 총대주교직을 수락했다. 하지만 아리우스파 주교들이 그레고리우스가 사시마의 주교이기 때문에, 콘스탄티노플의 총대주교가 되는 것은 위법이라고 반대했다. 그러자 몇 주 후에 그레고리우스는 콘스탄티노플의 총대주교직을 사임했다(381년).

명만이 참석했다. 아리우스파 주교들은 면직되었고, 사람들은 황제를 초대하여 그들에 대한 판결이 집행되는 것을 보도록 했다. 아리우스주의가 로마 제국에서 점차 사라져 갔지만, 울필라스에 의해서 게르만족 계통의 이민족들 사이에 남아 있었다. 울필라스는 아리우스파의 지도자들 가운데 한 사람인 니코메디아의 에우세비우스에 의해서 주교 수품을 받았다.

Ⅱ. 어떻게 예수 그리스도를 통해 하느님과 사람이 하나가 되었는가?

1. 그리스도론 논쟁의 시작

그리스도론에 대한 숙고와 토론이 끊임없이 계속되었다. 성부와 성자, 성령이 동일하다는 데에 의견의 일치를 이루자, 사람들은 말씀의 신성과 예수의 인성이 어떻게 일치를 이루는지에 대해 설명하려고 고심했다. '하느님의 말씀은 영원한데 반해, 예수님은 태어나서, 고통받으시고 죽으셨다. 어떻게 하느님께서 태어나시고, 배고프시고, 고통당하시고 죽으셨다고 말할 수 있단 말인가? 만일 예수님 안에서 하느님과 인간을 지나치게 구별한다면, 말씀이 육이 되신 육화에 대해 어떻게 설명할 수 있는가?'

시리아에 있는 라오디케아의 주교이며 아타나시우스와 절친한 친구였던 아폴리나리우스Apollinarius(310~390년)는 자신이 아주 복잡하고 난해한 이 문제에 대한 해답을 찾아냈다고 생각했다. 동시대의 인간학적 관점으로 예수를 이해한 그는, 예수는 다른 사람과 마찬가지로 육체(살아 있는 몸)와 정신(영혼)으로 이루어졌지만, 예수 안에 있던 정신의 자리를 말씀(로고스)이 차지했다고 생각했다. 그래서 예수는 죄를 짓지 않았다고 했다. 예수 안에는 죄를 짓고 잘못을 범할 수 있는 인간의 영혼이 들어 있지 않기 때문이다. 그러나 몇몇 사람들은 아폴리나리우스의 이 같은 생각이 그리스도 구원론을 크게 손상시킨다는 사실을 즉시 깨달았다. 아폴리나리우스의 주장대로라면, 그리스도가 취한 것만 단지 구원받을 수 있기 때문이다. 따라서 그리스도 안에는 인간의 영혼이 없기 때문에, 인간의 영혼은 구원받을 수 없게 된다. 이것은 결코 그리스도교의 구원론이 아니다. 이런 여러 가지 이유 때문에 아폴리나리우스는 단죄를 받았다.

일치성와 구별성

서로 다른 두 가지 신학적인 흐름 또는 경향이 있었다. 알렉산드리아에서는 그리스도의 일치성을 강조하면서, 신학의 출발점을 로고스에서부터 시작했다. "그리스도는 육을 취하신 말씀(하느님)이다. 이것이 바로 사람이 신성화될 수 있는 근거가 된다." 반면에 안티오키아에서는 그리스도 자체 안에 들어 있는 두 측면을 강조했는데 신학의 출발점을 그리스도의 두 본성에 두고서, 두 본성의 일치성을 신학의 목표로 삼고 있었다. 안티오키아는 그리스도의 완전한 인성을 강조하는 데 관심이 많았다.

여기에서 다시 한 번 기억하고 넘어가야 할 사실은 당시 전문 용어가 아직 명확하게 정립되어 있지 않았다는 점이다. 한 가지 예를 든다면, 퓌시스φυσις(본성)가 서로 다른 두 가지 의미로 사용되었다. 어떤 사람들은 예수 안에는 단지 한 본성만 있다고 주장하는가 하면, 다른 사람들은 예수 안에 두 본성이 들어 있다고 주장했다.

이 같은 서로 다른 관점의 차이가 곧바로 두 경쟁자의 날카로운 대립으로 이어졌다. 바로 알렉산드리아의 키릴루스 총대주교와 콘스탄티노플의 네스토리우스Nestorius 총대주교다. 약 428년경, 안티오키아의 출신인 네스토리우스가 마리아를 테오토코스θεότοκος(하느님을 낳으신 분, 하느님의 어머니, 천주의 모친)라고 부르는 대중적인 신심에 제동을 걸고 나섰다. 네스토리우스가 생각하기에는, 테오토코스라는 용어가 성경에 나오는 용어가 아니었다. 따라서 마리아를 단지 인간의 어머니라고 부르는 것이 낫다고 생각했다. 그러자 네스토리우스를 반대하여, 키릴루스가 그리스도의 일치성과 그리스도인들이 당시 마리아를 테오토코스라고 부르는 보편적인 신심을 지키기 위해 나섰다. 키릴루스는 그리스도 안에는 단지 한 본성만 있다고 주장했다. 그는 로마의 켈레스티누스Celestinus 주교(교황)

와 손을 잡았다. 켈레스티누스는 네스토리우스를 단죄했다(430년). 당시 키릴루스는 네스토리우스에게 편지를 보내어 서명하라고 요구했다. 그 편지의 내용은 예수 안에서 말씀과 사람이 하나의 본성으로 일치를 이루고 있다는 것이다. 이에 네스토리우스가 안티오키아에 있는 자신의 친구들인 요한과 테오도레투스Theodoretus에게 호소하자, 그들은 키릴루스를 아폴리나리우스주의자라고 비난했다. 문제가 심각해지고 난동이 일어나자, 동로마의 테오도시우스 2세 황제는 에페소에서 공의회를 소집하여 모든 속주의 주교들은 참석하라고 공포했다(430년 9월). 로마의 켈레스티누스와 히포의 아우구스티누스에게도 초청장을 보냈지만, 아우구스티누스는 이미 430년 8월에 세상을 떠났다.

◀ 동정녀와 아기 예수(7세기).
수비아코.

2. 에페소 공의회

▲ 테오토코스, 카파토키아의 지하 동굴 교회.

이 시대의 역사가들은 격렬했던 에페소 공의회의 과정을 자세하게 설명했다.[73] 키릴루스 총대주교는 자신의 경쟁 상대인 네스토리우스를 이번에야말로 완전히 제거해 버려야겠다는 확고한 신념을 갖고 에페소에 도착했다. 알렉산드리아의 총대주교를 반대한다는 것 자체가 무모하고 위험스러운 일이 아닐 수 없었다. 왜냐하면 키릴루스는 자신의 주교좌를 위협하거나 자신의 교리를 위협하는 자에게 물불을 가리지 않고 온갖 수단과 방법을 다 동원해서 물리쳐 버려야만 직성이 풀리는 인물이었기 때문이다. 그는 자신에게 충성을 다하는 이집트의 주교 50명을 대동했다. 그리고 엄청난 뇌물도 함께 가지고 왔다. 교회가 키릴루스를 비록 성인으로 공경하고 있지만, 그의 모든 행동이 다 거룩했다고 말할 수는 없을 것이다.

에페소 공의회를 개최하기로 한 날짜가 되었지만, 아직 많은 주교들이 에페소에 도착하지 못했다. 그래서 황제 사절단과 약 60명의 주교들이 공의회를 개최하는 것을 연기하자고 강력하게 주장하면서 공의회 개최를 반대했다. 그러나 키릴루스는 에페소 공의회를 개최했다(431년 6월 22일). 에페소 공의회에 참석한 200명의 주교들은 네스토리우스를 가리켜 '새로운 유다', '이단자'라고 비난하면서 단죄했다. 그러자 군중들은 기뻐하면서 횃불을 들고 주교들의 숙소까지 행진했다. 순박한 민중들은 그리스도께서 친히 이단자를 물리쳐 주셨다고 생각했다.

며칠 뒤 에페소에 도착한 네스토리우스의 지지자들은 대립 공의회를 개최하여 키릴루스를 맹렬하게 비난하면서 키릴루스와 그의 지지자들을 단죄했다.[49] 상황이 아주 복잡해지자, 황제의 사절단은 양측 모두가 만족할 수 있는 방안을 찾기 위해 백방으로 노력하다가 결국 네스토리우스와 키릴루스를 동시에 면직시켰다. 그러나 키릴루스는 몰래 에페소를 빠져 나와 승리자처럼 알렉산드리아로 돌아갔다. 그러나 네스토리우스는 유배지에서 여생을 보냈다.

---

49 그들은 키릴루스와 에페소의 멤논 주교를 '이단과 무질서의 장본인'으로 단죄하고, 키릴루스를 동조한 주교들에 대해서도 키릴루스를 이단으로 단죄하고 키릴루스의 12개 항목의 파문 조항을 취소하기 전까지는, 모두 단죄한다고 선언했다.

73) 당대의 한 역사가가 기록한 에페소 공의회

잠시 후에 황제는 명령을 내려 제국에 있는 주교들을 모두 에페소로 소집했다. 그리하여 부활 대축일이 지난 바로 다음, 네스토리우스는 수많은 추종자들에게 둘러싸여 에페소로 갔다. 그는 이미 와 있던 많은 주교들을 만났다. 알렉산드리아의 키릴루스 주교는 아직 도착하지 않았다. 그는 성령 강림 대축일이 다 되어서야 도착했다. 성령 강림 대축일 닷새 후에 예루살렘의 유베날리스Iuvenalis 주교가 도착했다. 안티오키아의 요한 주교는 아직 도착하지 않았다.

이미 도착한 주교들은 논란이 되고 있는 문제에 대해 논의하기 시작했다. 그런데 알렉산드리아의 키릴루스가 네스토리우스를 겁주려는 의도로 날카로운 말로 쏘아 붙이기 시작했다. 왜냐하면 키릴루스는 네스토리우스를 아주 싫어했기 때문이었다. 많은 주교들이 그리스도가 하느님이시다고 천명했을 때, 네스토리우스는 이렇게 말했다. "나는 생후 두 달 또는 세 달된 분을 하느님이라고 부를 수 없다. 그러므로 나는 너희들의 잘못에 대해 협조하지 않겠다. 그리고 앞으로는 더 이상 너희들과 함께하지 않겠다." 이 말을 한 후 네스토리우스는 공의회장을 나가 버렸다. 그후 그는 자신의 의견을 지지하는 주교들과 함께 또 다른 공의회를 개최했다. 따라서 공의회에 참석한 주교들은 두 파로 나누어졌다. 키릴루스를 지지하는 쪽에서는 자신들만의 공의회를 개최하여 네스토리우스를 소환했다. 하지만 네스토리우스는 그들을 만나는 것 자체를 반대하면서, 안티오키아의 요한이 도착할 때까지 그들과의 만남을 연기했다.

그러자 키릴루스를 지지하는 주교들은 문제가 된 주제에 관련해서 네스토리우스가 한 대중 강론들을 조사하기 시작했다. 네스토리우스의 강론들을 반복해서 정독한 후, 네스토리우스의 강론에는 하느님의 아들에 대한 신성 모독이 분명하게 들어 있다고 결정한 뒤, 네스토리우스를 면직시켰다. 이 일이 있은 후, 네스토리우스 지지자들은 그들만의 공의회를 개최하여 에페소의 멤논 주교와 키릴루스를 면직시켰다.

이런 일이 있은 지 얼마 되지 않아, 안티오키아의 요한이 에페소에 도착했다. 그동안 일어났던 일을 전해 듣고, 요한은 이 모든 혼란의 주동자는 바로 키릴루스라고 맹렬하게 비난했다. 요한은 키릴루스가 성급하게 네스토리우스를 면직시켰다고 비난했다. 그러자 키릴루스는 요한에게 복수하기 위해서 유베날리스와 합세하여 요한마저 면직시켰다.

공의회가 이처럼 혼란 상태로 치닫자, 네스토리우스는 제기된 논쟁이 교회의 일치를 파괴하는 방향으로 가고 있다는 사실을 알아차렸다. 그래서 그는 깊은 유감을 표시하면서, 마리아를 '테오토코스'라고 부르고 다음과 같이 크게 외쳤다. "마리아를 테오토코스라고 부르도록 합시다. 만일 여러분이 그렇게 한다면, 이 모든 논쟁이 종식될 것입니다." 네스토리우스가 이렇게 자신의 견해를 수정했지만, 아무도 그의 말을 주목하지 않았다. 왜냐하면 네스토리우스에 대한 면직이 철회되지 않았기 때문이었다. 그리하여 그는 사막의 오아시스로 유배를 갔다. 그는 지금도 여전히 그곳에 있다. ……

요한은 교구로 돌아가서 여러 명의 주교를 불러 회의를 개최하여 키릴루스를 면직시켰다. 하지만 키릴루스는 이미 알렉산드리아 교구로 돌아가 버렸다. 하지만 얼마 후에, 요한과 키릴루스 사이에 있었던 적대감이 사라져 버리고, 그들은 서로를 친구로 받아들였다. 요한과 키릴루스는 서로 상대방의 주교직을 복권시켜 주었다. 그러나 네스토리우스가 면직되자, 콘스탄티노플 교회에는 커다란 소동이 발생했다. 네스토리우스 문제로 인해 콘스탄티노플 사람들이 갈려져 있었기 때문이다. 콘스탄티노플의 성직자들은 만장일치로 네스토리우스를 단죄했다. ……

소크라테스, 《교회사》 7,34.

에페소 공의회의 교의?

에페소 공의회가 결정한 교의 내용은 그야말로 빈약하기 짝이 없었다. 에페소 공의회가 공식적으로 내린 결정이란 고작 네스토리우스에 대한 단죄뿐이었다. 사실 에페소 공의회가 한 일은 니케아 공의회의 정통성을 재천명한 것과 그리스도의 일치성을 강조한 것뿐이다. 에페소 공의회는 당시 논란이 되었던 테오토코스 칭호에 대해 논의하지도 않았다. 그러나 마리아를 '테오토코스'라고 인정했다. 한편, 키릴루스를 반대했던 안티오키아의 요한은 알렉산드리아 교회와 화해하기 위해 '일치와 화해 신조'를 제안했다(433년). 그 내용은 다음과 같다.

"두 본성의 일치가 이루어졌다. …… 이 일치 때문에, 우리는 거룩한 동정녀를 테오토코스라고 고백한다. 왜냐하면 하느님의 말씀이 육이 되시고 사람이 되셨기 때문이다."

키릴루스는 요한이 제시한 '일치와 화해 신조'에 대해 열렬히 환영했다. 로마의 식스투스 3세 교황은 두 사람의 화해를 진심으로 축하하면서 '433년의 일치 신조'를 승인했다.

3. 칼케돈 공의회를 개최케 만든 논쟁

433년의 일치 신조에 대해 알렉산드리아뿐만 아니라 안티오키아에서도 반대가 있었다. 알렉산드리아와 안티오키아에 있던 극단론자들은 433년의 일치 신조에 불만이 많았다. 세월이 지나자 에페소 공의회의 주역들이 모두 역사의 무대에서 사라져 버렸다. 그러나 시리아의 키루스 주교 테오도레투스Theodoretus와 콘스탄티노플의 나이 많은 수도자 에우티키우스Eutychius가 다시 논쟁에 불을 지폈다. 테오도레투스는 '혼합 없는 일치'[50]에 대해 만족할 만한 설명을 하지 못한 채, 그리스도 안에 두 본성이 있다는 주장만 계속해서 되풀이했다. 그리고 에우티키우스는 그리스도 안에 있는 신성이 인성을 흡수해 버렸다고 주장했다. 에우티키우스에 따르면, 그리스도의 몸은 우리 인간과 똑같은 실체(숩스탄티아)로 만들어지지 않았다. 결국 그는 콘스탄티노플의 플라비아누스Flavianus 총대주교가 소집한 시노드에서 단죄받고 파문당했다. 그러자 에우티키우스는 로마의 레오 교황과 알렉산드리아의 디오스코루스Dioscorus 총대주교에게 상소했다.

에페소 강도 회의

에우티키우스의 절친한 친구였던 테오도시우스 2세 황제는 공

---
[50] '혼합 없는 일치'란 그리스도의 두 본성이 서로 혼합하지 않고 일치를 이룬다는 뜻.

의회를 소집하면서, 에우티키우스의 지지자들과 로마의 레오 교황만을 초대했다. 레오는 자신을 대신할 사절단에게 《플라비아누스에게 보낸 교의 서간Tomus ad Flavianum》을 딸려 보냈다. 레오 교황의 교의 서간에는 주님 강생에 관한 자신의 견해가 명백하게 드러나 있었다. "그리스도는 어머니의 인간적 본성과 똑같은 인성을 지닌 참인간의 육신을 지녔다. 그리스도의 두 본성은 완전하게 지켜졌으며, 그리스도의 두 본성은 하나의 위격 안에서 일치되었다." 라틴어로는 본성natura과 위격persona이라는 단어가 이미 오래전부터 명확하게 구별되어 있었지만, 그리스어로는 이것이 명확하게 구별되어 있지 않았다(퓌시스, 휘포스타시스).

에페소에서 개최된 공의회(449년)에 참석한 이들은 주로 에우티키우스의 지지자들이었다. 그들 가운데는 알렉산드리아의 디오스코루스도 있었는데, 그는 날뛰는 수도자들의 무리를 대동하고 왔다. 그리스어를 할 줄 모르는 교황 사절단은 한 마디도 알아들을 수가 없었다. 험악하고 소란스러운 공의회의 한 회기 중에, 콘스탄티노플의 플라비아누스는 총대주교좌에서 면직을 당했다. 또한 그리스도 안에는 두 본성이 있다고 말하는 이들도 모두 면직을 당했다. 회의 중에 발생한 난동으로 인해 플라비아누스는 부상을 당했다. 결국 사태를 수습하기 위해 치안관들이 개입했으나 플라비아누스는 며칠 뒤에 사망했다. 테오도레투스는 이러한 사실을 로마에 호소했고, 레오는 크게 격노하며 이 공의회를 '에페소 강도 회의'라고 표현했다.

칼케돈 공의회

새로운 황제 마르키아누스Marcianus(450~457년)는 종교 정책에 있어서 변화를 시도했다. 황제는 로마의 레오 교황에게 공의회에 참석하여 공의회의 사회를 맡아 달라고 요청했다. 그러나 레오는 여행을 할 수 있는 처지가 아니었다. 왜냐하면 훈족이 서로마 제국을 침범했기 때문이었다. 레오는 사절단을 특사로 보냈고 칼케돈에서 공의회가 개최되었다(451년). 칼케돈은 보스포루스 해협 반대쪽에서 콘스탄티노플을 바라보는 곳에 위치해 있었다. 칼케돈 공의회는 처음으로 로마의 주교가 공의회의 사회를 맡은 일치 공의회였다.

잠시 후에 일치 공의회가 되기 위한 필요한 조건들에 대해 살펴보겠다. 복음서를 필사하는 문제로 서로 갈라졌던 유서 깊은 두 학파가 공의회에서 다시 만났다. 니케아-콘스탄티노플 신경이 큰 소리로 낭독되었고(이때부터 계속해서 니케아-콘스탄티노플 신경이 하나의 판단 기준으로 이용되었다.), 키릴루스의 편지들과 레오 교황의 《플라비아누스에게 보낸 교의 서간》이 함께 낭독되었다. 레오 교황의 서간에 대해 커다란 찬사와 박수갈채가 이어졌다. "이것은 교부들의 신앙이며, 사도들의 신앙이다! 이것이 우리 모두가 믿는 바이다. 이를 믿지 않는 자들은 파문한다. 베드로가 레오를 통해서 말한다! …… 이것이야말로 키릴루스가 가르쳤던 바이다! 레오와 키릴루스는 똑같은 것을 가르쳤다!"

디오스코루스Dioscorus는 면직되어 유배를 갔다. 이로써 강도 회의에 참석했던 사람들의 문제가 일단락되었다. 그리고 레오의 《플라비아누스에게 보낸 교의 서간》에서 영감을 받아, 신앙 정식(칼케돈 공의회의 신앙 정식)이 작성되었다. "그리스도는 두 본성을 지닌 한 위격이다."[74] 이 정식은 니케아-콘스탄티노플 신경을 발전시켰다. 이것이 칼케돈 공의회 이후에 그리스도론의 토대가 되었다. 그렇다고 해서, 시대와 문화가 변해도 이 정식이 불변하기 때문에, 여기에 새로운 내용을 추가하거나 보충할 수 없다는 뜻은 아니었다.

몇 가지 규범적인 조치들도 취해졌는데, 이는 나중에 칼케돈 공의회의 카논 28로 되돌아가서 살펴볼 것이다. 한편, '새로운 콘스탄티누스 황제'라고 일컬어지는 마르키아누스 황제는 칼케돈 공의회의 결정 사항을 승인했다. 그러나 레오 교황은 단지 교의에 관련된 사항만을 인준했다.

> **[74] 칼케돈 공의회(451년)의 신앙 정식**
>
> …… 지혜롭고 유익한 이 신경(니케아-콘스탄티노플 신경)은 신적 은총에서 나온 것으로 신앙심을 완전히 이해하고 확신하게 하는 데 있어서 충분하다. …… 그러나 이 진리 선포를 망쳐 놓으려고 작정한 이들이 있으니, 이들은 자신들

의 이단을 헛되이 떠벌리고 있다. 어떤 이들은 감히, 우리를 위해 주님께서 이루신 구원 경륜의 신비를 곡해曲解하여 동정녀께 부여된 '하느님의 어머니'라는 칭호의 타당성을 거부했다. 또 다른 이들은 본성들이 혼동과 혼합을 일으켜 육체와 신성으로 이루어진 단 하나의 본성만 있다고 맹신적인 거짓말을 한다. 그리고 이 혼동 때문에 독생자의 신적 본성이 수난을 받을 수 있다고 허무맹랑한 주장을 한다.

이런 이유 때문에, 현재 회기 중인 이 거룩하고도 위대한 일치 공의회는 진리를 거스르는 모든 속임수를 물리치고자 하는 열의에서, 그리고 처음부터 흔들림이 없었고, 무엇보다도 먼저 318명의 교부들이 선포한 그 신경(니케아 신경)이 침해당하지 않은 상태로 보존되어야 한다고 선포하는 바이다. 그리고 성령을 모독하는 사람들 때문에, 후속으로 열린 공의회는 제국의 수도에 모인 150명의 교부들(콘스탄티노플 공의회, 381년)에 의해 성령의 본질에 대한 교의를 승인하고 확증하는 바이다. 그들이(150명의 교부들) 모든 이에게 전해준 이 가르침은 그들의 선임자들(니케아 공의회 교부들)이 빠트린 어떤 것을 보충하려는 것이 아니라, 성령의 다스리심을 무시하려는 이들을 거슬러서 성령에 관해 자신들이 이해한 바를 문서로써 분명하게 선포하려는 것이다. ……

그러므로 거룩한 교부들(니케아-콘스탄티노플 공의회의 교부들)을 따라, 우리 모두는 한 목소리로 고백한다. 우리 주 예수 그리스도는 하느님의 외아들로서, 신성에 있어서 성부와 똑같은 동일한 실체consubstantialem Patri이시고 인성에 있어서 인간과 똑같은 동일한 실체consubstantialem nobis이신 분으로 참하느님이시고 참인간이시다. 이성적 영혼과 육체를 지니신 그분은 우리와 똑같은 인간이시다. 성부와 한(동일한) 본질이지만, 죄를 제외하고는 모든 면에 있어서 우리와 똑같은 분이시다. 신성에 있어서는 모든 세대에 앞서 성부께로부터 나신 분으로 성부와 같은 분이시지만, 인성에 있어서는 마지막 날에 우리를 위해서, 우리 구원을 위해서 '하느님의 어머니'이신 동정녀 마리아에게서 나신 분이시다. 한 분이시며 동일하신 그리스도이시요, 아들이시며, 주님이시요 외아들이신 그분은 두 본성(신성과 인성)에 있어서 혼동, 변화, 분열, 나눔이 없으시며, 두 본성의 차이는 결코 결합으로 인해 손상되지 않으며, 오히려 두 본성의 각각의 특성이 보존되고, 한 프로소폰[51]과 한 휘포스타시스 안에서 일치를 이룬다. ……

카멜로Camelot, 《에페소와 칼케돈》, 224~225쪽, 《일치 공의회의 역사 Histoire des conciles oecuméniques》, 2.

---

[51] 프로소폰의 원래 의미는 얼굴, 표정이었다. 이 의미에서 다양하게 파생되어 현존, 외모, 징면, 표시, 개인의 자아, 위격을 의미했다. 고대 교회에서는 프로소폰을 심지어 비이성적인 존재에까지 사용했다. 그러므로 그리스어 프로소폰은 단순히 라틴어 '페르소나'로 번역될 수는 없다. 오히려 프로소폰을 소리나는 그대로 '프로소폰'이라고 라틴어로 음역하는 것이 좋을 것이다. 하지만 나중에는 프로소폰이 페르소나와 같은 의미로 발전했다.

4. 그리스도론 논쟁으로 인해 갈라져 나간 교회들과 그리스도론 논쟁의 결과

칼케돈 공의회의 신앙 정식은 균형 잡힌 것이었지만, 이 공의회가 평화를 가져오지는 못했다. 공의회 하나를 개최한다고 해서, 모든 문제가 완전하게 해결될 수 있는 것은 아니었다. 이 같은 사실은 오늘날에도 알 수 있다. 어쨌든 그리스도론 논쟁은 계속되었다. 칼케돈 공의회 정식을 반대하던 사람들은 가톨릭교회를 떠나 갈라져 나갔다. 단성론monophysitismus을 지지하는 자들의 교회는 키릴루스를 충실히 추종하는 자들로, 그들은 그리스도 안에 오직 한 본성만 있다고 주장했다. 그러나 네스토리우스 지지자들의 교회는 그리스도 안에는 신성과 인성 두 본성이 있다고 주장했다.

많은 경우에, 특히 오늘날 공동체들에 관해서, 이단이라는 말을 사용할 때에는, 너무 교의적인 측면으로 생각하는 것을 조심해야 한다. 왜냐하면 이단에 대한 판단에는 교의적인 요인뿐만 아니라 정치적인 요인도 함께 작용했기 때문이다.

로마 제국의 국경 안에서

동로마 제국은 칼케돈 공의회의 정통 교의를 동로마 제국의 영토 안에서 철저하게 준수하도록 요구했다. 하지만 동로마 제국의 많은 속주와 지역들은 콘스탄티노플의 그리스 문화 제국주의로부터 자신들의 문화적·종교적 독립을 과시하기 위해서 칼케돈 공의회의 정식을 거부했다. 이집트의 그리스도인들은 디오스코루스와 키릴루스의 가르침을 충실히 따르면서, 단성론을 이집트의 국교로 채택했다. 단성론자들은 콥트어를 사용했다. 극소수의 사람들만 칼케돈 공의회의 정식을 지지했다. 칼케돈 정식 지지자들은 권력층과 가깝게 지내던 그리스 문화권에 속한 이들이었다.

시리아에서도 똑같은 현상이 발생했다. 시리아어를 말하는 그리스도인들은 단성론을 자신들의 종교로 받아들였다. 그리고 시리아에 있던 칼케돈 공의회 지지자들을 '제국주의자들(시리아어로 멜키테스)'이라고 불렀다. 단성론자들은 자신들의 전례에 니케아-콘스탄티노플 신경을 받아들임으로써, 자신들이 칼케돈 공의회의 혁신(칼케돈 공의회의 정식)보다는 오히려 옛 전통(칼케돈 공의회 이전의 정식)을 충실히 지키고 있다는 것을 드러냈다.

동로마 제국 국경 밖으로

로마 제국의 동쪽 국경(동로마 제국)을 벗어난 지역의 교회들이 단성론을 취하든 네스토리우스주의[52]를 취하든, 그것은 어디까지나 정치적인 상황이나 기회 때문이었다. 5세기 말, 제논Zeno 황제는

---

[52] '네스토리우스주의자' 또는 '네스토리우스 교회'라는 표현은 서방 교회가 붙여 준 이름으로 이 표현에는 부정적인 의미가 담겨 있다. 네스토리우스 지지자들은 결코 자신들을 '네스토리우스주의자'라고 부르지 않고, '동방 교회의 사람들'이라고 불렀다. 그러므로 '시리아-동방Syro-oriental 교회'라는 용어가 맞다.

에데사Edessa(유프라테스 강과 티그리스 강 사이에 있는 우르파)에 있는 네스토리우스파들의 신학교를 폐쇄시켰다. 그러자 에데사 신학교에 있던 사람들이 대거 페르시아로 집단 이주하여 페르시아의 영토 안에 있는 니스비스Nisbis에 신학교를 다시 설립했다. 486년에 열린 크테시폰(셀레우키아-크테시폰) 시노드는 네스토리우스주의가 페르시아 제국에서 공식적인 그리스도교라고 선언했다. 이렇게 함으로써, 페르시아의 그리스도인들은 자신들이 콘스탄티노플의 황제(동로마 제국의 황제)를 섬기면서 첩자 노릇을 한다는 혐의를 벗어 버리기를 원했다. 서방 그리스도교에서 분리되어 나간 페르시아의 네스토리우스주의는 저 멀리 중앙아시아와 중국에까지 복음을 전파하는 위대한 선교 업적을 이루었다. 781년에는 시리아어와 중국어로 새겨진 기념비(경교비)가 당시 중국의 수도였던 장안(지금의 서안)에 세워졌다. 이 기념비는 이들의 뜨거운 선교 열정을 잘 보여 주는 증거라고 할 수 있다. 한편, 아르메니아인들이 '네스토리우스주의를 따르던 페르시아인들'과 콘스탄티노플의 그리스어권 그리스도인들에 반대하면서 단성론을 받아들였다. 알렉산드리아 교회에 의존적이었던 에티오피아인들도 단성론을 받아들였다.

  동로마 제국의 황제들은 로마 제국 내에서 양측 모두가 받아들일 수 있는 타협적인 신앙 정식을 통해서 교의와 정치를 통일시키려는 바람을 언제나 갖고 있었다. 그러나 항상 물거품이 되었고, 황제들은 더 많은 분쟁과 폭력을 초래했다. 그 이후 일치 공의회가 두 차례 더 개최되어(553년 제2차 콘스탄티노플 공의회, 681년 제3차 콘스탄티노플 공의회), 또다시 그리스도론 문제를 다루었다. 제3차 콘스탄티노플 공의회는 기존의 단성론이 약간 변해서 생겨난 새로운 두 가지 형식의 단성론을 단죄했다. 하나는 그리스도 안에 하나의 의지가 있다는 단의설(單意說, Monotheletismus)[53]이고, 다른 하나는 그리스도 안에 하나의 작용 또는 에너지가 있다는 단활설(單活說, Monoenergismus)[54]이다.

---

53 단의설은 단의지설單意志說이라고도 한다.
54 단활설은 단기설單氣說이라고도 한다. 그리스도 안에 하나의 에너지가 있다는 주장이다. 칼케돈 공의회 이후에 단성론자들의 끊임없는 반발로 교회는 분열되고 논쟁의 소용돌이 속으로 휘말려 들어갔다. 그래서 일부 신학자들은 단성론자들의 비위를 맞추어 화해와 일치를 이루기 위해서 의도적으로 '단성'이나 '양성'이라는 단어를 사용하지 않고, 다른 단어를 사용했는데 그 단어가 바로 '의지'와 '에너지'이다. 그리하여 콘스탄티노플의 세르기우스Sergius 1세 총대주교는 "예수 그리스도의 신인적神人的 행위의 정신적 일치를 근거로, 그리스도 예수 안에는 하나의 신인적 에너지, 하나의 신인적 의지만 들어 있다."라고 인정했다(한마디로 말해, 단의설과 단활설은 양성론과 단성론의 절충이라고 할 수 있다). 그러나 칼케돈 공의회의 지지자들과 예루살렘의 소프로니우스Sophronius 총대주교가 이 같은 어정쩡한 중재정식을 단호하게 반대했다. 그러나 이 문제에 대해 잘 알지 못한 호노리우스 1세 교황은 콘스탄티노플 총대주교의 주장에 동의했다. 그 바람에 단의설이 638년에 로마 제국의 법으로 지정되었다. 그러나 마르티누스 1세 교황은 라테란 시노드를 개최하여 단의설을 반대하고, "그리스도 안에 두 의지와 두 활동이 있다."라고 말했다.

Ⅲ. 교회의 조직과 교회들의 관계

일치 공의회가 단지 교의 정식만 선포한 것은 아니었다. 일치 공의회는 로마 제국 안에 있는 모든 주교가 만날 수 있는 유일한 기회였다. 각 지역 교회는 이미 자신들만의 전통을 갖고 있었다. 4~5세기에 개최된 공의회들은 그리스도교 공동체를 조직화하는 표준 법령을 제정하려고 노력했다. 특히 주교의 서임과 관련된 법령, 개별 교회들 사이의 관계 규정과 관련된 법령 등이 논의됐다. 그러나 이런 작업이 항상 성공을 거두었던 것은 아니었다.

1. 주교와 대주교

교회 조직이 정치적 · 행정적 · 경제적 조직을 모델로 해서 이루어졌다는 것은 어떻게 보면 너무나 당연한 일이었다. 주교는 한 도시에 있는 그리스도교 공동체의 수장이었다. 각 도시들이 모여서 하나의 속주가 되었다. 속주의 수도(대도시)의 주교는 특별히 중요한 역할을 행사했다. 대도시의 주교는 속주 시노드를 소집할 수 있었고, 속주에 있는 주교들을 인준하고 임명했다.[75] 이 권한은 니케아 공의회의 카논 4에 따른 것이다. 이 카논은 주교 선출에 있어서 주교들의 동료성을 드러내는 증거라고 할 수 있다.

주교직에 있어서도 지역에 따라 주교들 사이에 서열이 달랐다. 그래서 그런지, 자신의 주교좌를 바꾸고자 하는 유혹이 있었다. 그러나 니케아 공의회의 카논 15는 이런 행위를 금지시켰다. 그리스도의 모상으로 세워진 주교직은 교회의 남편으로 간주되었기 때문에, 주교는 자신의 주교좌를 버리고 다른 주교좌를 찾아갈 수 없었다. 나지안주스의 그레고리우스가 바로 이 같은 규칙에 따라, 콘스탄티노플의 총대주교좌를 포기해야 했다. 그레고리우스는 중간 규모 도시의 주교였기 때문이다. 이 규칙은 후에 폐지되었다.

2. 총대주교좌 다섯 곳의 기원

초대 교회 때부터 주교좌들이 대주교들의 영향력 아래에 있었지만, 어떤 주교좌들은 특별한 역할을 해 왔다. 로마 제국 내의 주요한 도시의 주교좌들은 복음화를 위한 전진 기지이기도 했는데, 그 도시로는 로마, 알렉산드리아, 안티오키아, 카르타고가 있었다. 이 도시의 주교들은 자신들이 속해 있던 속주 문제뿐만 아니라 속주를 초월한 훨씬 더 넓은 지역의 교회 문제에 개입해서 시노드를 소집하고 주교들을 임명하는 등 여러 가지 일을 했다.

디오클레티아누스 황제 때부터, 속주들은 더 큰 지역으로 그룹을 이루어 교구로 불렸다(4세기 말에는 교구가 15개). 동로마 제국의 교구들 가운데서 수위권을 갖는 주교(때때로 총대주교라고 불림)들은 특권적인 역할을 갖고 있었다. 이런 역할을 갖고 있었던 교회가 바로 알렉산드리아 교회와 안티오키아 교회였다. 이 교회들은 대주교를 임명할 수 있는 권한을 갖고 있었다. 이것이 니케아 공의회의 카논 6과 콘스탄티노플 공의회의 카논 2가 갖는 중요성이다.

  콘스탄티노플의 주교는 자신의 위치에 대한 정치적인 중요성 때문에,[75] 로마의 주교 다음가는 명예로운 위치(콘스탄티노플 공의회의 카논 3)를 차지하게 되었다.[76] 그런데 이 같은 결정은 로마를 견제하기 위해서가 아니라 알렉산드리아를 견제하기 위해서였다. 알렉산드리아는 오랜 시간 동안 로마 제국과 교회 안에서 로마 다음으로 두 번째로 중요한 도시였기 때문이다. 앞서 언급한 공의회들을 통해서 우리는 알렉산드리아의 주교들이 콘스탄티노플의 주교들에게 얼마나 많은 적대감을 갖고 있었는지를 알 수 있다. 이와 비슷하게 예루살렘의 주교좌는 (모교회로서) 예루살렘 교회가 갖는 종교적인 역할 때문에, 특별한 영예를 누려야 한다고 생각했다. 하지만 칼케돈 공의회의 카논 28은 콘스탄티노플 교회에 방대한 지역을 다스리는 관할권을 줌으로써 콘스탄티노플의 입지를 확고하게 해 주었다.[77] 폰투스, 아시아, 트라키아Thracia의 세 교구와 새롭게 복음화된 지역들이 콘스탄티노플 교회의 관할권에 속했다. 따라서 콘스탄티노플, 안티오키아, 예루살렘, 알렉산드리아라는 네 개의 총대주교좌가 동방 교회에 설립되었다. 여기에 서방의 로마 교회가 더해져 다섯 개의 총대주교좌는 유스티니아누스 황제 치하에서 법적으로 승인을 받았다. 사람들은 이 다섯 총대주교좌를 때때로 '오두五頭 체제', 즉 다섯 정부라고 불렀다.

교회 조직과 교회들 사이의 연결

75) 니케아 공의회(325년)의 카논

4. 새 주교는 관구管區에 있는 모든 주교로부터 임명받는 것이 지극히 바람직하다. 그러나 이것이 어렵다면, 예를 들어 절박한 필요성 때문에 혹은 거리가 너무 멀어 주교들이 모두 참석하는 것이 어려운 경우에는, 적어도 세 명의 주교가 같은 장소에 모여 있어야 하고 부재자들이 서면으로 자신들의 동의를 표현한 경우에는 서품을 줄 수 있다. 그러나 모든 관구 내의 주교 서품에는 절차상 반드시 대주교의 비준이 있어야 한다.
6. 이집트, 리비아 그리고 펜타폴리스에서 통용되는 옛 관습에 따라서, 알렉산드리아의 주교가 관구의 전 지역에

서 관할권을 갖는 것은 로마의 주교도 이 같은 관습을 갖고 있기 때문이다. 마찬가지로 안티오키아와 다른 관구들도 자신들의 관할권을 갖는다. ……

15. 특정한 지역에 통용되고 있는 관습 중에 이 공의회의 카논에 반하는 것이 있다면, 이는 커다란 혼란과 교회의 분열을 초래할 수 있으므로 이런 관습은 전적으로 철폐되어야 한다고 명하는 바이다. 따라서 주교, 사제 그리고 부제가 다른 도시로 옮겨 다니는 것은 금지된다. 만일 누군가(주교나 신부)가, 니케아 공의회의 교령을 거슬러서 잘못된 옛 관습에 따라, 다른 도시로 가거나 다른 도시에 가서 계속해서 머물러 있다면, 그는 즉시 자신이 서품받았던 도시로 돌아가야 한다.

76) 콘스탄티노플 공의회(381년)의 카논

2. 주교들은 자신의 교구를 벗어난 관할권 밖에 있는 교회로 갈 수 없으며, 교구 밖에 있는 교회들에 관여해서 혼란을 초래해서는 안 된다. 그러나 카논에 의거해서, 알렉산드리아의 주교만은 이집트 지역 교회의 문제에 있어서 재치권을 가질 수 있도록 한다. 그리고 동방 교회의 주교

들은 동방 교회의 일에 대해서만 다스리는 권한을 지닌다. 니케아 공의회의 카논에 명시되어 있는 것처럼, 안티오키아 교회의 특전은 보존된다. 그리고 아시아에 있는 교구장들은 아시아 교회의 문제에 대해서만 재치권을 갖는다. 폰투스 교회의 주교들은 폰투스 교회의 일에만 다스리는 권한을 갖는다. 그리고 트라키아 교회의 주교들은 트라키아 교회의 일에만 재치권을 갖는다. ……

3. 그러나 콘스탄티노플의 주교는 로마의 주교 다음으로 영예로운 우선권을 가진다. 왜냐하면 콘스탄티노플은 새 로마이기 때문이다.

77) 칼케돈 공의회(451년)의 카논 28

황제의 도시이며 새 로마이고, 테오도시우스 황제의 추억이 깃들어 있는 콘스탄티노플에 모인 150명의 하느님의 사랑을 받는 교부들이 결정하고 승인하여 계속 낭독한 이 카논에 따라서(콘스탄티노플 카논 2 참조), 우리는 콘스탄티노플의 가장 거룩한 교회의 특전에 대해 콘스탄티노플 공의회에서 선포된 것과 같은 내용을 입법하고 공포하는 바이다. 이제 콘스탄티노플은 새로운 로마이다. 공의회의 교부

> 들이 합법적으로 옛 로마의 주교에 특권을 부여했던 이유는 로마가 황제의 도시였기 때문이다. 그리고 이 같은 이유 때문에 150명의 가장 신실한 주교들이 새 로마에 똑같은 특권을 부여하는 바이다. 새 로마는 황제와 원로원의 도시이기 때문에 옛 황제의 도시인 로마와 똑같은 영예로운 특권을 누리고, 교회의 일에 있어서도 로마처럼 대접을 받아야 하기 때문이다. 따라서 콘스탄티노플은 로마 다음 가는 두 번째 서열을 갖는다. 폰투스, 아시아, 트라키아에 있는 대주교들과 야만족 안에 있는 앞에서 언급한 교구의 주교들은 콘스탄티노플의 지극히 거룩한 교회의 주교로부터 주교 수품을 받아야 한다. ……
>
> 오르티 드 우르비나, 《니케아와 콘스탄티노플》과 카멜로, 《에페소와 칼케돈》을 《일치 공의회의 역사》 1과 2에서 인용.

3. 로마의 수위권 강화

6세기까지는 오늘날 의미하는 '수위권'이나 '교황'이 없었다. '교황'이라는 단어는 모든 주교에게 통상적으로 사용되었다. 왜냐하면 주교가 아버지로서의 역할을 한다는 것을 나타내는 단어가 바로 '교황'이라는 단어였기 때문이다.

서방 교회에서 로마의 주교는 알렉산드리아의 주교가 이집트와 리비아 지역에서 갖고 있는 지위와 필적할 만한 지위를 갖고 있었다. 하지만 로마 교회는 처음부터 보편 교회 안에서 특별히 중요한 위치를 차지하고 있었다. 이것은 베드로와 바오로의 현존 때문이기도 했고, 또한 로마 제국의 수도였기 때문이기도 했다.

로마의 주교들은 다른 교회들의 문제에도 직접 개입했다. 클레멘스 주교가 분열을 일으킨 코린토 교회에 질서를 유지하라고 지시했던 일(96년), 빅토르 주교가 로마 교회와 같은 날에 부활 대축일을 지내지 않는 주교들을 파문했던 일(190년경), 스테파누스 주교가 이단자들에게 세례를 베푼 키프리아누스를 비판했던 일 등을 우리는 기억할 수 있다. 하지만 이 같은 로마 주교의 개입이 항상 좋은 결과를 가져왔던 것은 아니었다는 사실을 기억할 필요가 있다 ('4.신학의 탄생'에서 키프리아누스 항목을 참고). 이레네우스는 빅토르 주교가 취한 행동에 대해 좋지 않게 말했다.

다른 한편, 동방의 모든 교회는 항상 로마 교회에 영예로운 위치를 부여해 주었다. 어려운 문제가 생길 때마다, 항상 로마 교회에 호소했다. 예를 들어, 아리우스주의로 인해 위기가 닥쳐왔을 때(바실리우스), 또는 그리스도론 논쟁이 발생했을 때가 바로 그런 경우였다(로마의 레오 교황에게 호소).

로마의 주교들은 콘스탄티노플의 위상이 부상하는 것을 어렴풋이 알고 있었다. 그리고 그들은 로마가 정치적으로 쇠퇴해 가는 것이 교회의 쇠퇴로 이어지지 않을까 두려워했다. 4세기 중엽부터 로마의 주교들은 자신들의 수위권이 베드로 사도로부터 기원한다는 것을 상기시켰고, 로마의 주교좌를 '사도좌'라고 부르기 시작했다. 한편, 대 레오 교황은 칼케돈 공의회의 카논 28을 거부했다.[55] 그는 이 카논이 콘스탄티노플의 관할권을 지나치게 확대시켜 놓았다고 생각했기 때문이었다.

'베드로 사도가 레오를 통해서 말했다.' 칼케돈 공의회는 교의 결정에 있어서 로마 주교가 더욱 큰 영향력을 행사할 수 있도록 만들었다. 그리고 382년, 이미 로마 시노드가 했던 것처럼, 레오도 마태오 복음서 16장 18절에서 19절까지의 말씀을 이용해서 수위권에 대한 신학을 발전시켜 나갔다.[78]

그는 베드로의 후계자로서 전체 교회를 통치하는 자신의 권한과 의무를 인식했다. 다른 주교들은 그가 지닌 충만한 권한에는 못 미치지만, 단지 그의 사목적 관심을 함께 나누기 위해 요청받은 것이라고 생각했다. 레오에게 있어서, 로마의 주교는 보편 교회의 주교이며, 주교들의 주교이고 주교 권위의 원천이었다. 후대에 대 그레고리우스는, 교황은 주교들의 으뜸으로서 다른 주교들 가운데서 주교직을 행사하는 것과 같다고 생각했다.

오늘날 우리는 '주교단collegiality(동료성)' 신학에 대해서 말하는데,

---

[55] "새 로마 콘스탄티노플은 옛 로마와 마찬가지로 동등한 특권을 누리며 옛 로마에 버금가는 지위를 차지한다."라고 주장하면서 콘스탄티노플은 자신을 안드레아좌라고 표현했다. 교회가 로마를 베드로좌라고 표현하는 것에 대비해서 그렇게 표현한 것이다.

'주교단' 신학이란 오히려 동방 교회에서 말하는 '집단 지도 체제' 신학이라는 표현과 더 가깝고, 이 표현이 훨씬 더 보편적이라고 말할 수 있다.

교회 조직과 교회들 사이의 연결

78) 로마의 주교는 베드로 사도에게 약속된 것을 유산으로 이어받았다

온 세상에서 베드로 사도만이 모든 민족을 부르는 감독자로 선택되었다. 베드로 사도만이 모든 사도들과 교회의 모든 교부들의 수장으로 임명되었다. 그래서 하느님의 백성 안에는 수많은 사제들과 사목자들이 있지만, 머리이신 그리스도에 의해 다스림을 받는 모든 백성들을 오직 베드로 사도만이 자신의 능력으로 다스릴 수 있다. 자비로우신 하느님께서는 당신의 선의로써, 이 사람(로마의 주교)에게 주교로서의 권한을 행사하는 데 있어서 위대하고도 놀라운 몫을 부여해 주셨다. ……

베드로 사도는 이런 말을 들었다. '나는 너에게 하늘나라의 열쇠를 주겠다 …… (마태 16,19 참조).' 사실상 이 권한을 행사하는 권리가 다른 주교들에게도 전해졌다. 그리고 이 결정에 의해서 태동된 이 제도는 로마 제국에 있는 모든 중요한 속주들로까지 확대되어 나갔다. 그런데 왜 한 개인에게 사실상 모든 것을 의미하는 것과 같은 전권이 부여되었는가 하는 것에 대해서는 그럴 만한 이유가 있다. 만일 이 같은 권한이 개인적인 방법으로 베드로에게 주어졌다는 것이 사실이라면, 베드로의 권한이 교회의 모든 지도자들에 앞서서 정해졌다는 것이다. 베드로가 자신의 공평한 덕으로 판단을 내린 곳이라면 어디에서든지, 베드로의 특권은 항상 유지된다. …… 우리는 이 착한 목자 베드로에게 우리 자신도 이 직무에 들어서게 되는 것을 기념하는 예식을 봉헌한다. 왜냐하면 베드로 사도의 보호 때문에, 우리는 베드로좌에 참가할 수 있는 합당한 자격을 갖기 때문이다. ……

대 레오 교황, 《설교*Sermon*》, 4(95).

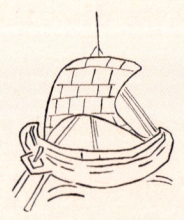

▲ 라벤나의 모자이크.

제6장
교부
초세기의 그리스도교 저술가들

 이미 우리는 앞에서 몇몇 교부, 즉 에우세비우스, 테르툴리아누스, 오리게네스, 이레네우스, 아우구스티누스, 아타나시우스와 같은 그리스도인 저술가들의 작품을 통해서 교회 안에서 일어난 사건, 교의 또는 전례 기도에 대해 살펴보았다. 우리는 이 저자들을 흔히 '교부'라고 부른다. 우리가 교부들에 관심을 갖는 이유는, 교부들이 우리에게 교회사적인 정보를 제공해 줄뿐만 아니라, 오늘날에도 여전히 그리스도인의 삶에 결정적인 역할을 하고 있기 때문이다. 사실, 앞에서 이미 살펴보았듯이 복음서의 전승이라는 것은 단지 하나의 텍스트가 전승되는 것을 의미하는 것이 아니라, 각각의 고유한 공동체 안에 살아 움직이고 있는 서로 다른 사고와 문화를 지닌 사람들에 의해 하나의 메시지가 흡수되어 가는 과정이라고 말할 수 있다.

이 장에서 우리는, 우리가 초세기 그리스도교 저술가들로부터 덕을 보고 있는 것이 무엇인지에 대해 좀 더 자세하게 살펴볼 것이다. 사실, '교부학'이라고 불리는 교부들에 대한 연구는 수천 권의 책을 섭렵해야 하는 아주 방대하고도 특별한 분야다. 우리가 이 주제에 대해 여기서 다루는 분량은 단지 수박 겉핥기 정도에 불과하겠지만, 다른 책들을 참조해서 좀 더 깊이 있게 공부하도록 적극 권장하는 데에는 도움이 될 것이다. 쉽게 이용할 수 있는 책들이 많기 때문이다.

Ⅰ. 교부들은 누구인가?

1. 교부

'아버지(교부)'라는 단어는 '출발선상'을 가리킨다. 즉 어떤 것이 처음 시작될 때에 그 출발선상에 서 있었던 사람들을 가리킨다. 아버지라는 말은 종종 조상이라는 말과 동의어로 사용된다. 우리는 우리의 '신앙의 선조들', '공교육의 선조들'에 대해 말한다. 또한 아버지는 자녀가 있는 사람으로서, 자녀들을 양육하고 성장하도록 인도해 주는 사람이다. 이런 이유 때문에, 옛날에는 스승을 아버지라고 불렀다. 여기에서 '아버지'란 '지식과 동시에 인생의 길'인 지혜를 전수해 주는 사람이다. 예수가 '아버지'라는 단어를 사용하지 말라고 했음(마태 23,8-11 참조)에도 불구하고, '아버지'는 교회 안에서 상당히 널리 사용되었다. 바오로 사도는 이렇게 외쳤다. "여러분을 그리스도 안에서 이끌어 주는 인도자가 수없이 많다 하여도 아버지는 많지 않습니다. 그리스도 예수님 안에서 내가 복음을 통하여 여러분의 아버지가 되었습니다."(1코린 4,15) 그리고 이레네우스는 이렇게 말했다. "어떤 사람이 다른 사람의 입술을 통해 나온 가르침을 받았다면, 그는 자신을 가르친 사람의 아들이며, 가르친 사람은 그의 스승이 됩니다." 이미 앞에서 우리는 수도 생활의 초창기에 아버지(수도원장)의 중요성에 대해 살펴보았다(281~283쪽 참조).

초세기 교회에서 주교는 가르치는 직무를 맡았기 때문에 '아버지'라는 호칭을 부여 받았다. 때로는 주교는 '교황'이라는 의미였다. 비유적으로, 다른 많은 사람들과 교사들, 복음 선포자들을 가리켜 그들이 주교가 아니었어도 그들을 아버지라고 불렀다. 아버지라는 단어에서는 안전감과 신뢰감이 느껴진다. 또한 아버지는 전승을 유지해 주는 사람이다. '아버지'라는 말에 담긴 이 모든 의미가 교부(교회의 아버지)들의 위치를 이해하는 데 도움이 된다.

2. 원천에 가까운 이들

　교부들의 저서는 우리를 예수 그리스도에 대한 신앙의 원천으로 데려다 준다. 교부들은 시간적으로 훨씬 더 원천에 가까이 있었기 때문이다. 오늘날 우리가 잘 알고 있는 원천으로 돌아간다는 것은 결코 일종의 퇴보가 아니다. 그러나 우리는 처음으로 나타난, 아직 시대 검증을 받지 않은, 그리스도교의 삶과 사고를 찾아내고 싶어 한다. 교부들의 경우, 그들은 신약 성경의 첫 독자들이었다. 교부들은 아직 정착되지 않은 언어로 그리스도인들에게 성경을 양식으로 제공해 주었다. 동시에 그리스도의 빛 안에서 구약 성경을 읽는 방법을 제시했다. 교부들은 그리스도인들에게 성경을 읽을 때 성령의 인도에 따라 철저하게 그리스도론적인 방법으로 읽도록 권장했다. 오랜 세월의 퇴적물이 우리로 하여금 본래의 그리스도교 메시지로부터 멀어지게 만들었기 때문에, 1500년 혹은 2000년의 교회 역사를 대충 건너뛰거나 무시하지 않고 직접 교부들의 작품 안으로 들어간다면, 우리는 퇴색되지 않은 순수한 그리스도교의 메시지를 훨씬 잘 이해할 수 있을 것이다.

　상당히 임의적인 판단이겠지만, 전통적으로 신약 성경이 저술된 다음에 쓰여진 작품들로부터 교부 시대가 시작되고, 8세기에 끝이 난다. 그런데 이 시기는 그리스도교 문학이 고갈되어 가던 시기와 일치하는데, 특히 서방 교회에서 그랬다(제7장 참조). 교부 시대가 끝나 가면서 동시에, 또 다른 그리스도교 문학이 점차 발전해 갔다. 예를 들어, 성경을 간단하게 주석을 하던 방식에서 벗어나서, 자세하게 주석하기 시작했다.

8세기에 교부 시대가 끝났다는 것에 모든 사람이 동의하지는 않는다. 몇몇 사람들은 12세기의 클레르보Clairvaux의 베르나르Bernard를 '마지막 교부'라고 말한다(제8장 참조).

3. 복음과 문화의 만남에 대한 증거자

신자들로 하여금 성경을 쉽게 묵상하도록 도와주거나 자신들이 속한 그리스도교 공동체의 내적 목적을 위해 윤리적인 권고를 하는 것이 교부들이 하는 일의 전부는 아니었다. 사람들이 이성이라는 잣대를 가지고 그리스도교를 비난하고 공격해 오자, 교부들은 그리스도교를 옹호해야만 했다. 복음을 강론할 때, 교부들은 신자들이 쉽게 이해할 수 있도록 그리스 문화와 라틴 문화를 이용했는데, 그들은 그리스 학문과 그리스도교의 메시지가 서로 만날 수 있는 접점을 찾으려고 노력했다. 예를 들어, 스토아학파의 엄격한 윤리성과 사물 질서에 대한 순응성을 곧바로 창조주 하느님과 그리스도인의 섭리 사상에 적용시켰다. 그리고 플라톤주의자들과 마찬가지로 그리스도인들도 현세의 가시적인 세상을 떠날 때, 사물을 조성한 보이지 않는 하느님께로 상승하는 것이 가능하다고 생각했다. 차츰 교부들은 고대 문화 전체를 취해서 그것을 그리스도교화 시켰지만, 이러한 작업이 쉽게 이루어진 것은 아니다.

2~3세기에 이상한 교의들로 인해서 복음의 메시지가 위협을 받게 되자, 교부들은 여기에 대항하기 위해 아주 바쁘게 움직였다. 삼위일체론 논쟁과 그리스도의 위격에 대한 논쟁이 발생한 것은, 그리스도교의 교의를 설명할 수 있는 용어를 발전시키는 데 있어서 생겨난 어려움 때문이었다(제3장, 제5장 참조). 따라서 이러한 상황이 하나의 신학 또는 여러 가지 신학을 생겨나게 만들었다.

언어와 문화의 다양성

교부들이 활동하던 시기는 하나의 통일되고 획일적인 체계에 의해서 움직인 시대가 아니었다. 교부들은 그 당시에 중요했던 두 개의 언어(그리스어와 라틴어)로 작품을 저술했다. 그러나 동방 교회에서 몇몇 교부들은 시리아어, 콥트어, 아르메니아어 등을 사용했다. 이들 각 언어는 각자 자신의 고유한 문화를 담고 있었다. 또한 이들 문화는 각자 다양한 지역에서 그리스도교에 자신들만의 독특한 흔적을 남겼다.

과거를 이상화해서는 안 된다. 우리는 신학 논쟁이 때때로 폭력 사태로 치달은 것을 앞에서 이미 살펴보았다. 그러나 교부들의 모범은 우리로 하여금 복음을 선포할 때, 오늘날 사람들이 이해할 수 있는 언어를 찾도록 도와준다. 게다가 오늘날 교회 일치 운동은 교부들의 작품 속에서, 교회가 크게 분열되기 전에 형성된 신학의 공통 뿌리와 교회의 일치를 해치지 않는 표현의 다양성을 발견한다.

4. 교회의 신앙과 성덕을 보증해 주는 교부들

교부들은 교회 전통을 특권적으로 증거한 사람들이었다. 달리 표현하면, 교부들은 복음이 초세기 그리스도인의 삶 속에서 어떻게 실현되었는가 하는 것을 증거해 주는 사람들이었다. 그래서 그리스도교 전승은 교부들에게 정통성 즉, 올바른 사고를 요구했을 뿐만 아니라 성덕까지 요구했다. 교부들은 자신들이 가르치는 것을 그대로 산 사람들이었다.

성덕과 정통 교리

그러나 우리는 이 성덕과 정통 교리에 대해 올바르게 이해해야 한다. 많은 사람들이 성인이라고 인정할 수 있는 필요 충분 조건은 바로 성덕이다. 히에로니무스가 성인품을 받았다고 해서, 우리는 그의 성격이 아주 까다로웠다는 점을, 그가 반대자들에게 공정하지 못했다는 점을, 특히 요한 크리소스토무스(요한 크리소스토모, 345~407년)에게 지독할 정도로 못되게 굴었다는 점을 모르는 바는 아닙니다.

정통 교리라는 말은 교부들 사이에 일치된 견해가 있었다는 것을 의미한다. 이것은 주어진 특정한 시기에 본질적인 교의에 대해 교부들 사이에 의견의 합의가 있었다는 것을 의미한다. 하지만 2세기와 3세기에 있었던 교의에 대한 진술들이 200년이 지난 후에는 애매모호한 것이 되는 경우도 있었다. 어떤 평가가 있다 하더라도, 교의적인 진술들을 후대의 기준으로 판단하는 것은 공정하지 않다. 교의에 대한 설명과 발전은 수 세기를 거쳐 오면서 이루어진 것이다.

사제요 수도자인 레렝스의 빈켄티우스Vincentius는 성경을 인용하고 신앙을 진술함으로써, 교회가 전통의 역할을 어떻게 이해하고 전통 안에서 교부들의 역할을 어떻게 이해했는지를 잘 요약해서 설명했다(434년경).[87]

테르툴리아누스와 같은 몇몇 그리스도교 저술가들은 교회의 정통 노선을 깨트리고 나감으로써, 그 시대의 기준에서 그들은 이단자가 되었다. 엄격한 의미에서 봤을 때, 그들은 '교부'라고 불리지 않지만, 그리스도인의 삶과 교의에 대한 대단히 귀중한 증인이기 때문에 교부들과 함께 여기에 언급할 것이다.

Ⅱ. 교부들의 황금기

우리는 이미 앞에서 이레네우스, 오리게네스, 테르툴리아누스 등 초창기 교부들 가운데 몇 사람을 첫 번째로 신학을 주창한 이들로 만나보았다. 교부학의 역사에 있어서, 니케아 공의회(325년)는 새로운 시대의 시작이었다. 사실상 교회에 찾아온 평화와 대규모 공의회들이 개최된 것은 그리스도교 문학을 찬란하게 꽃피우는 계기가 되었다. 니케아 공의회부터 칼케돈 공의회(451년)때까지가 교부학의 황금기였다. 여기에서는 단지 몇몇 교부들의 이름만 언급하도록 하겠다.

1. 새내기 교부들

앞 시대의 그리스 교부들과 라틴 교부들에 이어서, 여기 이제 막 도착한 새 교부들이 있다. 바로 동방의 여러 언어로 저술 활동을 한 교부들이다. 이들 가운데 가장 중요한 인물은 니시비스 또는 에데사의 에프렘Ephraem(306~373년)이다. 그는 부제이자 시인이었고, 메소포타미아에 있는 여러 지방에서 살았다. 당시 메소포타미아는 로마 제국과 페르시아 제국이 서로 대치해 있는 분쟁 지역이었다. 그의 고향 니시비스가 페르시아의 수중에 들어가자, 에프렘은 에데

사로 피신했다. 에데사는 시리아어를 사용하는 아주 오랜 전통을 지닌 교회의 중심지였다. 에데사에 전염병이 창궐하자, 에프렘은 헌신적으로 희생했다. 부제로서의 자신의 역할을 다한 그는 강론을 하고, 성경을 해석하고 기도를 주도했다. 에프렘의 작품은 설교집, 주석서, 그리고 가장 중요한 작품인 450개의 찬미가가 있다. 몇몇 작품들은 여러 언어로 번역되었다. 에프렘의 신학은, 시리아어로 쓴 다른 저술가들의 작품들과 마찬가지로, 성경에 그 원천을 두고 있으며 그리스 문화의 영향을 거의 받지 않았다.[79]

79) 니시비스의 에프렘

시리아어로 쓰인 에프렘의 찬미가들은 운율이 있는 작품으로 신자들이 암송하는 후렴구에 들어 있다. 《낙원 찬가》에서 에프렘은 아담을 비롯한 구약 성경의 인물들과 그리스도를 병행하면서 끊임없이 대비시킨다.

후렴:
당신의 선하심으로 제가 합당한 자가 되게 하소서.
이로써 우리가 당신의 낙원에 들어갈 수 있을 것입니다.

……

벌거벗은 아담은 잘 생겼다네,

부지런한 그의 아내는

수고롭게도 그에게

타락의 옷을 지어 주었다네.

에덴 동산은 그것을 보았고,

그 옷이 추악하다는 것을 알고, 그를 쫓아냈다네.

그러나 새로운 옷이

그를 위해 마리아에 의해서 만들어졌다네.

이 멋진 옷을 입고서 그리고

약속에 따라서

그 악인은 눈부시게 보이네.

에덴동산은 아담을 다시 보고서

그의 용모를 보고 그를 맞이하네.

모세는 의심을 하고 살아서

결코 들어가지 못했네.

요르단 강에 접한

그 약속된 땅.

아담이 범죄한 후에

그는 생명의 동산을 떠났었지,

> 커룹의 인도를 받으며,
> 그러나 우리 주님을 통해서
> 둘 다 죽어서 묻혔지만
> 부활함으로써 들어갈 수 있었다네,
> 모세는 약속된 땅에
> 아담은 낙원으로.
>
> 에프렘, 《낙원 찬가Hymni de paradiso》.

2. 중요한 그리스 교부들

4세기의 중요한 그리스도교 저술가들이 그리스 문화적 배경으로부터 등장했다. 동방에서 일어난 교의 논쟁들이 신학적인 사고를 자극했기 때문이었다.

▲ 성 아타나시우스, 팔레르모의 모자이크.

아타나시우스(295~373년)는 아리우스 논쟁으로 인해 이집트 교회가 분열된 시기에 성장했다. 그는 부제로서 알렉산드리아의 주교를 수행해서 니케아 공의회에 참석했고(325년), 알렉산드리아의 주교가 되었다(328년). 파란만장한 주교 재위 기간에, 그는 아리우스파와 아리우스파로 추정되는 사람들에 대항해 니케아 공의회의 신앙을 옹호했다. 그 때문에 그는 다섯 차례나 알렉산드리아에서 쫓겨났다. 다섯 차례 유배 기간 가운데 한 번(첫 번째 유배)은 저 멀리 서방의 트리어까지 유배 갔다.

그의 작품 《말씀의 육화에 관한 연설 *Oratio de incarnatione Verbi*》은 육화하신 말씀이 성부와 같은 본성을 지니셨다는 말씀의 신학을 주로 옹호하고 제시했다.[80] 또한 그가 쓴 《성 안토니우스의 생애》는 커다란 성공을 거두었고 수도생활의 전파에 많은 영향을 주었다.[61] 아타나시우스도 많은 사람들에게 수도 생활을 시작할 수 있도록 영향을 주었는데 그들 가운데 한 사람이 바로 아우구스티누스다.

---

[80] 아타나시우스

우리가 하느님이 될 수 있도록, 하느님께서 사람이 되셨다

비물질이고 부패할 수 없는 하느님의 말씀께서, 비록 결코 멀리 떨어져 있었던 적은 없었지만, 우리 가운데로 오셨다. 강생한 말씀의 현존은 어떠한 창조물도 무효화시키지 않으셨다. 오히려 그분은 모든 것을 충만하게 하시고, 그분께서 몸소 성부와 함께 사시는 것처럼, 모든 만물도 그렇게 살도록 하셨다. 그러나 그분은 우리 가운데 오셔서 그분의 사랑을 보여 주심으로써 우리를 도와주신다.……

우리 인간에 대한 극진한 동정심으로, 우리의 나약함을 불쌍히 여기시어, 타락한 우리 육신으로까지 내려오셨다. 이것은 죽음이 더 이상 우리를 지배하지 못하도록 하기 위해서, 시작된 것이 멸망으로 치닫지 못하도록 하기 위해서, 그리고 성부의 업적이 쓸모없는 것이 되지 않도록 하기 위해서, 그분은 육체를, 우리와 전혀 다르지 않는 육체를 취하셨다.……

말씀의 인간적 측면을 말하는 사람들은 또한 말씀의 신성에 속한 것도 알고 있다. …… 그들이 그분의 눈물에 관해 말할 때, 그들은 주님께서 눈물을 흘리심으로써 당신의 인성을 보여 주셨고, 라자로를 소생시킴으로써 당신의 신성을 보여 주셨다는 것을 알고 있다. 그리고 그들은 주님께서 배고픔과 갈증을 겪으셨다는 것과 신성으로서 빵 다섯 개로 오천 명을 먹이셨다는 것을 알고 있다. 그리고 그들은 그분의 인간적 육체가 무덤에 누워 있었고 하느님의 육체로서 부활하셨다는 것을 알고 있다.……

우리가 하느님이 될 수 있도록, 하느님의 말씀께서 사람이 되셨다. 그리고 우리로 하여금 보이지 않는 아버지께 대한 관념을 가질 수 있도록 하기 위해서, 그분은 육체를 취하심으로써 우리에게 보여 주셨다. 그리고 우리로 하여금

> 그분의 불멸성에 참여할 수 있게 하기 위해서, 인간들이 그분께 가하는 고통스러운 모욕을 견디어 내셨다. 그러나 그분은 어떠한 해도 입지 않으셨다. 왜냐하면 하느님의 말씀이신 그분은 상처를 입을 수 없고 부패될 수 없는 분이셨기 때문이다. 그러나 이렇게 하심으로써, 그분께서는 고통 받는 인간을 위험으로부터 구해 내셨다. 그분께서 이 모든 것을 견디어 내셨기 때문이다.
>
> 콰스텐Quasten, 《교부학Initiation aux Pères De L'Église》, 3권, 113쪽.

소아시아의 중심에 있는 카파도키아는 세 명의 중요한 교부들의 고향이었다. 세속 학문으로 고등 교육을 받은 후에 성인이 되어서 세례를 받은 대 바실리우스(329~379년)는 여러 차례 수도 생활을 선택했다. 그후 그는 자신의 고향 카이사레아의 주교가 되었다(370년). 그의 주교직은 세 가지 측면에서 두드러졌는데 첫째, 기근이 빈번하게 발생하던 시기에 자선 단체를 설립했고(구호 도시 건설)[81] 둘째, 수도 생활을 하는 공동체를 설립했으며(《짧은 규칙서 서론Prooemium in Regulas brevius tractatus》과 《도덕 규칙서Regulae morales》 작성) 셋째, 아리우스 논쟁으로 혼란스러운 시기에 정통 교리와 일치(안티오키아 교회의 분열을 종식시키고 로마 교회와의 일치에 대한 관심) 수호를 위해 노심초사했다. 바실리우스는 젊은 그리스도인들이 이교도의 저술들을 잘 활용하는 방법을 자세하게 설명하기도 했다. 또한 그는 성경에 대한 주석서를 썼고 《성령론》에서 성령의 역할에 대해서 정의했다. '대大'라는 경칭을 받은 바실리우스는 온화한 성품으로 대화에 깊은 관심을 가졌다. 하지만 그는 교회의 평화를 이루려고 노력했던 것이 결실을 맺기 전에 세상을 떠났다.

81) 카이사레아의 바실리우스

기아와 가뭄의 시기에 행한 강론

…… 굶주리는 사람이 겪는 고통, 배고픔의 심한 고통은 사실상 연민의 대상이 되는 해악입니다. 인간이 겪는 병고에서 배고픔은 큰 것이며, 아사는 가장 고통스러운 죽음입니다. …… 굶주림은 천천히 가해지는 고문이며, 지속되는 고통이고, 떠돌아다니면서 언제나 가까이에 있는 해악입니다. 굶주림으로 인한 죽음은 항상 곁에 있지만 언제나 지연됩니다. …… 배고픔의 극심한 고통은 얼굴이 창백해짐과 동시에 검게 되는 증상을 수반하면서 몸을 납빛으로 변하게 만듭니다. …… 눈이 휑하게 얼굴 안쪽으로 푹 들어가고, 마치 호두알이 호두 껍데기 안에서 말라비틀어지듯이

그렇게 눈알이 안구에서 풀려 흔들거립니다. 배고픔으로 인해서 배는 텅 비어 줄어들어 형체를 잃어버려 마치 없는 것처럼 보입니다. 그리고 내장은 더 이상 정상적인 운동을 하지 못하고, 뼈는 등에 쫙 달라붙은 것 같습니다.

그 지경이 된 사람을 무관심하게 그냥 지나쳐 버린 사람은 얼마나 큰 벌을 받겠습니까? 무관심한 자가 기아에 허덕이는 사람에게 이보다도 더 큰 잔혹함을 줄 수 있겠습니까? 이런 사람은 금수禽獸만도 못한 버러지 같은 존재로 취급받아도 좋고, 범죄자와 살인자로 간주되어도 좋단 말입니까? 예, 그렇습니다. 이런 해악에서 아사자들을 구해낼 수 있는 능력을 갖고 있으면서도 탐욕으로 인해 그렇게 하는 것을 고의적으로 미루는 사람은 누구든지 살인자로 단죄를 받는다 해도 마땅할 것입니다. ……

여러분이 가난합니까? 여러분보다도 훨씬 더 가난한 사람들이 따로 있습니다. 여러분에게 이틀 분의 식량이 있습니까? 그들에게는 단 하루 분의 식량만 있습니다. 친절하고 관대하십시오. 그리고 여러분이 가진 것을 필요한 사람들과 나누십시오. 주저하지 말고 여러분이 가진 작은 것을 나누어 주십시오. 그리고 여러분의 개인적인 이익을

▲ 카이사레아의 바실리우스.

사람들이 겪고 있는 보편적인 위험 위에 두지 마십시오. 심지어 여러분의 식량이 빵 한 조각으로 줄어들었다고 해도, 만일 문 앞에 거지가 와 있다면 그 빵 한 조각을 식료품 저장소에서 꺼내서 하늘을 향해 두 손으로 치켜 든 다음 슬프지만 관대한 말로 이렇게 기도하십시오.

'주님, 당신이 보고 계신 이 빵 조각이 마지막 남은 빵입니다. 금방 배고픔의 위기가 닥쳐올 것입니다. 하지만 저는 지금 당신의 계명을 기억하고, 미약하나마 제가 가진 이 빵 조각을 지금 배고픔의 고통을 겪고 있는 제 형제에게 주려고 합니다. 주님, 당신 또한 어려움에 처한 당신의 종에게 주시는 분이십니다. 저는 당신의 선하심을 압니다. 그리고 당신의 능하심에 저를 의탁합니다. 당신의 선하심을 오랫동안 지체하지 마십시오. 그러나 당신께 합당하게 보이신다면, 당신의 은총을 저희 위에 내려 주소서.'

만일 여러분이 이렇게 말하고 행동한다면, 여러분이 어려운 이웃에게 준 그 빵은 후에 수확의 씨앗이 될 것입니다. 풍성한 열매를 맺을 것이며, 여러분의 식량의 보증이 될 것입니다. 왜냐하면 여러분은 이미 (사랑을 실천하는) 자비의 대사大使이기 때문입니다.

카이사레아의 바실리우스,
《흉년과 가뭄 때 행한 강해 Homilia dicta tempore famis et siccitatis》.

나지안주스의 그레고리우스는 바실리우스의 동료이며 친구였다. 우리는 이미 앞에서 콘스탄티노플 주교좌에 관련해서 그가 쓴 짧은 글(고별사)을 살펴보았다.[72] 결단성이 없고 우유부단한 성품인 그레고리우스는 통치자로서는 제격이 아니었다. 오히려 그는 저술 활동에 훨씬 더 탁월한 재능을 보였다.[70] 그는 몇 편의《신학적 연설》, 찬사, 시 그리고 엄청난 양의 서한을 남겼다.

바실리우스의 동생, 니사의 그레고리우스(335~395년)는 결혼 생활을 하다가 수도원에 들어갔다. 그러고 나서 니사의 주교가 되었다. 유능한 신학자였던 그레고리우스는 콘스탄티노플 공의회에서 중요한 역할을 담당했다. 그레고리우스의 사유의 원천은 신비 신학과 관상에 관련된 것이었는데 이것이 그의 많은 작품(《인간 창조 De creatio hominis》,《동정 De virginitate》)에 나타난 주된 주제였다.[71] '하느님의 모상으로 창조된 인간은 하느님을 알 수 있고 오랜 정화를 거친 후에 하느님께 되돌아갈 수 있다.'[82] 그레고리우스는 장례식에서 많은 추도사를 했다.

82) 니사의 그레고리우스

인간 안에 들어 있는 하느님의 모상과 닮음

사실, 신적 아름다움이란 어떤 형상이나 모양 또는 어떤 색깔의 아름다움으로 장식된 것이 아니라, 형언할 수 없는 지극한 행복 안에서 탁월한 형태로 주어진 것입니다. 화가들은 특정한 색을 사용해서 인간의 모습을 그림 속에다 옮겨 놓습니다. 적절하게 잘 어울리는 색채를 그림 속에 잘 배합함으로써, 본래 그 사람이 지닌 아름다움을 그림 속에 정확하게 옮겨 놓습니다.

나는 여러분에게 우리의 창조주 하느님을 이런 식으로 이해시키려고 합니다. 그분께서는 당신의 아름다움을 닮은 초상화를 그리십니다. 마치 화가가 색깔을 사용하는 것처럼, 그분께서는 많은 덕들을 사용하시어 우리 안에 당신 자신의 주권을 보여 주십니다. 마치 화가처럼 복합적이고 다양하게 색채를 배합하여, 그분의 참된 모습이 표현되도록 합니다.

그것은 붉은 색이나 흰색도 아니며 그렇다고 이 두 가지 색을 혼합한 것도 아닙니다. 그것을 무엇이라고 부를 수 있든지 간에, 검은 색으로 가볍게 터치해서 눈썹과 눈을 그린 것도 아니고, 여러 가지 색을 조합해서 만든 색조도 아니고, 얼굴에 나타난 우울한 모습도 아니고, 화가들의 손이 만들어 낼 수 있는 그런 기술도 아닙니다. 그것은 바로 순수함, 열정으로부터의 자유, 축복받음, 모든 악으로부터의 초연, 인간 안에 하느님의 모상을 형성하도록 도와주는 모든 속성들입니다. 이 같은 색조들을 갖고서 그분은 당신의 모상을 따라 인간을 창조하셨고 인간 본성에 당신의 모상을 새겨 주셨습니다.

그리고 만일 신적 아름다움이 표현된 것을 통해서 또 다른 것(하느님 모상의 증거)들을 찾고자 한다면, 우리는 그것들 안에도 역시 하느님을 닮은 것이 완전하게 보존되어 있다는 점을 알게 될 것입니다. 우리가 제시한 모상 안에 들어 있습니다. 하느님의 모상은 우리들의 마음과 말씀 안에도 들어 있습니다. 왜냐하면 '태초에 말씀이 있었고,' 바오로의 제자들은 자신들 안에서 '말씀하시는 그리스도의 마음'을 지녔습니다. 인성 안에도 역시 하느님의 모상이 들어 있습니다. 따라서 여러분은 자신 안에, 이성 안에 말씀이 들어 있다는 것을 알게 되고, 바로 그 마음과 말씀이 하느님의 모상을 닮았다는 것을 이해할 것입니다. 또 다른 예를 든다면, 사랑 안에도 하느님의 모상이 들어 있습니다. 하느님은 사랑이십니다. 하느님은 사랑의 근원이십니다. 바로 이런 사랑 때문에, 위대한 요한 사도는 '사랑은 하느님이십니

> 다.', '하느님은 사랑이십니다.'라고 외쳤던 것입니다.
>
> 　우리의 본성을 만드신 분은 인간의 특성으로서 이런 것도 만드셨습니다. "너희가 서로 사랑하면 모든 사람이 그것을 보고 너희가 내 제자라는 것을 알게 될 것이다." 그러므로 사랑이 없으면, 우리가 닮은 하느님의 모상도 변할 것입니다.
>
> 　　　　　　　　　니사의 그레고리우스, 《인간의 창조 De opificio hominis》, 5.

　요한 크리소스토무스는 그리스 교부들 중에서 가장 많은 작품을 썼다. 안티오키아에서 태어난 그는 사막에서 수도 생활을 한 다음, 안티오키아에서 부제품과 사제 서품을 받았다. 그는 설교자로서 엄청난 성공을 거두었고 그것 때문에 자신의 의지와는 상관없이 콘스탄티노플의 총대주교가 되었다(397년). 그러나 이것은 불행한 행보의 시작이었다. 세속적인 인물도, 정치적인 동물도 아니었던 그는 황실의 분위기에 도저히 적응할 수가 없었다. 요한 크리소스토무스는 성직자들과 궁중 관리들의 도덕 관념을 개혁시키고자 하는 자신의 신념을 결코 굽히지 않았다. 그 결과 황후가 그에게 원한을 품게 되었고, 의심 많은 알렉산드리아의 테오필루스 총대주교는 그를 겨냥해서 음모를 꾸몄다. 그가 첫 번째로 면직되어 유배당했을 때(403년), 그의 유배를 반대하는 콘스탄티노플 시민들의 압력 때문에, 그는 콘스탄티노플에 남아 있을 수 있었다. 두 번째 유배 때에는(404년), 콘스탄티노플에서 멀리 떨어져 있는 아시아로 유배를 갔다가 그곳에서 세상을 떠났다(407년).

요한은 설교자로서 얻은 명성 때문에, '황금 입(크리소스토무스)'이라는 경칭을 얻게 되었다. 자신의 강론을 통해 성경을 해석하고, 세례 후보자들을 준비시켰고(《예비 신자 교리 교육Catecheses ad illuminandos》) 그리고 인생의 각 단계별로 그리스도인을 교육시키고 격려한 최초이며 가장 탁월한 사목자가 바로 요한 크리소스토무스였다. 관련 작품으로는 《사제직De sacerdotio》, 《혼인》[56], 《동정》 등이 있다.[83]

위에서 언급한 교부들 외에도, 앞 장에서 이미 살펴본 예루살렘의 키릴루스와 알렉산드리아의 키릴루스도 있다.[59]

---

[83] 요한 크리소스토무스

형제들을 구원하는 일에 모든 그리스도인이 관심을 가져야 함

그리스도께서는 평범한 인간의 지혜로 할 수 있는 많은 것들을 남겨 두셨습니다. 그런 것 중에서, 그분의 제자들이 인간이었다는 점과 모든 것이 다 은총으로 될 수 있는 것은

---

56 요한 크리소스토무스의 작품 중 《혼인》이라는 작품은 없다. 필자의 실수 같다.

아니라는 점을 우리는 알 수 있습니다. 왜냐하면 만일 그렇지 않다면, 그리스도의 제자들은 단지 움직이지 않는 통나무가 되었을 것입니다. 그러나 많은 점에 있어서 그들은 스스로 일을 헤쳐 나갔습니다. 그들이 많은 일을 스스로 헤쳐 나간 것과 많은 사람들의 구원을 위해서 고통 앞에서도 전혀 물러서지 않은 것은 순교나 마찬가지였습니다. ……

다른 사람을 구원하는 일에 전혀 관심을 갖지 않는 그리스도인보다 더 차가운 것은 없습니다. 여러분은 가난 때문에 그런다고 핑계를 댈 수가 없을 것입니다. 왜냐하면 동전 두 닢을 봉헌한 그 과부가 여러분을 고발할 것이기 때문입니다. 베드로 사도는 말합니다. "나는 은도, 금도 없습니다." 바오로 사도는 너무 가난해서 자주 굶었을 뿐만 아니라 일용할 양식도 없었습니다. 비천하게 태어나서 그런다고 핑계를 댈 수도 없을 것입니다. 왜냐하면 베드로와 바오로도 비천했고, 그들의 부모도 비천한 사람들이었습니다. 교육을 충분히 받지 못했기 때문에 그런다고 둘러대지도 못할 것입니다. 왜냐하면 사도들도 배우지 못한 사람들이었습니다. 심지어 만일 여러분이 노예라고 해도, 정말로 도망친 노예라고 할지라도, 여러분은 여러분의 역할을 할 수 있습니다. 왜냐하면 오네시모스Onesimus가 바로 노예였기 때문입니다. 그러나 바오로가 오네시모스를 뭐라고 불렀으며,

얼마나 큰 영예로 그를 대해 주었는가를 기억하십시오. "내가 감옥에 갇혀 있는 동안 그대 대신 나를 시중들게 할 생각도 있었지만"(필레 1,13)이라고 바오로는 말했습니다. 병들어서 그런다고 변명도 할 수 없을 것입니다. 왜냐하면 티모테오도 병들었기 때문입니다. 티모테오는 자주 병에 걸렸기 때문에, 바오로는 "그대의 위장이나 잦은 병을 생각하여 포도주도 좀 마시십시오."(1티모 5,23) 하고 말합니다.

만일 모든 사람이 자신의 역할을 충실히 한다면, 자신의 본성에 도움이 될 것입니다. …… 오로지 자신의 이익에만 급급한 사람은 쓸모없는 사람입니다. …… 동정녀들이 정결하고 점잖고 깨끗했지만, 아무에게도 도움이 되지 않았습니다. 왜냐하면 그들은 얼굴을 인두로 지졌기 때문입니다(남자들의 유혹을 물리치기 위해서). 그런 사람들은 그리스도로부터 자양분을 얻는 사람들이라고 할 수 없습니다. 그들 가운데 그 누구도 스스로 사음과 위증과 같은 특별한 죄를 짓지 않는다는 것을 아십시오. 다시 말해서, 그들이 비록 아무 죄를 짓지 않았지만, 다른 사람들에게는 전혀 도움을 주지 못했습니다. 참으로 흠잡을 데 없는 삶을 살았지만, 다른 사람들에게 도움을 전혀 주지 못한 것은 자신의 탈란트를 묻어 둔 사람과 같습니다. ……

요한 크리소스토무스, 《사도행전 강해 In Acta apostolorum homiliae》, 20.

3. 중요한 라틴 교부들

아우구스티누스를 제외한 라틴 교부들은 그리스 교부들에 비해 신학 사상의 독창성이 많이 뒤떨어졌다. 그들은 그리스 교부들로부터 많은 영향을 받았다.

밀라노의 집정관(통치자)으로 예비 신자였던 암브로시우스는 새 주교를 선출하는 데 있어서 진통을 겪고 있는 모습을 조심스럽게 지켜보고 있었다. 그때 한 아이가 큰 소리로 외쳤다. "암브로시우스를 주교로 선출합시다!" 며칠 뒤에 예비 신자였던 암브로시우스는 세례를 받고 주교가 되었다. 그는 자신의 재산을 가난한 사람들에게 나누어 주었다. 그리고 나서 그리스도인들에게 사회 정의를 실현할 것을 요구했다. '이 세상은 모든 사람의 것이지, 부자들만의 소유가 결코 아니다.' 암브로시우스는 테살로니카 사람 7천 명을 학살한 테오도시우스 황제[57]에게 참회 예식을 실천하라고 요구했다. 그는 사목자로서의 자신의 모든 의무를 충실히 했다. 《설교Sermones》, 《세례 교리 교육Catecheses de baptismate》[58], 《동정》 등과 같은 그의

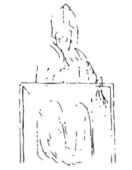
▲ 성 암브로시우스, 마솔리노. 15세기.

---

[57] 390년 봄에 테살로니카 사람들이 반란을 일으켜 테오도시우스 황제의 장군인 고트인 수비대장 부테리쿠스를 살해하고, 황제와 황후의 초상화를 흙탕물 속에 집어넣고 갖은 모욕을 가한다는 소식을 들은 황제는 크게 격분해서 테살로니카의 사람을 유죄, 무죄 구별하지 말고 전부 살해하라고 명령을 내려 7천 명이 학살되었다(369쪽으로 이어짐).

[58] 암브로시우스의 작품 중 《설교》와 《세례 교리 교육》이라는 작품은 없다. 필자의 실수 같다.

작품들은 우리에게 이런 사실을 잘 보여 준다.[84] 그는 서방 교회에 찬미가를 도입했고, 손수 찬미가의 가사를 쓰고 곡을 작곡했다.

[84] 밀라노의 암브로시우스

기도에 대한 조언

자, 지금부터 우리가 어떻게 기도해야 하는지 들어보십시오. …… 바오로 사도는 말합니다. "나는 사람들이 성을 내거나 말다툼을 하는 일 없이, 어디에서나 거룩한 손을 들어 기도하기를 바랍니다."(1티모 2,8) 그리고 주님께서는 복

이 소식을 접한 암브로시우스 주교는 경악을 금치 못하며 황제에게 급히 서신을 보내 통회와 보속과 고행을 권유하며 아울러 당분간 성당에 나오는 것을 금했다. 그러나 아첨하는 신하의 진언을 들은 황제는 주교의 명령을 지킬 필요가 없다고 생각하고서 부활 대축일에 성당으로 행차했다. 암브로시우스 주교는 성당 입구를 가로막고 서서 "폐하께서는 아직 자신이 저지른 죄악의 중함을 충분히 못 깨닫고 계시는 것 같사오니, 청컨대 이 길로 궁으로 돌아가셔서 그런 대죄에 또다시 죄악을 거듭치 말아 주시기 바랍니다." 하고 단호한 태도를 보였다. 황제도 아무 말 없이 눈물을 머금고 그냥 돌아갔다. 성탄절이 되자, 황제는 또다시 성당으로 행차했다. 암브로시우스는 이번에도 입구에서 황제를 만류하며 "황제께서는 어찌하여 하느님의 뜻을 배반하시려 하십니까?" 하고 말했다. 이제는 황제도 자신의 잘못을 마음으로 뉘우치고 "나는 죄의 용서를 받으려고 합니다. 주교여! 주 예수의 무한한 자비를 생각해 나를 성당에 들여보낼 생각은 없으십니까?" 하고 겸손한 태도로 간청했다. 이 말을 들은 암브로시우스 주교는 "그러시다면 보속으로 무엇을 하시렵니까?" 하고 물었다. "무엇이든지 주교가 명하는 대로 하겠소!" 하고 황제가 대답했다. 이 말에 암브로시우스도 황제의 통회의 정이 진실하다는 것을 알고 가벼운 보속을 명하고 성당에 들어가서 성사를 받도록 허락했다.

음에서 말씀하십니다. "너는 기도할 때 골방에 들어가 문을 닫은 다음, 숨어 계신 네 아버지께 기도하여라."(마태 6,6) 이 두 문장 사이에 어떤 모순이 있다고 느껴지지 않습니까? 사도는 어디에서든지 기도하라고 하는데, 주님께서는 골방에 들어가 기도하라고 말씀하십니다. 그러나 여기에는 아무런 모순이 없습니다. …… 여러분은 언제 어디에서든지 항상 여러분의 방에서 기도할 수 있습니다. 여러분에게는 어디에서나 방이 있습니다. 이교인들 가운데 있거나, 유다인들 가운데 있다고 하더라도, 여러분에게는 언제나 비밀스러운 방이 있습니다. 여러분의 영이 바로 여러분의 방입니다. 여러분이 군중 가운데 있다 하더라도, 여러분 안에는 닫혀진 비밀스러운 방이 있습니다. 기도할 때, 골방으로 들어가십시오. 그분께서 '들어가라'고 하신 것은 맞는 말입니다. 유다인들처럼 기도하지 않도록, 조심하십시오. 그들은 "이 백성이 입술로는 나를 공경하지만 그 마음은 내게서 멀리 떠나 있다."(마태 15,8)라는 말을 들었던 자들입니다. 여러분의 기도가 단지 입술에서만 나오는 것이 되지 않도록 하십시오. 온 정신을 기도하는 데 집중하고, 마음속 깊이 곧장 기도 속으로 들어가십시오. …… 잠긴 문이란 무엇입니까? 여러분이 기도할 때, 문을 닫아걸어야 한다는 것을 명심하십시오. 이것을 이해하는 여인들은 하느님을 기쁘게 합니다! ……

여러분이 기도할 때, 목소리를 높여 큰소리로 외치지 마십시오. 같은 말로 계속해서 기도하지 마십시오. 사람들이 많이 모인 곳에서 허세를 부리며 기도하지 마십시오. 혼자 조용히 기도하십시오. 모든 것을 보시고 들으시는 분께서는 여러분이 조용히 기도를 바쳐도 다 들으십니다. 그 다음에 여러분의 아버지께 조용히 기도하십시오. 왜냐하면 감추어진 것도 보시는 그분께서는 여러분의 기도를 알고 계시기 때문입니다. …… 왜 우리는 목소리를 들어 높여 큰소리로 기도하지 않고 조용하게 기도해야 합니까? 주위를 둘러보십시오. 좋은 청각을 가진 사람한테서 뭔가를 얻어내려고 한다면, 구태여 큰소리로 외칠 필요가 없다고 생각할 것입니다. 여러분은 조용한 목소리로 단지 요청만 하면 됩니다. 목소리를 높여 큰소리로 외쳐야 하는 것은 귀머거리한테서 관심을 끌어내어 그가 듣도록 해야 할 때입니다. 따라서 큰소리로 외치며 하느님께 청해야만 하느님께서 기도를 들어주신다고 생각한다면, 그것은 하느님의 능력을 축소시키는 것입니다. 그 대신, 조용히 기도하는 사람들은 자신의 신앙을 드러내는 사람들이며, 하느님께서는 마음속까지도 살피시는 분일 뿐만 아니라 기도가 입 밖으로 나오기 전에 이미 그 기도를 듣고 계신다는 사실을 알고 있는 사람들입니다.

암브로시우스, 《성사론 De sacramentis》, 6,11~16.

달마티아(현 크로아티아) 태생인 히에로니무스(스트리돈의 사제)는 이리저리 방랑하며 젊은 시절을 보냈다. 그는 로마에서는 방탕한 생활을 하는 학생이었지만, 동방에서는 철저하게 수도 생활을 했다. 열심히 수도 생활을 하던 그는 마음이 내키지 않았지만 마지못해 사제가 되었다. 히에로니무스는 다시 로마로 가서 다마수스 1세 교황(교황의 개인 비서였음)과 신심 깊은 몇몇 여인들을 위해서 일했다(382~385년). 마침내 그는 로마를 떠나 베들레헴으로 가서 몇몇 친구들과 함께 남·녀 수도원을 몇 개 설립했다(275~276쪽 참조). 다재다능했지만 워낙 까다로운 성격이었던 히에로니무스는 거침없이 함부로 내뱉는 언사와 때로는 근거도 없이 부당하게 하는 비난 때문에, 많은 적을 만들었다.

히에로니무스는 성경 공부에 심혈을 다 기울였다. 다마수스 1세 교황은 그에게 라틴어로 된 성경 번역본을 알기 쉽게 개정하라는 임무를 부여했다. 그래서 그는 히브리어와 아람어로 된 원본 구약성경을 라틴어로 새롭게 번역했다. 이렇게 개정된 라틴어 번역본 성경이 '불가타Vulgata[59]' 성경이다. 불가타 성경은 로마 가톨릭교회에서 인정하는 공식적인 라틴어 번역본이다. 또한 히에로니무스의 성경 주석서들, 논쟁적인 작품들 그리고 흥미진진한 내용이 가득한 편지들은 우리에게 많은 도움이 된다.[85]

---

59 '불가타'는 쉽고 대중적인 라틴어라는 뜻이다.

85) 히에로니무스

히에로니무스는 파울라Paula에게 손녀를 교육시키는 방법에 대한 조언을 해 주었다. 파울라는 히에로니무스의 친구로, 히에로니무스와 함께 베들레헴에 많은 수도원을 세웠다. 라에타Laeta는 파울라의 손녀였다. 이 글로 미루어 봤을 때, 히에로니무스가 말하는 자녀 교육에는 성경이 큰 비중을 차지한다는 것을 알 수 있다.

손녀딸 교육에 대한 조언(400년경)

······ 이 아이가 더듬거리며 한두 마디씩 하는 바로 그 단어들을 우연한 것으로 흘려버려서는 안 되고, 특별한 목적을 위해 정해지고 쌓여지는 이름들이 되어야 할 것입니다. 예를 들면, 예언자들이나 사도들의 이름, 또는 마태오 복음서와 루카 복음서에 나오는 것 같은 아담으로부터 이어져 내려오는 성조들의 이름 같은 것이 되도록 해야 합니다. 이런 식으로 교육하다 보면, 아이의 혀가 잘 훈련되는 동안에 아이의 기억력도 함께 발달할 것입니다. ······

아이로 하여금 신앙과 성격과 정덕이 뛰어난 나이 지긋한 동정녀를 본받게 하여, 말과 모범으로 아이를 가르치는 것이 좋을 것입니다. 아이로 하여금 한밤중에 일어나서 기도와 시편을 낭송하게 하고, 아침에는 찬미가를 노래하고 삼시경, 육시경, 구시경에는 그리스도를 위한 전투를 잘하기 위한 대열에 참여하도록 하며, 마지막으로 저녁에는 램프를 켜고 저녁 제사를 바치게 하십시오. ……

비단이나 보석이 아닌 성경의 필사본이 아이의 보물이 되게 하십시오. 금빛 찬란한 바빌론 산 양피지나 아라비아 문양으로 장식된 필사본의 겉모습에 관심을 갖지 말고, 정확하게 이해하고 정확하게 끊어 읽는 데 더 마음을 쓰도록 하십시오. 먼저 시편을 배우도록 하고, 그런 다음에 솔로몬의 잠언을 읽으면서 삶의 규율을 얻도록 하십시오. 아이로 하여금 코헬렛으로부터 세속과 세속의 덧없음을 경시하는 습관을 갖도록 하십시오. 아이로 하여금 욥기에 나타난 욥의 덕과 인내의 모범을 따르게 하십시오. 그런 다음, 아이로 하여금 복음서로 건너가게 하십시오. 아이가 일단 복음서를 손에 들면, 복음서가 아이의 손에서 떨어지지 않도록 하십시오. 또한 자발적이고 기쁜 마음으로 사도행전과 서간들 안에서 샘물을 마시도록 하십시오. 아이가 이러한 보물들로 정신의 창고를 가득히 채워 넣으면, 즉시 예언서, 모세 칠경(구약 성경의 처음 7권), 열왕기, 역대기와 에즈라기와 에스테르기의 두루마리를 또한 외우게 하십시오.

이 모든 과정을 다 끝내고 나면, 이제 아이는 안심하고

> 아가를 읽어도 될 것입니다. 그러나 그전에 먼저 아가를 읽게 해서는 안 됩니다. 만일 아가를 먼저 읽게 된다면, 비록 아가가 육감적인 말로 쓰였지만, 이것이 영적인 신부의 혼인 노래라는 사실을 이해하지 못할 것입니다. 모든 외경 작품들을 멀리하도록 하십시오. …… 외경을 읽는다는 것은, 먼지 더미 속에서 금을 찾는 것처럼 끝없는 분별력이 요구되기 때문입니다.
>
> 히에로니무스, 《편지*Epistulae*》, 107,4; 9; 12.

아우구스티누스는 서방 교회 안에서 신학 사상에 가장 깊은 영향을 준 교부다. 그는 누미디아에 있는 타가스테Thagaste(현 알제리의 수크아라스)에서 태어났고, 그의 어머니는 신심이 깊은 모니카였다. 아우구스티누스는 카르타고에서 공부한 다음 그곳에서 선생이 되어 가르쳤다. 그리고 나서 로마와 밀라노로 갔다. 그는 오랫동안 진리를 찾아 다양한 철학과 마니교를 쫓아다녔고 한 여인과 동거했는데, 그 여인 사이에서 아들 아데오다투스Adeodatus(하느님께서 나에게 주신 선물이라는 뜻)를 두었다. 그런데 이런 상황이 진리를 찾던 그에게 방해가 되는 것처럼 보였다.

마침내 그는 암브로시우스의 영향을 받아 진리의 빛을 발견했고, 그에게 세례를 받았다(387년). 그는 수도 생활을 하기로 결심하고 수도 생활을 하고 있었는데, 히포(현 보네 안나바)의 그리스도인들은 아우구스티누스를 자신들의 사제로 선출했고, 그 다음에는 주교로 선출했다(395년). 오랫동안 주교직에 있으면서 아우구스티누스는 사목상 많은 짐을 떠맡게 되었다. 강론을 하고, 북아프리카 전역을 두루두루 여행하면서 동료 주교들을 만나고, 지역 시노드에 참석했다. 또한 법정에서도 많은 시간을 보냈다. 그 외에도 아우구스티누스는 가톨릭교회에서 떨어져 나가 대립 교회를 세운 도나투스파들과 논쟁을 벌였고, 수도자 펠라기우스와 은총 문제로 논쟁을 하는 등 많은 어려움을 겪었다.[58] 반달족의 침략으로 아우구스티누스는 노년을 암울하게 보냈고, 마침내 반달족이 마을 입구까지 진격해 와 완전 포위된 상태에서 세상을 떠났다.

교부들 중에서, 현존하는 작품을 가장 많이 남긴 교부가 바로 아우구스티누스다. 그는 강론을 하고 교리 교육을 하는 사목자이자 교사였다.[86] 또한 성경에 대한 해박한 주석서들과 철학과 신학에 관한 논고들을 저술했다. 이들 논고 가운데 어떤 작품들은 오류에 맞서 논쟁을 벌이는 과정에서 저술되었다. 그의 유명한 작품들 가운데서, 가장 널리 알려진 작품으로는 《고백록*Confessiones*》, 《신국론 *De civitate Dei*》, 《삼위일체론*De Trinitate*》이 있다. 《고백록》은 아우구스티누스가 자신의 회심에 대해 자세하게 감사의 마음을 설명한 작품이고, 《신국론》은 알라리쿠스Alarichus(서고트족의 왕)에 의해 로마가 점령당하자(410년), 엄청난 충격과 혼란에 빠진 그리스도인들을 격려하고 위로하기 위해 역사 신학적인 관점에서 쓴 작품이다.[60] 루터, 칼뱅, 얀센에 이르기까지 아우구스티누스를 추종한 모든 신학자는 아우구스티누스로부터 엄청난 영향을 받았다.

86) 기쁨이 가득한 교리 교육

며칠 후면 세례식이 거행되는데도, 성인 예비 신자들은 도대체 세례를 받으려고 하지 않았다. 그래서 카르타고 출신의 데오그라티아스Deogratias 부제는 이들에게 신앙에 대한 기본 교리를 어떻게 가르칠까 하고 고민에 빠져 이런 고민을 아우구스티누스에게 하소연했다. 그러자 아우구스티누스는 《입문자 교리 교육》이라는 작품을 통해서, 그에게 몇 가지 조언을 했다.

…… 우리가 기쁘게 일할 때, 다른 사람들이 우리가 하는 말에 더 잘 귀를 기울인다는 사실을 명심하십시오. 우리가 하는 말이란 우리가 알고 있는 것에 대해 우리 자신이 얼마나 기뻐하느냐에 따라 달라집니다. 뿐만 아니라, 우리가 하

---

60 《삼위일체론》은 영원한 신비인 삼위일체의 신비에 관해 가장 적은 부분만이라도 설명해 보려는 의도로 집필된 작품이다.

는 말을 상대방이 훨씬 더 쉽게 이해하고 훨씬 더 잘 받아들입니다. 결국, 우리에게 맡겨진 이 같은 신앙 조항들을 가르칠 때, 어디에서 시작해서 어디에서 끝낼지, 때로는 간결하게 때로는 길게 설명하지만, 항상 충실하고 완벽하게 하면서 다양한 변화를 시도하는 것은 어렵지 않습니다. 짧게 하는 것이 좋을 때가 있고, 때로는 길게 하는 것이 더 좋을 때가 있습니다. 중요한 사실은 모든 사람에게 교리 교육이 즐거워야 한다는 것입니다. 우리가 교리 교육을 즐겁게 하면 할수록, 사람들은 우리에게 더 호감을 가질 것입니다.

우리의 지침이 될 이 같은 규칙을 찾아낸다는 것이 그리 어려운 일은 아닙니다. 하느님께서는 물질적인 것을 기꺼이 희사하는 사람마저도 사랑하시는데(1코린 9,7), 하물며 영적인 것을 기꺼이 희사하는 사람에 대해서는 얼마나 더 사랑하시겠습니까? 그러나 가르치는 순간에 우리가 기쁨을 누리리라는 확신은 하느님의 자비에 달린 것입니다. 그분께서 우리에게 가르치는 재능을 주셨습니다. ……

이런 가르침은, '한처음에 하느님께서 하늘과 땅을 창조하셨다'는 성경 본문으로부터 시작되고 현재의 교회와 더불어 끝날 때, 완성됩니다. 그러나 이것은 우리가 모세 오경 전체를 …… 복음서들과 사도행전을 반복해서 암기해야 한다는 뜻은 아닙니다. 전체적으로 개괄해 주는 것이 바로 우리가 해야 할 일입니다. 그리하여 역사의 정확한 전환점들 가운데서 가장 놀라운 사건으로 평가받은 사건들을 엄선하여 사람들로 하여금 아주 흥미진진하게 듣도록 해야 합니다. ……

그럼 이제부터 내가 말했던 그 즐거움을 얻는 방법에 대해 말하겠습니다. …… 사람들이 아무런 반응을 보이지 않는데도, 교리 교육을 계속해서 끝까지 해야 한다고 부탁하는 것은 너무 힘든 일입니다. …… 아무런 반응을 보이지 않은 채 꽁꽁 숨어 있는 그들을 분발시켜서 끄집어 낼 수만 있다면, 그 어떤 것이라도 시도해 봐야 합니다. 점잖게 말하면서 우리가 한 형제라는 사실을 상기시켜 줌으로써, 그들이 우리에 대해 갖고 있는 가까이 하기 어려운 위엄성을 누그러뜨려 주어야 합니다. 그리고 자주 질문함으로써, 그들이 우리의 말을 어느 정도 이해하고 있는지 확인해 봐야 합니다. 진실한 기쁨으로 맛깔스럽게 간이 밴 내용이면서도 논의 중인 것과 직접 관련이 있는 내용을 말함으로써, 또는 아주 놀랍고 경이로운 질서에 관한 것을 말함으로써, 또는 심지어 고통스럽고 애처로

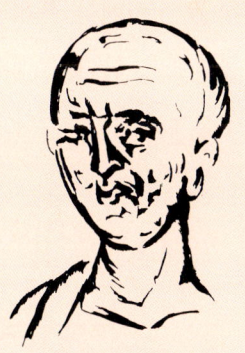

▲ 라테라노 바실리카에 있는 아우구스티누스 성인, 6세기.

> 운 것을 말함으로써, 우리는 그들의 마음을 새롭게 해 주어야 합니다. ……
>
> 아우구스티누스, 《입문자 교리 교육De catechizandis rudibus》, 4,4; 14; 18.

그 외에도 수십 명의 라틴 교부들을 언급할 수 있겠지만, 이들 교부들의 작품 가운데 상당수가 유실되어 전해지지 않는다. 그나마 남아 있는 몇몇 작품들 가운데 널리 알려진 것도 있다. 예를 들어 레렝스의 빈켄티우스의 《회상록》이 그런 작품이다.[87] 라틴 교부들 중에서 대 레오 교황에 관해서는 칼케돈 공의회에서 이미 살펴보았다(322~325쪽, 340~342쪽 참조).[78]

라틴 교부들 가운데 또 한 명의 위대한 교부는 그레고리우스 교황인데, 그 또한 '대大그레고리우스'라고 불린다. 하지만 그의 작품은 흔히 그의 선배들, 특히 아우구스티누스의 사상을 단지 재연한 것에 불과했다. 한편, 그레고리우스 교황을 언급함으로써, 우리는 드디어 중세에 접어들었다.

◀ 무덤에 조각된 그림, 리옹, 5세기.

87) 레렝스의 빈켄티우스 (5세기 전반)

종교적인 진리와 오류를 구별해 낼 수 있는 보편적인 기준이 있는가?

나는 가능한 한 자주 성덕과 학식이 출중한 사람들에게 진지하고 성실하게 질문하면서, 가톨릭 신앙의 진리와 이단자들의 완고한 위선을 구별해 낼 수 있는 보편적인 법칙을 찾아내려고 노력했습니다. 나는 거의 모든 사람들로부터 이 같은 일정한 대답을 얻어냈습니다. 우리는 첫째, 신법의 권위로써 둘째, 가톨릭교회의 전통으로써 우리의 신앙을 두 배로 강화시켜야 합니다.

여기서 누군가가 다음과 같이 질문할 수도 있을 것입니다. '성경 정경 목록이 완벽하게 확정되어 있기 때문에 모든 목적에 더 이상 필요가 없을 정도로 충분한데도, 왜 굳이 성경을 해석하는 교회의 권위가 필요합니까? 물론 그 이유는 이렇습니다. 성경이 지닌 심오한 깊이 때문에, 모든 사람들이 똑같이 한 가지 의미로 성경을 이해할 수는 없습니다. 또한 성경을 어떻게 해석하느냐에 따라 설교도 달라질 수밖에 없습니다. 지금은 이런 식으로, 또 다른 때는 저런 식으로 십인십색으로 해석하기 때문입니다. ……

언제 어디서나 모든 사람이 보편적으로 믿어 왔던 것을

우리도 충실하게 믿고 있다는 사실에 대한 특별한 주의가 가톨릭교회 안에서 각별히 요구됩니다. 왜냐하면 그 내용이 참되고 올바른 '가톨릭'이기 때문입니다. 어원학적으로 '가톨릭(보편적)'이라는 단어가 의미하는 것처럼, 그것은 거의 모든 것을 보편적으로 포함합니다. 우리가 보편성과 고대성과 합의성이라는 기준을 따른다면, 이 같은 결과를 얻게 될 것입니다. 만일 우리가 세상의 모든 교회가 고백하는 것을 하나의 진정한 신앙으로 받아들인다면, 우리는 보편성을 따르는 것입니다. 만일 우리가 옛 성인들과 교부들이 선포했던 그런 해석들에서 한 치의 오차도 벗어나지 않는다면, 우리는 또한 고대성을 따르는 것입니다. 마찬가지로 고대성 자체 안에서 모든 이들이 선언하는 것과 의견들 또는 거의 모든 사제들과 교리 교사들이 분명하게 함께 합의한 것을 성실하게 추구한다면, 우리는 합의성을 준수하는 것입니다. ……

만일 새로운 문제가 제기되었는데 타당한 판결을 내릴 수 없다면, 가톨릭 신자는 교부들의 사상을 직접 연구·조사하고 비교해 볼 것입니다. 비록 교부들이 서로 다른 시대와 장소에 살았지만, 그들은 하나인 가톨릭교회와 일치를 이루고 가톨릭교회의 신앙을 확실하게 지킨 이들이며, 우리가 받아들일 충분한 가치가 있는 스승으로서 우뚝 서 있는 사람들입니다. 한 두 사람이 아닌 모든 사람이 공개적으로 그리고 자주 똑같이 합의한 내용, 계속적으로 지켜져 왔던 내용, 글로 기록되고 가르쳐 왔던 내용을 가톨릭 신자는 발견하게 될 것입니다. 그리고 본인도 그 내용을 아무런 주저 없이 믿어야 한다는 사실을 이해하게 될 것입니다. ……

레렝스의 빈켄티우스, 《회상록 Commonitorium》.
브루네티에르 Brunetière-Labriolle, 《레렝스의 성 빈켄티우스 Saint vincent de Lérins》(1906년), 434쪽에서 인용.

제7장

중세 초기
그리스도교 세계의 해체와 재건(5~11세기)

▲ 비잔티움의 필사가.

로마 제국이 교회를 받아들이기까지 300년 이상 걸렸다. 그러나 4세기 말에 이르러서 그리스도인들은 로마 제국이라는 틀을 벗어나서는 교회가 지속적으로 존재할 수 없을 것이라고 생각했다. 세속적인 분야와 종교적인 분야가 서로 완전히 겹쳐 있었다. 주교들은 고위 관리로 변했고, 황제가 공의회와 그 밖의 것들을 소집했다.

그러나 로마 제국은 심한 몸살을 앓고 있었다. 테오도시우스 황제가 세상을 떠나자, 로마 제국은 마침내 두 개로 쪼개졌다. 5세기에 서로마 제국은 이민족의 침략으로 해체되어 버렸다. 동로마 제국은 영토가 점점 줄어들긴 했지만, 그래도 5세기 이후로 1000년 동안 지속되었다. 그리스도교는 이런 모든 흥망성쇠를 거치면서도 견디어 왔고 그 안에서 커다란 변화를 겪었다.

16세기 르네상스 시대에서 고대 500년을 뺀 1000년을 중세라고 불렀다. 원래 '중세'라는 용어는 굉장히 경멸적인 뜻을 지니고 있었다. 16세기의 인문주의자들은 자신들이 부흥시키려고 하는 고대 문명으로부터 자신들을 떼어놓고 있는 이 시기(1000년)를 경멸하고 조롱하기 위해서, 중세라고 표현했다.[61]

중세 1000년 동안 엄청난 일이 일어났다. 우리는 중세하면 주교좌성당, 십자군 운동, 수도원, 다시 말해서 그리스도교 세계를 연상하게 된다. 그러나 중세에 도달하기 위해선, 그리스도교 위에 세워진 유럽 문명이 온갖 심혈을 기울이며 발전해 가는 과정을 보여주는 어둠침침한 600년을 통과해야만 하는 여행을 떠나야 한다.

Ⅰ. 이민족의 침입, 다시 그리는 종교 지도

1. 게르만족의 침입

5세기 초반, 훈족에 쫓겨 이동할 수밖에 없었던 수많은 게르만

---
[61] 르네상스 시대 사람들은 '자신들과 고대 사이에 재수 없이 끼어 있는 시기'라는 뜻으로 중세라고 표현했다.

족들이 다뉴브 강과 라인 강을 건너 로마 제국으로 파도치듯 밀려들었다. 먼저, 남부 갈리아와 스페인에 정착하기 위해 쳐들어 왔던 알라리쿠스가 이끄는 서고트족에 의해 로마가 정복당하고 약탈당했다(410년). 반달족은 북아프리카를 점령했고, 반달족에 의해 완전 포위당한 히포에서 아우구스티누스가 세상을 떠났다(430년). 439년에는 카르타고가 점령당했다. 아틸라Attila(434~453년)가 이끄는 훈족은 서로마 제국을 침범했다. 게르만계 이민족들과 서로마 제국의 마지막 군대가 동맹한 신성한 연합군이 트루아Troyes(지금의 프랑스) 근처에서 아틸라의 진격을 저지했고, 대 레오 교황은 아틸라를 만나 철군할 것을 요구했다. 협상은 성공적이었다(452년).[62] 그러나 로마는 겐세리쿠스Gensericus(반달족 왕)가 이끄는 반달족에 의해 또다시 약탈당했다(455년).[63] 마침내 서로마 제국의 마지막 황제로 수염도 채 나지 않은 젊은이였던 로물루스 아우구스툴루스Romulus Augustulus가 털북숭이 이민족 오도아케르Odoacer(게르만족 왕)에 의해 폐위를 당했다(476년). 서로마 제국이면서 그리스도교였던 고대 세계는 더 이상 존재하지 않았다. 새로운 시대가 시작된 것이다. 로마 제국이 동방에서는 계속 유지되었지만, 서로마 제국은 멸망하여 동고

---

[62] 훈족 아틸라 왕이 군대를 이끌고 이탈리아를 침공해 왔을 때, 레오는 황제의 특사와 함께 만투아(로마에서 약 320km 떨어진 곳)까지 아틸라를 마중 나가 그를 감동시켜 로마를 구해 냈다.

[63] 겐세리쿠스가 반달족을 이끌고 와서 로마를 포위하자, 레오 교황이 또다시 로마를 방화와 살인으로부터 보호하기 위해 다시 한 번 협상을 했다. 협상은 성공적이었지만, 로마는 14일 동안 약탈당했다.

트족, 서고트족, 부르고뉴족, 반달족, 알라마니족 등의 이민족들이 세운 여러 왕국 속으로 사라져 버렸다.

세상의 종말인가?

많은 그리스도인들은 세상의 종말이 도래했다고 믿었다. 그들은 서로마 제국의 붕괴로 인해 그리스도교가 더 이상 존재할 수 없을 것이라고 생각했다. 로마가 함락당한 사건(410년)은 신자들에게는 잊지 못할 고통스러운 체험이었다. 이교도들은 로마가 자신들의 옛 종교를 저버렸기 때문에, 신들이 이 같은 비극적인 형벌을 내렸다고 생각했다.

그리스도인들은, 사도들과 순교자들의 유해가 묻혀 있는 이 로마를 그분들이 왜 보호하지 못했을까 하고 의아해 했다. 어떤 이들은 그리스도인들이 죄를 지었기 때문에 하느님께서 벌을 내리신 것이라고 말했다. 그렇다면, 왜 아무 죄도 없는 어린이들은 그렇게 비명횡사를 해야 한단 말인가?

베들레헴에 있던 히에로니무스는 로마가 이민족에게 함락당했다는 소식을 듣고서, 슬픔을 주체할 수 없었다.[88] 히포에 있던 아우구스티누스는 자신의 작품《신국론》에서, 로마가 함락당한 일련의 사건들에 대해 신학적인 의미를 부여하는 작업을 시도했다.

88) 베들레헴 수도원에서, 로마 함락 소식을 접한 히에로니무스

아 슬프도다! 팜마키우스Pammachius와 마르켈라Marcella가 죽었다는 소식, 로마가 함락당했다는 소식, 그리고 수많은 나의 형제자매들이 영원히 잠들었다는 소식이 갑자기 나에게 전해졌습니다. 너무나 놀랍고 혼란스러워서, 밤낮으로 로마 교회 공동체의 안녕밖에는 다른 것을 생각할 수가 없습니다. 로마 교회의 성도들이 겪고 있는 포로 생활을 마치 내가 겪고 있는 것처럼 느껴집니다. 좀 더 자세하게 알기 전까지는, 나는 입을 열 수가 없었습니다. 그동안 계속해서 불안과 근심으로 가득 차서, 희망과 절망 사이를 오가면서, 나는 떨고 있었습니다. 그리고 그들이 겪고 있는 불행 때문에, 나 자신도 심한 고통에 시달렸습니다. 그러나 전 세계의 찬란한 빛이 꺼져 버렸을 때, 또는 로마 제국의 머리가 참수당해 버렸을 때, 그리고 더 정확하게 말하자면, 온 세상이 한 도시의 멸망으로 인해 사라져 버렸을 때, 나는 할 말을 잃어버렸고 벙어리가 되었으며, 초라하고 비참한 신세가 되었습니다. 좋은 말로 위로하며 침묵을 지켰지만, 나의 슬픔은 또다시 새롭게 터져 나왔습니다. 내가 불타는 로마에 대해 묵상하는 동안, 내 마음도 벌겋게 불타올랐습니다. ……

    아무리 오래된 것이라고 할지라도 모든 것은 다 끝이 있게 마련입니다. 지나간 세기들은 결코 다시 돌아오지 않습니다. 그리고 시작이 있는 모든 것은 종말을 맞이하며, 성장한 모든 것은 쇠락과 죽음을 겪게 된다고 말하는 것은 맞는 말입니다. 흐르는 세월의 공격을 받고서도 사라지지 않는 피조물이란 결코 없습니다. 그러나 로마여! 과연 누가 믿겠습니까? 온 세계를 정복해서 건설한 로마가 멸망해 버렸다는 사실을, 모든 나라들의 어머니(로마)가 또한 그 모든 나라들의 무덤이 되어 버렸다는 사실을, 한때 제국의 수도(로마)에 속했던 동방과 이집트와 아프리카의 모든 해안가에는 로마 제국의 남녀 노예들이 넘쳐났었다는 사실을, 우리가 매일 이 거룩한 베들레헴에서 한때 고귀하고 온갖 종류의 부를 다 가지고 있던 남자와 여자들을 받아들였는데, 이제는 가난뱅이가 되어 버렸다는 사실을. 그토록 처참한 고통을 받고 있는 저들을 구해 낼 방도가 우리에게는 없습니다. 우리가 할 수 있는 일이란 그저 그들을 불쌍히 여기고 그들과 함께 눈물을 흘리는 일뿐입니다.

히에로니무스, 《에제키엘서 주해 *Commentarii in Ezechielem*》 서문.
메슬랭과 팔랑케 M. Meslin et J.-R. Palanque,
《고대 그리스도교 *Le christianisme antique*》, 264~265쪽에서 인용.

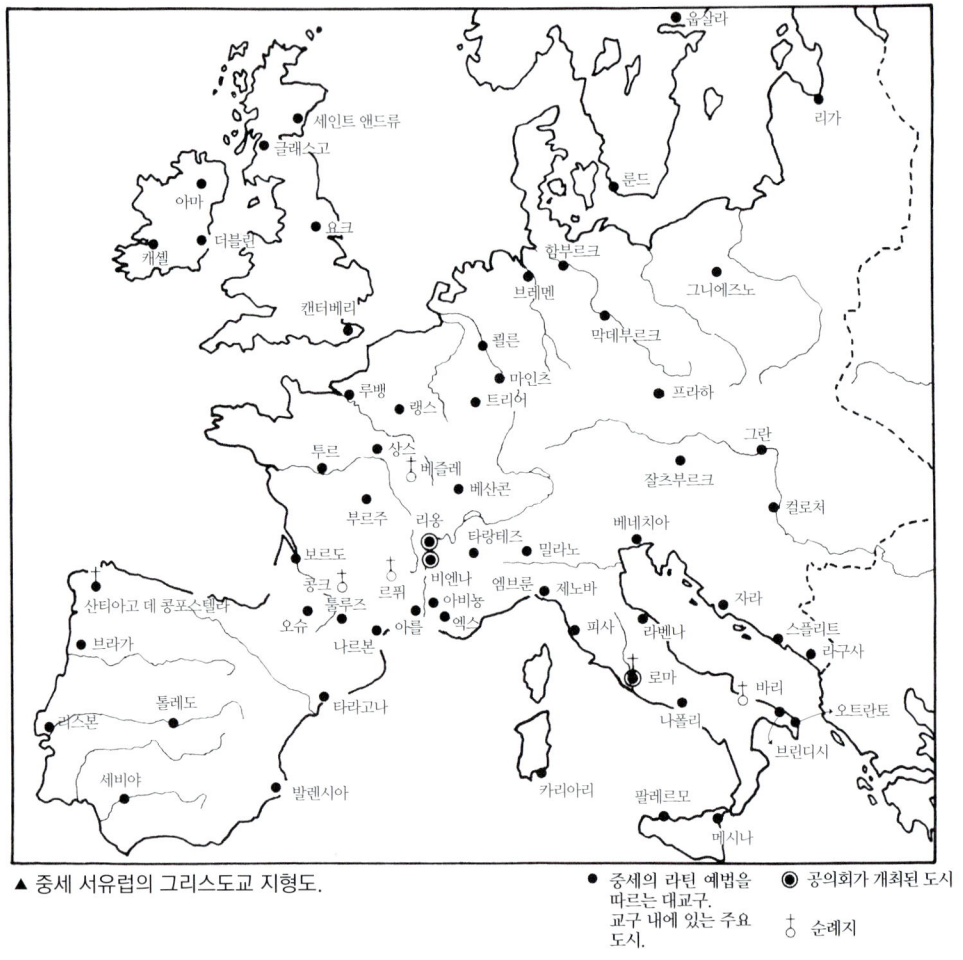

▲ 중세 서유럽의 그리스도교 지형도.

● 중세의 라틴 예법을 따르는 대교구. 교구 내에 있는 주요 도시.
◉ 공의회가 개최된 도시
⚲ 순례지

도시를 방어하는 주교들

이 같은 비극적인 상황 속에서도 교회만이 유일하게 조직적인 제도를 갖고 있었다. 그래서 많은 주교들은 당시 로마 제국의 행정 업무가 거의 붕괴 직전인 상황 속에서도 그 공백을 메우고 있었다.

아우구스티누스는 히포로 밀려드는 많은 피난민을 맞아들이면서, 주교들과 사제들에게 신자들과 함께 머물면서 자리를 지키라고 명령했다. 쿠옷불트데우스Quodvultdeus(카르타고의 주교)는 카르타고에서 이민족에 대항하는 세력의 원동력이 되었고, 엑수페리우스Exsuperius(툴루즈의 주교)는 툴루즈를 방어했고, 시도니우스 아폴리나리스Sidonius Apollinaris(클레르몽의 주교)는 클레르몽을 지켜냈다. 파티에누스Patienus(리옹의 주교)는 리옹과 인근 여러 지역에 식량을 공급해 주었고, 낭트의 거룩한 게네비에비우스Genevievius 수녀는 파리 사람들에게 계속해서 용기를 북돋아 주었다.

프랑크족의 개종

이민족들과 사이좋게 지내는 수밖에 달리 다른 방도가 없었다. 게다가 몇몇 이민족들은 로마 제국에 대한 커다란 존경심을 갖고 있었고, 과거 로마 제국의 공직자들을 자신들의 관직에 다시 등용시켰다. 오로시우스는 이민족들의 침입이 교회에 새로운 무대를 알려 주는 계기가 될 수도 있다고 생각했다.[89] 대다수의 게르만족들은 4세기에 울필라스가 자신들에게 전해 준 아리우스주의의 그리스도교를 자신들의 신앙으로 받아들였다. 그들은 대체적으로 그리스도인들에게 관대한 입장이었지만, 아리우스주의를 신봉하던 반달족은 아프리카에서 자신들과 다른 그리스도인들에 대해 잔혹하게 박해했다.

프랑크족은 그리스도교를 믿지 않는 이교도로 남아 있었다. 하지만 이전에 콘스탄티누스 황제가 그랬던 것처럼, 프랑크족의 클로비스Clovis 왕도 알라마니족과의 전투에서 승리한 것이 그리스도교 신자인 아내 클로틸드Clotilde가 믿던 하느님 덕분이라고 생각했다. **90)** 클로비스 왕이 그리스도교(로마 가톨릭)로 개종한 것은 커다란 파급 효과를 가져왔다. 프랑크족은 옛 갈리아계 로마인들로부터 엄청난 호의를 입었다. 그리하여 클로비스 왕은 아리우스주의 게르만족을 훨씬 능가하게 되었다. 이제 주류 그리스도인(로마 가톨릭)들은 자신들의 독립적인 통치자를 갖게 됨으로써, 더 이상 콘스탄티노플에 의존하지 않게 되었다. 클로비스 왕이 그들에게 있어서 새로운 콘스탄티누스가 된 것이다.

89) 교회 안으로 들어 온 이민족

포르투갈 북부에 있는 도시 브라가의 사제, 오로시우스Orosius는 반달족이 침입해 들어오기 전에 히포로 피신하여 아우구스티누스 곁에 있었다. 그가 쓴 《이교인 반박 역사》(7권)에서는 아담으로부터 417년까지에 이르는 보편 역사를 그리스도교적인 관점에서 진술했다.

동방과 서방 전역에서 그리스도의 교회들이 온통 훈족, 수에비족, 반달족, 부르고뉴족 그리고 셀 수 없이 다양한 인종들의 신자들로 가득 차 있었기 때문에, 야만족들이 로마 제국의 영토 안으로 들어와 흩어져 살 수 있게 되었다고 한다면, 그것은 찬양과 영광을 받으셔야 할 하느님의 자비입니다. 비록 우리 자신이 약해지는 희생 대가를 치르기는 했지만 말입니다. 만일 그런 기회(우리 자신이 약해지는 기회)가 없었다면, 그렇게 많은 민족들은 그리스도교 진리에 대한 지식을 결코 받아들일 수 없었을 것입니다.

오로시우스, 《이교인 반박 역사*Historiarum adversus paganos libri VII*》, 7,41.
쉬뉘레Schnürer, 《중세의 교회와 문명*Église et civilisation au Moyen*》, t. I,152쪽에서 인용.

90) 클로비스 왕의 개종[64]

투르의 그레고리우스(538~594년)는 클레르몽—페랑Clermont-Ferrand에서 태어나 리옹에서 살다가 573년에 투르의 주교가 되

---

64 그레고리우스의 《프랑크족 역사》에 따르면, 톨비악 전투(496년)는 프랑크족의 역사에 있어서 하나의 전환점이 된다. 전쟁에서 승리하자, 클로비스는 랭스에서 레미 주교로부터 세례를 받았고 이로써 프랑크족은 로마 가톨릭을 받아들였다. 프랑크족은 로마 가톨릭을 수용함으로써 다른 게르만족들과는 달리 장기적으로 살아남을 수 있는 계기를 마련했다.

었다. 그의 작품들 중에서 특히 《프랑크족 역사》[65]는 스와송의 꽃병[66], 메로빙거 왕실의 골육상잔 등과 같은 5~6세기 갈리아 지방의 정치와 종교적인 생활에 관한 중요한 정보를 전해 준다.

두 군대가 만나서 전투를 벌이면서 가혹한 학살이 일어났습니다. 클로비스 왕의 군대는 완전히 전멸될 위기에 빠졌습니다. 클로비스 왕은 이를 지켜보면서, 눈을 들어 하늘을 우러러보며, 마음속으로 양심의 가책을 느꼈습니다. 복받친 감정에 눈물을 흘리면서 소리 내어 울부짖었습니다.

---

[65] 투르의 그레고리우스 주교가 남긴 《프랑크족 역사》는 초기 프랑크족의 이동과 정착에 관한 가장 중요한 사료다. 그레고리우스의 작품은 당시에 작성되어 오늘날까지 보존된 연대기들 가운데 당시 역사를 연구하는 데 있어서 가장 중요한 가치를 지닌 일차 사료다. 왜냐하면 이 작품에는 다른 사료에서는 볼 수 없는 6세기 프랑크 왕국의 시대상이 생생하게 묘사되어 있기 때문이다. 《프랑크족 역사》는 총 10권으로 되어 있다. 1~4권은 천지창조를 간단하게 언급한 후 갈리아 지방이 어떻게 그리스도교화 되었는가를 설명하고, 프랑크족이 그리스도교로 개종한 사건과 클로비스 왕이 갈리아를 정복한 내용, 기게베르트(+575년)까지의 역대 프랑크 왕들의 역사를 다룬다. 5권과 6권은 주로 그레고리우스와 힐페릭 사이에 발생한 정치적인 갈등에 대한 내용들이다. 그레고리우스가 투르의 주교가 되었을 때, 클로비스 가문에는 고질적인 골육상쟁이 시작된다. 이 과정에서 지게베르트가 살해되고 힐페릭이 투르를 차지한다. 그레고리우스는 힐페릭을 변덕스러운 전제 군주로 묘사했다. 7~10권은 힐페릭의 사후 591년까지의 역사를 다룬다.

[66] 스와송의 주교가 갖고 있던 항아리에 관한 이야기다. 스와송은 현재 프랑스의 한 도시다. 스와송 항아리에 대한 에피소드는 다음과 같다. 후에 프랑크족의 클로비스 왕은 스와송 전투에서 승리한 후 전리품을 분배하다가, 항아리 하나를 보고 "이건 내가 가져야지!"라고 말했다. 그러자 한 전사가 "당신은 이 항아리를 가질 권리가 없소. 아무리 왕이라고 해도 당신은 다른 사람과 똑같이 전리품을 나눠 가져야 하오."라고 말했다. 프랑크족들은 당시만 해도 왕이라고 해서 전리품을 맘대로 갖지 못했다. 스와송 항아리를 갖지 못하게 만든 그 전사에게 원한을 품고 있던 클로비스는 세월이 한참 흐른 후 군대를 사열하다가 사열대 속에서 그 전사를 발견했다. 바로 그 순간 클로비스는 커다란 도끼를 집어 들고 "스와송 항아리를 기억하라." 하고 외치면서 그 전사의 두개골을 박살내 버렸다.

"예수 그리스도님, 당신은 클로틸드(클로비스 왕의 아내)가 살아 계신 하느님의 아들이라고 믿고 고백하신 분이십니다. 당신은 곤경에 빠진 사람들에게 도움을 주시고 당신께 희망을 둔 사람들에게 승리를 주시는 분이십니다. 저는 간절한 마음으로 당신 구원의 영광을 입기를 간청합니다. 만일 당신께서 저에게 승리를 허락하시어 이 적들을 물리치게 해 주신다면, 그리고 당신의 이름에 봉헌된 이 민족이 드러내어 증거해 왔던 그 능력을 직접 체험으로 확인시켜 주신다면, 저 또한 당신을 믿고 당신의 이름으로 세례를 받겠습니다. 저는 제가 믿는 신들에게 요청해 보았지만, 지금 여기에서 알 수 있듯이, 그들은 저를 전혀 도와주지 못한 채 철수해 버렸습니다. 확신컨대, 그들은 아무런 능력도 없습니다. 왜냐하면 그런 신들은 자신들을 믿는 사람들에게 전혀 구원을 가져다주지 못하기 때문입니다. 제가 지금 간절히 청하는 당신께, 기꺼이 당신께 저는 의탁합니다. 만일 제가 적들의 손에 의해서 왕위를 박탈당한다 할지라도, 기꺼이 당신께 의탁합니다."

클로비스 왕이 이렇게 간구하자마자, 놀랍게도 알라마니족이 퇴각하여 도망치기 시작했습니다. ……

투르의 그레고리우스, 《프랑크족 역사 Historia Francorum》.

유스티니아누스 황제

콘스탄티노플에서는 유스티니아누스 황제(527~565년)가 이민족들의 수중으로 넘어간 제국의 영토를 되찾기 위한 영웅적인 조치들을 착수했다. 그 결과 아프리카와 이탈리아에서 부분적인 성공을 거두었다. 그러나 무엇보다 그가 황제로서 명성을 얻을 수 있었던 직접적인 요인은 콘스탄티노플에 성 소피아 성당을 건축한 것과

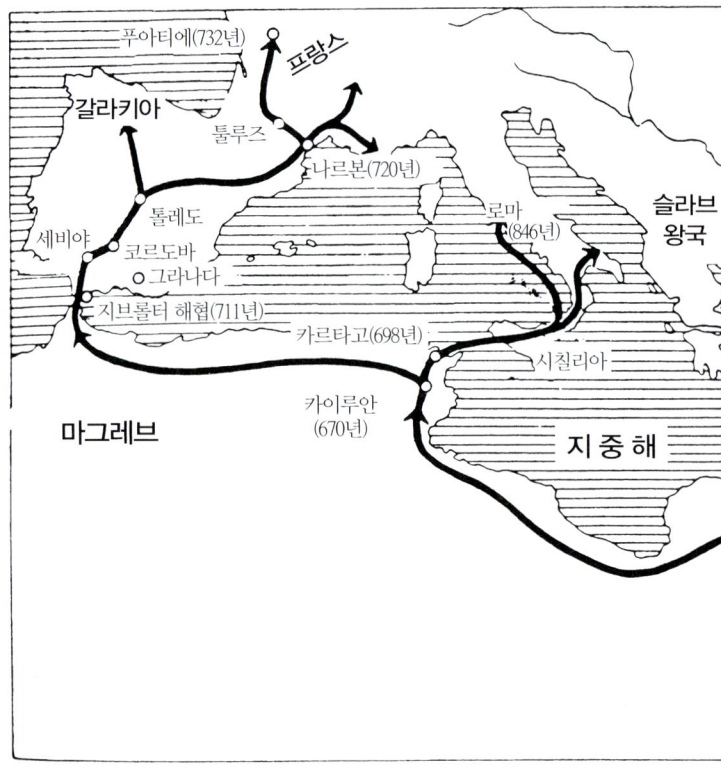

▲ 이슬람의 침입 경로(7~9세기).

로마 제국의 모든 법령을 집대성해서 엮은 《시민 법전 Corpus Iuris civilis》을 공포한 것이었다. 이 법전은 이후 유럽의 세속 사회와 종교 사회(그리스도교) 안에서 법의 토대가 되었다.

▲ 유스티니아누스 황제, 산 비탈레에 있는 모자이크, 라벤나.

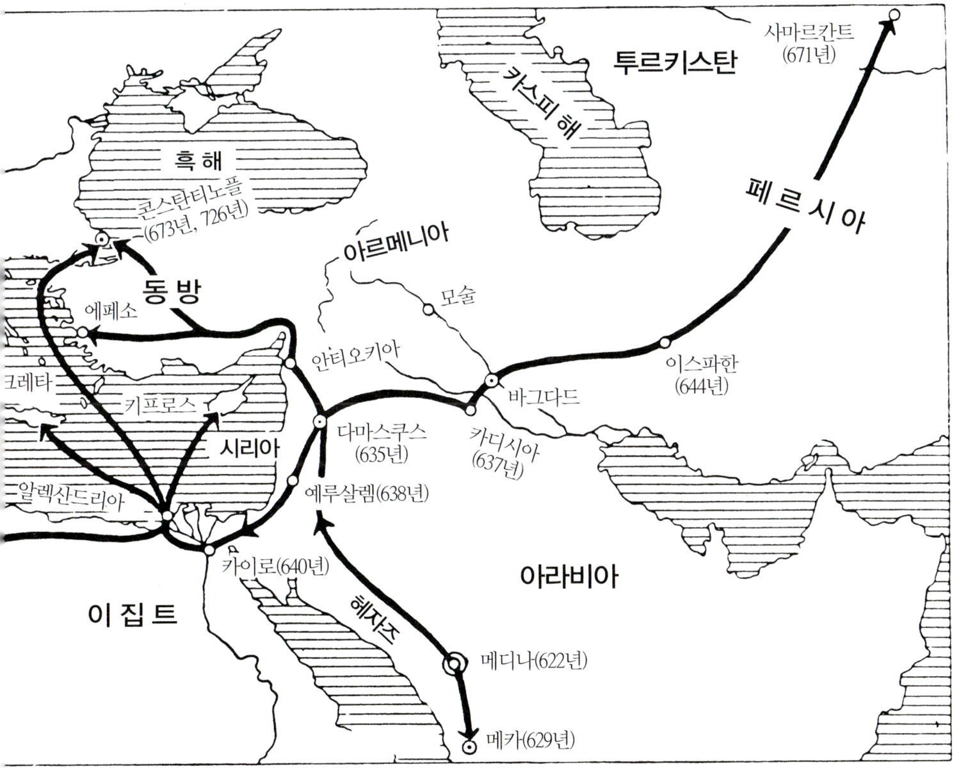

2. 이슬람의 태동과 아라비아인들의 침입

150년 후에 아라비아 반도에서 온 또 다른 침입자들이 지중해 연안에 있던 그리스도교의 지도를 근본적으로 뒤흔들어 놓는 엄청난 지각 변동을 초래했다.

잊혔던 아라비아

7세기, 아라비아는 다양한 문명과 종교가 서로 만나는 교차로였다. 유다교 공동체와 그리스도교 공동체가 홍해 연안과 아라비아 반도 남부 지역(현 예멘) 여러 곳에 설립되어 있었다. 전승에 따르면, 하니프족[67]은 아라비아인들 가운데서 가장 먼저 유일신 사상을 믿었다. 그러나 대부분의 아라비아 지역은 다신교 신앙을 믿는 유목민들이 차지하고 있었고 그들은 자기들끼리 계속해서 싸우고 있었다. 한편, 아라비아인들은 검은 돌(카바)이 있는 메카Mecca[68]를

---

[67] 당시 아라비아에는 유다교와 그리스도교가 전해져 신자수가 점점 증가했다. 그리하여 메카에서 유일신 사상을 믿는 사람들이 나타났는데, 이들이 바로 '하니프Hanif'였다. 그러나 일반 대중은 여전히 돌·천체·샘·수목 등을 숭배하는 다신교를 믿었다. 하니프들은 이에 반대하여 세상의 종말은 가까워졌다고 주장하면서, 그때에는 선한 자는 복을 받고 악한 자는 벌을 받게 된다고 주장했다. 그들은 유일신은 창조주이며 인간에 대한 선의를 갖고 있다고 믿었다. 마호메트가 유일신 알라의 가르침을 모든 아라비아인들에게 전파할 사명을 자신이 가졌다고 확신한 것은 40대에 들어서였다. 마호메트의 주장은 다분히 하니프들의 영향을 받은 것이라고 할 수 있다.

[68] 전 세계 6억의 이슬람교도들이 꿈속에서마저 동경하는 성지 메카는 예언자 마호메트가 태어난 곳이다. 거리 중앙에 솟은 모스크와 카바 신전은 이슬람의 최고 성지. 평생 단 한 번의 성지 순례를 위해 전 세계에서 이슬람 신도들이 모여든다.

향해 끊임없이 몰려들었다. 왜냐하면 메카는 순례지이면서, 시장이 열리는 장소였기 때문이다.

마지막 예언자

이와 같은 다양한 사상의 영향을 받은 마호메트는 약 610년경부터 자신이 하늘로부터 계시를 받았다고 주장하면서 메시지를 선포했다. 알라(하느님)의 심판이 임박했다는 것과 알라는 오직 한 분뿐이시며, 그 알라를 믿는 사람들(무슬림)은 '그 신에게 절대로 복종(이슬람)'해야 한다는 내용이었다. 마호메트는 아브라함과 예수를 통해서 이어지는 긴 예언자들의 계보에서 자신이 마지막 예언자라고 주장했다. 그가 완수해야 할 사명은 아라비아에 유일신 사상을 재건하고, 자기 민족에게 민족 고유의 언어로 된 책, '코란'을 주는 것이었다. 코란이야말로 그들을 다른 민족들과 대등하게 해 줄 수 있는 것이라고 그는 믿었다. **91)** 하지만 자기 부족 사람들에게 박해를 받은 마호메트는 메카를 도망쳐서 메디나Medina로 갔다(622년). 이것이 무슬림 시대의 기원이 되는 헤지라Hijrah 축제의 기원이다. **92)** 그리스도인들과 유다교인들을 규합할 수 없다고 생각한 마호메트는 이 둘을 모두 배척하고 자신의 새로운 종교를 세계 종교로 선포하기 시작했다. 그는 아라비아 부족들을 통합시키는 데 성공하고 나서 메카로 되돌아왔다. 그리고 몇 개월 후 메카에서 세상을 떠났다(632년).

코란

91) 시작 기도

자비로우시고 자애로우신 알라(하느님)의 이름으로!
모든 만물의 주님이신 알라는 찬미를 받으소서.
당신은 지극히 자비로우시고 지극히 자애로우신
분이시고,
심판 날의 주인이십니다.

오직 당신만을 섬기며 당신께만 도움을 청하나이다.
곧은 지름길로 우리를 인도하소서.
그 길은 당신의 축복을 받는 사람들이 걷는 길이며,
당신의 노여움을 받는 사람들이나
당신의 길에서 벗어난 사람들은 걸을 수 없는
길이옵니다.

▲ 알라는 나의 희망, 아라비아 비문, 7세기.

92) 모세가 암소를 제물로 바치는 수라에서 발췌한 글 (코란 제2장)

코란은 수라Surah나 장으로 구분된다. 흔히 수라에서 다루는 주제들 가운데 한 주제의 이름을 따서 그 수라의 제목이 정해진다. 두 번째 수라의 제목은 모세가 암소를 제물로 바치는 것을 묘사한 63권에서 유래한다.

얼굴을 동쪽으로, 서쪽으로 돌리는 것은
경건한 예배가 아니다.
참된 예배는 이렇다.
알라와 마지막 심판 날, 천사들, 그 책(모세 오경)과
예언서들을 믿는 것,
아무리 소중한 재산이라 할지라도,
그것을 친척들과 고아들, 궁핍한 이들, 나그네들,
걸인들에게 기꺼이 나누어 주는 것,
그리고 노예를 값을 치르고 풀어 주는 것,
기도하는 것, 자선을 실천하는 것이다.
그리고 알라와 맺은 계약을 충실하게 이행하는 자들,
불행, 역경과 위기 가운데서도
용기를 잃지 않고 견디어 내는 이들은

자신들의 신앙에 충실한 이들,

이런 이들이야말로 참으로 알라를 경외하는 자들이다.

(172)

이제 이 백성은 한 민족이 되었다.

그러자 알라께서 예언자들을 보내시어

기쁜 소식과 경고를 전하게 하셨다.

그리고 알라께서는 예언자들과 함께 진리가 담긴

책을 내려 보내셨다.

그리하여 알라께서는 이 백성들 사이에서

서로 다른 점을 식별하여 결정하실 것이다.

그 책을 전해 받은 사람들을 그 책을 기준으로

판단해 보면 천태만상이었다.

서로가 서로에게 오만했다는 것이 명백하게 드러났다.

그래서 천태만상의 사람들 가운데서

알라께서는 당신 친히 허락하시어 진리를 따르는 이들을

가려내어 인도하셨다.

알라께서는 올바른 길로 예비하신 이들을 모두

인도하신다. (209)

알라여,

당신 외에 다른 신은 없나이다.

당신은 살아계시고 영원하시나이다.

그분은 졸지도 잠들지도 않으시고,

하늘과 땅에 있는 모든 것이 그분의 것이다.

누가 있어 그분의 허락 없이 그분의 일을

간섭할 수 있으랴?

알라께서는 그들 앞에 있는 일들과

그 뒤에 일어날 일들도 아신다.

이 백성들은 그분께서 허락하시는 것을 제외하고는

그분의 지혜를 전혀 알지 못했다.

그분의 옥좌는 하늘과 땅을 포함한다.

그것들(하늘과 땅)을 계속 존재케 하는 것이

그분께는 힘든 일이 아니다.

그분은 지극히 높으시고 지극히 영광스러운 분이시다.

(256)

데르멩갬Dermenghem, 《마호메트와 이슬람의 전통 *Mahomet et la tradition islamique*》, 93쪽.

성전

　동로마 제국과 페르시아 제국의 잔류 부대들이 그나마 아라비아에 저항하는 가운데, 아라비아인들은 새로운 군사 강국으로 마치 전광석화와 같이 빠른 속도로 다른 나라들을 정복했다. 아라비아인들은 '알라를 향해 나아가는 여정에서 치열한 투쟁('지하드' 때로는 '성전聖戰'으로 번역)' 안에서 맞이하는 죽음을 열광적으로 받아들였다. 시리아 교회와 이집트의 동방 교회 사람들은 전혀 저항하지 않고 오히려 정복자들을 환영했기 때문에, 이슬람 정복자들의 과업이 의외로 쉽게 달성되었다. 심지어 시리아와 이집트의 그리스도인들은 이슬람 정복자들을 때로는 해방자로 간주하기도 했다. 당시 시리아와 이집트 교회는 교의적인 문제와 윤리적인 문제로 인해 콘스탄티노플과 계속해서 갈등 관계에 있었다. 결국 예루살렘이 먼저 함락되고 시리아와 팔레스티나도 함락되었다(638년). 알렉산드리아는 642년에, 페르시아는 651년에 아라비아인들의 손에 넘어갔다. 7세기 말에는 북아프리카인들이 아라비아인들에게 치열하게 저항했지만 결국 그들에게 정복되었다. 아라비아인들은 카이로우안Kairouan[69]을 건설했고(670년), 카르타고를 점령했다(698년). 그 후 아라비아인들과 이슬람으로 개종한 베르베르인들이 함께 스페인 정복을 감행했다(711년). 그들은 저 멀리 프랑크 왕국의 중심부

---

[69] 카이로우안(현 튀니지)은 670년에 아랍인들이 건설한 도시다. 유네스코가 문화유산으로 선정했다.

까지 밀고 들어가기도 했다(푸아티에, 732년).

그때부터 이슬람은 그리스도인들의 최대 원수가 되었다. 이것은 하나의 끝이 보이지 않는 전쟁의 시작이었다. 1492년이 되어서야 스페인은 아라비아인들에게 잃었던 영토를 다시 수복할 수 있었다. 11세기부터 서구의 그리스도인들은 예수가 활동했던 성지를 이슬람교도로부터 되찾기 위해서 십자군을 조직하려고 했다.

한편, 아라비아인들은 그리스 문명을 동화시켰을 뿐만 아니라, 고대 그리스 문명과 학문을 전승하는 데 있어서 가교 역할을 했다. 스페인, 시칠리아와 같은 특정 지역들이 이슬람과 그리스도교 사이를 이어주는 문화 교류의 중심지가 되었다.

▲ 바위 돔 사원, 이슬람의 모스크, 예루살렘.

3. 새로운 종교 지도

교회의 무게 중심 이동

동방과 북아프리카에 있던 가장 오래된 전통을 지닌 그리스도교들이 아라비아의 침입으로 인해서 붕괴되어 버렸다. 무슬림이 비교적 관용적인 태도를 취했다고는 하지만 그럼에도 불구하고, 이들 그리스도교 공동체들은 동방에서 천천히 쇠퇴해 가고 있었다. 오늘날에는 겨우 명맥만 유지하고 있는데, 이런 교회들 가운데서 이집트의 콥트 교회와 레바논의 마론 교회[70]가 가장 널리 알려져 있다. 이들 교회는 수도 생활과 같은 안정적인 제도를 계속해서 유지해 왔고, 고유한 전례 언어를 사용함으로써 문화적인 특성을 간직하고 있다.

하지만 이와는 달리, 북아프리카의 그리스도교 공동체들의 쇠퇴 과정은 눈에 띌 정도로 두드러졌다. 아라비아인들이 북아프리카를 정복했을 때만 해도 주교가 약 40명이었다. 하지만 1053년에는 많

---

[70] 마론 교회Maronites는 로마 가톨릭교회에 속한 동방 교회 가운데 아주 큰 교회로 고유한 동방 전례를 거행한다. 마론 교회의 기원은 성 마론(또는 마로)이라는 4세기 후반에서 5세기 초에 살았던 시리아 은수자와 685~707년에 안티오키아의 총대주교였던 요한 마론 성인에 의해서 시작되었다. 684년에 동로마 제국의 유스티니아누스 2세 황제가 군대를 이끌고 쳐들어왔지만, 마론 총대주교의 지도 하에 이를 격퇴함으로써 마론 교회는 완전히 독립했다. 마론 교회는 전통적으로 로마 교황청과 늘 연결되어 있는 정통 그리스도 교회로 강조되어 왔다. 한편, 이슬람의 칼리프들조차도 용감무쌍한 산악인인 마론 교회의 그리스도인들을 굴복시킬 수 없었다. 그래서 마론 교회는 이슬람에 흡수되지 않았다. 우마이야 왕조의 두 칼리프는 마론 교회의 그리스도인들에게 경의를 표했다. 1943년 레바논이 완전 독립하자, 마론 교회는 레바논에서 가장 중요한 두 종교 집단 가운데 하나가 되었다.

아야 5명, 1076년에는 단 2명의 주교밖에 없었다. 12세기 초에 북아프리카에서 마지막으로 그리스도인들이 사라졌다. 따라서 교회의 무게 중심도 더 이상 로마를 축으로 하는 지중해에 있지 않았다.

교회의 무게 중심은 북쪽으로 이동해 갔다. 아라비아의 세력이 지중해에 버티고 있는 한, 해상을 통한 서양과 동양의 왕래와 문물 교환은 사실상 더 어려워졌다. 유럽 대륙에서는 슬라브족이 다뉴브 강변에 정착해서 지중해 쪽과 달마티아 해안 쪽으로 내려오기 시작했다. 그들은 마케도니아를 거쳐서 6세기 말과 7세기 초에는 펠로폰네소스Peloponnesos 반도까지 밀고 내려왔다. 슬라브족은 그리스어를 쓰는 동방과 라틴어를 쓰는 서방 접경 지역에서 무리를 형성하고 있었다. 그리하여 그리스도교의 지도가 새롭게 그려졌다.

비잔티움 제국[71]

동로마 제국은 남쪽으로 시리아, 팔레스티나와 이집트를 빼앗겨 버렸다. 또한 슬라브족과 불가리아족이 동로마 제국의 북쪽과 동쪽을 위협하고 있었다. 그리하여 동로마 제국은 그리스어를 사용하는 아시아 국가로 전락해 버렸다. 이즈음부터 동로마 제국은 비

---

[71] 비잔티움 제국이라는 말은 '비잔티움(그리스어로 비잔티온)'에서 유래했다. 동—서로마의 궁극적인 분리 이후 서방인들은 동로마 제국을 로마 제국으로 인정하기 싫어서, '비잔티움적인' 제국이라고 칭하게 되었다. 이것을 영어식으로는 the Byzantine Empire라고 표기하고, 한국에서는 영어식으로 '비잔틴 제국'이라고 부른다. 그러나 '로마 제국'을 '로만 제국'이라고 하지 않고, '러시아 제국'을 '러시안 제국'이라고 하지 않는 것에 비추어 볼 때, 비잔틴 제국이라고 하는 것은 맞지 않다.

잔티움 제국으로 알려지게 된다. 비잔티움 제국이라는 이름은 비잔티움이라고 불리는 도시 이름에서 따온 것이다. 보스포루스 해협에 있는 콘스탄티노플이 바로 비잔티움이다. 알렉산드리아, 예루살렘, 안티오키아의 총대주교좌들이 아라비아 세계에 둘러싸여 고립된 채 쇠퇴해 가자, 콘스탄티노플 총대주교좌의 위상이 크게 강화되었다. 이때부터 콘스탄티노플 총대주교는 동방 교회의 수장으로서 수위권을 지니게 되었고, 로마 주교인 교황과는 라이벌 관계가 되었다.

서방의 이민족

서방에 자리 잡고 있던 이민족 왕국들의 상황은 점점 더 악화되었다. 그것은 수세기 동안 계속해서 로마 제국을 침략해 온 결과였다. 무역이 시작되면서부터 도시 생활이라는 것이 사라져 버렸다. 도시에서 먹고살기 위해 할 수 있는 활동이란 고작해야 거대한 땅에 농사짓는 일이었다. 이 같은 경기 침체는 윤리 의식 침체로 이어졌다. 사람들은 학문과 예술과 종교 문제에 대해 전혀 관심을 갖지 않았다. 당시 종교는 이교도들의 잡다한 미신으로 완전히 뒤범벅이 되어 있었다. 이처럼 눈에 띌 정도로 모든 것이 퇴폐해 버렸다는 것은 하나의 혹독한 시련이었다. 그러나 이런 시련을 통해서 점차 그리스도교 신앙은 새로운 문명을 태동시키는 데 기여하고 있었다. 즉 그리스-로마 문명의 유산과 게르만족의 공헌이 결합되어 새로운 문명이 탄생했다.

시골의 자연 종교

이 시기에 시골 본당들이 시골의 광활한 땅에 많이 생겨났다. 그리하여 그리스도교는 시골 사람들의 종교가 되었다. 그리고 이 무렵에 교회 안에서는 풍요를 가져다주는 땅을 표현하는 시골 시가(詩歌)들과 대지에 충실해야 한다고 강조하는 내용들이 가득한 시가들이 많이 생겨났다. 5세기에 비엔나의 마메르투스 주교는 풍성한 수확을 기원하며 경작지 주변을 돌면서 불렀던 추수 기도문(秋收祈禱文, Rogations)[72]을 작성했다.

한편, 그리스도교 신심 행위의 뿌리가 시골 지방에서 생겨났다. 성인들과 성인들의 유해를 공경하는 예식, 기적에 대한 체험 등 이 모든 것이 결합되어 하나의 민중 종교로 성장했다. 오늘날에도 민

---

[72] 추수 기도절(秋收祈禱節, Rogation Days)은 가톨릭교회에서 추수를 위해 특별 기도를 바치는 축일이다. 마메르투스는 처음에 '암바르발리아'라는 3일간의 이교도 추수절 행렬을 대체하기 위해 차(此)기도절을 제정했다. 추수 기도절은 대(大)기도절과 소(小)기도절로 이루어져 있다. 대기도절은 4월 25일이고, 소기도절은 대기도절과 주님 승천 대축일(부활절 후 40일째 되는 날) 이전에 3일 동안 바친다. '로비갈리아'라는 로마의 이교도 축제를 대체한 그리스도교 축제가 대기도절이다. 이때에 사람들은 로마에서부터 행렬을 이루어 로마 밖 어느 지점까지 걸어갔다가, 그곳에서 곡식을 병충해로부터 보호해 달라고 개와 양을 한 마리씩 희생 제물로 바쳤다. 그레고리우스 1세 교황 때 이 축제가 연례 행사로 제정되었다(598년). 그리스도인들의 행렬은 이교도들의 행렬과 마찬가지로 똑같은 길을 걷다가 중간에서 갈라져서 성 베드로 대성전으로 돌아와서 미사를 드렸다. 소기도절은 470년경에 마메르투스에 의해서 처음으로 갈리아 지방에 도입되었다. 그 후 제1차 오를레앙 시노드(511년)는 갈리아 사람은 누구나 의무적으로 소기도절을 지켜야 한다고 제정했다. 800년경, 레오 3세 교황은 이 축제를 로마에서도 거행하도록 했다.

중 종교에 대한 향수가 다시 자라나고 있다.

문화의 지킴이와 창조자, 수도자

그리스도교에 생생한 활력을 불어넣은 이들은 사제와 주교들이 아니라 바로 수도자들이었다. 사제와 주교들은 자질과 능력에 있어서 수도자들에 비해 훨씬 처졌다. 복음화가 진행되는 곳은 어디에서든지 주로 수도자들이 선봉에 서 있었다.

항상 이동하면서 복음을 선포했던 아일랜드 수도자들은 초기 그리스도교 전도 여행가(복음 선포자)들이 겪었던 어려움과 고초를 똑같이 겪었다. 콜룸바누스Columbanus(540~615년) 성인은 아일랜드의 반고르Bangor를 떠나서 아르모릭크Armorique[73]로 전도 여행을 갔고, 보스게스Vosges 지방의 룩쇠이Luxeuil에, 콘스탄티아 호수 근처의 브레겐츠Bregenz에 그리고 북이탈리아의 보비오Bobbio에 여러 수도원을 창설했다. 아일랜드 수도자들은 새로운 형태의 참회 예식을 서유럽에 도입시켰다. 그들이 서유럽에 전파시킨 새로운 참회 예식은 '미리 정해진 보속'[74]과 개별 고백으로 이루어졌다.[110] 한편, 베네딕투스의 규칙서를 따르는 수도자들도 복음 선포자로 활동했다. 이들 가운데는 캔터베리의 아우구스티누스(600년)가 있었고,[93]

---

73 아르모릭크 지역은 노르망디 반도에서 브르타뉴 반도에 이르는 지방.
74 '미리 정해진 보속'에는 죄의 종류와 죄의 경중에 따라 보속의 종류와 양이 기록되어 있었다. 따라서 새로운 참회 예식 때문에 어떻게 해야 할지 몰랐던 고해 사제는 신자들이 고백하는 죄의 경중에 따라서 《참회서Paenitentiale》에 기록된 것을 지침으로 삼아 보속을 주었다.

성경을 해석하고 라틴 교회 전통을 수호한 가경자(하느님의 종) 베다 Beda(7~8세기) 같은 인물도 있었다.

▲ 카를 대제, 프랑스 메츠에 있는 동상.

Ⅱ. 그리스도교 세계의 첫 번째 재건

1. 카롤링거 왕조의 르네상스

메로빙거 왕국들이 붕괴하자, 메로빙거의 왕들은 이제 궁재宮宰들의 지배를 받게 되었다. 궁재들은 무사 가문의 사람들로 점차 주목을 받기 시작했다. 궁재 가운데 아우스트라시아Austrasia의 궁정 집사들이 있었는데, 아우스트라시아는 동쪽에 있던 왕국으로 수도는 메츠였다. 이곳 궁재 중 한 사람이 카를 마르텔Charles Martel[75]

---

[75] 참고로, 카를 마르텔(714~741년)이 카를 대제의 할아버지이고, 소小피핀(741~768년)이 카를 대제의 아버지이다.

이었다. 그는 주교들과 수도원장을 임명하고 자신이 원하는 대로 교회의 땅을 처분하는 등의 교회 업무를 책임지고 있었다. 그는 푸아티에에서 아라비아 군대를 막았고(732년), 아비뇽에서도 아라비아 군대의 진군을 막았다(737년). 그 후 대부분의 권력을 완전 장악한 소小피핀Pipin(카를 마르텔의 아들이자 후계자)[76]은 자카리아스 교황에게 현 상태를 합법화해 달라는 요청을 했다. 그리하여 피핀과 교황청은 상호 수용할 수 있는 합의점(동맹)에 도달했다.

교황령의 탄생

피핀이 문의하자, 자카리아스 교황은 다음과 같이 회신했다. "권력을 가진 사람에게 왕위를 주는 것이 더 낫다." 이에 따라 피핀은 게르만족의 사도인 보니파키우스Bonifacius(보니파시오)에 의해 왕이 되었다(751년). 한편, 롬바르드족이 로마를 쳐들어왔지만, 더 이상 콘스탄티노플 황제의 도움을 기대할 수 없던 자카리아스 교황은 피핀에게 가서 피신처를 구했다. 그리고 스테파누스 2세 교황은 피핀과 미래의 카를 대제를 포함한 그의 아들들을 다시 축성해 주었다(754년). 군대를 이끌고 이탈리아로 원정을 간 새로운 왕 피핀, 하느님의 간택을 받은 새로운 다윗은 롬바르드족을 물리치고

---

[76] '피핀'의 이름이 독자들에게 혼란스러움을 가져다준다. 왜냐하면 피핀은 '피핀 3세'라고 불리기도 하며, 때로는 '작은(짧은) 피핀Pépin le Bref'이라고 불리기도 하기 때문이다. '작은(짧은)'이라는 별명이 피핀에게 붙은 것은 두 형제 피핀 중에서 차남이었기 때문이기도 했고, 피핀이 프랑크 왕국에서 처음으로 머리를 짧게 잘랐기 때문에 사람들은 그를 '짧은 피핀'이라고 불렀다.

교황을 로마에 다시 옹립한 후 롬바르드족으로부터 되찾은 영토에 대한 전권을 교황에게 주었다(756년). 이렇게 해서 1870년까지 지속되었던 교황령이 탄생했다. 비록 스테파누스 2세 교황이 교황령에 대한 통치자가 되었지만, 교황이 프랑스 왕들의 통치권 안으로 들어오게 되었다. 그러자 교황과 콘스탄티노플 황제 사이에 미묘한 갈등 기류가 생겼다.

새로운 서구의 제국

카를 대제(768~814년)는 부친의 정책을 이어받아 그대로 추진해 나갔다. 그는 서구 유럽의 일치를 강화시켰고, 아라비아인을 북부 스페인으로까지 몰아냈고 무력으로 작센족을 그리스도교로 개종시킴으로써,[94] 왕국의 영토를 동쪽으로 더 확장시켰다. 또한 카를 대제는 교황청에 자신의 의견을 강요했다.

800년 성탄절, 레오 3세 교황은 로마에서 카를 대제의 머리 위에 직접 황제 왕관을 씌워 주는 황제 대관식을 거행했다. 게르만족의 흔적을 간직한 채 탄생한 새로운 제국은 로마 제국을 계승하고자 했다. 이렇게 해서 다시 성립된 제국은 일치와 평화라는 하나의 이상을 영원히 구현할 것을 표방했다. 이 같은 이상은 정치 제도와 교회 안에서 모두 실현되어 갔다. 이때부터 계속해서 서구 사회의 두 축은 교황과 황제였다.

그러나 콘스탄티노플 황제는 카를 대제라는 새로운 황제가 불법적으로 황제 직위를 찬탈했다고 간주했다. 비잔티움 제국 밖에 있는 자가 감히 황제라는 칭호를 사용하는 것을 콘스탄티노플의 황제로서는 도저히 용납할 수 없었던 것이다. 결국 이 사건은 그리스어를 사용하는 동방 세계와 라틴어를 사용하는 서방 세계 사이에 분쟁을 일으키는 또 다른 요인이 되었다.

질서의 회복

카롤링거 왕조의 통치자들은 교회의 질서를 회복시키고 교회의 특권을 되찾아 주는 것이야말로 자신들이 해야 할 의무라고 생각했다. 이 같은 통치 이념은 결국 '카롤링거 왕조의 르네상스'라는 말이 생겨나게 만들었다. 피핀의 통치 하에서 수도자이며 주교였던 보니파키우스는 게르마니아 교구를 재조직했다. 한편, 카를 대제는 많은 법령집을 편찬했는데 이런 법령집들은 주로 알쿠이누스Alcuinus와 같은 수도자들에 의해서 만들어졌다. 카를 대제는 또한 프랑크 교회를 개혁하기 위한 시도를 왕성하게 전개해 나갔다. 그는 아주 신중하게 주교들을 선발하면서 그들을 자신의 고위 관료로 간주했다. 또한 그는 재속 사제들을 위해서 수사 신부들의 공동체 같은 것을 설립하도록 적극적으로 후원해 주었다. 이미 그전에 메츠의 크로데강Chrodegang(†766년)이 영감을 받아 수사 신부들의 공동체를 창설했다. 그런데 카를 대제는 그것을 모방해서 비슷한 공동체를 만들려고 했던 것이다.

몽펠리에Montpellier 근처 아니안Aniane의 수도원장인 베네딕투스는 베네딕투스 규칙서를 전파시키면서 수많은 수도원들을 개혁했다. 이 같은 개혁이 항상 성공을 거둔 것은 아니지만, 그래도 그는 수도자들이 수도원장을 직접 선출하는 관습을 다시 정착시키려고 노력했다.

전례 개혁

전반적으로 갈리아 지역에 팽배해 있던 전례 예식의 쇠퇴를 종식시키기 위해서, 카를 대제는 자신의 왕국에 로마 전례를 도입하여 강력하게 시행했다. 그러나 전례 개혁이 지나치게 구약의 정신으로 빠져 버린 나머지, 예식주의와 규정주의 방향으로 흘러갔다. 그리하여 공동으로 하는 기도가 소홀히 되었고 라틴어를 전혀 알지 못하는 신자들에게, 미사는 알아들을 수 없는 신비롭고 거룩한 공연이 되어 버렸다. 전례용이 아닌 일상적인 빵도 누룩을 넣지 않고 만들었고 미사를 집전할 때, 사제는 신자들에게 등을 보이며 미사를 거행했으며 로마 미사 경본을 낮은 소리로 읊었다. 또한 사적으로 드리는 미사가 점점 늘어났다. 한편, 아일랜드 선교사들에 의해서 전파된 《참회 규정서》(개별 고백)가 엄청난 속도로 전파되자, 이를 중지시키고 옛 참회 전례(공개 참회)를 다시 도입하기 위해서 전례 법령집들을 만들어 냈다.

학문의 부흥

성직자 양성을 위한 학교 설립의 필요성을 강조하면서, 카를 대제는 학문을 부흥시키기 위한 착수를 시도했다. 엑스라샤펠(현 아헨) 궁내에 궁정 학술원을 설립해서 당대의 석학들을 불러 모았는데 대부분 수도자들이었다. 그들은 성경과 교부들의 작품과 전례를 연구할 뿐만 아니라 고전 라틴어를 다시 도입하려고 시도했다. 필사가들은 작업실에서 서체와 채식彩飾에 있어서 아주 훌륭한 많은 필사본들을 내놓았다. 이러한 학문의 부흥은 9세기 초, 절정에 달했다.

신학 분야에서도 위대한 학자들의 이름이 다시 등장했다. 교의 논쟁이 다시 시작되었다. 파스카시우스 라드베르투스Paschasius Radbertus(785년경~860년경), 라바누스 마우루스Rabanus Maurus(780년경~856년), 라트람누스Ratramnus(?~868년경)가 성체 안에 그리스도의 실제적 현존에 대해 서로 다른 견해를 피력했다. 리옹의 부제 플로루스Florus(?~860년)는 당시 유통되고 있던 성경 본문의 내용을 개선하려고 노력했다. 또한 그는 하느님의 말씀을 읽는 것이야말로 미신이나 지나친 성화상 공경을 가라앉힐 수 있는 가장 좋은 치유책이라고 생각했다.

2. 비잔티움 제국의 흥망성쇠

비잔티움 제국에서 발생한 모든 격렬한 군사적 혼란 중에서도, 가장 중요한 이슈로 떠오른 것은 100년 이상(726~843년) 벌어진 성화상 논쟁이었다. 초세기 그리스도인들은 하느님을 구체적으로 표현하는 것에 대해 강하게 반대했다. 그들은 하느님을 구체적으로 표현하거나 그리는 행위를 우상 숭배로 간주했다. 그러나 3세기 이후부터 성경에 등장하는 인물들과 장면들을 그린 그림들이 카타콤바에 장식되기 시작했다. 그런 그림들 가운데서 최고의 자리를 차지한 것은 그리스도에 대한 그림들이었다.

동방 교회에서는 전통적으로 성화상이 교육적인 역할을 담당해 왔다. 한마디로 성화상은 '침묵의 강론', '문맹자들을 위한 책'이었다. 성화상은 마치 성화상에 그려진 인물의 현존을 실제로 드러내는 것처럼 경배의 대상이 되었다. 그러나 몇몇 사람들은 이러한 관습을 달가워하지 않았다. 그래서 그들은 성화상 공경을 미신으로 간주하고 심지어 우상 숭배라고 비난했다.

성화상 논쟁

동로마 레오 3세 황제는 콘스탄티노플의 황실 정문 위에 설치되어 있던 그리스도상을 파괴했는데(726년), 이 상은 많은 사람들이 특별히 경배했던 그리스도상이었다. 이 사건은 성화상 파괴 정책의 시작이었다. 황제는 민중들의 폭동과 수도자들의 저항에도 불구하고 성화상 파괴를 단행했다. 레오 3세 황제가 이슬람의 영향을 받았던 것이었을까? 황제는 민중들의 신앙을 정화시키고 성화상 지지자들이었던 수도자들의 영향력을 약화시키려는 의도에서 그런 일을 했을 가능성이 크다. 성화상 파괴는 콘스탄티누스 5세 황제의 통치 기간(741~775년)에 극에 달했다. 수도자들은 성화상 파괴를 막다가 순교를 당했다. 결국 이레네Irene 황후가 니케아에서 공의회를 소집하여 성화상 문제를 해결함으로써 다시 평온을 회복했다(787년). 이 공의회는 제7차 일치 공의회로 성화상 공경의 합법성을 인정한 공의회였다.

그러나 813년에 다시 성화상 논쟁이 일어났고 결국 843년에 가서야 비로소 해결되었다. 그 이후로는 더 이상 성화상 논쟁이 발생하지 않았다. 그리하여 마침내 교회와 신자들이 성화상 파괴를 원했던 황실을 물리치고 승리를 거두었다. 비록 승리를 하긴 했지만, 성화상(모자이크와 그림들)을 제작할 때에는 아주 엄격하게 신학적인 기준을 적용했다. 작가들은 성당 벽면에 위계질서에 따라 순서대로 그려 나갔다. 먼저 성당의 둥근 천장에 그리스도를 그리고 마지막으로 지하 경당에 성인들을 그렸다.

비잔티움 제국의 전성기

9세기 말, 서구에는 어두운 그림자가 짙게 드리워지고 있었지만,

비잔티움 제국은 마케도니아 왕조(867~1056년)와 마케도니아의 위대한 바실리우스 2세 왕에 의해서 찬란한 번영기를 맞이하고 있었다. 비잔티움 제국은 군사적으로 크게 성공하고 문학 작품들도 번성했지만, 훨씬 더 괄목할 만하게 발전을 이룬 것은 수도 생활이었다. 수도자인 아타나시우스Athanasius는 그리스 북부에 있는 아토스Athos 산에 첫 번째 수도원을 세웠다(963년). 이 거룩한 산이 후대의 수도자들에게 많은 영향력을 끼치는 장소가 되었고 동방 정교회의 영성에서 높은 위치를 차지하게 되었다.

▲ 전능하신 그리스도, 그리스의 다프네에서 출토된 모자이크.

3. 복음화의 연속

서양의 복음화

　동방과 서방이 정치적·국가적으로 위기를 맞이했던 기간에도 복음화는 꾸준히 계속되었다. 복음화가 자발적으로 이루어지기도 했지만, 왕이나 교황이 조직적으로 복음 전파에 전념하기도 했다. 6세기 말, 대 그레고리우스 교황은 캔터베리의 아우구스티누스를 영국으로 파견해서 교회를 다시 재건하도록 했다. 8세기 전반기에는 영국 수도자 윈트리프Winthrif라는 위대한 선교사가 서방에서 활약했다. 보니파키우스라는 이름으로 더 잘 알려진 그는 프랑크족 교회를 다시 조직했고 아주 많은 주교좌와 대수도원을 설립했다. 그는 오늘날의 네덜란드에 살던 프리지안족에게 복음을 전파하다가 순교했다. 8세기 말, 카를 대제는 새롭게 정복한 작센족에게 그리스도교 세례를 받든지 아니면 죽음을 택하라고 요구했다.[94] 그러나 카를 대제의 조언자이자 수도자인 알쿠이누스는 이런 식으로 그들을 개종시켜서는 안 된다고 충고했다. 9세기에는 안스카르Anskar(801~865년) 덕분에 함부르크, 브레멘, 스칸디나비아 반도에까지 복음이 전파되었다.

이교도를 개종시키는 두 가지 방법

93) 대 그레고리우스 교황이 영국으로 전도 여행을 떠나는 아우구스티누스에게 한 조언

가능한 한 이교도들의 신전은 파괴하지 말고, 단지 그들의 우상들만 깨뜨린 다음에 신전에 성수를 뿌리고, 제대를 세우고, 성인들의 유해를 보관하도록 하시오. 만일 잘 지어진 신전이라면, 그대는 단지 악마를 숭배하던 그 신전의 용도만 변경하도록 하시오. 그렇게 해서 그 신전이 이제부터는 참하느님을 경배하는 장소가 되게 하시오.

그렇게 하면 자신들의 예배 장소가 파괴되지 않은 것을 본 주민들은 자신들의 잘못을 잊어버리고, 참된 하느님에 대한 지식을 얻게 될 것이오. 그리하여 자신의 조상들이 함께 모여 경배했던 바로 그 장소에서 하느님을 경배하게 될 것이오. 과거에 그들이 악마를 숭배하기 위해서 수많은 소를 희생 제물로 바쳤지만, 그들의 축제 관습을 바꿀 필요는 없을 것이오. 성당 봉헌 축일이나 성당에 유해를 모셔 놓은 순교 성인들의 축일에는, 그들이 전에 이교 신전 주위에 초막을 지었던 것처럼, 성당 주변에 나뭇가지로 초막을 짓게 하시오. 그리고 잔치와 곁들여 축일을 지내도록 하시오.
……

이런 식으로 그들에게 자신들의 기쁨을 외적으로 표현하게 해 준다면, 내적 기쁨을 알 수 있도록 그들을 훨씬 더 쉽게 인도할 수 있을 것이오. 왜냐하면 이 같은 잘못된 생각들로 가득 찬 현혹된 영혼들을 단 한 번에 없애 버린다는 것은 불가능하기 때문이오. 그대는 껑충껑충 산을 뛰어오르려고 하지 말고, 천천히 오르도록 하시오.

대 그레고리우스, 《편지》, 11,56.

94) 작센족에 대한 카를 대제의 법령

카롤링거 왕조의 법전은 《법령집capitulaires》이라고 불린다.

폭력으로 성당에 난입하는 자들과 무력이나 절도 행위로 성당 기물을 약탈해 가는 자들 혹은 성당에 불을 지르는 자들은 누구든지 사형에 처한다.

그리스도교를 경멸하여 거룩한 사순 시기의 단식을 지키지 않고 육식을 하는 자들은 누구든지 사형에 처한다.

> 이교도들의 의식을 행하면서 시신을 불태운 자들은 누구든지 사형에 처한다.
>
> 세례받지 않은 사실을 동료들에게 숨기면서 세례받기를 거절하는, 세례받지 않은 작센족들은 누구든지 사형에 처한다. ……

슬라브족의 복음화

그리스어권(동방 교회) 선교사들과 라틴어권(서방 교회, 여기에서는 게르만족) 선교사들이 다뉴브 강 유역의 평원에 위치한 슬라브족들의 나라에서 서로 협력해 가면서 복음을 전파했다. 게르만족 선교사들은 바바리아Bavaria에서부터 보헤미아Bohemia와 모라비아Moravia까지 복음을 전파했다. 이 무렵에 모라비아의 왕자는 콘스탄티노플에 사람을 보내 선교사를 보내 달라고 요청했었다. 콘스탄티노플 총대주교는 형제 두 사람을 파견했는데(863년), 이들은 바로 키릴루스(치릴로, 동생)로 더 잘 알려진 콘스탄티누스와 메토디우스Methodius(메토디오, 형)였다. 그들은 모두 테살로니카 태생으로 슬라브어를 능통하게 했다.

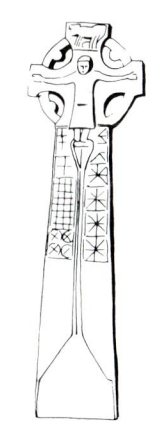
▲ 아일랜드에 있는 켈트족의 십자가.

그들은 최초로 슬라브어 알파벳을 창안했는데, 그때까지 슬라브어는 단지 문자가 아닌 말로만 존재했다.[77] 그들은 성경과 전례서들을 슬라브어로 번역했다.[95]

그러나 그들은 바바리아의 주교들의 계략에 빠지고 말았다. 바바리아의 주교들은 키릴루스와 메토디우스를 자신들의 라이벌로 간주했다. 그래서 그들은 슬라브족에게 라틴 전례가 아닌 그 어떤 전례도 사용해서는 안 된다고 주장했다. 또한 이들 주교들은 기도할 때에는 빌라도가 예수님의 십자가 명패(요한 19,20 참조) 위에 써 놓은 세 가지 언어(히브리어, 그리스어, 라틴어)로만 기도해야 한다고 주장했다. 두 형제는 로마로 갔고, 거기서 교황으로부터 따뜻한 영접을 받았다. 요한 8세 교황은 슬라브어 전례를 인가했다. 로마에 머무는 동안에 콘스탄티누스(키릴루스)는 세상을 떠나 로마의 한 성당에 묻혔으나, 메토디우스는 모라비아Moravia 대주교로 지명되었다.[78] 모라비아 대주교좌는 시르미움(현 미트로비카, 사베 강변에 위치, 사베 강과 다뉴브 강이 합류하는 지점과 가까운 곳이었음)에 위치해 있었다. 그가 세상을 떠나자(884년), 게르만족 주교들은 새로 선출된 교황을 설득해서 슬라브어 전례를 단죄하는 데 성공했다.[96]

---

77 그리스 문자에 기초하여 슬라브어 알파벳을 만들었다. 최종 확정된 키릴루스 문자는 아직도 현대 러시아어와 다른 많은 슬라브 언어의 알파벳으로 사용되고 있다.

78 하드리아누스 2세 교황은 모라비아와 판노니아를 게르만족 교계 제도에서 독립시켜 대교구로 승격시킨 뒤, 메토디우스를 그곳 대주교로 임명했다.

95) 슬라브족 가운데서 활동한 키릴루스와 메토디우스

슬라브족이 자신들의 왕자인 라스티슬라브Rastislav와 함께 세례를 받았을 때, 스비아토폴크Sviatopolk와 코트셀Kotsel(왕자의 가족)은 동로마 제국의 미카엘Michael(842~867년) 황제에게 서한을 보냈다. "우리가 세례를 받았지만, 우리에게는 강론을 해 주고 가르치고 성경을 설명해 줄 스승이 없습니다. 우리는 그리스어도 모르고 라틴어도 모릅니다. 사람마다 가르치는 것이 달라서, 우리는 성경의 의미와 권위를 이해하지 못하고 있습니다. 그래서 우리에게 성경과 성경의 정신을 설명해 줄 수 있는 스승들을 보내 주시기 바랍니다."

이 같은 소식을 전해들은 미카엘 황제는 모든 학자를 불러 모아 슬라브족 왕자가 한 말을 그대로 전해 주었다. 그러자 학자들은 대답했다. "테살로니카에 레오라는 사람이 있습니다. 그에게는 슬라브어를 아주 잘하는 아들들이 있습니다. 그들은 학문에 능할 뿐만 아니라, 학자들입니다. ……"

그리하여 콘스탄티누스와 메토디누스가 (슬라브족에게) 도착하자, 그들은 슬라브어 알파벳을 창안했고 사도행전과 복음서를 슬라브어로 번역했다. 슬라브족은 자신들의 언어로 하느님의 위대한 업적을 전해 듣고서 매우 기뻐했다.

…… 그러나 몇몇 사람들이 슬라브어로 된 성경책을 보고 트집을 잡고 비난했다. "그 어떤 백성도 빌라도가 구세주의 십자가 명패 위에 써 놓은 히브리어, 그리스어, 라틴어가 아닌 다른 알파벳으로 된 성경을 가질 권리가 없다."

요한 8세 교황은 로마에서 이 소식을 듣고, 슬라브어로 번역된 성경을 문제 삼고 비방하는 자들을 비난하며 말했다. " '모든 혀가 하느님을 찬미하게 되리라'는 성경의 말씀이 이루어지도록 하여라."

《네스토리우스 연대기Chronique de Nestor》, 20, 11세기 본문.

96) 스테파누스 5세 교황이 슬라브어 전례를 금지시키다

이 본문은 앞의 본문(95번 글)과 대조된다.

메토디우스는 사람들을 교화시키기보다는 오히려 사람들에게 미신을 조장했고 평화를 가져다주기보다는 오히려 논쟁을 불러일으켰다. …… 성무일도와 거룩한 신비들과 장엄한 미사를 슬라브어로 거행하겠다고 메토디우스가 주

> 장하는데, 그 같은 것은 어느 누구로부터도 승인을 받지 않은 것이다. ……
>
> 하느님의 이름으로, 그리고 사도좌의 권위로 그 같은 행위들을 금지하는 바이다. 그리고 슬라브어가 아니면 성경의 말씀을 전혀 알아듣지 못하는 순진한 영혼들을 제외하고, 교육을 받은 사람들이 복음서와 사도들의 저서를 슬라브어로 읽으면 단죄받을 것이다.
>
> 미이으오Millot, 《영웅적인 선교사 L'Épopée missionnair》, 234쪽.

불가리아족과 러시아족의 복음화

박해를 받은 메토디우스의 제자들은 불가리아로 피신했다. 아시아계 부족이었던 불가리아족은 슬라브족의 영향을 많이 받았다. 그들은 로마와 콘스탄티노플 사이에 위치해 있었다. 불가리아족은 키릴루스 알파벳과 슬라브 전례를 받아들였다. 그 다음 세기에 러시아족이 키릴루스 알파벳과 슬라브어 전례를 사용했다. 그러나 10세기에 북쪽과 서쪽과 남쪽에서 새로운 침입자들이 쳐들어왔기 때문에, 이 같은 왕성한 복음 선포 활동이 심각하게 위협을 받았다.

Ⅲ. 새로운 혼란, 더디기만 한 안정

1. 서방에서의 암흑기(9세기 말~10세기)

동요

프랑크 제국의 일치는 베르됭Verdun 조약(843년)으로 인해 깨졌다. 이 조약으로 루이Louis 경건왕(814~840년)이 이룬 제국이 세 조각으로 분할되었다.[79] 오늘날의 프랑스와 독일은 이렇게 해서 생겨났다.

북해에서 이탈리아 남쪽까지 뻗어 있는 긴 복도 같은 로타린기아Lotharingia는 얼마 안 있어 수많은 왕국으로 쪼개졌다. 그리하여 10세기 초에는 황제의 직위마저 사라져 버렸다. 내전과 이민족의 침입으로 인해 서방은 완전히 와해되어 버렸다. 스칸디나비아 반도에서 쳐들어온 노르만족은 서유럽 대륙의 북쪽과 대서양 연안 쪽으로 상륙했다. 그들은 강을 따라 배를 타고 올라오면서 살육과 약탈을 자행했다. 사람들은 침입자들을 피해서 가능한 한 내륙으로 피난을 갔다. 이를 통해 필리베르트Philibert 성인의 유해가 느와

---

[79] 카를 대제가 죽자, 아들 루이가 황제로 즉위했으나 그는 호인으로 제국을 통치할 능력이 없었다. 루이 왕이 죽자, 아들 삼형제가 서로 권력 다툼을 하다가 베르됭 조약을 맺어 제국을 삼등분했다. 장남 로타르 1세는 이탈리아 반도, 중부 프랑크, 로마 황제가 되었고, 차남 루이는 동프랑크 왕이 되었고, 삼남 카를 2세는 서프랑크 왕이 되었다. 장남 로타아르는 또다시 자신의 왕국을 세 아들에게 분할해 주었다. 루이 2세는 이탈리아 왕이 되고 다른 두 아들은 메르센 조약(870년)에 의해 동프랑크(독일, 루트비히 왕)와 서프랑크(카를 2세)를 지배하게 된다. 서프랑크 왕국(카를 2세)은 점차 프랑스 왕국으로 불리게 되며 라틴어가 아닌 프랑스어가 이때부터 형태를 갖추게 된다.

르무티에Noirmoutier에서부터 저 멀리 투르뉘Tournus까지 이동한 경로를 추적할 수 있다.

동쪽에서는 우랄 지방에서 쳐들어 온 마자르족Magyars과 헝가리족이 게르마니아를 침입했고 저 멀리 부르군디까지 광활한 지역을 모두 황폐화시켜 버렸다. 남쪽에서는 무슬림 해적인 사라센족이 아프리카와 스페인을 출발해서 이탈리아와 프로방스의 연안 지역을 습격했다. 거의 한 세기(888~975년) 동안 사라센족은 성 트로페즈St. Tropez 위쪽에 있는 라 가르드-프레네La Garde-Freinet를 근거지로 삼아, 주변 지역들을 약탈했고, 심지어 클뤼니 수도원의 수도원장 마이욜Maïeul을 인질로 체포해 갔다.

신성 로마 제국과 새로운 왕국들

10세기 말엽에 서구 사회는 안정을 되찾아 갔다. 게르마니아의 오토 1세 왕의 후원으로 제국은 복구되기 시작했다(962년). 이렇게 하여 탄생한 신성 로마 제국은 1806년까지 지속되었다. 그러나 신성 로마 제국이 서유럽 전체를 아우르는 보편성을 지향했음에도 불구하고, 사실상 게르마니아(독일) 지역에만 국한되어 있었다. 프랑스에서는 카페 왕조가 굳게 뿌리를 내렸다(987년). 이와 동시에 프랑스에 침입한 자들이 새로운 국가들을 건설하고 있었다. 노르만족이 노르망디 지역에 정착했는데 이때부터(911년) 이곳에 정착한 노르만족의 이름을 따서 이 지역을 노르망디라고 불렀다.

새로운 나라의 탄생은 대부분 그 나라의 지도자가 세례를 받음으로써 이루어졌다. 헝가리족은 레흐Lech 강의 전투에서 패배하자(965년) 다뉴브 강 계곡에 새롭게 삶의 터전을 잡았다. 헝가리 왕국은 스테파누스 왕이 세례를 받음으로써 시작되었다(1000년). 오늘날 가톨릭 국가인 폴란드는 미에스즈코Mieszko 공작이 세례를 받음으로써 탄생했다(966년). 키예프Kiyev의 왕 블라디미르 대공작이 드니에프르Dniepr에서 세례를 받자(989년), 콘스탄티노플 교회가 키예프(러시아)까지 북쪽으로 확장되었다. 그리하여 블라디미르는 수도 키예프를 활동 무대로 삼고 있던 러시아를 유럽 국가 속으로 끌고 들어갔다.

2. 봉건 제도 속으로 빨려 들어간 교회

봉건 제도

침입도 그렇지만 내전도 국가를 분열시키는 데 크게 기여했다. 그렇게 된 데에는 봉건 제도에서 사람들이 서약을 통해서 자신들 사이에 세워놓은 결속력이 한몫을 했다. 토지는 땅을 지키는 기사들의 것이었다. 기사들은 더욱 강력한 영주의 보호 밑으로 들어갔다. 영주들은 가신들에게 재산과 봉토 또는 성직록을 하사했다. 사회적 결속력이 이러한 방식으로 기사들과 영주들의 위계질서로 변했다. 방대한 땅을 소유한 교회도 이 같은 봉건 제도 속으로 사로잡혀 버렸다. 교회에서 직위를 가진 사람들은 누구든지 일정한 땅이나 성직록을 가질 수 있었고 성직록은 성직자들에게 생계 수단이 되었다.

주교들은 평신도들과 마찬가지로, 이 같은 봉건 제도 안에서 영주이며 가신이었다. 주교들은 자신들의 영지 안에서 관할권을 행사했으며, 법을 집행했다. 그리고 군대도 가지고 있었다. 이 같은 사실로 미루어 볼 때, 당시 사람들이 교회 직책을 얼마나 갖고 싶어 했는지를 짐작할 수 있다. 성직자들과 신자들이 주교를 선출하던 옛 전통은 잊힌 지 이미 오래였다. 다른 봉토들은 세습이었지만, 주교직과 수도원장직은 세습직이 아니었다. 따라서 그 직책에 있던 사람이 사망하면, 그 자리는 공석이 되어 다른 사람에게 다시 분배되었다. 영주들, 황제, 왕들, 공작들 등은 주교들을 마음대로 갈아치우고 자신들이 총애하는 자에게 주교직을 주었다.

주교의 봉토에는 영성적인 관할권과 세속적인 관할권이 동시에 포함되어 있었기 때문에, 주교직은 일종의 서임 예식(서임권)을 통해서 수여되었다. 영주는 자신이 선출한 주교 후보자에게 십자가와 반지를 수여했는데 이것은 평신도 서임이었다(세속적 서임). 그리고 일반적으로 대주교가 주교들을 항상 축성했다(영적 서임).

열등한 주교들과 나쁜 교황들

일반적으로 주교들의 자질은 형편없었다. 왜냐하면 왕자들이 주교들을 선택할 때, 종교적인 측면만을 고려하지는 않았기 때문이었다.[97)] 그들은 군사적인 수완가들을 주교로 선출했다. 그리고 자신들의 많은 자녀를 미래의 주교로 배출시키고 싶어 했다. 게다가 그들은 가장 많은 돈을 지불하는 사람이면 누구에게라도 주교직을 팔아치워 버렸다. 이것은 거룩한 것을 파는 일종의 성직 매매 Simonia(시모니아)였다. 성직 매매의 가장 대표적인 본보기가 시몬 마구스다(사도 8,20 참조). 사제들과 그리스도인들도 나쁘기는 매한가지였다. 이러한 사제들의 다수는 니콜라오스주의 Nicolaitismus(묵시 2,6.14-15 참조)[80], 즉 내연 관계를 맺고 있는 것으로 비난을 받았다. 하지만 사제들의 혼인과 독신에 관한 교회법이 항상 분명하지는 않았다는 것은 사실이다.[107)] 심지어 교황도 니콜라오스주의에 관련되어 있었다. 10세기에 한 로마 가정의 여자들이 교황청을 자신들의 손아귀에 쥐고 있었다. 이러한 사실은 교황이 내연 관계를 맺고 있었다는 증거이며 교황들이 채 스무 살도 되지 못했다는 것을 설명해 준다. 이 같은 윤리적인 이유 때문에, 게르마니아(독일) 황제들은 자신들이 선택한 후보자를 베드로좌에 앉힐 수 있었다.

▲ 에나멜로 만든 고트족의 브로치.

---

80 요한 묵시록 2장 6절과 15절에 나오는 니콜라오스가 이 이단의 근원이다.

97) 르망의 주교들(10세기)

메이나르Mainard 영주는 메인Maine의 귀족으로 (951년부터 971년까지) 주교였다. 그는 르망의 자작과 형제지간이었다. 원래 세속 생활을 했던 메이나르 영주에게는 많은 아들들과 딸들이 있었다. 무식하다는 소문이 난 그는 성직자라기보다는 오히려 평신도로 더 잘 알려졌다.

르망 시는 오랫동안 주교가 없었기 때문에, 많은 사람들이 돈을 주고 주교직을 사려고 했다. 그리고 음흉하게 지식을 자랑하던 몇몇 사람들이 자신들이야말로 주교가 되기에 합당한 자들이라고 나섰다.

강한 이들을 당황케 하시려고 약자들을 선택하시는 주님께서는 자신의 무지를 잘 알고 글을 읽을지도 모르는 사람을 주교로 선택하셨다. 그 사람이 바로 메이나르 영주였다. 이 사람이야말로 겸손하고 소박한 것이 지식을 자랑하고 교만을 떠는 것보다 더 낫다는 성경의 말씀과 딱 맞는 사람이었다. 성직자들과 왕의 동의를 얻어서 메이나르가 하느님의 뜻에 따라 뛰어난 겸손과 순진무구함으로 인해서 주교로 서품되었다.

메이나르 주교가 세상을 떠나자, 행동거지가 한심스럽고, 모든 점에 있어서 비난받아 마땅한 시프로이Sifroi 영주가 공석 중인 주교좌를 차지했다. 귀족 가문에서 태어났지만, 그는 주교 재임 기간에 비열한 행동을 했다. 그는 선임 주교가 애써 이뤄 놓은 모든 것을 스스로 없애 버렸다.

시프로이는 심지어 주교로 서품되기 전부터 교회를 파괴하기 시작했다. 특히 그는 쿨레인Coulaines으로 알려진 땅을 앙주Anjou의 폴크Foulque 백작에게 줘 버렸다. 그런데 그 땅은 선임 주교들의 소유로 천 파운드 이상의 값이 나가는 땅으로 르와르Loir 강가에 있는 디스세이Dassy 시와 인접해 있었다. 자신이 주교가 될 수 있도록 중간에서 프랑스 왕에게 간청해 준 사람이 바로 폴크 백작이었다.

당시 교회 재산과 관련해서 자신이 약탈해 간 죄를 인정하고, 자신이 저지른 범죄에 대한 죄를 뉘우쳐야 했음에도 불구하고, 어처구니없게도 온갖 못된 사악한 짓을 계속했다. 그는 늙은이 주제에 아우데베르게Audeberge라는 여자와 성관계를 가져 딸들과 아들을 낳았다. 딸들은 모두 죽었지만, 아우브리Aubri라는 아들은 살아남았다. 아들이 성장하자, 시프로이는 교회 재산을 선물로 듬뿍 주었다. ……

라투쉬Latouche, 《중세사에 대한 필름Le Film de l'histoire médiévale》, 73쪽.

98) 봉건 제도의 세 계급

977년부터 1030년까지 랑Laon의 주교였던 아달베로Adalbero는 정치적 음모의 소용돌이 속에서 일생을 보내면서 정치 노선을 수시로 바꾸었다. 그는 프랑스를 재정비하는 데 필요한 조언을 담은 시를 지어 프랑스의 왕에게 헌정했다.

하늘의 백성은 여러 지체들로 나누어집니다. 그리고 우리는 이 같은 개념을 통해서 지상의 백성들이 배열된다고 들었습니다. …… 우리 교회 안의 서열은 하늘의 왕국이라고 불리고, 하느님께서 친히 완전한 직무를 세우셨습니다. …… 만일 교회가 누리는 평화를 국가가 누리고자 한다면, 국가는 두 가지 서로 다른 법 아래 놓여 있어야만 합니다. …… 하나는 하느님의 법인데, 교회의 여러 성직자들 사이에는 아무런 구별이 없습니다. 하느님의 법에 따라서 그들은 모두 동등한 신분입니다. …… 일꾼의 아들이 교회의 성직자가 되고 왕의 상속자가 교회의 성직자가 되면, 둘 사이에는 인간의 법으로는 구별이 있지만 하느님의 법으로는 구별이 없습니다. 따라서 자비로운 이 법(하느님의 법)은 성직자들에게 지상의 일상적인 모든 직업을 갖지 못하도록 합니다. 그들은 교회의 영지를 경작하지 않습니다. 그리고 그들은 소 떼를 치지도 않습니다. …… 하느님께서 그들의 유일한 재판관이십니다. 하느님께서는 모든 인간을 당신의 명으로 복종시키십니다. 임금이라 할지라도 예외가 될 수 없습니다. …… 따라서 그들은 깨어 있어야 하며, 음식을 절제하고, 고통받는 사람들을 위해서 그리고 자기 자신을 위해서도 끊임없이 기도해야 합니다. ……

신자들의 단체는 하나의 지체를 이루고 있습니다. 그러나 그 단체는 세 계급으로 구성되어 있습니다. 다른 법 즉 인간의 법에 의해서, 두 개의 다른 계급으로 나누어집니다. 귀족과 농노는 같은 법으로 다스림을 받는 것이 아닙니다. 두 인물이 최고의 자리를 차지합니다. 한 사람은 왕이고 다른 한 사람은 황제입니다. 잘 아시다시피, 국가를 튼튼하게 통치하는 것이 그들이 해야 할 일입니다. 그리고 만일 왕국의 정의로 처벌받아 마땅한 죄를 저지르지 않는 한, 그 어떤 권력으로도 굴복시킬 수 없는 이들이 있습니다. 이들이 바로 기사들입니다. 그들은 교회의 수호자들입니다. 그들은 크고 작은 백성들을 지키는 자들입니다. 사실상 그들은 모든 이들의 수호자입니다. 그리고 동시에 자신들의 안전을 지키는 자들입니다. 또 다른 계급이 농노입니다. 이 불운한 족속들은 수고하면서 모든 것에 대한 값을 치러야 합니다. 과연 어떤 주판이, 농노를 차츰차츰 소진하게 만드는 그런 걱정거리들을, 그들의 긴 여정들을 그리고 그들의 수고를 계산해 낼 수 있겠습니까? 돈, 옷, 음식, 사실 이 모든 것을 농노들이 세상 사람들을 위해서 마련해 줍니다. 만일 농노가 없다면, 자유롭게 살 수 있는 사람은 단 한 사람도 없습니다. ……

하느님의 집은 하나입니다. 그러나 이 집은 셋으로 나누어집니다. 한 그룹은 기도하고, 다른 그룹은 싸우고, 또 다른 그룹은 일을 합니다. 한 그룹이 봉사하는 것을, 다른 나머지 그룹들이 받을 수 있도록 나머지 두 그룹은 도와주어야 합니다. 함께 공존하는 이 세 그룹이 서로 분리되어 있다고 해서, 고통을 겪지는 않습니다. 각자는 차례로 전체의 안정을 위해서 일할 의무를 갖고 있습니다. 따라서 이 세 부분으로 된 그룹은 하나라고 말할 수 있습니다. 그래서 인간의 법이 성공을 거둘 수 있었던 것이고 세상은 평화를 누릴 수 있었던 것입니다.

아달베로, 《로베르 왕에게 헌정한 시 Poème au roi Robert》.
포뇽 E. Pognon, 《일천년 대 L'An Mille》, 224쪽에서 인용.

세 계급

그러나 봉건 제도는 일정한 균형 상태를 찾았다. 이 시기의 저술가들은 삼부三部로 된 사회 조직 안에서 하느님의 뜻을 식별했다. 이것이 바로 그 유명한 세 계급 이론이다. "어떤 이들은 기도하고, 어떤 이들은 싸우고, 어떤 이들은 일한다."[98] 교회는 평화로운 제도를 제정하여 폭력을 억제하려고 노력했다. 예를 들어 '하느님의 평화'는 약자를 착취하는 것을 금지했고, '하느님의 휴전(개인적인 싸움을 금지시킴)'은 특정한 날에 싸움을 금하도록 했다. 한편, 기사들은 기사가 되는 입문 예식(종교 예식)을 통해 축복과 인정을 받았다.

3. 동방 교회와 서방 교회의 분열: 1054년 대이교

정치와 종교

5세기 이후부터 계속해서 동방 교회와 서방 교회의 간격이 점점 더 커져만 갔다. 그렇게 된 것은 동방 교회와 서방 교회 사이에 정치적·문화적·교의적인 차이가 존재했기 때문이었다. 동방 교회는 비잔티움 제국의 권력에 묶여 있었다. 비잔티움 제국의 황제는 콘스탄티노플의 총대주교를 임명하기도 하고 해임하기도 했다. 서방에서 제국을 재건하자(카를 대제의 카롤링거 왕조), 콘스탄티노플 황제의 눈에는 교황이 정치적으로 동로마 제국의 황제에게 대항하는 것처럼 비쳐졌다. 그리고 두 제국 사이에 발생한 긴장 관계 속에서 동방 교회와 서방 교회가 간접적으로 휘말려 들어갔다.

문화적인 차이

동방과 서방 사이에 문화적인 차이는 더욱 심각했다. 그래서 그런지 동방 교회와 서방 교회는 서로를 이해하지 못했다. 동방 교회는 라틴어를 몰랐고, 서방 교회도 더 이상 그리스어를 알아들을 수가 없었다. 위대한 문화의 상속자인 동방 교회는 세속적인 영역에서뿐만 아니라 종교적인 영역에서도 그리스 문화에 충실했다. 하지만 서방에서는 카롤링거 왕조의 르네상스가 빠른 속도로 소멸되어 갔고 그리하여 서방의 10세기는 한마디로 문화적인 사막이었다.

그리스계 사람들과 라틴계 사람들이 몇 차례 접촉을 했지만, 서로를 이해하기보다는 오히려 서로를 철저하게 경멸했다. 동방 교회 사람들의 눈에는, 서방 교회의 사람들은 어둠의 자식, 촌놈, 폭식가, 무식한 야만인이었다. 서방 교회의 사람들의 눈에는, 동방 교회의 사람들은 변절자, (시시콜콜한) 분열자, 나약한 여자였다. 따라서 서방은 동방을 조롱하고 경멸하는 의미로 '비잔틴'이라는 형용사를 사용했다.

전례와 교의

동방 교회와 서방 교회를 대립으로 치닫게 만든 것은 바로 전례와 교의에 있어서의 차이점 때문이었다. 동방 교회는 신앙을 행동으로 표현하는 것이 전례 예식이라고 생각했고, 전례 예식을 바꾸는 것은 곧 신앙을 바꾸는 것으로 이해했다. 그러나 서방 교회는 전례 예식과 교의는 서로 다르다고 생각했다.[99)] 이런 차이점 때문에 단식 문제, 누룩 없는 빵과 누룩 있는 빵에 관한 문제, 성사의 집전자가 수염을 길렀는지 여부 등이 아주 중대한 문제로 대두되었던 것이다. 또한 동방 교회에서는 수도자와 주교들은 독신인데 반해 사제들은 혼인을 할 수 있었다. 그러나 서방 교회에서는 모든 사제에게 독신을 요구했다. 설사 결혼을 했더라도, 원칙적으로 서품을 받고 나면 성관계를 포기해야만 했다. 동방 교회에서는 서방 교회가 니케아-콘스탄티노플 신경에 '필리오퀘'를 첨가해 신앙 정식을 변경시켰다고 비난했다. '성령께서는 성부에게서 발하신다'는 부분에 서방 교회가 '그리고 성자에게서'라는 문구를 덧붙인 것이다. 사실 성령의 역할을 이해하는 데 있어서 동방 교회와 서방 교회 사이에는 신학적으로 미묘한 뉘앙스의 차이가 있었다.[81] 이같은 역사적인 사실을 알지 못하는 서방 교회는 동방 교회가 '필리오퀘'를 삭제해 버렸다고 비난했다.

---

[81] '필리오퀘' 논쟁의 역사는 이렇다. 니케아 공의회(325년)는 성령에 대해 단지 "그리고 우리는 성령을 믿는다."라고만 언급했다(니케아 신경).

99) 서방 교회를 책망하는 수도자 니케타스 스테타토스

니케타스 스테타토스Nicetas Stethatos(1005년경~1090년)는 스투디오스Studios(콘스탄티노플 인근에 위치)에 있는 수도원의 수도자였다. 그는 논쟁만을 일삼는 논쟁가는 아니었다. 그는 뛰어난 영성 작가로서, 헤시키즘Hesychasm[82]의 대가였다. 헤시키즘은 호흡의 리듬에 맞춰서 다음과 같은 예수 기도를 끊임없이 반복함으로써, 관상 생활에 이르는 것을 말한다. "주 예수 그리스도, 하느님의 아드님, 저에게 자비를 베푸소서."

그러나 성령의 신성에 관한 문제가 대두되자 콘스탄티노플 공의회(381년)에서는 성령의 신성에 대해 막연하게 다음과 같이 언급했다. "성령은 성부에게서 발하신다Spiritus Sanctus a Patres procedit(콘스탄티노플 신경)." 그런데 나중에 서방 교회가 톨레도 시노드(589년)에서, 콘스탄티노플 신경(니케아-콘스탄티노플 신경)에 '필리오퀘(그리고 성자에게서)'라는 성구를 삽입시켰다. 그리하여 "성령은 성부에게서 발하신다."가 "성령은 성부와 성자에게서 발하신다Spiritus Sanctus a Patres Filioque procedit."로 바뀌었다. 9세기, 콘스탄티노플의 포티우스 총대주교는 '필리오퀘'를 사용하는 자는 이단으로 단죄한다고 했다. 그는 공의회는 그런 구절을 첨가할 권한이 없을 뿐만 아니라, 그런 표현은 정통 신앙이 아니라고 주장했다. 결국 필리오퀘 논쟁은 동방 교회와 서방 교회를 서로 갈라서게 만든 여러 가지 원인 가운데 하나가 되었다. 콘스탄티노플 신경에 나오는 "성령은 성부에게서 발하신다."는 성구를 서방 교회는 "성령은 성부와 성자에게서 발하신다."로 이해하고 있었지만, 동방 교회는 "성령은 성자를 통하여 성부에게서 발하신다Spiritus Sanctus a Patres per Filium procedit."로 이해하고 있었다.

[82] '헤시키즘'은 하느님과의 일치에 도달하기 위한 수단으로서의 헤시키아를 갈망하는 하나의 영적 체계를 의미한다. 이것은 그리스어 헤시키아ἡσυχία라는 단어에서 유래했다. 라틴어로 고요, 평화, 평정, 침묵이라는 뜻으로 번역되는 헤시키아는 일반적으로 두 가지 의미를 지닌다. 첫째, 관상에 필요한 영혼의 상태로서의 고요와 평정. 둘째, 세상으로부터의 이탈과 고독의 조건으로서의 고요. 한마디로 헤시키아는 참된 기도와 진정한 관상에 도달하기 위한 목적으로 고독과 침묵에 대한 진정한 사랑이라 말할 수 있다.

> 아직도 누룩 없는 빵의 축제에 참여하고 있는 사람들은 율법의 그늘 아래 있으면서 유다인의 축제에 사로잡힌 자들이지, 하느님의 살아 있는 영적 양식을 먹는 자들이라고 말할 수가 없습니다. …… 새로운 계약의 누룩이 아닌, 율법의 그늘인 누룩 없는 죽은 빵을 먹고 있으면서, 여러분이 어떻게 살아 계신 하느님이신 그리스도와의 친교 안으로 들어갈 수 있겠습니까? …… 그리고 누가 여러분에게 사제들의 혼인을 파기시키라고 가르쳤습니까? …… 그러므로 나의 형제 여러분, 이런 문제들에 대해서 진지하게 조사해 보십시오. 그것들이 이런 근원(유다이즘)에서 나온 것은 아닌지 살펴보십시오. 내가 방금 전에 언급하고 넘어간 네 가지 골칫거리들은 다음과 같습니다. 즉, 누룩 없는 빵, 토요일마다 하는 단식, 사제 독신제와 단식일의 봉헌입니다.
>
> 쥐지M. Jugie, 《열교 비잔티움 교회Le schime byzantin》, 201쪽.

교황과 콘스탄티노플 총대주교

서방 교회에 비해서 동방 교회가 주교들의 동료성(주교단)에 대한 견해를 훨씬 더 많이 갖고 있었다. 그런데도 교황은 베드로의 후계자로서 때때로 보편 교회의 문제에 직접 관여할 수 있는 권한이 있다고 주장했다. 그러나 동방 교회의 사람들은 로마는 단지 명예상의 수위권을 갖고 있을 뿐이라고 생각했다.

　5세기부터 11세기까지 동방 교회와 서방 교회는 서로 화해와 분열을 되풀이해 왔다. 1054년에 동방 교회와 서방 교회가 분열되었을 때만 해도, 레오 9세 교황 측에서는 즉시 화해하려고 했다. 왜냐하면 교황과 동로마 제국의 황제에게는 공동의 적인 노르만족이 남부 이탈리아에 자리 잡고 있었기 때문이었다. 그들이 서로 동맹을 맺어 노르만족과 맞서 싸우기 위해서는 먼저 종교적으로 화해를 해야만 했다. 그런데 불행하게도 합의를 이룩해야 할 두 사람은 그런 일을 할 수 있는 적임자들이 아니었다.

　교황 특사 훔베르트Humbert 추기경은 로렌Larraine 출신으로 개혁 성향의 인물이었다. 그리스 문화에 대한 단편적인 지식만 갖고 있던 그는 굽힐 줄 모르는 완고한 성격의 소유자였다. 콘스탄티노플의 미카엘 케룰라리우스Michael Cerularius 총대주교도 역시 완고하기는 마찬가지였다. 그는 로마 교회와 관계를 단절시켜 버리는 것이 자신에게 이롭다고 판단했다. 왜냐하면 그렇게 해야만, 자신이 동방 교회의 유일한 수장으로 남아 있을 수 있었기 때문이었다.

동방 교회와 서방 교회의 분열

　콘스탄티노플에 있던 훔베르트 추기경은 오랫동안 잊혀지지 않을 상처들을 남기는 계기를 만들었다. 토론을 위한 토대조차 찾지 못한 채, 추기경은 성 소피아 성당에서 미카엘 케룰라리우스 총대주교를 근엄하게 파문해 버렸다.¹⁰⁰⁾ 훔베르트 추기경이 작성한 파문장에는 그의 무지의 극치가 잘 드러나 있다. 그가 고발한 내용은 대부분 아무런 근거가 없는 것들이었다. 또다시 그는 동방 교회의 사람들이 '필리오퀘'라는 구절을 삭제해 버린 것을 비난하고, 동방 교회의 사제들이 혼인을 한 것과 그 밖의 다른 것들을 비난했다. 그는 '마라나 타'(1코린 16,22)가 '오소서, 주님'이라는 뜻이지, 단죄의 뜻이 아니라는 사실조차도 몰랐다. 하지만 케룰라리우스가 훔베르트를 향해 선포한 파문 내용 역시 아주 모범적인 것은 아니었다.

▲ 콘스탄티노플의 성 소피아 성당, 6세기.

> **100) 훔베르트 추기경이 미카엘 케룰라리우스 총대주교에게 내린 파문장**
>
> 1015년에 훔베르트는 보스게스Vosges 강 근처에 있는 모이엔무티에Moyenmoutier에 위치한 수도원에 입회했다. 그리고 그는 교

회 안에서 개혁에 대한 열렬한 지지자가 되었다. 툴Toul의 주교였던 레오 9세 교황은 훔베르트를 로마로 데리고 와서 비서로 임명했고, 그를 추기경으로 선임했다. 교황은 훔베르트에게 몇 가지 임무를 맡겼는데, 그중 하나가 콘스탄티노플 교회에 관한 문제였다. 그는 원칙을 중요시하는 사람이었으나 완고한 성격으로 타협할 줄 모르고 자비심이라고는 눈곱만큼도 없었다.

미카엘 케룰라리우스는 콘스탄티노플의 명문 가문 출신으로, 수도자가 되었다. 그 뒤에 황제의 반란 음모에 가담했다는 죄명으로 감옥에 갇힌 적이 있었다. 그러나 다른 황제와의 친분 때문에 콘스탄티노플 총대주교가 되었다(1043년). 그는 라틴 교회에 대해 심한 적대감을 갖고 있었다. 동로마 제국의 이사악 콤네누스Isaac Comnenus 황제는 그를 체포해서 유배를 보냈다(1058년). 그는 재판도 받기 전에 세상을 떠났다.

…… 부당하게 총대주교좌에 오른 미카엘과 그와 함께 어리석은 일을 저지른 사람들에 대해서 말하자면, 그들은 매일 그들 사이에서(콘스탄티노플에서) 엄청난 이단의 씨앗을 뿌리고 있다. 성직 매매자들처럼, 그들도 역시 하느님의 은사를 판다. 그리고 발레시아누스파처럼, 그들은 주인들을 내시로 만들고, 그런 다음에 그들을 사제직뿐만 아니라 주

제7장 중세 초기 445

교직에까지 들어 높인다. …… 니콜라오스파처럼, 그들은 거룩한 제대의 성직자들을 혼인을 하도록 허락한다. …… 성령 적대론자들처럼, 그들은 신경에 나오는 성자로부터 성령이 발하신다는 사실을 탄압한다. 마니교도들처럼, 그들은 누룩 있는 빵은 살아 있다고 말한다. …… 더욱이 그들은 턱수염과 머리카락이 자라도록 내버려 두면서, 로마 교회의 관습에 따라 머리카락을 자르고 턱수염을 면도하는 사람들과는 친교를 맺지 않는다. ……

이 중요한 사도좌를 겨냥해서 이 같은 전대미문의 모욕과 분노를 표현했기 때문에, 도저히 용납할 수 없다. …… 만일 미카엘과 그의 추종자들이 올바른 판단력으로 돌아오지 않는다면, 우리의 지극히 공경하올 교황께서 그들을 거슬러서 선포한 파문에 대해 본인은 서명하는 바이다.

총대주교라는 직위를 부당하게 차지한 신참내기 미카엘과 …… 위에 언급한 오류들에 빠져서 그를 추종하는 모든 이는, 성직 매매자들과 …… 모든 이단자, 그리고 사실상 악마와 그의 타락한 천사들과 함께, 아나테마(파문) 즉 마라나 타로 떨어질 것이다. 만일 그들이 올바른 판단력으로 돌아오지 않는다면. …… 아멘, 아멘, 아멘!

쥐지M. Jugie, 《열교 비잔티움 교회*Le schisme byzantin*》(1941년), 205쪽.

성과 없는 화해를 위한 노력

그 당시에는 아무도 이 같은 사건들을 크게 중요하게 생각하지 않았다. 그들은 전에도 이런 모든 일을 보아왔기 때문이다. 게다가 이 같은 파문이 있기 전에 이미 레오 9세 교황이 죽었기 때문에, 교황 특사에게 그 어떤 권한도 없었다. 하지만 1054년이라는 연도는 지금도 여전히 상징적인 의미가 있다. 왜냐하면 그 이후로 어떠한 실질적인 화해가 이루어진 적이 없었기 때문이다.

십자군 운동은 서방 교회와 동방 교회의 틈새를 더욱더 갈라놓았다. 제2차 리옹 공의회(1274년)와 피렌체 공의회(1439년)에서 일시적으로 화해를 이루긴 했지만, 이것마저도 준비를 잘하지 못했기 때문에, 동방 교회의 그리스도인들에 의해 거절당했다. 콘스탄티노플이 오스만 투르크에 의해 함락당하자(1453년), 동방 교회는 더욱더 고립되었다.

그 후, 바오로 6세 교황과 아테나고라스Athenagoras 총대주교는 1054년에 상호 파문했던 일과 과거에 있었던 지나친 조치들에 대해 후회를 하며 공동 선언을 발표했다(1965년).[101] 이로써 화해를 위한 기나긴 여정에 있어서 첫 발을 내딛었다.

101) 바오로 6세 교황과 아테나고라스 총대주교의 공동 선언문(1965년 12월 7일)

…… 로마 가톨릭교회와 정교회 사이의 신뢰와 존경이라는 이 같은 형제적 관계의 발전을 가로막았던 장애물 중에는 고통스러운 결정들, 행위들 그리고 사건들에 대한 기억들이 있다. 갈등이 극에 달해 마침내 1054년에, 훔베르트 추기경이 이끄는 교황 특사단이 콘스탄티노플의 미카엘 케룰라리우스 총대주교와 또 다른 두 명을 향해 파문장을 선포하고, 훔베르트 추기경과 교황 특사단도 역시 미카엘 총대주교와 콘스탄티노플 시노드로부터 비슷한 파문의 대상이 되어 버렸다. ……

바오로 6세 교황과 아테나고라스 1세 총대주교는 이 시노드에서 신자들 사이에 정의에 대한 열망과 사랑으로 하나 되고자 하는 열망이 가득하다는 사실을 확신하는 바이다. 그리고 다음과 같은 주님의 말씀 '그러므로 네가 제단에 예물을 바치려고 하다가……'(마태 5,23-24)를 회상하면서 한마음이 되어 다음과 같이 선언하는 바이다.

(a) 이 시기의 슬픈 사건으로 얼룩지거나 점철된 공격적인 말들, 근거 없는 비난들 그리고 경멸스러운 행동들에 대해, 자기편에서 했든 상대편에서 했든지 간에, 유감

스럽게 생각하는 바이다.

(b) 그 파문장이 사랑으로 서로 화해하는 데 있어서 심지어 오늘날까지도 장애물이 되고 있는 바, 그 파문의 내용을 후회하면서 양 교회와 기억으로부터 지워 버리며 망각 속에 부치는 바이다.

(c) 마지막으로, 여러 가지 영향 때문에 서로를 이해하지 못하고 상호 불신하다가 끝내 친교를 결정적으로 깨트려 버린 일련의 사건들에 대해 통탄하는 바이다.

바오로 6세 교황과 아테나고라스 1세 총대주교는 이 시노드에서 정의와 용서에 대한 이 같은 상호 간의 몸짓이 로마 가톨릭교회와 정교회 사이에 존재하는 오래된 차이점들이나 최근에 더욱 두드러지게 나타나는 차이점들을 종식시키기에는 결코 충분하지 못하다는 사실을 잘 알고 있다. 그러나 이 같은 차이점들은 성령의 역사하심으로 마음의 정화를 통해서, 역사적 과오에 대한 뉘우침을 통해서, 그리고 상호 간의 이해와 사도적 신앙의 표현과 이에 대한 요청에 도달하고자 하는 적극적인 관심을 통해서 능히 극복될 수 있을 것이다. ……

《가톨릭교회의 가르침 Documentation Catholique》.

제8장
그리스도교 왕국: 사회의 근본 토대
(11세기말~13세기)

'그리스도교 왕국'이라는 단어는 중세 시대에 사회와 교회의 특정한 관계를 가리키는 용어다. 당시 유럽 사람들은 하나의 거대한 공동체를 이루는 구성원들이었고, 그들을 하나로 일치시켜 주는 것은 그리스도교 신앙이었다. 교회와 국가는 그리스도교 왕국이라는 동일한 실체를 이루는 서로 다른 두 축이었다. 마치 인간이 영혼과 육체로 이루어진 것처럼, 그리스도교 왕국의 한 축은 영적인 축이며 다른 하나는 세속적인 축이었다. 그리스도교 왕국이라는 이 공동체는 초자연적으로 성취될 때에만 하느님 나라로서의 의미가 있었다. 그리스도교 왕국은 중세의 전성기였던 12~13세기의 일부 신학자들이 제시했던 하나의 이상향이었다.

그리스도교 왕국의 두드러진 특징 중의 하나는, 교황의 요구에 의해서 교회와 중세 유럽 안에 중요한 장소가 점점 더 많아졌다는 점이다. 이것은 당시 교황과 신성 로마 제국 황제 사이의 치열한 충돌을 통해 얻어낸 값비싼 희생의 대가였다. 그러나 이러한 힘의 균형이 늘 오래가는 것은 아니었다. 13세기 전반기가 교황권의 절정기였다고 한다면, 13세기 말은 로마의 주장에 대해 치열하게 논쟁을 벌이면서 그리스도교 왕국이 처음으로 균열되는 시기였다.

이 장에서는 그레고리오 7세 교황과 베르나르 성인, 루이 성인(프랑스왕 루이 9세) 등이 살았던 시대의 가장 중요한 특징들을 살펴보고자 한다. 이 시대는 19~20세기의 가톨릭 신자들이 향수鄕愁를 갖고 회고하는 시기다. 가톨릭교회의 많은 교의와 전통, 종교 예술 분야의 걸작들이 이 시기에 나왔다. 교회의 장구한 역사 안에서 볼 때, 일부분에 불과했던 이 시기를 지나치게 이상화하는 것을 경계해야 한다. 중세 그리스도인들이 항상 복음의 정신으로만 산 것은 아니었다.

Ⅰ. 중세 그리스도교 왕국의 근본 토대

1. 교황권의 확인

앞 장에서 살펴보았듯이, 11세기 중엽에 유럽은 상대적으로 세력 균형을 이루고 있었다. 한편, 910년에 시작된 클뤼니 수도원 개혁 운동에 참여한 많은 수도원 소속 성직자들의 관심은 교회를 더 거룩하게 만드는 것이었다. 이런 열망에 따라 그들은 교회 쇄신 방안을 모색했다. 이것은 책임을 자각한 사목자들이 해결해야 할 문제였다. 하지만 많은 사목자들은 과연 그렇게 할 수 있을지 의심했다. 왜냐하면 자신들의 신분을 영주들로부터 보장받고 있었기 때문이다. 주교들, 특히 최고의 주교인 로마의 주교를 임명하는 권한을 세속 군주가 순순히 내놓을 리가 없었다.

개혁 교령

1059년에 니콜라오Nicolaus 2세 교황은 다음과 같은 교황 선거령을 공포한다.[102] "추기경들이 교황을 선출하고, 새 교황에 대해 다른 성직자들과 로마의 백성들은 만족스럽게 생각해야 한다." 이때부터, 추기경은 교회 내에서 특별한 역할을 수행했고 로마에서 가장 권위 있는 성직자가 되었다. 주교 추기경들은 로마 주변에 있는 커다란 성당들을 맡았고, 7명의 부제 추기경들은 교황청 행정을 담당했다. 하지만 신성 로마 제국 황제는 자신의 교황 서임권을 순순히 내놓으려 하지 않았고, 위기의 순간에는 추기경들이 선출한 교황에 맞서 대립 교황을 임명하려 했다.

그레고리오 7세(1073~1085년) 교황은 도덕적 쇄신을 추진하기 위해 대규모 계획을 수립했다.[103] 라테란Laterano 시노드(1074년)는 성직 매매와 사제의 결혼을 금지하는 규정을 반포했다. 교황은 자신의 개혁에 대해 왕과 주교들의 협조를 기대했다. 그러나 쇄신 작업은 순탄하지 않았다. 교황은 성인들의 거룩함을 배우자고 호소했지만 많은 사람들은 서품받기 전에 결혼한 사제들이 결혼 생활을 계속해 왔던 오래된 관습을 교황이 바꾸고 있다고 생각했다.[107]

평신도 서임권 반대

여론에 잠시 주춤해진 그레고리오 7세는 평신도 서임권이 모든 악의 뿌리라고 보았다. 교황은 모든 계층에서 평신도에 의한 성직자 임명 방식을 폐지하고자 했다. 1075년에 교황은 주교들에게 평신도가 임명한 성직자를 받아들이지 말라며 이를 금지시켰고, 대주교들에게도 이러한 방식으로 임명된 이들을 축성하지 못하도록 했다. 교황은 지위에 딸린 재산과 지위 자체를 구별하지 않았다. 그는 재산 문제에 대해선 전혀 관심을 갖지 않았다. 교황이 원했던 것은 세속 권력으로부터 주교직을 완전 독립시키는 것이었다. 이것은 급진적인 조치였지만, 한편으로는 참신한 개혁안이었다. 왜냐하면 사람들은 자신들이 들러리로 치러지는 선거에 더 이상 참여하려 하지 않았기 때문이다. 같은 해, 교황은 전 세계 교회와 국왕들에게 〈교황 훈령Dictatus papae〉을 반포함으로써,[104] 교황권을 분명히 하고 자신의 행동을 정당화했다. 그리고 자신의 결정이 잘 수행되고 있는지를 확인하기 위해서 교황 사절을 파견했다.

성직 서임권 논쟁

지금까지 주교들은 힘이 있는 영주들의 지배 아래 있었다. 신성 로마 제국 하인리히Heinrich 4세 황제는 그레고리오 7세 교황의 결정을 반대했다. 왜냐하면 교황의 결정대로라면, 황제는 권력의 많은 부분을 잃게 되기 때문이었다. 그리하여 후대 교황들과 황제들 사이에 지루한 투쟁이 시작되었다. 하인리히 4세는 교황의 폐위를 천명했다. 그러자 교황은 황제를 폐위시키고 황제에 대한 성직자들의 충성 서약을 무효화시켰다. 결국 황제는 자신의 권력을 회복하기 위해 카노사Canossa로 가서 교황 앞에서 무릎을 꿇었다(카노사의 굴욕, 1077년). 그러나 결국 그레고리오 7세는 하인리히 4세를 피해 도망가다가 죽음을 맞이하게 된다(1085년). 교황과 황제의 갈등은 수십 년간 풀리지 않았다. 그동안 주교직 안에 들어 있는 영적 권한과 세속적 권한을 구별하려는 논의가 많이 있었다.

보름스Worms 정교 조약(1122년)과 제1차 라테란 공의회(1123년)를 통해 서로 반목하던 교황과 황제는 화해하게 되었다. 황제는 십자가와 반지를 수여하는 성직 서임권을 포기했지만 교황은 황제가 세속 권력으로 주교에게 왕홀王笏을 수여할 수 있도록 했다.[83] 황제의 세속적 서임 때문에, 주교는 황제에게 복종해야만 했다. 한편, 그레고리오 7세 교황과 후임 교황들의 쇄신 작업은 더욱더 확고해졌다.

개혁 교령

102) 교황 선출: 1059년 교령(니콜라오 2세 교황)

우리의 선임자와 거룩한 교부들의 가르침에 따라, 우리는 다음 사항을 결정하고 반포하는 바이다.

보편적인 로마 교회의 교황이 서거하면, 제일 먼저 주교 추기경들이 모여, 신중한 자세로 가장 적합한 교황 후임자를 선출하여 추기경단에 소개한다. 그리고 마지막으로 나머지 성직자들과 백성들은 이 새로운 교황을 지지하도록 한다.

카메트와 이구네Calmette et Higounet, 《중세 역사의 텍스트와 문헌 Texts et documents d'Histoire, Moyen Age》(1953년), 117쪽.

---

83 영적 서임과 세속적 서임이라는 이중 서임권.

103) 라테란 시노드의 결정 사항(그레고리오 7세 교황, 1074년)

성직 매매, 다시 말해 돈을 이용해 성직이나 교회의 지위에 오른 사람은 누구든지, 이제부터 성교회의 어떤 직무도 수행할 수 없다.

돈의 대가로 교회를 손에 넣은 이들은 교회를 잃을 것이다. 이제부터는 어느 누구도 교회를 사거나 팔 수 없다.

간음죄를 범한 이들(결혼한 사제들)은 미사뿐만 아니라 제대에서의 작은 예식조차도 거행할 수 없다.

또한 신자들은 거룩한 교부들의 가르침이기도 한 가톨릭 교회의 교계 제도를 비난하는 이들이 거행하는 전례에 참여할 필요가 없음을 밝힌다. 그리하여 하느님의 사랑과 직분이 주는 위엄으로도 잘못이 고쳐지지 않는 이들에게는 존경을 표시하지 말고, 사람들의 비난을 통해 굴욕감을 안겨 주어야 한다.

플리쉬와 마르탱Fliche et Martin, 《교회사Histoire de l'Église》, 70~71쪽.

104) 그레고리오 7세 교황의 〈교황 훈령〉

2. 오직 로마의 교황만이 보편적인 교황이라 불린다.

3. 오직 교황만이 주교를 면직시키거나 주교의 죄를 사할 수 있다.
9. 교황 앞에서 모든 왕들은 무릎을 꿇어야 한다.
12. 교황은 황제를 폐위시킬 수 있다.
16. 교황의 지시에 의해서만 공의회가 소집될 수 있다.
18. 교황의 결정은 아무도 철회할 수 없으며, 오직 교황만이 모든 결정을 철회할 수 있다.
19. 어느 누구도 교황을 심판할 수 없다.
22. 로마 교회는 결코 오류가 없으며 성경의 증언에 따라, 앞으로도 결코 오류가 없을 것이다.
27. 교황은 부당한 통치자들에게 행한 충성 서약으로 인해 발생되는 종속 관계를 해제할 수 있다.

파코M. Pacaut, 《신정 정치La Théocratie》(1957년), 236~237쪽.

105) 두 개의 칼(루카 22,35-38 주해)

영적인 칼과 육적인 칼, 이 두 칼은 교회에 속해 있다. 칼은 교회를 위해서 그리고 교회에 의해서 뽑아야 한다. 영적인 칼은 교회를 위하여 사제가 뽑는 칼이며, 육적인 칼은 교회에 의해서 기사가 뽑는 칼이다. 그러나 이 두 칼은 반

> 드시 사제의 지시와 황제의 명령을 따라야 한다.
>
> 베르나르, 《편지》, 256.

교황법의 승리

이때부터, 개혁을 주도했던 교황들이 그리스도교 왕국에서 우위를 점하게 되었다. 교황들은 주도적으로 라틴 교회만이 참여하는 공의회를 소집했다(1123년, 1139년, 1179년의 라테란 공의회). 다양한 현안에 대한 교황의 서한書翰(교령)은 성경과 동일한 권위를 갖게 되었다. 이것은 교황권 강화를 위해 9세기에 만들어진 '가짜 교령들'이 중세 내내 얼마나 많은 권위와 효력을 가졌는지를 잘 보여 준다. 교회법은 로마 교회를 다스리는 보편법이 되었다. 교황들은 교회 업무에 점점 더 많이 간섭했다. 베르나르 성인은 에우제니오Eugenius 3세 교황에 대해 이렇게 우려를 표명했다.[105] "우리는 언제 기도하고, 언제 사람들을 가르칩니까? 또 우리는 언제 교회를 빛으로 인도합니까? 교황 궁에서는 매일 유스티누스 법전이 울려 퍼지지만, 주님의 법은 울려 퍼지지 않습니다."

신정 정치

황제들과 교황은 예전과 마찬가지로 자주 다퉜다. 신성 로마 제국 황제는 자신의 통치 수단으로써 로마 교회법과 당시(12세기) 부흥한 학문을 활용했다. 프리드리히 바르바로사Friedrich Barbarossa[84] 황제가 알렉산데르 3세 교황과 애매모호한 상태로 갈등을 빚었다가, 베네치아에서 교황에게 무릎을 꿇어야 했다(1177년). 인노첸시오 3세 Innocentius 교황 재위 시절(1198~1216년), 교황권은 그 절정에 이르게 되었다. 교황은 이제 명실공히 유럽 최고의 중개인으로 자리매김하게 된다. 교황은 직접 차기 황제를 임명했으며, 영국 국왕이 교황의 뜻을 따르도록 만들었다. 교황은 이러한 내정 간섭을 기반으로 교황권 이론을 발전시켰다. 역사가들은 때때로 이것을 '신정 정치'로 묘사했다.[106] 인노첸시오 3세는 자신이 그리스도교 왕국에서 가장 완전한 권력의 소유자라고 단언했다. 모든 교회의 영적인 영역은 그의 통제 아래 놓이게 되었다. 세속적인 영역에서는 세속 권력이 자치권을 행사하고 있었지만 세상에 만연된 악으로 인해 그리스도인의 구원이 문제가 될 경우, 교황은 자신의 영적 우위를 내세우며 정치적인 사안에까지 개입했다. 또한 그는 영주들이 봉건적인 권력을 갖지 못하는 긴급한 상황까지 끼어들었다. 제4차 라테란 공의회(1215년)는 당시 교황이 자기 자신을 어떻게 평가했고 교황권이 어느 정도였는지를 잘 보여 준다. 이 공의회를 통해 그리스도교 신자 생활의 모든 영역이 법제화되었다.

---

[84] 바르바로사Barbarossa는 이탈리아어로 '붉은 수염'이라는 뜻이다.

106) 교황의 양심 (인노첸시오 3세 교황)

교회는 나에게 특별히 귀중한 재산을 안겨 주었다. 이 재산은 충만한 영적인 능력과 세상의 부유함이다. 능력을 나누어 가지도록 불림을 받은 다른 사도들과는 달리, 베드로는 풍족함을 누릴 수 있도록 불림을 받은 유일한 사도다. 나는 베드로부터 사제 직무를 위한 주교관을 받았고, 영지領地를 다스리기 위한 왕관을 받았다. '왕 중의 왕, 군주 중의 군주, 멜키체덱의 뒤(代)를 잇는 영원한 사제'라고 베드로의 겉옷에 쓰인 대로, 베드로는 나를 당신의 대리자로 세웠다.

달이 태양 빛을 받는 것처럼, 황제는 교황의 권위에서 나오는 위엄의 빛을 받는다.

우리는 자비를 베풀어야 할 사람들을 대표하여, 무엇보다도 자비로운 아버지께로부터 받은 이 충만한 능력을 사용하고자 한다.

▲ 교황 인노첸시오 3세.

파코Pacaut, 《신정 정치 La Théocratie》, 255쪽.

위기 그리고 개혁에 대한 열망

신성 로마 제국의 프리드리히 2세 황제의 재위 시절(1212~1250년),

교황의 포부와 황제의 야망이 다시 충돌했다. 제1차 리옹 공의회(1245년)에서 인노첸시오 4세 교황이 프리드리히 2세를 폐위함으로써 갈등은 최고조에 달했다. 이를 통해 교황은 신정 정치의 원칙에 대한 자신의 단호한 입장을 재확인했다. 이 사건으로 황제권이 약화되었지만, 교황권도 함께 약화되었다. 왜냐하면 교황이 정치적인 일에 지나치게 개입함으로써 교황권 본연의 도덕적 권위를 일부 상실했기 때문이었다.

13세기 말, 교회 개혁에 대한 요청이 쇄도했다. 제도 교회 안에서는 여러 가지 부패의 흔적을 뚜렷이 엿볼 수 있었다. 열심히 살고자 하는 수도자들이 줄었고, 추기경들 사이에 의견의 불일치로 인해 교황 선출이 점점 더 어려워졌다. 또다시 교회 내의 여러 곳에서 각성의 목소리가 높아졌다. 교회는 제2차 리옹 공의회(1274년)를 통해서, 이러한 문제들에 대한 해결책을 찾고자 했지만 결과는 만족스럽지 못했다.

서방 교회와 동방 교회 간의 화해는 오래가지 못했다. 왜냐하면 화해를 위한 제반 여건이 전혀 마련되어 있지 않았기 때문이었다.[85] 개혁 작업도 거의 진척을 보지 못했다.

1294년, 추기경단은 80세가 넘은 고령의 은수자를 첼레스티노 5세

---

[85] 십자군 원정을 간절히 바라는 동로마 제국의 황제는 사절단을 보냈다. 제2차 리옹 공의회에 참석한 황제의 사절단은 서방 교회가 제시하는 신경을 받아들였다. 교황의 수위권, 연옥 교리와 일곱 성사, 필리오퀘를 인정한다는 내용이었다. 하지만 이 일치는 오래가지 못했다. 왜냐하면 동로마 황제가 정치적 목적으로 추진한 것이었기 때문에 동방의 주교들이 거부했기 때문이었다.

교황으로 선출했다. 추기경들이 성령의 뜻이라 여긴 이 결정은 사실 엄청난 실수였다.

107) 사제와 결혼

신약 성경

바오로는 복음을 더욱 잘 전하기 위해 결혼하지 않는 것을 선택했다. 하지만 그가 결혼에 대해 일반적인 규정을 만든 것은 아니었다. 성직자의 결혼에 대해 언급하는 성경 구절은 티모테오에게 보낸 첫째 서간 3장 2절과 티토에게 보낸 서간 1장 6절뿐이다. "'감독(원로)'은 한 여자만을 아내로 맞아야 한다." 교부들은 전통적으로 이 구절을 두 번 결혼한 남자에 대한 서품 금지와 혼자된 사제의 재혼 금지로 해석했다. 일부 교부들은 이 구절이 결혼하고자 하는 주교에게도 적용된다고 보았다.

초대 교회~3세기

서방 교회나 동방 교회에는 기혼 남자에 대한 서품 금지 규정은 없었다. 뿐만 아니라 기혼 사제에게 성관계를 절제하라고 요구하지도 않았다. 마찬가지로, 사제 서품 때 독신 서약을 했다가 나중에 결혼하더라도 반대하지 않았던 것으로 보인다.

그러나 금욕과 동정의 중요성으로 인해, 독신 사제는 독신으로 지내는 것이 그리고 기혼 사제는 성관계를 절제하는 것이 더욱더 사제다운 것으로 생각되었다.

4세기

동방·서방 교회 모두 서품받은 후에, 결혼하는 것을 금지했다. 서품 전에 이미 결혼한 사람은 서품 후에도 결혼 생활을 유지했지만, 독신 서약을 한 사람은 독신으로 남아 있었다. 각자 자신의 첫 번째 서약(결혼 혹은 서품)에 충실해야만 했다. 4세기 초, 많은 성직자들이 자신들의 결혼 생활의 권리를 행사했지만, 4세기 말에는 성관계를 절제하는 사제들이 대부분이었다. 결혼 생활에 대한 생각이 이처럼 변한 것은 두 가지 이유 때문이었다. '하느님께 전적으로 봉사'하는 것과 '성관계'를 갖는 것과의 부조화. 매일 성찬례를 거행하는 사람이 성관계를 갖는다는 것은 불결하다고 생각했다. 서방 교회(스페인, 로마)에서는 공의회를 통해 주교·사제·부제의 부부간의 금욕(성관계 금지)을 요구했다.

5세기

동방 교회에서는 여전히 주교·사제·부제의 결혼을 허용했지만, 서방 교회에서는 교황이 모든 교회에 주교·사제·부제의 부부간의 성생활을 금지할 것을 요구했다. 하지만 배우자와의 동거는 계속할 수 있었다.

6세기

동방 교회는 성직자의 결혼에 관한 지침을 최종적으로 결정했고(692년) 이 지침은 오늘날에도 그대로 적용되고 있다.

기혼 남자가 주교로 임명되면, 그는 아내와 헤어져야 한다. 새 주교는 가정을 떠나 멀리 떨어진 수도원에서 거주해야 하며, 아내가 생활할 수 있도록 필요한 것을 제공해 주어야 한다. 그러나 당시에는 수사들 가운데에서 주교로 임명되는 경우가 늘어나는 추세였다.

서품을 받을 때, 이미 결혼한 사제와 부제들은 자신들의 결혼 생활을 결코 포기하지 않았다. 기혼 사제와 부제들이 결혼 생활을 포기하면 심지어 단죄를 받기도 했다.

서방 교회의 성직자들은 부부간의 금욕을 더욱 강화했다. 어떤 공의회에서는 성직자의 침실에 감시자를 보내는 방안이 검토되었다. 서품 후 자녀가 생긴 사제들에게는 제재 조치가 뒤따랐다.

카를 대제~11세기

부인과 동거하면서도 부부간 금욕을 실천하는 기혼자들은 여전히 사제 서품을 받았다. 그러나 신학교에서 양성되는 젊은이들은 결혼하지 않았을 경우에만, 사제가 될 수 있었다. 이러한 규정에도 불구하고, 신학교 출신의 일부 성직자들은 서품 후에 결혼을 하기도 했다. 이것이 그레고리오 7세 교황이 바라본 당시(1073년)의 상황이었다.

그레고리오 7세 교황의 개혁

그레고리오 7세는 서품받기 전에 결혼했는지 서품을 받은 후에 결혼했는지를 더 이상 구별하지 않았다. 교황은 배우자와 함께 사는 모든 성직자에게 사제 직무를 못하도록 벌을 내렸다(1074년). 이런 결정에 대해 사제들은, "이것은 받아들일 수 없는 불합리한 규정이다.", "부인의 도움이 없다면, 우리는 얼어 죽거나 벌거벗은 채로 죽을 것이다."라고 반발의 목소리를 높였다. 하지만 일부 성직자들은 교황의 결정을 지지했다. 그들은 교회의 전통과 비교해 볼 때, 이 규정은 획기적이라고 생각했다. 그러나 사제의 결혼은 불법임에도 불구하고, 여전히 유효한 것으로 간주되었다.

> **제2차 라테란 공의회(1139년)**
>
> 공의회는 사제의 결혼은 무효라고 결정했다. 알렉산데르 3세 교황은 사제 서품자의 아내에게는 자발적인 정결 서원이 필요하다고 규정했다(1170년).
>
> 아내와 헤어진 기혼 남자가 서품을 받는 것이 법적으로는 가능했지만, 현실적으로 아주 어려웠다. 왜냐하면 사실상 독신자와 홀아비들만이 사제가 될 수 있었기 때문이다. 결혼이 성품에 장애가 된다고 말하는 《1917년 법전》에서, 비로소 교회의 독신제 법을 분명하게 규정했다.
>
> 도르트-클로도Dortel-Claudot, 《사제 생활과 역할에 관한 보고서
État de vie et rôle du prêtre》(1971년), 43~90쪽.

2. 수도원 교회

수도자들은 교회 개혁과 중세 교회에 활력을 주는 데 있어서 결정적인 역할을 해 왔다. 오랫동안 수도자들은 이상적인 그리스도인으로 제시되어 왔다.

클뤼니 수도원

910년 설립된 클뤼니 수도원은 베네딕투스 규칙서의 근본 정신을 되살려냈다. 수도원장을 자유롭게 선출하고 영주와 주교로부터 수도원을 독립시키는 것이다. 게다가 클뤼니 수도원은 교황에 대한 절대적인 충성을 표방했다. 클뤼니 수도원의 개혁 운동이 11~12세기에 유럽 전역으로 퍼지면서 교회 개혁의 선두 주자가 되었다. 기존의 오래된 수도원들과는 달리, 새로 설립된 모든 수도원은 클뤼니 수도원장의 권위 아래 놓이게 되었다. 클뤼니 수도원의 전성기에는 클뤼니 수도원의 개혁 운동에 동참한 수도자만 해도 5만 명이나 되었다

　클뤼니 수도원은 육체 노동보다는 전례와 지속적인 기도를 강조했다. 초창기 수도원장들인 마이욜Mayeul(마욜로, 948~994년), 오딜론Odilon(오딜로, 994~1049년), 위고Hugues(휴고, 1049~1109년), 베드로 존자Pierre le Vénérable(1122~1156년)의 출중한 성덕과 오랜 소임 기간 때문에, 클뤼니 수도원은 11~12세기에 엄청난 영향력을 행사했다. 클뤼니 수도원은 다른 수도원들과 교회를 전체적으로 개혁하는 데 큰 역할을 담당했다. 이 수도원은 평신도와는 아무런 연계를 하지 않은 채 교황직을 옹호해 왔고, 클뤼니 수도자들 가운데서 주교들과 교황들이 많이 배출되었다. 클뤼니 수도원은 가난한 사람들에게도 많은 관심을 기울였고 로마네스크 양식의 예술과 건축물을 널리 보급시켰다. 클뤼니 수도원의 성당은 오랫동안 유럽에서 가장 큰 성당이었다. 또한 수도원 주변에는 다른 건물들이 하나 둘씩 늘었다.

한편, 클뤼니 수도원과 같은 때에 설립된 다른 베네딕투스 수도원들도 영향력을 키워 나갔다. 오베르뉴Auvergne의 라 세즈 디외La Chaise-Dieu 수도원, 마르세유의 생-빅토르 수도원, 투스카나의 로무알도 성인이 설립한 카말돌리Camaldoli 수도원이 그 좋은 예다.

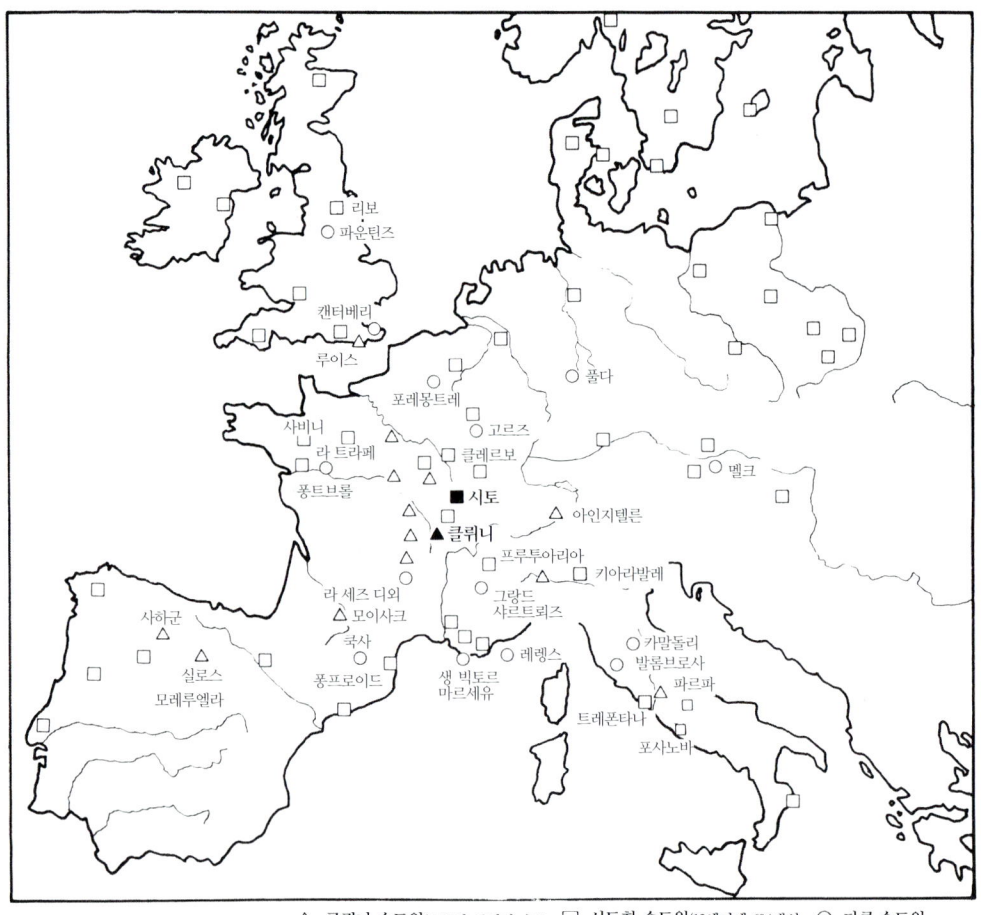

▲ 유럽의 수도원   △ 클뤼니 수도원(1109년 클뤼니 수도원에는 총 1,184개의 분원이 있었는데, 그중 883개가 프랑스에 소재)   ▢ 시토회 수도원(13세기에 694개의 분원이 소재)   ○ 다른 수도원

▼ 클뤼니 수도원, 조각, 18세기 후반.

은수자

11세기 말, 은수 생활에 대한 거대한 움직임이 일어났다. 회개와 가난에 대한 강한 열망에 사로잡힌 남녀 신자들이 자신들의 죄를 속죄하기 위해서 살던 곳을 떠나 숲, 동굴, 계곡, 외딴 섬과 같은 '무시무시한' 장소에 들어갔다. 그들의 성덕이 사람들의 입에서 회자膾炙되면서 많은 사람이 몰려들었고, 일부 은수자들은 유명한 설교자가 되었다. 그중에서 베드로 은수자Pierre l'Ermite가 가장 유명하지만, 로베르 다브리셀Robert d'Arbrissel(로베르토, 1045~1116년)이 더 많은 영향을 끼쳤다. 로베르는 제자들을 남자 공동체와 여자 공동체로 구별하면서 르와르Loire 계곡의 퐁트브롤Fontevrault에 정착시켰다. 모든 제자 중에서는 남녀 구별 없이 여자 수도원장이 가장 권위가 있었다.

중세 시대의 종교 생활에는 '은수자나 독수자의 생활'과 같은 색다른 형태도 있었다. 남녀 신자들이 성당 담벼락에 독방을 지어 놓고서 그 속에서 생활했다. 이들은 작은 창문을 통해 성무일도를 듣고, 음식을 제공받았다.

카르투지오회

1084년에 카르투지오회[86]를 창설한 브루노는 은둔 생활과 공동체 생활을 결합시키려 했다.[108] 그는 하느님과의 관계에 있어서 고독과 단순함을 최고의 덕목으로 여겼다.

> **[108] 카르투지오회 창설**(1084년)
>
> 세상에 환멸을 느낀 브루노는 세상과의 인연을 끊고자 라임Rheims을 떠나 그레노블Grenoble 지역으로 갔다. 그곳에서 그는 절벽이 많은 산꼭대기에 거처를 마련했다. 그곳은 길도 없고 험준하며 무시무시한 곳이었고 깎아 지르는 듯한 절벽 아래로는 계곡이 있었다. 거기에서 그는 자신의 수도 규칙을 작성했다. 브루노의 추종자들이 오늘날에도 거기에 살고 있다.
>
> 산 밑에서 그리 멀지 않은 곳에 성당이 있었다. 성당 지붕은 물결 모양이었다. 13명의 수도자들이 거기에 살고 있었다. 그들이 사는 수도원은 수도 규칙을 지키기에 매우 적합했다. 다른 수도자들은 공동생활을 했지만, 그들은 공동생활

---
86 프랑스어 발음으로는 '샤르트뢰즈Chartreuse'다.

을 하지 않았다. 수도자들은 수도원 둘레에 있는 개인 수방에서 의식주를 해결했다. 주일이 되면 그들은 급사로부터 음식(빵과 야채)을 배급받아 각자 자신의 수방에서 이 소량의 음식물을 요리했다.

샘에서 나오는 물을 식수와 다른 용도로 사용했다. 물은 수로를 통해 모든 수방 주위를 돌아 특수한 통로를 통해 각 방으로 흘러 들어갔다. 주일과 축일에는 생선과 치즈를 먹었다. ……

그들은 지금처럼 정해진 시간이 아니라, 특별한 시간에만 성당에 들어갔다. 주일과 대축일에 미사에 참석했다. 주로 침묵을 지켰고, 꼭 필요한 경우에는 수화를 이용했다. ……

수도원 부원장이 수도자들을 지도했다. 신심이 매우 깊은 그레노블의 주교가 대수도원장과 수도원장을 겸임했다.

수도자들은 가난했지만, 수도원 도서관에는 엄청난 분량의 책이 소장되어 있었다. ……

이곳을 라 샤르트뢰즈La Chartreuse라고 부른다. 그들은 식량 생산을 위해 대규모로 땅을 경작하지는 않았다. 그러나 식량이 필요하면, 자신들이 키우던 양에서 나온 양털과 필요한 곡식을 물물 교환하는 관습이 있었다.

노장의 귀베르Guibert de Nogent 수도자(1053~1124년), 《나의 인생 여정Histoire de sa vie》.
라투쉬, 《중세사에 대한 필름》, 228쪽에서 인용.

의전 수도회

의전 수도회(Canonici Regulares, 儀典修道會)[87]들이 아우구스티누스의 수도 규칙을 받아들여 수도 생활의 고행과 사도직 수행을 결합시켰다. 가장 유명했던 수도원은 1126년에 노베르가 설립한 프레몽트레회 Prémontrés[88]였다.

시토회

1098년에 시토회Citeaux를 설립한 몰렘의 로베르Robert de Molesmes(로베르토)는 엄격한 베네딕투스 수도 규칙을 재현하려 했다.[109] 이것은 클뤼니 수도원 개혁 운동이 미처 생각하지도 못한 것이었다. 시토회 회원들은 의식주에 있어서 가난함과 단순한 전례 그리고 숲 속에서의 고독을 추구했다. 그들도 교회 개혁의 주역이었다. 클뤼니 수도원과는 대조적으로, 시토회 대수도원장은 분원들에 대해

---

[87] 사제들로 구성되어 전례 생활을 주된 목적으로 하여 고유한 회칙에 따라 공동생활을 하는 수도회다. 중세에 발달한 성대 서원 수도회의 한 형태다. 주교좌성당에서 공주 생활을 하는 사제들에게 공동 회칙에 따라 생활하며 사유 재산을 버릴 것을 권유한 아우구스티누스의 정신에 따라 11세기 후반~12세기 초에 주교좌성당을 중심으로 널리 조직되었다. 성 아우구스티누스 의전 수도회, 프레몽트레회 등의 큰 의전 수도회들은 중세가 끝나면서 쇠퇴한 다른 의전 수도회들과는 달리 오늘날까지 많은 회원을 가지고 있고, 현대에 와서는 전례 생활 외에 다방면의 교육과 사목, 사회 사업 등에 종사하고 있다.

[88] 1120년에 프랑스 프레몽트레에 13명의 동료와 함께 수도원을 세운 산튼Xanten의 노베르(노르베르토) 성인이 창설했다. 명상과 적극적인 신앙생활을 절충했으며, 12세기의 과거 수도자들의 엄격한 명상 생활과 13세기의 탁발 수도자들의 적극적인 활동을 연결시켰다. 아우구스티누스의 규율을 따랐으나 생활 방식과 수도회 운영 체제는 시토회의 영향을 크게 받아 아주 엄격한 수도 생활을 했다. 프랑스 혁명 때 거의 와해되었다. 수도자들의 복장은 모두 흰색이다.

전혀 권위적이지 않았다. 대수도원장이 하는 일은 매년 열리는 수도원장 정기 총회를 주재하는 것뿐이었다.

109) 새로운 수도 생활, 시토회

아우부리Aubri 대수도원장(시토회 2대 수도원장, 1098~1108년)과 동료 수도자들은 자신들의 약속을 잊지 않았다. 그래서 그들은 이 자리에서 베네딕투스 수도 규칙을 공동체의 생활 규범으로 삼는 데 만장일치로 합의했다. 그들은 규칙의 본래 의미를 구현하기 위해 규칙의 순수성을 위협하는 모든 것, 즉 외투, 모피 코트, 셔츠, 수도복, 침대보, 다양한 음식들, 과식을 거부했다. …… 수도자들은 베네딕투스 수도 규칙을 읽으면서, 베네딕투스 성인이 교회, 제단, 봉헌물, 묘지, 다른 사람들이 준 선물, 오븐, 방앗간, 마을, 농사지을 일꾼 등 어떤 것도 소유하지 않았고, 베네딕투스 성인의 누이 외에는 어떤 여자도 수도원에 발을 디딘 적이 없었다는 사실을 알게 되었다. 그래서 수도자들은 성인의

▲ 시토회 필사본의 머리 글자 Q, 12세기.

모범을 따라 이 모든 것을 포기했다. …… 수도자들은 이 시대의 부를 경멸했다. 그리스도의 가난을 본받으려는 그리스도의 새로운 전사들은 수도자라는 자신의 존재를 보증할 수 있는 방법과 체계 그리고 실천 사항이 과연 무엇인지 연구했다. 그래서 그들은 수도원을 찾아오는 가난한 이들과 부자들을, 수도 규칙에 따라, 마치 그리스도를 대하는 것처럼 따뜻하게 환대했다. 그 후 시토회는 주교의 승인에 따라 수염 기른 평신도 형제들을 받아들이기로 결정했다. 수도자들은 형제들이 비록 수도자 신분은 아니었지만, 살아 있을 때나 죽었을 때나 그들을 수도자처럼 대우해 주기로 결정했다. 수도자들은 일꾼들을 고용했다. 왜냐하면 일꾼들의 도움이 없다면, 수도 규칙을 밤낮없이 완벽하게 지켜 나갈 수 없다고 생각했기 때문이다. 이 거룩한 수도자들은 복되신 베네딕투스 사부가 도시와 성채나 마을이 아닌, 인적이 아주 드문 외딴 곳에 수도원을 세웠다는 사실을 알고 나서, 베네딕투스의 모범을 따라서 외딴 곳에 수도원을 세웠다. 그리고 그들은 한 수도원에 12명의 수도자와 한 명의 수도원장이 있어야 한다는 베네딕투스의 규정을 따라 자신들도 똑같이 그렇게 살았다.

짧은 서언Petit exorde, 시토회의 첫 번째 규정집 1118절.
라투쉬, 《중세사에 대한 필름》, 230쪽에서 인용.

클레르보의 성 베르나르

베르나르(베르나르도, 1090~1153년)는 1115년 클레르보에 시토회 수도원을 설립했다. 그는 이 수도원을 시작으로 시토회를 발전시키는 데 많은 기여를 했다. 베르나르 자신이 손수 설립한 수도원이 66개나 되었다. 그의 활동은 클레르보를 벗어나 멀리까지 영향을 미쳤다. 그리하여 12세기 중엽에 그는 교회에서 가장 중요한 인물이 되었다.

베르나르는 자주 수도원에서 멀리 떨어져 있으면서도, 수도원의 다른 많은 일에 깊이 관여했다. 그는 성직자의 쇄신을 위해 일했다. 베르나르는 느슨해진 클뤼니 수도원을 호되게 질책했다. 그는 주교들에게 가난을 실천하고 가난한 이들에 대해 관심을 가지라고 호소했다. 또한 로마 교회의 분열을 종식시켰고 클레르보의 한 수도자를 위해 생활 규칙을 작성했다. 이 수도자가 바로 1145년에 교황으로 선출된 에우제니오 3세다(에우제니오 3세는 베르나르의 제자였다). 베르나르는 봉건 사회를 그리스도교화 시키려고 노력했다. 그는 영주들의 사치스러운 생활을 비난하고 결혼의 고귀함을 설파했다. 제2차 십자군 원정대(1146년)의 설교자(알비파 이단을 척결하기 위한 교황의 설교 특사)였던 베르나르는 베즐레 Vézelay와 스피르 Spire에서 유다인 대학살을 중지하라고 부르짖었다. 그의 설교에 감동을 받은 몇몇

▲ 클레르보 시편집의 머리 글자 B.

사람들은 그 자리에서 바로 십자군에 가담했다.

그러나 베르나르는 봉건 기사도와 수도 생활을 소중하게 여긴 나머지, 그 당시 시대의 발전상을 제대로 이해하지 못한 적이 많았다. 하루가 다르게 발전해 가는 도시 주민들이 영주와 주교들을 거슬러서 목소리를 높이는 것은 그가 보기에는 전통적인 봉건 질서를 뒤흔드는 한 줄기 광풍과 같았다. 베르나르는 늘어나는 이단에 맞서서 그리스도교 신앙을 더욱더 철저하게 수호했다. 하지만 베르나르는 아벨라르Abélard[89]를 박해하고 단죄하는 데(1140년) 동조함으로써, 건강한 신학적인 사고의 발전을 더디게 만들었다.

그렇다고 하더라도, 베르나르는 최고의 영적 스승이었다. 그는

---

89 아벨라르의 생애에 대한 내용은 그의 저서 《내 고통의 역사Historia calamitatum》라는 책에 자세히 나와 있다. 파리에서 철학 특히 논리학을 공부한 그는, 철학의 양 극단을 대표하던 두 스승 콩피에뉴의 로슬랭 및 샹포의 기욤과 심한 논쟁을 벌였다. 아벨라르는 논리학 저서들을 통해서 독자적인 언어 철학을 명석하게 설명했다. 그는 파리, 믈룅, 코르베유 등지의 학교들을 떠돌아다니면서 가르쳤고 1113년(또는 1114년), 랑으로 가서 당시 대표적인 성경 학자 앙셀름에게 신학을 배웠으나, 곧 그의 가르침이 공허하다는 것을 발견하고는 큰 경멸감을 느끼고 파리로 돌아왔다. 파리에서 그는 공개적으로 가르치면서 한편으로는 노트르담 주교좌성당의 참사 위원인 퓔베르의 조카 딸 엘로이즈의 가정 교사가 되었다. 아벨라르와 엘로이즈는 사랑에 빠졌다. 그들은 아들을 낳고 비밀리 혼인했다. 엘로이즈는 파리 근교에 있는 아르장퇴유 수녀원에 은신했다. 아벨라르는 그녀에게 삼촌의 진노를 피해 수녀원으로 피신하는 것이 좋겠다고 충고했던 것이다. 하지만 아벨라르가 그렇게 충고한 진짜 이유는 엘로이즈에 대한 불신 때문이었던 것 같다. "당신이 내게 보인 이 불신이 얼마나 나를 고통스럽고 부끄럽게 했는지……" 이 내용은 훗날 엘로이즈가 아벨라르에게 쓴 통한에 찬 편지 한 구절이다. 한편, 이 같은 사실을 안 퓔베르는 불같이 분노했다. 아벨라르는 퓔베르가 보낸 사람들에 의해 거세당한 뒤에 파리 근처 생–드니의 왕립 대수도원에 들어갔다. 생–드니에서 신학적 지식을 넓히는 한편 동료 수사들의 생활방식을 끊임없이 비판했다. 성경과 교부들의 저서를 읽으면서 교회의 가르침 가운데 모순으로 보이는 구절들의 인용문집을 만들고, 이 내용을 《예와 아니오Sic et non》라는 제목으로 책을 냈다.

마지막 교부로서 성경 묵상을 다른 모든 것의 출발점으로 여겼던 사람이다. 고행과 영적 수련보다는 하느님과의 일치를 강조했고, 모든 종교는 자선을 실천하는 방향으로 나아가야 한다고 생각했다. 또한 하느님께로 되돌아가는 방법 즉, 자아 인식에서 출발하여

또한 《신학Theologia》이라는 책을 썼는데, 이 책은 1121년 수아송 시노드에서 이단으로 단죄받은 뒤 불태워졌다. 이 시노드는 아벨라르가 하느님과 삼위일체의 신비를 변증법으로 분석해 놓은 것들을 오류라고 판정했다. 그래서 그는 한동안 생-메다르 수도원에 연금당했다. 그 뒤 생-드니로 돌아온 그는 《예와 아니오》의 방법론을 그 수도원의 수호 성인에 관련된 문제에 적용시켜, 갈리아에서 순교한 사도인 파리의 생-드니가 바오로가 개종시킨 아테네의 드니(아레오파고스 법정 판사 디오니시우스로도 알려짐)와 동일 인물이 아니라고 주장했다. 생-드니 수도원은 자신들의 전통적인 주장에 대한 이러한 비판을 프랑스 왕국에 대한 명예 훼손으로 간주했다. 아벨라르는 프랑스 왕 앞에서 재판받는 것을 피하기 위해서 생-드니 수도원을 떠나 샹파뉴의 테오발드 백작에게 가서 보호를 요청했다. 그곳에서 은둔 생활을 하려고 했지만, 학생들이 몰려와 철학을 다시 가르쳐 줄 것을 요청했다. 그는 수사 신분으로 세속 인문과학을 가르쳤다는 이유로 다른 성직자들에게 심한 비판을 받고서 아예 그리스도교 세계를 떠나려고 생각했지만 1125년에 샹파뉴에서 멀리 떨어진 브르타뉴에 있는 생-길다스드뤼 수도원의 대수도원장으로 선출되었다. 그곳에서도 수도원 공동체와의 관계가 나빠져 몇 차례 생명에 위협을 당한 뒤 파리로 돌아왔다. 한편 엘로이즈는 파라클레라 부르는 새로운 수녀원의 원장으로 있었으며, 아벨라르는 이 새 공동체의 대수도원장이 되어 규율을 제시해 주었고, 수녀들의 생활 방식에 정당성을 부여해 주었으며, 문학 연구의 가치를 강조했다. 그는 1130년대 초, 엘로이즈와 함께 이전에 서로 나누었던 연애 편지와 신앙 편지의 모음집을 만들었고 1135년경 파리 외곽 몽-생-준비에브 수도원에 가서 가르치면서 열정적으로 글을 썼다. 몽-생-준비에브 수도원에는 수많은 학생이 아벨라르에게 배우러 모여들었다. 그들 가운데는 영국의 인문주의자 솔즈베리의 존 같은 훗날 이름을 떨친 사람들이 많이 있었다. 하지만 아벨라르는 다른 교사들을 비판하고 그리스도교 신학에 대한 전통적인 가르침을 명백히 수정함으로써 많은 사람에게 깊은 적대감을 불러일으켰다. 당시에 영향력 있던 파리의 생 빅토르 대수도원에서는 그의 교리를 꼼꼼히 비판했고, 한때 그를 존경했던 생-티에리의 기욤이 클레르보의 베르나르의 지지를 받아 그를 비판했다. 1140년 상스에서 열린 공의회에서 아벨라르는 단죄받았고, 이 단죄는 인노첸시오 2세 교황의 재가를 받았다. 그 뒤 부르고뉴에 있는 클뤼니회 대수도원에 은거했고, 그곳에서 대수도원장인 베드로 가경자의 노련한 중재에 힘입어 베르나르와 화해했으며, 교육 활동에서 은퇴했다. 그 뒤 병들고 늙은 몸으로 클뤼니 수도회 수사로 여생을 지냈고, 죽은 뒤 파라클레 수녀원에 묻혔으나, 지금은 파리에 있는 페르라셰즈 묘지에 엘로이즈와 나란히 묻혀 있다.

하느님을 발견하는 길로 나아가는 방법을 제안했다. 그의 가장 대표적인 영성 작품으로는 《아가 설교 Sermones in Canticum Canticorum》가 있다.

Ⅱ. 신앙의 행위

1. 수도원 종교와 민중 종교

전능하신 하느님과 인간적인 하느님

중세 그리스도교는 전원적이고 봉건적인 사회의 모습을 많이 담고 있었다. 봉건 질서의 가장 윗자리에는 최고의 군주인 하느님이 있었다. 하느님의 가신과 농노들은 지상의 영주들이었다.

사람들은 하느님을 사랑했지만 하느님에 대한 두려움이 훨씬 더 컸다. 하느님은 인간에게 생사고락을 베풀어 주시는 분이었다. 따라서 사람들은 흥망성쇠와 기근, 그리고 전염병은 그분의 섭리에 의한 것이라고 생각했다. 그러나 복음의 가르침을 따르려는 운동들은 예수를 통해서 드러난 하느님의 인간적인 면을 점점 더 부각시켰다. 성지 순례와 프란치스코회의 생활 방식이 이 같은 사실을 잘 보여 주는 좋은 증거다.

그리스도인의 꿈, 수도자

성직자들만이 오로지 자신들의 생각을 글을 통해서 표현할 수 있었던 시대에, 그리스도인의 꿈은 수도자가 되는 것이었다. 성인들의 축일표에는 주로 주교들과 수도자들 그리고 다른 신심 깊은 사람들만 들어가 있었다. 아주 특별한 경우에만 일찍 과부가 되어 참회를 하고 가난한 이들을 위해 자선 사업을 하면서 여생을 보낸 외짝 공주들이 축일표에 들어가 있었다. 베르나르 성인은 세상을 거대한 바다에 비유했다. "이 바다를 건너가야만 구원을 얻을 수 있었다. 수도자는 다리를 이용해서 바다를 건넜기 때문에 물에 젖지 않았다. 재속 성직자는 베드로 사도의 배를 이용해서 바다를 건넜다. 그러나 결혼한 사람들은 헤엄을 쳐서 바다를 건너야만 했고 도중에 많은 이들이 물에 빠져 죽었다." 그래서 신심 깊은 평신도들은 진짜로 수도자가 되는 것 대신에 수도 생활을 모방하려고 노력했다. 루이 성인은 성무일도 시간경을 암송했고, 독서 기도를 바치기 위해 새벽에 일어났으며[90] 틈나는 대로 고행을 실천했다. 또한 많은 평신도들은 자신이 죽으면, 수도원 예식대로 장례식을 치러 달라고 유언했다.

---

[90] 전에는 독서 기도를 한밤중인 1시 내지 2시에 바쳤지만, 오늘날에는 독서 기도를 언제든지 바칠 수 있다.

체험 종교

그러나 이와 같은 눈부신 신앙의 모범들이 보통 사람들의 신앙생활이었다고 생각한다면, 그것은 잘못된 생각이다. 전체적으로 볼 때, 유럽인들은 분명히 그리스도인이었지만 당시의 그리스도교는 오늘날 그리스도교와는 사뭇 달랐다.

19세기 역사가들은 중세를 일컬어 "목가적인 만장일치(합의)"라고 말했다. 하지만 중세의 겉 표면에는 잔물결처럼 반대 운동들이 널리 퍼져 있었다. 따라서 중세를 단순히 '목가적인 만장일치'라고 말할 수는 없다. 시골 사람들은 전염병과 악천후에 맞서 생존 투쟁을 해야만 하는 절망과 실의에 빠진 문맹자들이었다. 따라서 신학자들이 말하는 훌륭한 체제인 그리스도교와 시골 사람들의 그리스도교 사이에는 커다란 차이가 있었다.

그리스도교는 그리스도교 이전의 오래된 종교적인 것들을 완전히 받아들였다. 그런 것들은 자연의 생명과 계절의 순환과 관계된 것들이었다. 예를 들어, 전례력이 생겨남에 따라, 그리스도인들은 자신들의 구원 사업의 중요한 단계들을 기념했을 뿐만 아니라 동시에 자연의 죽음과 재탄생을 경축했다. 그리하여 오래된 관습들이 순식간에 그리스도교화 되었고 그리스도교의 축제들이 민간전승이 되었다.

▲ 퐁트네 수도원의 회랑, 황금의 능, 12세기.

2. 일상생활 속에 드러난 신앙의 모습

12~13세기에 교회는 일곱 성사에 대한 신학적인 가르침에 집중했다. 때때로 많은 어려움이 있었지만, 일곱 성사에 대한 보편적인 원칙을 제시하려고 노력했다. 이런 부분들이 오늘날에도 남아 있다.

세례

예전에는 부활 대축일이나 성령 강림 대축일에만 유아 세례를 베풀었다. 하지만 12~13세기에는 거의 대부분 지역에서 유아들은 태어난 지 며칠 만에 세례를 받았다. 침수 세례가 주수注水 세례, 즉 지금처럼 머리에 물을 붓는 예식으로 점차 바뀌어 갔다. 예전에는 새로 태어난 이들(세례자)이 성혈을 영했지만, 서방 교회의 미사 전례에서 이 풍습이 사라졌기 때문에, 이제는 새로 태어난 이들은 더 이상 성혈을 영할 수 없었다. 한편, 세례를 지나치게 강조하다 보니, 유산된 아기들의 죽음을 즉시 인정하지 않고 거룩한 장소로 데려가기도 했다. 그리고 그곳에서 기다리면서 생명이 있는 표시가 조금이라도 나타나면 재빨리 세례를 베풀고자 했다. 이렇게 해서 유산된 아이들이 더러 세례를 받은 적도 있다고 한다.

고해성사와 영성체

제4차 라테란 공의회(1215년)는 최소한 1년에 한 번 부활 대축일에 자기 본당에서 고해성사를 보고 영성체를 하도록 신자들에게 의무화했다. '참회 성사'가 사라져 버리자, '고해성사'라는 용어가 이때부터 사용되기 시작했다.[110]

아무리 열심한 신자라도 일 년에 단 두세 번만 영성체를 할 수 있었다. 신심 깊은 루이 성인조차도 일생 동안 겨우 여섯 번 영성체를 했을 뿐이다. 이 같은 현상을 성체 공경의 증거라고 말할 수도 있겠지만, 성체성사를 협소하게 이해했다는 증거로도 볼 수 있다.

미사는 하나의 신성하고 신비한 볼거리가 되어 버렸다. 심지어 성체를 영하는 것보다도 성체를 눈으로 보는 것이 더 중요하다고 생각했다. 그리하여 성체의 중요성에 대한 균형 감각을 상실한 채, 거양 성체를 지나치게 강조했다. 축성된 성체는 거양 성체를 통해 신자들에게 현시되었고, 13세기에는 그리스도의 성체 축일이 제정되었다. 성체를 바라보는 행동(오늘날 성체 조배의 의미와는 다름)은 특별한 효과가 있다고 생각했다. 즉, 성체를 바라보면, 청원 기도가 자동으로 이루어지고, 여행을 하다가 갑자기 죽는 불행을 막을 수 있다고 생각했다. 이것은 거의 마술과 비슷한 차원의 생각이었다. 그리하여 성체가 액厄을 막아 주는 사랑의 부적처럼 작용했고, 풍작豊作을 가져다주는 보증 수표처럼 작용했다. 성체에서 피가 뚝뚝 떨어지는 것은 하느님을 모독하는 것에 대한 그분의 응답이었다.

▲ 최후의 심판, 오툉의 팀파눔.⁹¹

110) 참회 실천의 발전(7~12세기)

6세기부터 교회법상의 참회(173~177쪽, 247~249쪽 참조)가 자취를 감추었다. 아일랜드의 수도자들은 자신들의 수도원에서 거행하는 참회 관습(미리 정해진 보속)을 교회가 받아들여야 한다고 제안했다. 《참회 지침서》는 모든 죄에 대해 적절한 보속을 미리 정해 놓았기 때문에 사제들은 《참회 지침서》를 평생 동안

---

91 팀파눔Tympanum은 건축에서 상인방 위의 아치 안에 있는 삼각형 또는 반원형 부분을 일컫는다. 11~12세기 유럽 교회의 정문에 있는 팀파눔은 복잡하고 양식화된 부조로 장식되었다. 팀파눔 장식에 특히 자주 쓰인 주제는 '최후의 심판'이었다. 로마네스크 시대의 가장 훌륭한 팀파눔은 프랑스 무아사크에 있는 생 피에르 대수도원 교회와 오툉에 있는 생 라자르 주교좌성당에 있다.

자주 참조했다.

여러 가지 참회 지침(7~8세기)

　우리는 모든 사제들이 참회 지침서를 숙지하기를 권고한다. 사제는 여기에 제시된 참회 지침서의 내용을 꼼꼼히 읽고, 참회자의 성별, 나이, 사회적 조건, 상태와 됨됨이를 세심하게 고려해야 한다. 사제는 참회자의 내적인 감정을 참작하고 상황에 맞게 판단해야 한다. …… 수도자나 성직자를 살해한 사람은 군 복무를 그만두고, 하느님께 봉사하든지 아니면 7년간 참회를 해야 한다. 증오나 탐욕으로 평신도를 살해한 사람은 4년간 참회를 해야 한다. 전쟁 중에 사람을 죽인 군인은 40일간 단식을 해야 한다. 임신 40일이 안 된 태아를 낙태한 여자는 1년간 단식을 해야 한다. 임신 40일 이상 된 태아를 낙태한 여자는 3년간 단식을 해야 한다. 그러나 가난 때문에 아기를 양육할 수 없어 어쩔 수 없이 낙태한 여자에 대한 참회와 평소 행동이 문란해서 낙태한 여자에 대한 참회에는 커다란 차이가 있다. …… 만일 사제나 부제가 구토할 정도로 술에 만취했다면, 그는 40일간 단식을 해야 한다. 만일 그가 수도자라면, 30일간 단식을 하고, 평신도일 경우, 12일간 단식을 해야 한다.

베다 존자(672~753년)의 참회 지침서(영국).

대체 참회

미사 한 대는 3일간의 단식에 해당한다. …… 하룻밤에 시편 66편을 암송하고 300대의 편태를 맞는 것은 이틀간의 단식과 맞먹는다. 미사를 120대 드리고, 시편 3편을 암송하고, 300대의 편태를 맞는 것은 금화 백 냥(sou, sou는 프랑스 화폐 단위)을 내는 참회와 동일하다. ……

재력이 있는 사람은 자신을 대신해 빵과 물, 야채만으로 3일간 단식할 사람 12명을 고용할 수 있다. 부자는 120명을 일곱 차례 고용해야 한다. 각 사람은 부자를 대신해서 3일간 단식해야 한다. 이렇게 해서 합산된 단식 일수는 7년간 단식한 날수와 같다.……

참회 지침서(7~8세기와 10세기).

성지 순례는 특별한 참회로 간주되었다. 예루살렘 성지 순례가 하나의 유행이 되었다. 성지 순례를 통해 대사大赦를 받을 수 있었다. 대사는 참회와 동등한 가치를 지녔고, 죽은 이들에게 양도할 수도 있었다. 하지만 사람들은 '미리 정해진 보속'을 점점 불신했고, 죄를 고백하는 것을 더 중요하게 생각했다.

다양한 고해성사(11세기)

우리는 모든 성직자에게 비밀스런 죄를 고백해야 한다.

오직 사제들만이 공적인 잘못에 대한 고백을 들을 수 있는 합당한 자격이 있다. 사제가 갖는 공인으로서의 특성 때문에, 사제를 통해서 교회는 묶고 푸는 행위를 한다.

만일 당신이 당신의 죄를 고백할 고해 사제를 찾을 수 없다면, 당신의 주위에서 존경받는 사람을 선택하여라. …… 성직자가 없는 경우, 영혼이 깨끗한 사람이 죄인을 정화시킬 수 있다. …… 그러나 당신의 고백을 들어줄 사람이 아무도 없다고 해도 실망할 필요는 없다. 왜냐하면 하느님께 고백하는 것만으로도 충분하다고 말하는 데 요한 크리소스토무스, 카시아누스, 암브로시우스 등과 같은 교부들이 동의하기 때문이다. ……

랑프랑크Langfranc, 캔터베리 대주교(1005~1089년).

죄인이 죄를 고백하고 통회하면 사제가 죄를 사해 주는(고백, 통회 그리고 사제의 죄 사함) 고해성사의 틀이 12세기에 점차적으로 자리를 잡아 갔다.

중죄를 저지른 경우, 사제에게 자세히 고백해야 된다. 왜냐하면 사제는 묶고 풀 수 있는 권한을 가진 유일한 사람이기 때문이다. …… 사제가 아닌 다른 사람에게 고백했을 경우에는 죄 사함을 받을 수 없다. 자신의 죄에 대한 경멸과 형제들의 기도에 의해 우리는 죄 사함을 받는다. 왜냐하면 이때 우리는 "나는 당신의 죄를 사합니다(사죄경의 첫 흔적)."라고 말하지 않고, "전능하신 하느님께서 당신에게 자비를 베푸시길 바랍니다."라고 말하기 때문이다.

의무적인 고해성사와 연 1회 영성체: 제4차 라테란 공의회(1215년)

사리분별을 할 수 있는 모든 신자들은 자신의 모든 죄를 최소한 일 년에 한 번 본당 신부에게 성실하게 고백해야 한다. 신자들은 정성껏 마음을 모아 사제가 부과한 참회(보속)를 행해야 하며, 공경하는 마음으로 부활절에 성체성사를 받아 모셔야 한다. 어떤 합리적인 이유로 인해 본당 신부가 영성체를 해도 좋다고 조언한 경우를 제외하고는, 신자들은 부활절 성찬식 때까지 영성체를 자제해야 한다. 만일 그렇지 않을 경우, 살아생전에 성당에 출입할 수 없을 뿐만 아니라, 죽어서도 교회에서 장례식을 거행할 수 없다.

《중세 시대까지의 참회*pénitence au Moyen Age*》(1969년).

결혼

중세 초기에는 결혼에 대한 신학이 분명하게 정립되어 있지 않았다. 당시에는 결혼이 전통으로의 회귀인지 아니면 교회 전승의 한 부분인지 불확실했다. 13세기에 이르러 결혼이 일곱 성사의 하나로 확정되었고, 혼인성사는 교회의 유일무이한 특권이 되었다. 교회는 혼인이 유효하냐 하지 않느냐 하는 기준이 되는 혼인의 장애와 조건을 결정했다. 혼인 당사자들의 자유로운 동의가 혼인의 근본 조건이었다. 매우 아름다운 문구로 표현된 혼인 예식서들이 지역에 따라 다양하게 생겨났다. 혼인 예식 중에 결혼 당사자들은 라틴어로 응답했다. 하지만 결혼 당사자 대부분은 라틴어로 집전되는 혼인 예식을 알아들을 수 없었다. 그래도 이들이 성당에 가는 중요한 이유는 혼인 예식 후에 있는 축하연을 흥겹게 즐기기 위해서였다.

신앙 전달과 신앙 교육

당시에는 교리서라고 할 수 있는 것이 전무全無했다. 그리스도교 공동체는, 마치 삼투 작용과 같이, 신앙을 천천히 다른 사람들에게 전해 주었다. 자녀에게 하느님과 십계명에 대해 가르치는 것은 부모와 대부모의 의무였다. 종교 교육에 있어서, 7이라는 숫자가 기억을 돕는 수단으로 활용되었다. 일곱 가지의 사죄死罪, 신앙인의 일곱 가지 기본 덕목, 성령 칠은七恩, 주님의 기도에서의 일곱 가지

청원, 일곱 성사 등이 그것이다. 글 읽는 방법을 배우는 사람들은 시편 책을 통해서 글 읽는 법을 배웠다.

주일과 축일 강론은 주로 젊은이와 노인들을 교육시키기 위해 사용되었다. 13세기는 복음 설교에 가장 많은 노력을 기울인 시기였다. 설교자들은 신자들의 언어를 더 쉽게 접할 수 있었고, 자신들의 모국어를 기꺼이 사용했다. 탁발 수도회들이 당시 설교에 커다란 영향을 끼쳤는데, 그중 도미니코 성인의 제자들은 설교자들의 수도회라는 이름을 가졌다. 이단자들은 평이한 말로 자신들의 사상을 표현하는 법을 배웠기 때문에, 이단에 맞서 싸우는 사람들도 평이한 말을 사용했다.

오늘날에는 음향 시설이 있기 때문에 설교자는 제대 옆에 있는 독서대에서 설교를 하지만, 당시 설교자는 독서대를 사용하지 않고 신자석으로 내려와서 설교를 했다. 일부 성당에서는 엄청난 인파가 몰려들어서, 실외에서 설교하는 경우도 있었다. 도미니코 성인은 방앗간 근처에서 설교한 적도 있었다. 설교자들은 일상생활 속에서 많은 예화들을 찾아내어 설교에 이용했는데, 설교 중간 중간에 청중들은 자신들의 의견을 개진하고 질문을 하면서 박수갈채를 보내기도 하고 때로는 설교 내용을 반박하기도 했다. 설교 때 졸거나 설교가 시작되기 전에 성당 밖으로 나가는 사람은 설교자의 질문 공세에 시달려야만 했다.

3. 성과 속

중세의 특징을 꼬집어 말한다면, 종교가 일상적인 삶 모든 곳에 깊이 파고들어 밀접하게 관련을 맺고 있었다는 점이다(종교의 편재성). 중세는 성스러운 것과 세속적인 것이 뒤섞인 혼합체였다. 이 둘이 평등 정신으로 이루어져 있었기 때문에, 일상생활이 종교적인 시간과 공간 속으로 들어왔다. 그래서 종교 생활과 일상생활이 따로 구분되지 않았다. 이것은 오늘날에도 찾아볼 수 있는 상황이다.

교회, 사람들의 집

일반 성당과 주교좌성당은 공공장소였다. 이들 성당이 하느님을 경배하기 위한 장소로 사용되기보다는 오히려 다른 용도로 더 많이 사용되었다. 전시戰時에는 성당이 피난처가 되었고, 어떤 때는 가구 보관 창고나 가축우리로 사용되었다. 어떤 이들은 성당에 아예 눌러 살기도 했다. 성당 안에는 변변한 의자 하나 없었지만, 열심한 신자들은 바닥에 밀짚을 깔고 겨울을 보냈고, 여름에는 성당 앞마당의 푸른 잔디 위에서 하루하루를 보냈다. 주일 미사 참례는 원칙적으로 신자들의 의무였을 테지만 정말 그랬을까 하고 의심스럽게 하는 모습들도 있었다. 어떤 사람들은 미사 중인데도, 술집에서 시간을 보내다가 거양 성체 때에만 성당에 들어갔다. 그런가 하면, 또 어떤 이들은 거양 성체가 끝나면 곧바로 성당 밖으로 나가 버렸다. 어떤 사람들은 성당에서 잡담을 나누다가 강론 시간이 되면, 밖으로 나가서 애인을 만나거나 다른 일을 했다.

전례와 민중 축제

전례력을 펼쳐 보면, 관습과 예식들이 뒤섞여 있다는 인상을 받는다. 이 예식들은 오늘날 의미로 볼 때 참으로 종교적인 것들이다. 하지만 관습들은 그 기원과 의미가 아주 모호하다.

그리스도교 왕국에는 지역에 따라 매우 다양한 관습이 있었다. 크리스마스 장작을 보관해 두었다가 햇빛이 없고 구름이 많은 날에 장작에 다시 불을 지피는 관습이 있었다.[92] 무죄한 어린이들의 순교 축일(12월 28일)에는 성당이 온통 어린이들의 차지가 되어, 이날만큼은 기존 질서가 완전히 뒤집혀, 모든 것은 장난이며 농담이 되었다. 1월 1일에 사람들은 가끔 바보들의 축제를 지냈다. 성당 밖에서는 춤판이 벌어졌고 성당 안에서는 카드판이 펼쳐졌다. 사람들은 장난삼아 바보들 가운데서 주교와 교황을 선출했고, 부제와 차부제들은 제대에서 소시지와 블랙 푸딩을 먹었다. 주교들은 바보들의 축일을 지내지 못하게 했지만, 그럼에도 불구하고 이 축

---

[92] 고대 스칸디나비아 반도에서는 동짓날을 기념하기 위하여 큰 화로에 불을 붙이는 전통이 있었다. 이것은 동지 때까지 해가 짧아졌다가 이날부터 해가 다시 길어지기 시작하여 '태양이 다시 살아나는 것'을 기념하기 위한 행사였다. 태양이 없는 겨울을 지내는 북극 지방의 사람들에게 태양이 다시 살아난다는 것은 대단히 의미심장한 일이다. 이 같은 전통이 영국에 전해졌다. 그래서 영국에서는 큰 장작Yule log(크리스마스 장작)을 미리 준비해 두었다가 크리스마스 전날 밤에 벽난로에 불을 붙여 밤새도록 태워 방을 따뜻하게 하고 크리스마스 분위기를 돋우는 풍습으로 발전했다.

일은 오랫동안 계속되었다. 나귀들의 축일도 있었는데, 이날은 성당에서 발라암Balaam의 나귀(민수 22,22-35 참조)를 기념하는 축일이었다. 라임에서는 재의 수요일 전날인 참회 화요일에 신자들이 테네브래Tenebrae(성 목·금·토요일에 바치는 기도문)를 장엄하게 바쳤다. 이 기도가 끝나면, 성당 참사 위원들이 줄을 지어 입장했다. 그들은 각자 자기 뒤편에 청어 한 마리를 줄에 매달아 끌고 다녔는데, 이때, 뒷사람은 앞사람의 청어를 발로 밟으려 하고 앞사람은 이를 피하려고 애썼다.

앞서 살펴본 모든 관습이 관례적으로 행해진 것은 아니지만, 이런 관습들 가운데 어떤 관습은 교회의 금지 명령에도 불구하고 오늘날까지 계속되고 있다.

성물 만지기

그리스도교 신자들은 성물聖物을 만지고 싶어 했다. 왜냐하면 성물을 만지는 것은 그리스도의 인성에 대한 뜨거운 사랑의 표현이었기 때문이다. 또한 성지 순례자와 십자군은 예수 그리스도와 성인들이 살았던 곳을 직접 눈으로 보고 손으로 만지고 싶어 했다. 아시시의 프란치스코는 실제로 구유를 만들어 성탄절을 지냈다.[93] 성물을 만지고 싶어 하는 열망 때문에, 성인들의 유품 공경 예식

---

[93] 1223년 성탄절에 아시시의 프란치스코 성인은 그레초에서 성탄절을 좀 더 잘 지내기 위하여 짚으로 가득 찬 구유를 처음으로 만든 다음 그 곁에 당나귀와 황소 한 마리씩 놓았다. 이것이 역사상 가장 먼저 만든 구유였다.

이 특별하게 발전되었다. 성인들의 유품은 작은 조각으로 잘려 다른 지역으로 이동되거나 팔려 나갔다.[111] 루이 성인은 예수의 몸에 박혔던 쇠못에 대해 특별한 공경심을 갖고 있었다. 그는 화려한 '생트 샤펠Sainte Chapelle(성 경당)'을 지어, 자신이 동방에서 입수한 예수의 가시관을 이곳에 안치했다. 만일 공경할 만한 소중한 유품이 없다 할지라도, 사람들은 목초지와 가축을 돌보거나 기술자들의 길드에서 일한 지방 성인의 유품들을 공경했다.

[111] 성인의 유품 발견

(대머리 혹은 수염이 없는) 라울 글라베르Raoul Glaber(985~1050년)는 활동적인 수도자로, 《역사》를 집필했다. 이 작품은 성인들의 유품 발견에 대한 아주 좋은 증거 자료 중 하나다.

우리가 말한 것처럼, 온 세계가 새로운 교회들로 가득 차 찬란히 빛나고 있을 때, 역사적인 순간이 도래했다. 구세주 강생 1008년, 오랫동안 묻혀 있던 성인들의 많은 유품들이 발견되려는 다양한 징후들이 나타났다. 유품들은 마치 부활의 영광스러운 순간을 기다려 온 것 같았다. 하느님께서는 신심 깊은 이들의 관상 중에 나타나시어 유품들에 대해 보여 주셨고, 이들은 커다란 마음의 위로를 받았다. 상스Sens의 골Gaul 시에 있는 복된 순교자 스테파누스 성당이 첫 유물 발견 장소로 알려져 있다. 당시 대주교 리에리Lierri는 그곳에서 구약의 제의祭儀에 쓰인 놀라운 물건들을 발견했다. 유물 중에는 모세의 지팡이 조각도 있었다고 한다. 이 놀라운 소식이 퍼지자, 신자들은 구름처럼 모여들었고, 골의 시민들뿐만 아니라, 이탈리아 전역과 외국에서도 바다를 건너 사람들이 몰려들었다. 왜냐하면 여기를 거쳐 간 환자들이 성인들의 중개로 병이 낫는 일이 흔했기 때문이었다. 하지만 사람들을 위해서 좋은 지향으로 시작되었던 일이 인간의 사악한 마음과 탐욕으로 인해 오히려 사람들에게 걸림돌이 되는 경우가 너무 자주 발생했다. 내가 말한 것처럼, 몰려든 사람들로 인해 이 도시는 막대한 부富를 축적했고, 엄청난 재정 수입으로 인해 이곳 주민들은 너무나 거만해져 버렸다.

R. 글라베르, 《역사Histories》, Ⅲ,6.
포농, 《일천년 대》, 93쪽에서 인용.

일상생활 속에서 어떤 신앙생활을 했을까

종교적인 관습과 축일만으로 그리스도인의 생활을 충분히 설명할 수 있을까? 오늘날의 그리스도인들은 자신들이 단지 하느님을 경배하기 위해서 존재한다고 생각하지는 않는다.

중세 그리스도인들의 행동에는 어떤 주된 특징이 있는가? 이렇게 살아야 한다고 규칙으로 정해 놓은 삶과 실제로 사람들이 사는 삶 사이에는 차이가 있다는 것을 우리는 역사를 통해 알 수 있다. 신학자와 설교자, 시노드의 법령과 공의회는 수많은 규정들을 만들어 놓았다. 하지만 그런 규정들이 모두 일상생활 속에 그대로 적용되었다고 말할 수는 없다. 성직자들은 성性윤리에 대해 단호하게 설교를 했지만, 실생활에서는 대단히 관대한 입장을 취했다. 특히 성직자들 사이에서는 더 그랬다. 당시 사람들은 간음보다도 탐욕을 더 나쁜 죄로 간주했다.

평신도들이 자신들의 신앙에 관해 진술해 놓은 자료는 그리 많지 않다. 유언 형식으로 남겨진 자료들을 통해서, 우리는 후손에게 남겨 줄 유산이 있었던 사람들이 과연 신앙생활에 대해 어떻게 생각하고 있었는지 조금은 엿볼 수 있다. 그들이 가장 원했던 것은 자신들의 장례식을 성대하게 치르는 것이었다. 그래서 그들은 자신들의 영혼이 안식을 누릴 수 있도록 미사를 드려

▲ 최후의 심판, 콩크의 팀파눔.

달라고 후손들에게 유언을 남겼다. 또한 그들은 가난한 이들을 위해서도 관심을 가졌다. 사실, 13세기에는 가난한 이들과 부랑자들의 문제가 사회적인 문제로까지 대두되지는 않았다. 사람들은 오히려 가난한 이들과 부랑자들 안에서 살아 계신 그리스도를 발견했다. 자선을 베푸는 것은 축복을 쌓는 것이며, 신앙의 협조자를 얻는 것이었다. 많은 사람들은 자신이 죽으면 장례식 때 들어오는 조의금과 음식을 가난한 이들에게 나누어 주라고 유언을 남겼다. 그런가 하면, 어떤 이들은 호스피스[94]와 나환자를 위한 병원 유지를 위해 거금을 쾌척하기도 했다. 당시 병원은 생계가 곤란한 환자들과 몸이 아픈 여행객들을 위해 약 12병상 정도를 갖춘 작은 규모였다. 여행객들은 대부분 성지 순례자들로, 이들은 큰 무리를 지어 길을 따라 유럽을 여행하는 사람들이었다. 어쨌거나 죽은 후에도 오랫동안 사람들의 기억 속에 남아 있고 싶어 하는 사람들의 허영심 때문에, 이런 시설들이 많이 설립되었다는 점은 분명한 사실이다.

▲ 그리스도, 베즐레의 팀파눔.

---

[94] '호스피스'라는 용어는 고대에 생겨났는데, 당시에는 순례자와 여행자에게 휴식과 음식을 제공하는 자선 시설을 의미했다. 주로 수도원에서 그런 시설들을 제공했는데, 그중에서 가장 유명한 호스피스는 성 베르나르 호스피스였다. 이곳은 지금도 알프스를 지나는 여행자를 위한 휴식처로 사용되고 있다. 그러나 오늘날에는 호스피스라는 용어는 주로 죽어가는 사람의 육체적·정서적 고통을 경감시키기 위해 세워진 시설이나 병원 또는 그런 환자들을 돌보는 행위를 의미한다.

Ⅲ. 지성과 예술에 영감을 주는 신앙

1. 신앙에 기초한 문화

수도원 학교와 주교 학교

앞에서, 우리는 중세 그리스도교 전성기 시대에 대부분의 지적 활동이 주로 수도원에서 이루어졌다는 사실을 알 수 있었다. 수도원에서 고전 문학 작품과 고대 교부들의 문헌들이 연구되었다. 이런 사회적인 구조 안에서는 학문 연구가 주로 종교적인 목적을 가질 수밖에 없었다. 성경과 고대 문헌을 읽고 주석하며, 이에 따라 수도자의 영성 생활을 더욱 진보시키는 것이 그 목적이었다. 주교들은 주교좌성당 근처에 작은 주교 학교를 세웠다. 이곳에서 성직자들을 대상으로 하는 기본 교육이 이루어졌다. 카를 대제는 이 같은 주교 학교를 설립하는 것을 적극 장려했다. 주교들은 주교 학교에서 양성된 성직자들을 신학교 교사와 교장으로 임명했으며, 그들이 직접 조교를 뽑을 수 있도록 했다.

새로운 지적 요구

12~13세기에 전성기를 맞은 그리스도교 왕국 안에서는 여러 가지 지적 요구가 생겨났다. 그레고리오 교황의 개혁으로 인해 법에 대한 연구가 가속화되었다. 특별히 볼로냐Bologna에서 로마법을 다

▲ 이사야와 마태오, 신약을 받쳐 주는 구약, 스테인드글라스, 샤르트르.

시 연구하고 '교회법'을 더욱더 세부적으로 만들어냈다.

인구 이동과 도시 발달로 인해 새로운 사회 계층이 형성되었다. 이들은 지적 생활에 눈을 돌리기 시작했다. 이로 인해, 수도원 학교보다도 도시에 자리 잡고 있는 주교 학교의 중요성이 한층 부각되었다. 하지만 새로운 지적 요구들을 모두 받아들이기에는 이 학교들만으로는 역부족이었다. 교사들은 독립적으로 파리의 라 몽타뉴 생트-쥬느비에브La Montagne Sainte-Geneviève와 같은 사립 학교를 설립했다. 그러나 이 모든 것이 앞으로 겪게 될 고초와 갈등의 불씨가 될 줄은 아무도 생각하지 못했다.

교사들의 주장

교사가 학생을 가르치는 것을 허락할 수 있는 권한이 주교에게 있었다. 이로 인해 주교는 교사와 학생들에게 권위를 가질 수 있었고, 교사들은 자신이 가르치는 것에 대해 주교의 지속적인 통제를 받을 수밖에 없었다. 그러나 파리와 같은 도시들에서는 학생 수가 갑자기 크게 증가하자, 학생들에 대한 통제가 어렵다고 판단한 교사들은 주교와 교장의 편협한 감독으로부터 벗어나고 싶어 했다. 교사들은 자치 단체나 상업 길드guild가 갖고 있던 자율성을 갖고 싶었다. 베르나르 성인을 좋은 모범으로 따르고 있는 수도원 전통에 따르면, 학문 연구는 절대적으로 성경 주석에 그 바탕을 두고 있었다. 그러나 12세기가 되자, 학자들은 새로운 본문, 예를 들면 그리스나 이슬람 지역에서 들어온 아리스토텔레스 작품들의 번역본을 접할 수 있게 되었다.[112] 피에르 아벨라르(1079~1142년)와 같은 교사들은 이성을 이용한 신학적 진리 탐구 방법을 발전시켰는데 이것은 많은 사람들을 당혹스럽게 만들었다.

[112] 이성과 신앙

호노리우스 아우구스토두넨시스Honorius Augustodunensis는 수도자이며 신비가이다. 그의 이름을 보면, 그가 오툉(프랑스 동쪽에 있는 도시)과 어떤 연관이 있으리라고 생각할 수 있지만, 사실 오툉과는 아무 관련이 없다. 왜냐하면 그는 12세기 중엽 레겐스부르크Regensburg에 거주했던 것으로 보이기 때문이다. 그는 모든 학문 분야에 관심이 많았는데, 과학 백과사전 편찬이 그의 업적 중 하나다.

이성으로 입증된 진리만이 권위가 있다. 왜냐하면 교도

> 권이 우리에게 믿을 교리라고 가르치는 내용을 이성은 증명을 통해 확인시켜 주기 때문이다. 성경의 권위가 명백하게 선포하는 것을 추론적인 이성이 증명한다. 설사 모든 천사들이 하늘나라에 있었다 할지라도, 하느님께서는 인간과 그의 후손들을 창조하셨을 것이다. 왜냐하면 이 세상은 인간을 위해 만들어졌고, 나는 세상을 통해 하늘나라와 땅 그리고 우주의 모든 것을 이해하기 때문이다. 인간이 낙원에서 추방된 것은 무지 때문이었다. 과학은 인간이 돌아가야 할 고향이다.
>
> 자크 르 고프 J. Le Goff, 《중세의 지성들 Les Intellectuels au Moyen Age》(1957년), 59쪽.

대학의 탄생

유혈 충돌을 몇 차례 겪은 후, 대학들이 생겨났다. 교수·학생 간의 연합체 형태의 대학이 있는가 하면, 어떤 경우에는 학생들만의 독립적인 대학도 있었다. 학사 과정과 학교 관리는 대학 자율에 맡겨졌다. 대학에는 일반적으로 사법권이 미치지 않았고, 주교의 사법권 또한 부분적으로만 행사되었다. 교황만이 대학에 대해 직접 개입을 할 수 있었다. 1231년, 그레고리오 9세 교황은 파리 대학의 대학 자율권을 엄숙하게 승인했다.[113]

> **113) 그레고리오 9세 교황의 파리 대학 승인(1231년)**
>
> 학문이 태동된 파리는 찬란한 광채로 빛나고 있다. 이것은 그곳에서 수학修學하는 학생과 교사 모두의 덕택이다. 그들은 그곳에서 그리스도의 군대를 위한 신앙의 갑옷과 성령의 칼 그리고 그리스도를 찬미하는 데 필요한 다른 무기들을 준비한다. ……
>
> 교회는 교수와 학생들이 교수법, 학과 시간, 토론 주제, 복장에 대해서 지혜롭게 규정을 만들 수 있음을 승인한다. 이것은 교수, 강의 시간, 강의 교재를 선택할 수 있는 권한이며, 교수의 임금 조정과 규정 위반자를 제명할 수 있는 권한이다.
>
> 만일, 임금을 체불하거나 규정을 어기고 심각한 잘못을 저지른 이들이 있다면, 그들은 합당한 보상이 이루어질 때까지 정학停學에 처해질 것이다. ……

이성과 신앙의 조화로운 만남

그리고 스콜라 철학 사조가 나타났다. 중세 가르침의 방법론이었던 스콜라 철학은 토마스 아퀴나스Thomas Aquinas(1225년경~1274년)와 같은 많은 중세 석학들에 의해 찬란하게 빛났다. 교회는 이전

시대보다도 훨씬 더 많이 그 시대의 문화를 받아들였다. 토마스 아퀴나스는 《신학대전Summa theologiae》에서 고대 학문과 그리스도교 계시를 조화롭게 통합시켰다. 하지만 스콜라 철학이 지나치게 사변적인 탐구를 강조하다 보니, 인간의 궁극적인 운명에 대한 탐구는 부수적인 것이 되고 말았다. 과학을 포함한 철학은 신학의 시녀로 전락해 버린 것이다.

2. 그리스도교 민중 예술

종교 연극

그리스도인들은 예전처럼 종교적인 내용을 담은 대중 연극을 통해 신앙을 표현했다. 성당 안팎에서는 신·구약 성경의 내용을 담은 전례극典禮劇이 펼쳐졌다. 주로 성모 마리아와 성인들의 중개를 다룬 기적극奇蹟劇들이 공연되었다. 가장 유명한 연극 중의 하나는 13세기에 테오필루스Theophilus가 만든 기적극이었다. 이 작품의 내용은 부귀영화를 위해 악마와 손을 잡은 한 성직자가 악마의 유혹으로부터 벗어나기 위해 성모님께 간구하며 도움을 청한다는 내용이다. 시간이 흐르면서, 기적극들은 성경에 나오는 여러 가지 사건들(예를 들어 예수님의 수난)을 서로 결합시켜 장황하고 복잡한 내용을 표현하기도 했다.

돌에 새긴 성경[95]

오늘날 우리가 중세의 성경들을 쉽게 접할 수는 없지만, 중세의 예술과 건축물은 쉽게 접할 수 있다. 수도원과 지중해 지역에서 시작된 로마네스크Romanesque 양식은 11세기 중엽과 12세기에 크게 유행했다.[114, 115] 이 양식의 주된 특징[96]은 아치형의 둥근 석조 천장, 삼각 소간小間(인접한 두 아치 사이의 삼각형 모양)과 기둥머리에 새겨진 조각과 프레스코화[97]다. 13세기에는 일–드–프랑스Ile-de-France

---

[95] 주교좌성당은 하나의 거대한 돌이라고 말할 수 있다. 주교좌성당에는 성경에 나오는 많은 내용들이 조각되어 있다.

[96] 건축의 특징은 아치형의 석조 천장과 이것을 받쳐 주는 창문 없는 두꺼운 벽, 그리고 굵은 기둥을 지닌 양식이다. 따라서 내부는 어둡지만 중후하고 신비적인 분위기를 내는 데 도움이 되었다. 교회 출입문 정면이나 좌우에 있는 기둥에 성경의 이야기 속에 등장하는 인물이나 동물을 새긴 조각이 있었다. 창이 작고 벽이 넓은 로마네스크 교회의 실내는 거의 모두 프레스코화로 장식되었다. 인물들은 다양한 두께의 짙은 선으로 정확하게 윤곽선을 통해 강조되었으며 순색으로만 작업했다. 명암법은 존재하지 않았기에 대신에 서로 다른 색조들을 나란히 배치하여 명암을 시사했다.

[97] 소석회消石灰에 모래를 섞은 모르타르를 벽면에 바르고 수분이 있는 동안 채색하여 완성하는 회화다. 벽화 화법 중 대표적인 것으로 기원전부터 로마인에 의해 그려져 왔다. 대표적인 작품으로는 아시시 프란치스코 성당에 있는 치마부에의 작품, 파도바의 아레나 경당에 있는 조토의 작품, 로마의 산타 체칠리아 성당에 있는 카발리니의 작품 등이다(13~14세기). 그 외에도 피렌체의 산 마르코 대성전의 프라 안젤리코의 명작이나, 그 제자 고졸리가 그린 피사의 칸포산트의 작품 등이 유명하다(15세기). 또 아레초의 성 프란치스코 성당에 있는 '성 십자가 전설'은 15세기의 작품으로 피에로 델라 프란치스카가 그린 걸작이다. 피렌체에 있는 가르멜회 성당의 브랑카치 경당에 있는 프레스코 화를 그린 마사초도 르네상스 양식을 확립한 인물로 손꼽힌다. 바티칸 궁정에 있는 성 시스티나 경당의 벽화와 천장화는 미켈란젤로의 노년기의 대작이다.

지역[98]에서 태동한 고딕 양식이 크게 유행했다. 고딕 양식은 도시의 예술로서 13세기의 안정된 모습을 잘 드러냈다. 스테인드글라스와 조상술彫像術(조각 예술)이 발전했다. 조각상과 스테인드글라스, 프레스코화는 그림을 통해서 성경과 교리 교육을 가르쳤고, 고딕 양식을 통해서 예술가들은 성경에 나오는 사건들, 신앙과 선악에 대한 위대한 신비들을 표현했다. 또한 예술가들은 천국에 대한 기대와 지옥에 대한 두려움과 같은 신앙인들의 고뇌와 희망을 돌에 새겨 넣었다. 또한 이즈음, 비로소 일상생활에 관한 내용과 상상 속의 판타지와 종교적인 중대 관심사들이 예술적인 주제로 아주 많이 등장했다. 주교좌성당을 둘러보면, 우리는 중세 사람들이 어떤 옷을 입었으며, 여가를 어떻게 보냈으며, 물건을 어떻게 사고 팔았는지를 알 수 있다.

---

[98] 프랑스는 크게 5개 지역으로 나누어 볼 수 있는데, 각 지역의 특성을 살펴보면 다음과 같다.
    1) 북부(Le Nord): 노동자의 숫자가 많고 실업률이 아주 높음. 농부 숫자가 적고, 인구 구성원 중 상대적으로 젊은이 비율이 높음. 전화 가설은 낮고, 의료진 숫자가 아주 적음.
    2) 중서부(Le Centre-Ouest): 농부 및 자동차 등록수가 많음. 외국인 숫자가 아주 적고, 인구가 적다. 이혼율이 낮고, 범죄율 또한 아주 낮음.
    3) 동부(L'Est): 노동자 인구, 독신 남녀, 외국인 비율 높음. 실업율이 낮고, 농경 기계화 발달.
    4) 중남미(Le Centre-Sud): 노령자 및 저학력자 많음. 출산율이 낮음. 반대로 사망률은 높은 편.
    5) 일 드 프랑스(Ile-de-France): 경제 인구 구성 측면에서 아주 독특한 측면을 이루고 있음. 노동자, 농부, 노령자, 초대형 마켓, 비학력자, 자동차 등록 대수가 적고, 사망률이 가장 낮음. 반면, 타 지방에 비해 기업체 간부층, 독신녀, 외국인, 이혼자, 전화, 범죄율, 의료인 숫자는 가장 많음. 연간 1인당 수입액도 가장 많음.

▲ 주교좌성당을 건축하는 사람들.

▲ 아미앙 주교좌성당, 13세기.

▲ 존엄하신 동정녀, 피렌체 치마부에 작, 13세기 말.

114) 로마네스크 양식의 출현(11세기)

 1000년이 지나고 세 번째 해(1003년)를 맞이했을 때, 대부분의 유럽 지역에서, 특히 이탈리아와 프랑스에서는 성당 재건축 공사가 한창이었다. 대부분의 옛날 성당들이 튼튼하게 지어져서 재건축이 그다지 필요하지 않은데도 불구하고, 그리스도교 공동체에는 자신들의 성당을 인근 성당보다 더욱 화려하게 짓고자 하는 경쟁의식이 치열하게 싹트고 있었다. 이와 같은 현상에 대해 어떤 이는 "당시는 격동기로 세상이 낡은 옷을 벗어 버리고 모든 곳에서 교회의 흰 옷으로 갈아입는 때였다."라고 말할 수도 있을 것이다. 당시 주교의 관할권에 속한 대부분의 성당과 수도원 성당은 각각 수호성인들에게 봉헌되었고, 조그만 마을의 성당까지도 더 아름답게 만들고자 하는 신자들에 의해 다시 지어졌다.

R. 글라베르, 《역사》, 3,4.

115) 주교좌성당에 대한 르망 시민들의 열정

모든 시민들은 주교좌성당의 성가대석을 재건축한 뒤, 성당을 청소하고 꾸미기 시작했다. 이 모든 일은 줄리앙 성녀St. Julian의 유해를 장엄하게 옮기기 위한 것이었다(1254년 4월).

장엄한 부활 대축일 바로 다음 날, 르망의 시민들은 남녀노소를 불문하고 복자 콘페소르Confesseur 성당에 모여들었다. 그들은 마치 경쟁이라도 하듯이 성당을 청소하고 쓰레기를 치웠다. 일하는 여자들 가운데에는 지체가 높은 귀부인들도 있었다. 귀부인들은 고급스런 옷이 더러워지는 것을 전혀 개의치 않으면서, 화려한 드레스와 울긋불긋한 외투에 모래를 담아 성당 밖으로 날랐다. 그들은 오히려 자신의 옷이 더러워지는 것을 흡족해했다. 이것은 당시 여성들의 관습에 비춰볼 때, 있을 수 없는 일이었다.

다른 여자들은 아기에게 젖을 물린 채 치마 앞자락에 모래를 담아 성당 밖으로 날랐다. 이 신성한 일에 어린이들도 한 몫을 톡톡히 거들었다. 그러자 작업에 임한 모든 이들이 어린이들을 칭찬했다. …… 큰 목재와 돌덩이들을 치우는 것은 어린이들보다 훨씬 힘이 센 청년들의 몫이었다. ……

열정과 믿음, 하느님께 대한 뜨거운 사랑이 그들 가운데에서 용솟음쳤다. 이것을 직접 눈으로 본 모든 이는 놀라움을 금치 못한 채, 감탄사를 연발하며 기쁨의 눈물을 흘렸다.

또한 시민들은 자신들의 가슴속에 있는 뜨거운 신앙의 불꽃이 혹시나 꺼지지 않을까 염려했다. 그들은 이 불꽃을 외지인들에게 보여 줘야만 한다고 생각했다. 각 길드의 구성원들은 적당한 크기의 양초를 휴대하고 다니며, 거룩한 축일에는 촛불을 밝히기로 결정하고 이를 행동에 옮겼다. ……

포도원 주인들과 포도주 양조업자들은 처음에는 동참하지 않았다. 그러나 다른 사람들이 촛불을 들고 다니는 것을 보고서, 그들도 함께 행동하기로 결정하고 이렇게 말했다. "다른 사람들은 한순간을 밝힐 빛을 들고 다니지만, 우리는 장차 성당을 밝게 비출 수 있는 창문을 만들자!" 이리하여 그들은 다섯 개의 원형 장식이 들어간 큰 창문을 만들고 그 장식에 들어갈 그림을 손수 그려 넣었다. ……

라투쉬, 《중세사에 대한 필름》, 350쪽.

제9장
그리스도교 왕국: 확장, 도전 그리고 방어
(11세기말~13세기)

▲ 돌격하는 기사(제2차 십자군 원정).

그리스도교 왕국은 세속적이고 영적인 실체로서, 전적으로 그리스도교에 기초한 사회였다. 따라서 그리스도교를 부정하는 신앙의 적들과의 싸움은 불가피했다. 왜냐하면 그들은 그리스도교 왕국의 전체적인 구조를 위협했기 때문이었다. 그리스도교 왕국은 대외적으로는 이슬람교도들과 맞서기 위해 십자군을 결성했고, 대내적으로는 이단자들을 색출하기 위해 강압적인 이단 심문 제도를 체계화하기 시작했다.

하지만 이것으로 모든 것이 완벽하게 해결된 것은 아니었다. 무력으로 복음을 전할 수는 없다. 십자군 운동에 대한 부정적인 견해와 결과로 인해, 선교에 대한 관심이 표출되었다. 제도 교회의 이러한 움직임으로 인해 새로운 종교 생활 형태가 나타났다.

Ⅰ. 십자군과 선교

1. 무장한 그리스도교

당시 이슬람교도들은 예수 그리스도가 살았던 성지를 점령하여 중동 지방의 그리스도인들을 크게 위협하고 있었다. 그리스도인들은 이슬람교도를 공동의 적으로 간주했고, 이슬람과의 투쟁을 부르짖으며 자신들의 정체성과 일치성을 드러냈다. 그런 의미에서 십자군은 결코 빠뜨릴 수 없는 중세의 중요한 특징 가운데 하나였다.

예루살렘 성지 순례

십자군의 기원은 예루살렘 성지 순례에서 찾을 수 있다. 성지 순례의 원래 목적은 무엇보다도 신자들의 정화와 회개였다. 순례자들은 팔레스티나 지방을 순례함으로써 그리스도의 지상 생활과 수난에 동참하고자 했다. 심지어 어떤 이들은 최후의 심판 날에 그리스도와 함께 부활하기 위해서, 예수가 죽임을 당한 바로 그 자리에서 죽으려고 했다. 사람들은 순례 기간 중에 닥칠 수 있는 위험에 대비해서 단단히 무장을 한 성지 순례를 생각해 냈다. 스페인 교회에서는 이교도(이슬람교)와의 싸움에서 전사한 사람은 구원을 보장받는다고 공식적으로 선포하기도 했다. 11세기, 중앙아시아의 대초원에서 남하한 셀주크 투르크가 이슬람의 새로운 실세로 등장하여 동방에서의 세력 균형을 위협했다. 특히 만치케르트Manzikert 전투(1071년)[99]에서 패배한 동로마 제국을 압박했다. 그리하여 그리스도인들이 예루살렘을 성지 순례하는 것이 점점 더 어려워지자, 동로마 황제는 결국 서방 교회에 도움을 요청했다.

십자군 원정을 호소함

1095년, 우르바노Urbanus 2세 교황은 클레르몽Clermont 시노드에서 동방 교회의 그리스도인들을 돕고 예루살렘 성지를 다시 탈환하러 가자고 서방 교회의 기사들에게 간절히 호소했다.[116] 이런 방법으로 교황은 모든 그리스도인의 지도자이며 신성 로마 제국의 나라들에 대한 상속자로서의 자신의 역할을 수행했다. 그는 십자군에 참가한 기사들에게 제국의 영토 중 일부를 봉토封土로 하사했다. 생계가 곤란한 기사들이 십자군에 대거 참가하자, 그리스도교 지역에서의 내전 위험성이 줄어들었다. 기사들은 십자군에 참

---

[99] 만치케르트 전투에서 패배한 1071년부터 알렉시오스Alexius 2세 콤네노스Comnenus 황제가 즉위하는 1081년까지 동로마 제국에는 내전이 발생했고 군사력은 급속하게 쇠퇴했다.

가함으로써 서로마에서는 가질 수 없었던 봉토를 소유할 수 있었다. 내전에 대한 우려를 늘 안고 있던 교회는 '십자군'이라는 기치를 내걸고 성전聖戰을 준비했다. 우르바노 2세는 모든 십자군들에게 출정 전에 전대사全大赦를 받을 수 있도록 보장해 주었다. 십자군에 참여한 사람은 죄를 용서받는 데 필요한 모든 참회를 관면받은 것이다.

116) 클레르몽 시노드(1095년)

…… 우르바노 2세 교황은 동방 교회의 피해 상황에 대해 적나라하고 애절하게 묘사했다. 그는 그리스도인들에게 시련과 고통을 안겨 주는 흉악한 이슬람교도들에 대해 설명했다. 교황은 신앙심에 호소했고, 사람이 되신 하느님의 아들이 제자들과 함께 사셨던 성지를 이슬람교도들이 얼마나 무참히 짓밟았는지를 눈물을 글썽이며 강론했다. 많은 이들이 교황의 강론을 듣고 눈물을 흘렸고, 교황의 뜨거운 형제애와 경건한 동정심에 공감했다. 진리를 선포하는 교황이 유창한 말솜씨로 신자들에게 장문의 강론을 하여 신자들을 크게 감명시켰다. 교황은 서방 교회의 위대한 사

나이들과 동지들에게 무기를 들라고 독려했다. 이 사나이들은 자신들이야말로 평화를 가장 사랑하는 양심적인 사람들이며, 오른쪽 어깨에 구원의 상징인 십자가를 매고, 이교도들을 용감히 물리칠 그리스도의 훌륭한 전사들이라는 사실을 과시하려고 했다. ……

부자와 가난한 사람, 여자, 수도자와 성직자, 시골 사람과 도시 사람 할 것 없이, 모든 사람들은 예루살렘에 가기를 간절히 원했거나, 예루살렘으로 떠나는 사람들을 후원하려는 운동에 적극 가담하고자 했다. 많은 남편들이 집에 아내만을 남겨 두고 떠나기로 결심했다. 그러자 아내들도 자녀와 재산을 남겨 둔 채 남편을 따라가겠다고 울며불며 간절히 호소했다. 비싼 땅이 헐값에 팔려 나갔고, 무기를 사들인 이들은 하느님의 이름으로 알라의 친구들에게 복수를 해야 한다고 생각했다. 도둑질과 해적질 그 밖에 다른 범죄자들이 진심으로 회개하기 시작했다. 성령을 체험한 그들은 죄를 고백하고 다시는 죄를 짓지 않기로 결심한 다음, 지은 죄를 보속하기 위해 십자군에 가담했다.

그러나 신중한 성격의 소유자인 교황은 싸움을 할 수 있는 사람들만 하느님의 적을 무찌를 전쟁에 참여하라고 호소했다. 무기를 든 모든 사람은 그리스도의 십자가를 손에 잡는 순간, 하느님께서 주신 교황의 권위에 의해서, 모든

> 참회자들은 모든 죄를 용서받고, 또한 자비롭게 모든 희생을 관면받았다. 즉, 단식과 육체적인 상처가 뒤따르는 고행을 관면받았다. ……
>
> 노르망디의 수도자, 오르데리쿠스 비탈리스,
> 《교회사Historia Ecclesiastica》, 1135년.
> 라투쉬, 《중세사에 대한 필름》, 190~195쪽에서 인용.

피로 물든 강과 순박한 신앙심

베드로 은수자를 따라 성지 순례에 참여했다가 비참한 최후를 맞은 사람들의 신심은 한마디로 대단했다. 그들은 모두 순례 도중에 죽고 말았다. 그들을 따라갔던 기사들이 1099년에 마침내 예루살렘을 탈환했다.[117] 예루살렘 탈환에는 무시무시한 대학살과 순박한 신앙심이 뒤섞여 있었다. 그 결과 예루살렘은 그리스도교 왕국으로 다시 편입되었고 라틴 교회의 영향력이 미칠 수 있는 영지들이 추가로 생겨났다. 교회는 영지 보호를 위해 성전 기사단, 호스피스 기사단 등과 같은 종교적인 군사 조직을 결성했다. 하지만 1187년, 이집트의 술탄 살라딘Saladin이 예루살렘을 다시 점령하자, 십자군에 의해 생겨난 영지들이 하나 둘씩 사라졌다. 1291년에는 십자군이 팔레스티나에서 자취를 감추게 되었다.

117) 제1차 십자군의 예루살렘 탈환(1099년 7월 15일)

…… 금요일(7월 15일) 새벽, 십자군은 총공격을 감행했다. 하지만 아무런 성과를 거두지 못하고 무위로 끝나자, 우리는 엄청난 충격에 사로잡혔고 두려움과 공포가 우리를 덮쳤다. 예수 그리스도께서 십자가 위에서 고통을 겪으셨던 시간이 다가오자, 공성攻城 무기를 맡은 십자군 기사들은 맹렬히 싸웠다. 그들 중에는 고드프로이Godefroi 공작과 그의 형제 외스타쓰 백작도 있었다. 한창 치열한 전투가 벌어지고 있을 때, 갑자기 기사 리에토Liétaud가 성벽을 기어오르기 시작했다. 리에토가 성벽 꼭대기에 다다르자, 그를 본 적군들은 쏜살같이 도망치기 시작했다. 우리의 십자군은 그들을 끝까지 쫓아가 단칼에 베어 버렸다. 저 멀리 솔로몬 성전[100]까지 가는 동안 대학살이 계속되었고, 적들이 흘린 피가 얼마나 많든지 발목이 잠길 지경이었다. ……

이교도의 방어선을 뚫고 들어간 십자군은 솔로몬 성전에서 남녀를 가리지 않고 수많은 이들을 체포했다. 긴박한 상황 속에서 그들은 아무런 원칙도 없이 그 순간 판단해서 죽

---

100 솔로몬 성전은 기원전 587년경 바빌로니아의 네브카드네자르 2세에 의해 파괴되었다. 유다인들이 바빌론 유배에서 돌아와 재건축한 성전은 제2성전이라 하며, 예수님 시대에도 건축 중이었던 헤로데 성전은 제2성전 혹은 제3성전이라고 한다. 오늘날 그 자리에는 이슬람의 모스크 바위 돔 사원이 있다. ─편집자 주

이거나 살려 두었다. 탕크레드Tancréde와 베아르Béarn의 가스통Gaston이 많은 남녀 이교도들을 살려 주기 위해 자신들의 문장紋章이 들어간 깃발을 주었다. 그래서 많은 이교도들은 솔로몬 성전 꼭대기로 피신할 수 있었다. 병사들은 곧장 예루살렘 시내로 들어가 금과 은, 말과 노새 그리고 값 나가는 물건들을 약탈했다.

그런 다음, 우리의 십자군은 행복에 겨워 기쁨의 눈물을 흘리며 구세주 예수의 무덤을 경배했다. 병사들은 앞으로도 십자군에 남아 있을 것을 맹세하며 이제는 빚을 모두 갚았노라고 말했다. 다음 날 아침, 아군 병사들은 이교도들이 피신처로 삼고 있던 예루살렘 성전 지붕에 올라가, 살려 주기로 약속했던 남녀 이슬람교도들의 목을 베어 버렸다. 어떤 이들은 살기 위해서 성전 아래로 뛰어내렸다. 이 광경을 지켜본 탕크레드는 화가 머리끝까지 치밀어 올랐다. ……

<small>십자군에 참전한 무명의 기사, 《익명의 저자가 쓴 제1차 십자군 원정기》를 편집하여 《중세의 고전Les classiques du Moyen Age》(1923년)을 만듦. 브레이에르L. Bréhier가 번역, 203쪽에서 인용.</small>

용두사미로 끝나 버린 결과

십자군 운동은 그리스도교 왕국을 하나로 결속시켰고 교황권 강화에 이바지했다. 하지만 십자군 운동으로 인해 동방 교회와 서방 교회 사이에는 감정의 골이 더욱더 깊어졌다. 1204년 제4차 원정 때, 십자군이 콘스탄티노플을 점령하여 노략질을 일삼은 사건이 벌어졌다. 루이 9세는 제7차 십자군 운동(1249~1254년)과 제8차 십자

▲ 십자군의 콘스탄티노플 탈환, 1204년.

군 운동(1270년, 루이 9세 사망)에 종교적인 의미를 부여하려고 갖은 노력을 다했지만, 결국 이들 십자군 운동은 실패로 막을 내리고 말았다. 경제적으로도 커다란 손실을 초래했다. 그러나 사람들의 뇌리 속에서는 오랫동안 십자군에 대한 생각이 자리 잡고 있었다. 16세기 심지어 17세기까지도 여전히 십자군에 대한 생각이 이어 갔다. 공동의 적인 이슬람과 맞서서 하나로 일치되었던 그리스도교 왕국에 대한 향수가 계속해서 꿈틀거렸다.

▲ 체스를 두는 십자군 기사와 이슬람교도, 13세기.

2. 십자군에서 선교까지

유럽 전역의 복음화

그리스도교는 그리스도교 신앙을 가진 사람들뿐만 아니라 그리스도교 신앙을 갖지 않은 사람들과도 격렬한 싸움을 했다. 12세기에 동·북부 유럽인들(스칸디나비아, 프러시아)이 그리스도교 신앙을 갖게 됨으로써 유럽 전역이 복음화되었다.

상대방에 대한 설득과 이해

십자군 원정 실패로 인해 사람들의 생각이 달라지기 시작했다. 이슬람교도들을 모조리 죽이는 것보다 그들을 설득시키는 것이 더 낫다고 생각했다. 아시시의 프란치스코는 제5차 십자군 원정(1218년) 중에 이집트의 술탄을 직접 대면했다. 스페인 출신의 프란치스코회 레이몽 룰Raymond Lull(1235~1316년)은 이 같은 변화를 지식인들이 이룩한 사랑의 결과라고 생각했다. 그는 자신이 만나는 사람들의 언어와 종교적인 교리를 이해해야 한다고 주장했다. 또한 교회 당국에 외국어 학교를 설립해야 한다고 요청했다.

중국의 첫 번째 교회

13세기에 이교도였던 몽골인들은 유럽인들에게는 공포의 대상이었다. 그런데 몽골인들 가운데 그리스도인들이 있다는 소문이 퍼지기 시작했다. 이것이 바로 전설적인 인물, 사제 요한[101]에 대한 이야기다. 그래서 교회는 '그들의 도움을 받아 몽골인들이 이슬람교도들의 후방을 공격하는 것이 가능하지 않을까?' 하고 생각했다. 프란치스코회의 플란카르핀의 요한Jean de Plancarpin(1245~1247년) 수사와 윌리엄 루브르크William Rubrouk(1253~1255년) 수사의 지도 아래, 인노첸시오 4세 교황과 루이 9세는 사절단을 파견했다.

그 당시 교회에는 진정한 의미의 '선교사들'이 있었으니, 그들이 바로 프란치스코회와 도미니코회 수사들이었다. 수사들은 머나먼 타국을 찾아갈 원정대를 조직하여 이를 '순례 수사들'이라고 명명했다. 이들은 중앙아시아, 페르시아 만, 인도 그리고 중국에까지 진출했다. 선교 여정 도중 이 수사들은 페르시아의 선교사들이 설

---

[101] 사제 요한(또는 사제 왕 요한)은 시로-오리엔탈 교회의 전설적인 지도자였다. 중세 연대기와 전승들에서 이슬람교도에 대항하는 데 희망을 준 인물로 널리 알려졌다. 그는 '페르시아와 아르메니아를 넘어 극동 지역에서' 다스린 사제 겸 왕이었던 것으로 추측되며 신약 성경에 나오는 '장로 요한'의 저작들에까지 거슬러 올라가는 많은 전설에 등장한다. 그에 대한 전설은 십자군 운동 기간(11세기말~13세기)에 생겼다. 1145년 시리아 게발(현 레바논 유바일)의 휴 주교가 이탈리아의 비테르보에 있는 교황청에 사제 요한에 관하여 보낸 보고에 근거를 둔 이 이야기는, 독일 프라이징의 오토 주교가 1145년에 쓴 《연대기》에 최초로 기록되어 있다. 그 기록에 따르면, 부유하고 권세 있던 사제 요한은 아기 예수를 방문했던 동방 박사의 직계 자손이라고 한다. 그는 전쟁에서 페르시아 왕들을 물리쳤으며, 엑바타나에 있는 페르시아의 수도를 공격했고 예루살렘까지 진격하려고 했으나 티그리스 강을 건너는 데 많은 어려움이 있어서 예루살렘까지는 진격하지 못했다. 휴 주교가 전하는 이 전쟁은 1141년 페르시아 코트완에서 벌어졌으며, 중앙아시아에 있던 카라키타이(서요) 제국의 건국자인 예루 디시(야율 대석)가 셀주크족의 이슬람교 군주인 산자르를 물리쳤던 전쟁을 말한다. 카라키타이 제국 군주의 칭호는 구르칸 또는 코르칸이었는데, 그것이 히브리어 발음으로는 요하난, 시리아어로는 유하난으로 바뀌게 되었고 라틴어로 요한네스 또는 요한이 된 것으로 보인다. 구르칸들은 몽골의 불교도들이었지만, 고위직 신하들은 주로 시로-오리엔탈 교회 신자들이었다.

▲ 1265년, 마르코 폴로 형제가 원나라 황제에게 십자가와 복음서를 헌정.

립한 네스토리우스파들의 그리스도교 공동체(시로-오리엔탈 교회)를 만났다. 라틴 교회와 동방 교회(시로-오리엔탈 교회) 사이에는 서로 일치할 수 있는 부분이 많지 않았다.

한편, 중국의 황제가 된 몽골의 칸Khan(원나라 황제)은, 마르코 폴로 Marco Polo 형제들 즉, 마르코 폴로의 아버지와 삼촌[102]의 중개로, 교황에게 선교사들을 보내 달라고 요청했다.[118] 1294년경, 프란치스코 회원인 몬테코르비노Montecorvino의 요한 수사가 칸발리크에 도착했다. 그곳에서 그는 유럽 그리스도교 사회를 뒤흔들어 놓을 감동의 편지를 써 보냈다. 결국 요한 수사는 베이징의 초대 대주교가 되었다. 하지만 유럽에서 중국까지의 거리가 너무 멀다는 이유와 정치적인 어려움 때문에, 이 첫 번째 중국 교회[103]는 사라져 버리게 된다.

---

102 마르코 폴로의 《동방 견문록》에 따르면, 니콜로 폴로(마르코 폴로의 아버지)와 마르코 폴로의 삼촌은 마르코 폴로가 6살 때에 육로로 부하라에 도착한다. 그곳에서 훌라구로 가던 쿠빌라이 칸의 사신을 만난다. 그는 두 사람에게 중국에 같이 가자고 권한다. 니콜로 폴로와 삼촌은 타르타르어를 할 줄 알았다. 중국에 도착한 이들은 칸을 만난다. 칸은 두 사람이 마음에 들어 유럽의 학자 100명 정도를 중국으로 파견하여 서방의 지식을 몽골인에게 전수해 줄 것을 부탁한다. 다시 유럽으로 되돌아온 니콜로 폴로와 삼촌은 마르코 폴로(당시 15살)를 데리고 중국으로 출발한다. 시칠리아, 아르메니아, 페르시아, 파미르 고원을 지나 카슈가르에 도착한 일행은 마침내 칸이 기다리는 수도 대도(베이징)에 도착한다. 타르타르어를 유창하게 하는 소년 마르코에게 쿠빌라이 칸은 홀딱 반한다.
103 이 책의 저자는 13세기에 중국에 최초로 그리스도교가 전파되었다고 기술하는데, 이 책의 330쪽에 있는 '네스토리우스 교회'(시리아 동방 교회)가 최초다.

118) 베이징의 초대 대주교

칸발리크(베이징)에서 보낸 편지(1305년 1월 8일)

이 편지가 유럽에 도착했다. 클레멘스 5세 교황은 주교 서너 명을 중국에 파견했다. 칸발리크에 도착한 주교들은 몬테코르비노의 요한 수사를 주교로 축성했고, 그는 베이징의 초대 대주교가 되었다. 어떤 주교는 중국 남부 자이통Zayton 지역에 파견되었다. 그러나 교회의 선교 강화책에도 불구하고, 선교 사업은 점점 더 불투명해졌다. 그리하여 몽골 제국을 물리치고 새 왕조가 중국에 들어서자, 선교 사업은 완전히 막을 내렸다.

주님 강생 1291년에 저, 프란치스코회 몬테코르비노의 요한 수사는 페르시아의 타우리스Tauris를 떠나 인도에 들어갔습니다. 13개월간 성 토마스 성당을 비롯해 인도 여기저기에 머물며 약 100명에게 세례를 주었습니다. …… 여행을 다시 시작하여, 타르타르Tartar 황제의 카타이Cathay 왕국에 도착했습니다. 타르타르 황제는 '위대한 칸'이라고 불립니다. 황제에게 교황 성하의 편지를 전하면서, 주님이신 예수 그리스도의 가르침에 대해 설명했습니다. 황제는 우상 숭배에 깊이 빠져 있었지만, 그리스도인들에게 대단히 호의적이었습니다. 저는 그의 곁에서 12년 동안 머물렀습니다. ……

이 외딴 오지에서 복음을 전하다가 혼자가 된 저는 아놀드Arnold 수사가 도착해서, 11년 만에 고해성사를 볼 수 있었습니다. 독일인인 아놀드 수사는 콜로네Cologne 지방 출신으로 이곳에 2년간 머물렀습니다.

제가 칸발리크Khanbalik에 성당을 하나 짓는 데 6년이나 걸렸습니다. 나중에 종이 세 개 달린 종탑을 하나 더 지었습니다. 제 기억으로는, 이 성당에서 약 6천 명이 세례를 받았고, 앞서 말씀드린 방해 공작이 없었더라면, 아마 3만 명 이상이 세례를 받았을 것입니다. 저는 세례를 주느라 너무 바빴습니다. 저는 아이들을 한 명씩 한 명씩 총 40명을 돈을 주고 샀는데 그들은 모두 일곱 살과 열두 살이 채 안 된 미신자 아이들이었습니다. 아이들은 신앙에 대해 전혀 몰랐습니다. 그래서 저는 그들에게 세례를 주고 라틴어와 전례를 가르쳤습니다. ……

네스토리우스파들이 거주하던 이 지역의 왕이 저를 통해서 정통 가톨릭 신앙을 갖게 되었습니다. 인도의 위대한 왕 사제 요한의 후손인 그는 소품小品을 받은 뒤, 축성된 예복을 입고 미사 때에 저를 보조했습니다. 그러자 네스토리우스파들이 왕을 배교자라고 고발했습니다. 하지만 왕은 많은 백성들을 가톨릭 신앙으로 이끌었고 왕실의 품위에 맞는 화려한 성당을 지었습니다. ……

저는 이 편지를 받아 볼 형제들에게 간곡히 호소합니다. 부디 이 편지가 교황 성하와 추기경님들과 로마 법정(교회 법정)에 근무하는 우리 수도회의 소송 대리인에게 꼭 전달될 수 있도록 부탁드립니다. 그리고 우리 수도회(프란치스코회) 총장님께, 이곳에서 원본으로 사용할 교송 성가집과 성인전, 성가대용 성가집과 시편집을 보내 주실 것을 부탁드립니다. 제가 갖고 있는 것이라고는 휴대용 성무일도서와 작은 미사 경본이 전부입니다. 만일 제게 원본이 있다면, 아이들이 그것을 필사할 수 있을 것입니다.

지금 새 성당 건축 공사가 한창이라, 아이들을 다른 여러 곳으로 보내야 할지도 모르겠습니다. 제 나이 이제 겨우 58살인데, 과중한 업무와 걱정거리로 인해 머리카락은 이미 백발이 되어 버렸답니다. 저는 타르타르 언어를 배워서 상당히 잘 쓴답니다. 이 말은 몽골인들이 관습적으로 사용하는 언어입니다. 저는 신약 성경 전체와 시편을 타르타르 말로 번역했습니다. 가장 고급스러운 문체로 번역했습니다. 그것을 보여 주고, 읽어 주고, 설교를 하면서, 그것이 그리스도의 율법에 대한 확실한 증언임을 이곳 사람들에게 선포했습니다.

> 또한 아래에 언급된 조지George 왕과 저는 협정을 맺어, 교회의 미사 경문, 봉헌 기도문와 같은 라틴어 기도문 전체를 번역했습니다. 그리하여 왕이 다스리는 모든 영토에서 이 기도문이 사용되고 있습니다. 그 결과 왕이 통치하는 동안 왕국 내의 모든 성당에서 이 나라 언어로 라틴 전례가 봉헌될 수 있었습니다. ……
>
> 《선교 역사 잡지Revue d'Histoire des Missions》(1928년 12월 1일).

Ⅱ. 도전받는 그리스도교 왕국

그리스도교 왕국이 항상 만장일치를 이루었다고 생각한다면 큰 오산이다. 화려한 성공을 거두며 승승장구하던 제도 교회는 교회를 거스르는 반대 의견에 맞닥뜨리게 되었다. 반대 의견 가운데는 복음을 바탕으로 한 것도 있었다. 중세 유럽은 폐쇄적인 세계가 아니었기 때문에 사람들은 자신의 학설을 자유롭게 주장했다. 일부 학설은 그리스도교보다도 더 오래된 것도 있었고, 교회의 가르침과 반대되는 것들도 있었다. 하지만 당시 사회는 신앙을 통해 결속되어 있었으므로, 교회의 공식적인 신앙을 거부하는 사람들은 사회의 기초를 뒤흔드는 자들로 낙인찍혔다. 교회의 입장에서 볼 때,

이들은 눈엣가시 같은 존재였다. 그래서 그런지 톨레랑스 정신[104]이 점점 줄어들었다.

1. 유다인

민중 폭력

스페인에서 라인 강변 지역까지 흩어져 살고 있던 유다인 공동체의 상황을 먼저 살펴볼 필요가 있다. 반反유다인 논쟁은 초대 교회 때부터 있었던 흔한 일이었다. 비록 사람들은 반유다인 논쟁을 신학적인 논쟁이라고 주장했지만, 이 논쟁에는 유다인을 포용하려는 그리스도인의 사랑이 결여된 경우가 다반사였다. 유다인에게 호의적이었던 다른 나라들과는 달리, 스페인은 유다인에 대해 유달리 신경질적인 반응을 보였다. 예루살렘 성지 탈환이 이루어지자, 스페인은 유다인을 가톨릭으로 강제 개종시켰다. 그러나 십자군 운동이 진행되는 동안에, 상황이 점점 더 악화되었다. 당시의 시대적 화두는 그리스도의 적들을 물리치는 것이었다. 사람들은 그리스도의 죽음에 대한 책임이 있다고 여긴 유다인을 공격했다. 지역적으로도 사라센이나 셀주크 투르크보다는 멀리 떨어져 있었

---

104 다른 사람의 의견이나 사고방식, 이데올로기, 행동의 자유를 존중하는 것을 뜻함. – 편집자 주

지만 유다인은 훨씬 가까이에 있었다. 라인 강변을 따라 유다인에 대한 대학살이 벌어졌다. 베르나르가 학살을 막아 보려고 동분서주하며 백방으로 노력했지만 허사였다.

유다인 차별법 제정

제3차 라테란 공의회(1179년)와 제4차 라테란 공의회(1215년)를 통해서, 유다인에 대한 차별법이 더욱 강화되었다. 유다인은 노란색 옷, 뾰족한 모자와 같은 다른 사람들과 구별되는 옷을 입어야 했다.[105] 유다인은 상업 활동을 할 수 없었고 그리스도인과 결혼할 수도 없었다. 그들은 지정된 거주지에서만 살아야 했고, 어떤 나라에서는 추방당하기도 했다. 때로는 유다인을 모욕하는 관습도 있었다. 그 예로, 13세기 툴루즈에서는 성금요일이 되면, 유다인은 성당에서 가서 자신의 귀를 때려야만 했다. 유다인에게는 농사짓는 것이 금지되어 있었으므로 그들은 도시에 모여들었고 대부분 상업과 금융업에 종사했다. 당시 그리스도인은 고리대금업 즉, 돈을 빌려 주고 이자를 받는 일에 종사할 수 없었기 때문에 가끔 유다인에게서 돈을 빌렸는데, 이로 인해 그리스도인이 죄를 짓게 되었다. 교황청은 이 모든 일에 대해 이상한 조치를 취했다. 한편으로는 그

---

[105] 제4차 라테란 공의회의 카논 66에, 유다인과 그리스도인을 복장으로 구별할 수 있도록 해야 한다는 내용은 있지만, '노란색 옷, 뾰족한 모자'와 같은 구체적인 언급은 없다. 그리고 제3차 라테란 공의회에는 유다인에 대한 차별 내용이 없다. 필자가 다른 곳에서 본 내용을 라테란 공의회라고 착각한 것 같다.

리스도교 신앙이 타락할 것을 우려한 나머지, 다른 한편으로는 유다인에 대한 폭력을 막고 그들에 대한 처우를 개선하기 위해 차별법을 제정했다.

2. 복음과 분열

중세 시대에 교회의 가르침에 반기를 든 이들은 순식간에 '이단'으로 분류되었다. 우리는 단지 교회의 공식 자료, 특히 이단자를 매우 혹독하게 심문했던 자료를 통해서만 이단자에 대해 알 수 있다. 그런데 이런 자료들은 이단자를 공정하고 객관적인 입장에서 다룬 내용이 아니다. 이단자들이 직접 써놓은 자료들은 대부분 유실되었고, 그들에 대해 떠도는 소문은 사실 믿기 어려운 부분이 많다. 그리스도교 초기에 그리스도인에 대한 유언비어가 무성했던 것처럼, 소수 단체인 이단자에 대한 소문이 난무했다. 그리고 사람들은 너무나도 쉽게 그들을 모두 똑같은 단체로 취급해 버렸다.

복음에 기초한 저항

이 같은 많은 불만 세력들은 너무 비대해져 버린 교회를 거슬러서 복음 정신으로 되돌아가자고 저항했다. 그레고리오 교황의 개혁으로 인해, 개혁에 대한 성과가 어느 정도는 있었다. 하지만 더 양심적으로 살려는 그리스도인들은 지나치게 탐욕스러운 사제들이나 첩을 둔 사제들을 맹렬히 꼬집어 비난했다. 그들 가운데 많은 이들은 복음의 가르침대로 그리스도의 가난을 충실하게 살려고 했다. 이들은 제도 교회를 향해 자신들의 요구 사항을 쏟아 놓았다. 주로 12세기 급속한 사회 변화를 겪고 있던 일부 도시를 중심으로 이러한 반교회적인 운동이 벌어졌다. 중산층은 지나치게 봉건적이고 권력적인 교회를 거부하고 반대했다. 교구 성직자들과 수도원 안에서만 지내는 수도자들은 더 이상 도시민들의 영적·지적 요구에 아무런 응답도 하지 못했다. 그러자 도시민들 가운데 일부가 기존 체제에서 벗어나 자신들만의 집단을 형성했다.

발두스와 리옹의 가난한 이들

복음주의 운동 가운데서 가장 널리 알려진 것 중의 하나가 '리옹의 가난한 이들'이 벌인 운동이다.[119)] 1173년경, 이 운동을 시작한 베드로 발두스[106]는 자신의 재산에 대해 늘 마음이 불편했다. 부유한 상인이었던 그는 모든 재산을 가난한 이들에게 나누어 주고, 주위 사람들에게 청빈하게 살자고 설교했다. 많은 남자와 여자들이

---

[106] 리옹의 주교가 그들이 평신도이며 라틴어 성경을 이용하지 않는다고 그들의 설교를 금지하자 발두스는 1179년 제3차 라테란 공의회에 참석하여 교회 인준을 받고자 했다. 그러나 알렉산데르 3세 교황이 청빈 서원만 인정하고 성직자를 초청하지 않는 한 설교를 할 수 없다고 하자, 이에 불복해 계속 설교를 하고 결국 1184년, 이단으로 규정돼 파문에 처해졌다. 이에 발두스파는 '보편 사제직'을 주장하면서, 스스로 모든 것을 포기하고 완전한 청빈 생활을 하는 자만이 그리스도를 전할 권리가 있다며 점차 교회로부터 분리 이탈했다.

그가 주장하는 청빈 운동에 동참했다. 그들은 함께 자기 나라 말로 기도하고 성경을 읽고 "여러분은 하느님과 맘몬(재물)이라는 두 주인을 섬길 수 없습니다."라고 시장에서 외쳤다. 그러자 교회 당국은 매우 불쾌하게 생각했다. 왜냐하면 운동 가담자들이 사제가 아닌데도 불구하고 설교를 하고, 교회의 재산에 대해 왈가왈부하면서 문제 제기를 했기 때문이다. 1179년, 로마에서 발두스파를 만나 대화한 교황은 리옹의 대주교에게 그들의 설교와 활동에 대해 결정할 수 있는 권한을 위임했다. 리옹의 대주교는 그들의 행동이 반교회적이고 이단이라고 결론을 내리자 발두스파의 세력이 더 커졌다. 발두스파는 랑그독Languedoc 지방[107], 프로방스 지방[108]과 북부 이탈리아 지역으로 세력을 확산시켜 나갔다.

발두스가 원했던 것은 단지 하느님의 말씀이 요구하는 것을 사람들의 양심에 다시 일깨워주는 것이었다. 공동체에서 추방당한 발두스파는 다른 단체들과 만나 함께 연대했다. 교회로부터 파문당한 그들은 제도 유지에 필요한 것들을 일체 거부했다. 자신들이야말로 진정한 성직자임을 자처하면서 청빈을 실천하고, 보편 사제직을 주장했다. 그들은 재물 획득을 목적으로 하는 노동에 대해서는 적극 반대했고 만일 이를 지키지 않을 경우, 죽음도 달게 받겠다고 서약을 했다.

---

107 프랑스 남단에 위치.
108 프랑스 남동부의 옛 주州로 아비뇽과 아를 지방이 유명하다.

119) 리옹의 가난한 이들, 발두스파

이단을 억제해야 할 책임을 진 이단 심문관들은 이단자들이 만든 내부 자료들을 대부분 소각시켰다. 그러므로 이단 심문으로 희생된 사람들에 대해 알고 싶다면, 먼저 이단 심문관에 대해 살펴보아야 한다. 하지만 분명한 사실은 심문관들의 조서가 한결같이 악의적인 내용이라는 것이다.

주님 강생 1170년경, '발두스파' 혹은 '리옹의 가난한 이들'로 불리는 분파 또는 이단이 생겨났다. 이 조직의 이름은 리옹에 살았던 창시자 발두스의 이름에서 유래한 것이다. 발두스는 부자였지만, 모든 재산을 가난한 이들에게 나누어 주고 사도들처럼 가난과 복음 정신에 따라 살기로 결심했다. 그는 복음서와 성경의 일부를 모국어로 번역했고, 여기에 교부들(아우구스티누스 · 히에로니무스 · 암브로시우스 · 그레고리우스)의 금언을 덧붙였다. 발두스의 추종자들은 제목에 따라 배열된 이 금언들을 《금언집 Sentences》이라고 불렀다. 그들은 이 책을 자주 읽었지만, 잘 이해하지 못했다. 비록 그들이 박식하지는 않았지만, 나름대로 열심히 신앙생활을 했다. 하지만 그들은 교회의 허가 없이, 사도들처럼 행세했고 급기야 거리와 공공 장소에서 복음을 설교하기도 했다.

앞서 언급한 발두스는 이처럼 뻔뻔스럽게 행동하면서, 자신을 따르는 남녀 추종자들을, 마치 제자들을 파견하는 것처럼, 파견하면서 복음을 선포하게 했다.

…… '아름다운 손'의 영주 요한은 발두스파에게 리옹 대주교의 전갈을 전하며, 뻔뻔스런 행동을 하지 못하도록 금지시켰지만, 발두스파는 순순히 응하지 않고 거절했다. 그들은 인간에게 순명하는 것이 아니라 하느님께 순명해야 한다고 주장하면서 자신들의 어리석음을 변명했다. 그들은 '하느님께서 사도들을 임명하시어 모든 피조물에게 복음을 전하도록 하셨다'는 말을 되풀이하며, 하느님께서 자신들을 사도로 삼으셨다고 주장했다. 무분별하게도 발두스의 추종자들은 잘못된 청빈 서원과 자기들만의 예식을 통해 자신들이 바로 사도들의 추종자이며 후계자라고 선포했다. 자신들이 고위 성직자와 사제들을 경멸하는 이유는 이들이 사치스럽고 호화롭게 살기 때문이라고 발두스파가 말했다.

…… 공공장소에서 설교를 해서는 안 된다는 교회의 권고를 발두스파는 받아들이지 않았다. 그래서 교회는 마침내 그들을 교회에 반항하는 이들로 규정했다. 그 결과 그들은 파문당했고 도시와 고향에서 추방당했다.

…… 이단 발두스파는 교도권을 경멸하고 반대해 왔

> 었다. 지금도 여전히 발두스파는 그런 주장을 하고 있다. …… '법정에서 한 맹세든지, 다른 곳에서 한 맹세든지 간에 모든 맹세를 하느님께서 금하셨기 때문에, 결코 어떤 예외나 변명도 있을 수 없다.' 하고 그들은 주장한다. ……
>
> 베르나르 귀Bernard Gui(1260~1331년),
> 《이단 심문관의 수칙Manuel de l'inquisiteur》, Ⅱ,1.

더 나은 세상에 대한 갈망

복음으로 돌아가고 초대 교회 정신으로 돌아가자고 부르짖던 다른 운동들은 인류의 미래를 예견할 때, 요한 묵시록이나 예언자들의 저술 작품을 즐겨 인용했다. 이것이 바로 '종말 운동' 혹은 '천년 왕국설'이었다(묵시 20,4 참조). 어떤 이들은 온통 사악과 부정으로 가득 찬 이 험악한 세상이 끝나고, 사회 질서가 완전히 전도顚倒된 정의로운 왕국이 도래하기를 학수고대했다. 성령을 받았다고 주장하는 이들이 바로 이런 희망을 갖고서 개혁을 시작했을 가능성이 많다. 칼라브리아Calabria의 시토회의 원장인 거룩한 수도자, 피오레의 조아키노Gioacchino da Fiore(1130~1202년)가 쓴 작품들은 이런 희망에 불을 지피고 더욱 부추겼다. 그는 구약의 성부의 시대와 교회의 성자의 시대 이후, 성령의 영원한 시대가 시작되며 교회는 성령

에 의해 제자리를 잡게 될 것이라고 주장했다.[109]

카타리파

그리스도교와 반대되는 교리가 일부 이단에서 생겨났다. 바로 카타리파[110]가 거기에 해당된다. 카타리파의 교리는 랑그독 지역과 북부 이탈리아 지역으로 퍼져 나갔다. 성지 순례자들과 십자군을 통해 카타리파의 교리가 사방으로 전파되었다. 카타리파는 고대 마니교도들의 후계자로 간주되었지만 그렇게 보기에는 아직 증거가 불충분하다.

카타리파의 이원론은, 베르나르 귀의 주장처럼, 그렇게 극단적인 것은 아니었다.[120] 그들은 인류가 오랫동안 고민한 질문, 즉 '악은 어디에서 오는가?'에 대한 해답을 찾고자 했다. 이런 질문을 쉽게 해결해 줄 수 있는 장점이 바로 이원론에 들어 있었다. 카타

---

[109] 이탈리아의 신비주의자·신학자·성경 주석가·역사 철학자였던 조아키노는 제4차 라테란 공의회에서 유죄 판결을 받았지만, 프란치스코 수도회와 도미니코 수도회는 그를 새로운 영적 인간으로 평가하며 예언자로 간주했다. 그는 한편에서는 성인으로, 다른 한편에서는 이단자로 간주되는 이중적인 평가를 받았다. 조아키노는 자신의 저서 《묵시록 주석》에서 구세사를 세 개의 시대로 구분하며 다음과 같이 주장했다. 성부의 시대는 율법이 지배하는 구약 성경의 시대이고, 성자의 시대는 신앙과 은총이 지배하는 신약 성경의 시대다. 하지만 신약 성경의 불완전성은 임박한 성령의 시대에서 제거될 것이며, 그 시대는 충만한 은총의 사랑의 통치를 가져다 줄 것이다. 현재의 불완전한 베드로의 교회에, 완전한 요한의 영적 교회가 성경에서 계산할 수 있는 시기(1260년경)에 올 것이며, 그 교회에서 영원한 복음이 선포될 것이다. 현재의 교회는 예수님이 설립한 궁극적인 형태가 아니며 시대에 뒤처져 있고 영적 교회를 통해 추월당할 것이다.

[110] 카타리파는 순결한 사람들이라는 뜻이다. '순결한'이라는 뜻의 그리스어 '카타로스 καθαρός'에서 유래.

리파는 자신들을 그리스도인이라고 생각했으며, 자칭 '선한 그리스도인들'이라고 말했다. 카타리파의 일부 전례는 고대 그리스도교의 전례와 유사했다.

하지만 그들은 물질 세계와 육체를 사악한 것으로 간주하여 그리스도의 육화를 부인하고 결혼을 죄악시했다. 이런 점에서 볼 때, 교회가 카타리파를 정통 신앙을 위협하는 위험한 존재로 간주한 이유를 이해할 수 있을 것이다. 하지만 이러한 교리를 전파하는 카타리파가 크게 성공을 거둔 이유를 어떻게 설명할 수 있을까?

랑그독 지방의 성직자들은 느슨하고 방종에 가까운 삶을 살고 있었다. 또한 그들이 설명하는 교리는 애매모호해서 사람들이 이해하기가 어려웠다. 하지만 이와는 대조적으로, '완전한 사람들(카타리파의 직무자)'의 수행과 청빈 생활은 카타리파의 인기를 급상승하게 만들었다. 카타리파가 된다는 것은 대체적으로 교회를 거부한다는 표시였다. 카타리파의 지도자인 '완전한 사람들', 즉 '선한 사람들'은 금욕적인 삶을 살았다. 그들은 일반 카타리파들에게는 자신들의 삶보다는 훨씬 덜 금욕적인 삶을 살도록 요구했다. 하지만 일반 신자들은 모든 성적 욕망을 절제해야 했다. 무엇보다도 그들은 '완전한 사람들'의 생계를 뒷바라지해야 할 책임이 있었다.

카타리파의 영혼 환생 교리가 사람들의 관심을 끌었다. 이 교리는 첫 번째 삶인 현재의 삶에서 불행하게 살았던 이들은 미래의 삶에서 그 보상을 받게 된다는 가르침이었다.

120) 카타리파, 새로운 마니교도

본문에서 이미 언급했던 것처럼, 카타리파의 교리가 항상 극단적인 것은 아니었다.

마니교 이단과 추종자들은 두 하느님, 즉 선신善神과 악신惡神을 인정하고 고백한다. 즉, 모든 가시적可視的인 피조물은 선신인 성부께서 창조하신 것이 아니라, 악신인 악마와 사탄이 만든 것이라고 주장한다. 이처럼 카타리파들은 두 창조주(신과 악마)와 두 창조물(비가시적, 비물질적인 것·가시적, 물질적인 것)을 서로 구분한다.

또한 그들은 두 개의 교회를 상상한다. 선한 교회는 자신들의 교회이며, 자신들의 교회는 예수 그리스도께서 세우신 교회라고 주장한다. 악한 교회는 로마 가톨릭교회이며, 그들은 이 교회를 '간음한 어머니', '대大바빌론', '창녀', '악마의 성전', '사탄의 회당'이라고 부른다. ……

그들은 물의 세례가 아닌 영적 세례, 즉 '위령 안수 예식 Consolamentum'을 베푼다. 예를 들어, 어떤 사람을 자신들의 분파나 단체로 받아들일 때, 건강 상태를 전혀 고려하지 않은 채, 자신들의 가증스러운 예식에 따라서 안수를 해 준다. ……

▲ 1244년까지 카타리파의 은신처였던 아리에즈의 몽세귀르 성 (피레네 산맥 근처).

그들은 우리 주님이신 예수 그리스도께서 동정녀 마리아의 태중에 육화하셨다는 것을 부정한다. 뿐만 아니라 그들은 인간 본성을 지닌 사람들과는 달리 예수는 인간의 참육신도, 참살도 취하지 않았다고 주장한다. 또한 그들은 예수가 십자가 위에서 고통을 당하지도 않았고, 죽지도 않았으며, 죽은 자들 가운데서 다시 살아나지도 않았다고 한다. 그 외에도 그들은 예수가 인간의 육신과 살을 지닌 채 승천하지 않았다고 한다. 그들은 이 모든 것은 단지 비유일 뿐이라고 주장한다. ……

그들은 카타리파 이단 신앙을 갖고 있지만 자신들의 가르침을 따르지 않고 자신들의 전례에 참여하지도 않는 자들을 불완전한 자들이라고 불렀다. 이들은 카타리파 이단의 거짓말을 그대로 믿는 사람들이다.

반대로, 그들은 카타리파 이단 신앙을 고백하고 그 교리에 따라 살면서, 충실히 자신들의 전례에 참여하는 자들을 완전한 자들이라고 불렀다. 이들은 다른 사람들에게 카타리파의 교리를 가르친다. ……

베르나르 귀, 《이단 심문관의 수칙》, I,1.

3. 탁발 수도회의 등장

복음으로 되돌아가고자 하는 열망이 단지 이단 단체들에게만 있었던 것은 아니었다. 그리스도교 안에서도 이런 열망이 있었다. 그 결과 탁발 수도회라고 하는 새로운 종교 생활 형태가 태동하게 되었다. 탁발 수도회 설립자들은 복음과 시대적 요구에 응답하려고 했다. 특히 이들은 이단이 발호하고, 도시가 성장하고 지적 요구가 증가하고 있다는 사실을 잘 알고 있었다. 하지만 이런 시대적인 요구에 대해 도미니코가 응답한 방법과 아시시의 프란치스코가 응답한 방법이 서로 달랐다.

도미니코와 설교 수도회

1170년경 스페인에서 태어난 도미니코는 원래 오스마Osma의 의전 수도회 수도자였다. 그는 동유럽 사람들에게 복음을 전파하고 싶어 했다. 하지만 랑그독에서 카타리파한테 고전을 면치 못하던 시토회 수사들을 만나면서, 도미니코의 미래가 완전히 달라졌다. 그는 시토회 수사들이 왜 고전을 면치 못하는지 그 원인을 알 수 있었다. 교황 사절단인 수사들은 유명 인사로서의 품위를 유지하는 데에만 급급했다. 그러나 카타리파 설교자들의 엄격한 금욕 생활은 사람들로부터 엄청난 호응을 불러 일으켰다.

도미니코는 설교자들이 구체적이고 실질적으로 청빈의 삶을 사는 것이 현 상황을 돌파할 수 있는 가장 효과적이고 유일한 해결책이라는 결론을 내렸다. 그는 동료들과 함께 툴루즈 지방으로 갔다. 그곳에서 그는 "가난한 그리스도의 청빈을 따르자!"라고 주장하는 이단자들을 만나 교의적인 논쟁을 벌였다. 1215년, 툴루즈의 주교는 설교자들로 구성된 작은 모임을 다음과 같이 승인했다. "우리는 도미니코 형제와 그의 동료들이 교구 내에서 설교하도록 허락한다. 이들의 목적은 도덕적 타락과 이단을 뿌리 뽑고 완덕을 추구하는 것이며, 또한 신앙의 규범과 성인들의 모범을 가르치는 것이다. 이들의 삶의 방식은 신앙인으로서 사는 것이다. 이들은 도보로 이동하고, 진리를 선포하면서 복음에 따른 청빈 생활을 기쁘게 살 것이다." 1216년, 교황은 아우구스티누스 성인의 수도 규칙을 받아들인 도미니코 설교 수도회를 승인했다. 도미니코는 1221년 볼로냐에서 숨을 거두었다.

세상 속에 현존

탁발 설교 수도회 수사들은 작은 시골에 공동체를 형성하고 검소하게 살던 사제들이었다. 수사들은 설교하고 공부하는 데에 모든 시간을 할애했다. 수도회는 공동체의 정신에 따라 민주적으로 운영되었다. 선거를 통해 선출된 사람은 자신이 맡은 직책을 임기 동안에만 수행했다. 그러나 수도회 총장은 종신직이었다. 수사들은 규모가 큰 수도원으로부터 아무런 경제적인 도움을 받지 않은 채 신자들의 자선에만 의지하며 자신들의 수도회를 꾸려 나갔다. 이런 공동체를 '탁발 수도회'라고 부른 것도 바로 이런 이유 때문이었다. 특히 수사들은 도시에 사는 사람들과 길드의 회원들에게 도움을 청했다.

교황은 탁발 수도회에 이단을 억제하는 권한을 부여했다. 그리하여 탁발 수도회는 이단을 심문하는 책임을 맡게 된다.

프란치스코와 작은 형제회

아시시의 프란치스코가 초창기에 살았던 삶의 여정과 발두스가 초창기에 살았던 삶의 여정은 서로 비슷했다. 프란치스코는 1226년에 작성한 유언장에, 자신의 생애에서 중요했던 시기들에 대해 짤막하게 기록해 놓았다.[121]

1181년 부유한 상인의 아들로 태어난 프란치스코는 1205년에 기사의 꿈을 포기하고 '가난 부인Signóra Povertà'에게 자신을 봉헌했다. 그 후 그는 한 나병 환자 안에서 가난한 그리스도를 만났다. 그리하여 그는 전 재산, 심지어 입고 있던 옷마저도 모두 아버지께 되돌려 드린 다음, 음식을 비롯한 필요한 모든 것을 동냥했다. 또한 프란치스코는 그리스도께서 자신에게 성 다미아노 성당과 같은 성당들을 다시 세우도록 명하셨다고 굳게 믿고 있었다.

프란치스코는 은둔 생활을 했다. 그러나 그가 1208년에 포르티운쿨라Portiuncula의 성당에서 들었던 복음의 메시지가 그에게 하나의 계시처럼 다가왔다. "가서 '하늘나라가 가까이 왔다.' 하고 선포하여라. 전대에 금도 은도 구리 돈도 지니지 마라. ……"(마태 10,7-15 참조) 그는 몇몇 동료들과 함께 큰 길과 작은 길을 따라 곳곳을 돌아다니면서, 평화의 복음을 기쁜 마음으로 선포했다. 프란치스코는 음식을 얻어먹기 위해 일하기도 하고, 구걸도 마다하지 않았다. 자기보다 앞서 발두스와 다른 많은 사람들이 했던 일을 프란치스코는 몸소 실천했다.

프란치스코는 사제가 아니었지만, 사제처럼 설교를 했다. 하지만 그는 성직자나 교회를 판단하지는 않았다. 예수가 팔레스티나에서 살았던 것처럼, 그는 단지 복음의 가르침대로 살 수 있는 자유를 원했다. 1209년, 인노첸시오 3세 교황은 '작은 형제(사회적 지위가 가장 낮은 신분을 의미)'로서 그들의 생활 방식을 인준했다. 프란치스코 형제들은 도덕적인 설교를 하는 것을 자신들의 소임으로 생각했다.

121) 프란치스코의 유언(1226년)

주님께서 저, 프란치스코 형제에게 이렇게 다음과 같이 참회할 수 있는 은총을 베풀어 주셨습니다. 저는 죄 중에 있었기 때문에, 직접 나병 환자를 대면하는 것은 힘든 일이었습니다. 그러나 주님께서는 친히 저를 나병 환자들에게 인도하시어 이 종으로 하여금 그들에게 자비를 베풀게 하셨습니다. 그래서 내가 그들을 떠날 때에는, 지난 시절 저를 무척 힘들게 했던 것들이 이제 몸과 마음의 단맛으로 변해 버렸습니다. 그리고 그 후 얼마 있다가 나는 세속을 떠났습니다. 주님께서는 저에게 교회에 대한 크나큰 신뢰심을 주셨기에, 다음과 같은 말로 단순하게 기도했습니다. "주 예수 그리스도님, 당신의 거룩한 십자가로 세상을 구속하셨사오니, 저희는 여기와 온 세계에 있는 당신의 모든 성당에서 주님을 흠숭하며 찬양하나이다."

그 후 주님께서는 저에게 거룩한 로마 교회의 관습을 따라 생활하는 사제들에 대한 큰 신뢰심을 주셨으며 또한 지금도 주시기에, 만일 그분들이 저를 학대한다 해도 그분들이 받은 품品 때문에 저는 그분들에게 달려가기를 원합니다. 그리고 제가 솔로몬이 가졌던 그 정도의 많은 지혜를 가지고 있다 하더라도, 그리고 속화된 불쌍한 어떤 사제들을 만난다 하더라도, 저는 그분들의 뜻을 거슬러서 그들이 거주하는 본당에서 설교하지는 않을 것입니다. ……

그리고 주님께서 저에게 몇몇 형제들을 주셨을 때 아무도 제가 해야 할 일을 가르쳐 주지 않았지만, 지극히 높으신 분께서 친히 거룩한 복음의 양식樣式에 따라 살도록 저에게 계시해 주셨습니다. 저는 그것을 몇 마디 말로 간단히 기록하게 했고, 교황 성하께서 그것을 확인해 주셨습니다. 그리고 저희 생활을 받아들이려고 찾아오는 사람들은 가지고 있던 모든 것을 가난한 사람들에게 나누어 주었고, 안팎으로 기운 수도복 한 벌과 띠와 속옷으로 만족했습니다. 저희는 그 이상 더 가지기를 원치 않았습니다. 저희는 성무일도를 바쳤습니다. 글을 아는 형제들은 다른 성직자들처럼 성무일도를 바쳤고, 글을 모르는 형제들은 '주님의 기도'를 바쳤습니다. 그리고 저희는 기쁜 마음으로 성당에 머물렀습니다.

저희는 천한 사람들이었으며 모든 이에게 복종했습니다. 그리고 저는 손수 일했고 또 일하기를 원하며 다른 모든 형제들도 올바른 일에 종사하기를 간절히 바랍니다. 일할 줄 모르는 형제들은 일을 배워야 합니다. 일에 대한 보수를 받을 욕심 때문이 아니라 좋은 표양을 보여 주며 한가함을 피하기 위해서 일을 배워야 합니다. 그리고 저희가 일에 대한 보수를 받지 못할 때에는 집집마다 동냥하면서 주님의 식탁으로 달려갑시다. 이때에 저희가 해야 할 인사말을 주님께서 친히 가르쳐 주셨습니다. '주님께서 여러분에게 평화를 주십니다.'

만일 형제들을 위해 지은 성당이나 초라한 집이나 다른

건물들이 회칙에 따라 서약한 거룩한 가난에 맞지 않는다면, 그런 것들을 절대로 받아들여서는 안 된다는 사실을 명심하십시오. 그리고 거기에서 항상 '이방인과 나그네'처럼 기거하십시오(1베드 2,11 참조).

저는 모든 형제들에게 순종할 것을 단호하게 명령합니다. 어디에서든지 여러분은, 여러분을 위해서든지 간에, 다른 사람의 간섭에 의해서든지 간에, 교회나 어떤 다른 장소에 의해서든지 간에, 설교하기 위해서든지 간에, 자기 몸의 박해를 피하기 위해서든지 간에, 성당이나 다른 건물을 위해서든지 간에, 직접적으로든지 간접적으로든지 간에 어떤 편지도 결코 로마 교황청에 보내서는 안 됩니다. 오히려 환영 받지 못하거든 하느님의 축복 속에 회개 생활을 하기 위해 다른 지방으로 피신하십시오.

그리고 저는 이 형제회의 총봉사자에게, 그리고 그분이 임의로 나의 수호자로 정해 주는 그 형제에게 순종하기를 간절히 원합니다. ……

그리고 형제들은 저의 유언에 대해 '이것이 또 하나의 회칙이다.'라고 말하지 않기를 바랍니다. 저의 유언은 우리가 지키기로 주님께 약속한 회칙을 보다 더 가톨릭 신자답게 실행하도록, 저 작은 형제 프란치스코가 축복받은 저의 형제 여러분에게 남기는 회고요 권고이며 충고이기 때문입니다. 총봉사자와 다른 모든 봉사자들과 수호자들은 순명 정신으로 이 말에 아무것도 덧붙이거나 삭제해서는 안 될 것입니다. 형제들은 이 글을 회칙과 같이 항상 소지하십시오. 그리고 개최하는 모든 회의에서 회칙을 읽을 때 함께 이 글도 낭독해 주십시오. ……

이런 것들을 실행하는 사람은 누구나 하늘에서는 지극히 높으신 아버지의 축복을 충만히 받고, 땅에서는 지극히 거룩하신 위로자 성령과 하늘의 모든 천사들과 성인들과 함께 사랑하시는 아드님의 축복을 충만히 받기를 비는 바입니다. 그리고 여러분의 보잘것없는 종 저 프란치스코 형제는 여러분이 이 지극히 거룩한 축복을 내적 외적으로 받으리라는 것을 여러분에게 할 수 있는 데까지 확언하는 바입니다.

아시시의 프란치스코, 《친필 문서*Écrits*》.
《그리스도교 원천*Sources chrétiennes*》, 285권, 205쪽.

◀ 새들에게 설교하는 성 프란치스코,
영문 필사본, 1255년.

평화와 기쁨

1209년, 프란치스코회 회원은 겨우 열두 명이었지만, 10년 후에는 회원 수가 3천 명에 이르렀다. 1212년, 아시시의 클라라와 그녀의 동료들이 프란치스코의 모범을 따라 살게 되었다. 프란치스코회 형제들은 여러 나라로 전파되었다. 1219년에 예루살렘으로 성지 순례를 떠난 프란치스코는 이집트 술탄과의 화해를 시도했다. 한편, 일부 형제들은 수도원과 양성소가 있는 엄격한 조직을 갖추어야 한다고 주장했지만 그는 이를 허락하지 않았다. 프란치스코는 복음이야말로 형제들의 유일한 생활 규범임을 잘 알고 있었다. 하지만, 그는 형제들을 위해 회칙을 작성해야만 했다(1223년).

프란치스코는 기쁨에 가득 찬 설교를 계속했다. 1223년, 그는 실제 구유를 만들어 성탄절을 경축했다. 이듬해에는 오상(성흔)을 받았다. 그는 '태양의 찬가'를 지어, 창조주 하느님과 피조물에 대한 사랑을 노래했고 갈등과 다툼 중에 있던 지방 영주들 사이에서 중재자로서의 역할을 했다. 1226년에 작성된 프란치스코의 유언에는 초창기 시절에 그가 갈망했던 향수들이 잘 드러나 있다. 1226년 10월 3일, 프란치스코는 "우리의 자매, 육신의 죽음이여"라고 말하며, 죽음을 기쁜 마음으로 조용히 받아들였다. 그리고 2년 후에 성인의 반열에 들었다.

그 후, 프란치스코회는 창설자의 정신으로 돌아가자는 내부적 요구로 인해 분열을 겪었다. 하지만 프란치스코는 명실 공히 중세와 교회 역사 안에서 가장 유명한 성인으로 자리매김했다. 그는 복음의 가르침을 실제로 그대로 살면서 사람들을 복음적 삶으로 이끈 최고의 증인이었다. 프란치스코는 그리스도의 삶을 그대로 살고, 자연을 극진히 사랑하고, 인간관계를 왜곡시키는 재물 소유를 단호하게 거부함으로써, 중세의 시대적인 분위기를 완전히 뒤바꿔 놓았다.

Ⅲ. 이단 탄압

중세 시대에 이단에 대한 교회의 전체적인 입장이 '이단 심문'이었다고 말하기는 어렵다. 왜냐하면 역사적으로 볼 때, 교회는 수백 년 동안 이단에 대해 단호한 입장을 표명하는 것을 반대해 온 적이 너무나 많았기 때문이다. 그리스도교 왕국 전체를 위해서, 불가피하게 이단 탄압이라는 하나의 체계를 갖춘 것은 13세기에 들어서였다.

1. 이단 탄압에 대한 망설임과 보류

앞에서 살펴본 것처럼, 그리스도인 황제 때에 반이단법이 제정되었다.[57] 아우구스티누스나 요한 크리소스토무스 같은 주교들은 반이단법을 인정했지만, 이단자에 대한 사형은 단호하게 반대했다. 이단을 박해할 수 있는 법적 근거가 엄연히 존재했지만, 11세기까지만 하더라도, 교회는 이단자에 대해 폭력을 행사하는 것을 달가워하지 않았다. 중세 초기에는 이단자를 사형에 처했다는 기록이 전혀 없다. 다만 그들을 감옥에 몇 차례 가두었다고 증언하는 사료史料는 있다.

민중 운동과 경직되어 가는 교회

그러나 11~12세기에 변화가 찾아왔다. 이단자의 수가 크게 늘어나자, 그리스도교 왕국은 각성하게 되었다. 사회의 근간을 이루는 것이 신앙의 일치였으므로, 교회는 어떤 희생을 치르더라도 신앙의 일치를 보호해야만 했다. 그리하여 교회는 로마법의 중요성을 재인식했다.

로마법에 대한 연구가 활발해지면서, 반이단법들을 찾아냈다. 그래서 사람들은 실제로 그 법들이 어떻게 적용되었는지를 연구했다. 그 결과 서서히 그 법들이 이단자들에게 적용되었다. 1022년에 마니교도로 추정되는 몇몇 이단자가 방탕한 생활을 한다는 죄명으로 고발당했다. 군중들은 왕을 부추겨 이들을 화형시켜 버렸다. 그러나 이와 비슷한 사건들에 대해서 리에즈의 와송 주교(1045년) 등은 사형을 반대했다.[122] 1144년에 클레르보의 베르나르는 쾰른Cologne에서 활동하던 이단자를 만난 후, 무엇보다도 먼저 그들을 회개시키는 것이 필요하다고 주장했다. 그러나 이단자를 파문해도 별 효과가 없을 경우에는, 폭력을 사용하는 것이 필요하다고 생각했다. 이것은 주님의 포도밭에 들어와 포도밭을 망가트리는 여우들을 잡아야 한다는 논리였다.

이단 탄압의 점진적 확대

122) 주교는 이단자에 대한 사형을 요구할 수 없다

하느님께서는 세속의 칼로 이단자의 생명을 빼앗을 수 있는 권한을 우리에게 주지 않으셨다. 우리의 창조주이시며 구원자께서는 그들이 악마의 덫에서 빠져나올 수 있도록 그들을 살려 주셨다. …… 오늘 주님의 길에서 만난 우리의 적들은 하느님의 은총으로 말미암아 하늘나라에서는 우리보다 더 뛰어

▲ 고문하면서 이단 심문 중, 15세기.

난 사람들이 될 수 있다. …… 주교로 불림을 받은 우리를 주님께서 도유해 주신 것은 그들을 살리라고 그러신 것이지, 죽이라고 그러신 것은 아니다.

리에즈의 주교, 와송이 1045년경에 샬롱 주교에게 보낸 편지.

123) 이단자를 반대하는 프리드리히 2세 황제의 법 제정

교구장 주교에 의해 분명하게 이단자로 판정된 이는 주교의 요청으로 세속 공권력에 의해 즉시 체포되어 화형장으로 인도될 것이다. 만일 재판관들이, 특별히 다른 공범자들의 유죄를 입증할 목적으로, 이단자를 살려 두어야 한다고 생각한다면, 그들은 가톨릭 신앙과 하느님의 이름을 모독했던 이단자들의 혀를 반드시 잘라야 한다.

《법령집》, 1224년.

124) 주교 이단 심문의 출현: 툴루즈 시노드(1229년)의 결정

모든 주교들은 교구 내에 숨어 있는 이단을 색출하기 위해 사제 한 명과 평신도 2~3명을 임명할 수 있다(필요하다면 더 많은 사람을 임명할 수 있다). 임명된 사람들은 평판이 좋아야 하며, 이단자 색출에 헌신적으로 임할 것을 주교에게 서약해야 한다. 이들은 의심스러운 집에 들어가 방과 천장을 수색하고, 특히 외진 곳에 있는 버려진 건물 주위를 순찰해야 한다. 만일 이단자를 발견하거나 이단자에게 호의를 베풀거나 은신처를 제공한 사람들을 발견하게 되면, 그들이 도주하지 못하도록 조치한 뒤, 재빨리 주교와 지방 영주 혹은 이단 심문관에게 신고해야 한다.

세속 영주들은 시골과 가옥, 숲속에 은신한 이단자를 샅샅이 색출하고 그들의 은신처를 없애 버려야 한다.

에펠르-레클레르 Hefele-Leclerc,
《공의회의 역사 Histoire des conciles v》, 2편, 1496쪽.

125) 프랑스 주교들에게 보낸 그레고리오 9세 교황의 서한
(1233년 4월 13일)

여러분들이 해결해야 할 어려운 문제들이 산더미처럼 쌓여 있고, 게다가 과중한 업무의 소용돌이 속에서 숨 쉴 시간조차 없다는 사실을 본인은 잘 알고 있습니다. 그래서 본인은 여러분들이 업무를 다른 사람들과 함께 공유하는 것이

> 합당하다고 판단되어, 앞에서 말한 것처럼, 여러분을 지원해 줄 설교 수도회 수사들을 프랑스와 인접 지역에 파견하고자 합니다. 그들이 맡은 소임은 이단자와 맞서 싸우는 것입니다. 본인은 직면한 현안뿐만 아니라 다른 문제들에 대해서도 여러분들이 그들을 따뜻하게 맞아 주고, 필요한 도움과 충고 그리고 온정을 베풀어 주길 요청합니다. 이렇게 할 때, 그들은 맡은 바 소임을 더욱 잘 수행할 수 있을 것입니다.

2. 반이단법의 발효

전통적인 법조문(로마법, 교황 교령 등)을 엮은 《그라티아노 황제의 법령집》(1140년)에는 이단자를 처리할 때 세 가지 절차가 필요하다고 제시되어 있다. 첫째, 설득 작업, 둘째, 교회법에 의한 제재, 셋째, 세속 권력이다. 다시 말하면, 마지막 절차는 영주들이 집행하는 재판에 이단자들을 회부하는 것을 의미했다. 반이단법이 발효되면, 이단자의 재산은 몰수되고 이단자는 육체적인 형벌을 당했다. 그러나 아직 사형은 명문화되지 않았다. 제3차 라테란 공의회(1179년)에서는 영적인 어려움을 겪고 있는 이단자와 이단 단체를 결성해서 교회와 적대 관계에 있는 이단자를 엄밀히 구별했다. 1184년, 루치오 3세 교황과 프리드리히 바르바로사 황제는 이단 문제에 대해서 서로 의기투합했다. 그러나 아직까지는 이단에 대한 '적절한 처벌'이 무엇인지 법률로 자세하게 명시되어 있지 않았다. 1197년, '아라곤(스페인 북동부 지역)'의 베드로 왕은 이단자들을 화형에 처해야 할 최고의 반역자로 분류했고 1199년, 인노첸시오 3세 교황도 이단을 죄질이 가장 나쁜 반역죄라고 언급했다.

알비파에 맞선 십자군

이단 퇴치 임무를 띠고 파견된 교황 사절이 랑그독에서 암살되는 사건이 발생했다. 이에 인노첸시오 3세는 알비파를 물리치기 위한 십자군을 소집했다(1208년). 알비파는 당시 발호하던 수많은 이단들의 중심 세력이었다. '알비파'라는 용어는 원래 '카타리파'를 의미했지만 때로는 발두스파를 가리키는 것으로 그 의미가 확장되어 사용되었다. 알비파를 퇴치하기 위한 십자군 운동은 프랑스 북부 지방의 영주들과 남부 지방의 영주들 사이의 내전으로 변해 버렸다. 북부 지방 영주들의 전쟁 명분은 잃어버린 영지를 회복하는 것이었다. 이 십자군 운동 중에 일어났던 가장 악명 높았던 사건은 1209년 베지에Béziers에서 일어난 양민 대학살 사건이었다. 주교좌성당으로 피신해 들어갔던 사람들이 모두 학살당했다.

▲ 시리아에 있는 기사들의 성, 12세기.

3. 이단 심문

　엄밀하게 말해서, 이단 심문은 1220년부터 1230년 사이에 생겨났다. 당시 시민들과 교도권은 체계적으로 연합해서 이단자를 색출·처벌했다. 교황권은 전 교회 안에서 이단자들을 심문했다. 당시 이단자에 대한 적절한 처벌 수위를 정하는 것이 논란거리였다. 결국 이단자를 기둥에 묶어 화형시키는 것이 하나의 처벌 기준이 되었다. 성난 군중들의 복수심 때문에, 이단자들을 살려내려는 모든 시도가 물거품이 되고 말았다. 물론 이단자를 사형에 처하는 것이 일반적인 처벌 방법은 아니었다. 사형 외에도 감금, 벌금 부과, 성지 순례 등과 같은 다른 종류의 처벌도 있었다.

이단 심문과 심문관

　이단 심문은 대체로 그 기원에 따라 세 가지 형태로 나뉜다. 첫째, 프리드리히 2세와 루이 9세(1229년) 시절의 세속 권력에 의한 이단 심문,[123] 둘째, 주교의 이단 심문(툴루즈, 1229년), 셋째, 교황의 이단 심문이다.[124] 1233년, 그레고리오 9세 교황은 과거의 법률을 부활시켜, 이단 심문소를 교황 직속의 특별 재판소로 만들었다. 교황은 이 재판소를 도미니코 설교 수도회에 위임했지만,[125] 프란치스코의 작은 형제회에게도 책임을 맡겼다. 여러 가지 복잡한 과정을 거쳐 우여곡절 끝에 이단에게 고문을 허용하는 결정이 내려졌다

(1252년). 교회의 역할은 처벌 수위를 정하는 것이었고, 시민들의 역할은 교회의 선고를 행동에 옮기는 것이었다. 당시 필요했던 것은 이단 탄압을 정당화하는 토마스 아퀴나스의 신학 이론이었다.[126]

교회가 교회의 가르침을 받아들이지 않는 사람들을 복음의 이름으로 화형시켰다는 것을 어떻게 설명할 수 있을까? 어떤 점에서 보면, 그리스도교 왕국은 하나의 정치적인 제도였다. 비록 그리스도교 왕국이 전체주의적인 체제는 아니었지만, 그래도 이 왕국은 다소 권위주의적인 성격을 띠고 있었으며, 무력 사용을 완전히 배제하는 사회 체제는 아니었다. 그리스도교 왕국은 생존을 위해서, 시간과 고문과 죽음이라는 방법을 이용했다.

[126] 이단 탄압을 정당화하는 신학 이론

이단자에 대해 두 가지 점을 고려해야 한다. 하나는 이단자들의 입장, 다른 하나는 교회의 입장이다.

1. 마땅히 파문이라는 조치를 통해서 교회로부터 분리시키고, 죽음이라는 조치를 통해서 세상으로부터 차단시켜야만 하는 죄가 있다. 왜냐하면 영혼에 생명을 주는

신앙을 타락시키는 것은, 세상에 생명을 주는 돈을 위조하는 것보다 더 나쁜 짓이기 때문이다. 만일 세속 군주들이 화폐 위조범이나 다른 죄인들을 사형에 처하는 것이 지극히 당연한 일이라고 한다면, 유죄 판결을 받은 이단자를 즉시 교회가 파문하고 사형에 처하는 것은 더더욱 당연하고 정의로운 일이다.

2. 교회의 입장에서 볼 때, 교회는 자비심을 가지고 잘못한 이들이 회개하기를 기다린다. 그러므로 교회는 즉각적으로 그들을 단죄하지 않는다. 사도들의 가르침대로, 이단자에게 한두 번 경고한다. 그러나 여전히 고집을 피운다면, 그가 회개할지도 모른다는 희망을 교회는 포기할 수밖에 없다. 따라서 교회는 다른 이들의 안전을 위해서 그에게 파문을 선고하여 교회로부터 분리시킨다. 더 나아가 사형을 통해 그가 세상으로부터 차단될 수 있도록 세속 법정에 회부한다.

토마스 아퀴나스, 《신학 대전》, IIa,IIae,11,art. 3.

* '몽골 킵차크 한국'은 징기스칸의 손자 바투가 세운 몽골 국가이다. 1480년경 모스크바 공국의 이반 3세에 의해서 멸망당한다.

제10장
그리스도교 왕국의 쇠퇴기
(14~15세기)

▲ 죽음의 춤, 라 세즈 디외, 1460년경.

　학계에서는 통상적으로 14~15세기를 그리스도교 왕국의 쇠퇴기로 본다. 그러나 '쇠퇴'라는 용어에 대해 좀 더 살펴볼 필요가 있다. 쇠퇴의 원인은 무엇보다도 그리스도교 왕국의 전체적인 구조에 있었다. 앞서 살펴본 것처럼, 13세기에 인노첸시오 3세 교황은 교황의 수위권에 근거하여 유럽에서 보편적인 중개자로서의 역할을 했다. 하지만 교황권과 황제권이 세력 균형을 유지한다는 것은 어려운 일이었다. 인노첸시오 교황 시대인 13세기에 이미 세력 균형에 균열이 생겼다. 13세기 이후부터는 중대한 역사적 사건들로 인해 세력 균형은 서서히 깨지기 시작했으며, 어떤 사건들은 매우 심각한 결과를 초래했다.

  황제는 자신의 정치적 영역을 교황이 침범해 들어오는 것을 달가워하지 않았다. 심지어 교회 내부에서도 분열이 잦아 분파를 초래했고 교황의 수위권에 대한 논쟁이 벌어졌다. 시대적인 난제難題들이 산적해 있는 데다가 사람들의 사고도 너무 혼란스럽고 어지러워서, 마침내 종교적인 사고마저도 폭발해 버렸다. 그리하여 중세의 일치성이 막을 내리게 되었다. 그러나 이러한 분열과 쇠퇴가 이 시대(14~15세기)의 교회 생활의 모습 전부는 아니었다. 한쪽에서는 새 시대의 도래를 위한 변화의 물결이 일고 있었다. 이 시대는 많은 그리스도인들의 신앙이 더 깊어지는 시기이기도 했다.

Ⅰ. 평신도 정신의 태동

1. 국가 군주제의 등장

  앞에서 신성 로마 제국 황제와 교황 사이의 세력 다툼에 대해 살펴보았다. 이 다툼으로 인해 결국 황제권이 약화되는 결과가 초래되었다. 대공위大空位 시대(1254~1273년)에는 더 이상 황제가 없었다. 이런 상황인데도 교황청은 황제를 임명하려 하지 않았다. 오히려 교황들은 파문이라는 영적 무기를 남용하여, 황제들을 몰아내기에 바빴다. 그러나 황제권의 쇠퇴는 서양의 군주제 발흥에 큰 도움을 주었다. 여러 군주국들은 자신의 나라에 유리한 봉건적인 법률을 제정함으로써 정치 제도를 확립시켰다.

우리는 중·고등학교 세계사 시간을 통해 프랑스와 영국의 국왕들이 어떻게 자국의 영토를 확장했는지에 대해 이미 배운 바 있다. 한편, 스페인은 이슬람교도들을 물리침으로써 자국의 반도를 되찾았다. 1492년에 그라나다를 점령함으로써 국가 통일이라는 대업大業을 이루었다.

모든 서양의 제국이 점차 현대적 의미의 국가로 탈바꿈해 갔다. 그 중심에 금융과 사법권을 통합한 중앙 집권화된 정부가 자리 잡고 있었다. 과거에 비해 더 강력해진 나라들이 서로 갈등을 빚게 되는데, 그 첫 번째 갈등이 바로 영국과 프랑스의 백년 전쟁(1337~1453년)이었다. 같은 시기에 군주들은 권력 강화라는 야망에 불타올랐다. 하지만 교황권이라는 걸림돌에 부딪치게 되자, 새로운 갈등의 씨앗이 자라나게 된다.

2. 중차대한 갈등: 보니파시오 8세 교황과 필리프 미왕

갈등의 씨앗은 점점 커졌다. 국왕들은 자국에 있는 교회 일에 교황이 직접 간섭하고 개입하는 것을 묵인하지 않았다. 오히려 국왕이 교회에 영향력을 행사해야 한다고 주장했다. 프랑스의 필리프 4세 미왕(1285~1314년, 별명이 미왕美王)과 보니파시오 8세(1294~1303년) 교황은 두 차례(1296년, 1301~1303년) 서로 격렬하게 충돌했다. 필리프 미왕은 루이 9세의 손자로서, 신앙심이 깊고 도덕적 문제에 대해 까다롭기로 이름난 인물이었다. 그런데 그는 돈을 끌어 모으는 데 혈안이 되어 수단과 방법을 가리지 않았다. 로마법을 연구하는 국왕의 법률 고문인 교회법 학자들은 국왕의 권한을 찬양했다. 우둔하고 완고한 보니파시오 교황은 교황의 특권에 빠져든 채, 분별력 없이 교황의 특권을 강조했다.

첫 번째 충돌은 교회 재산에 대한 세금 면제 문제 때문에 시작되었다. 교황은 국왕이 교회 재산에 대해 세금을 매기는 것을 허락하지 않았다. 하지만 이 첫 번째 갈등은 1297년, 필리프 미왕의 선조였던 루이 9세를 성인으로 시성함으로써 가라앉았다. 두 번째 충돌은 성직자의 법적 면책에 관한 문제 때문이었다. 필리프 왕이 교황의 측근인 파미에Pamers(프랑스 남부)의 주교(베르나르 세세)를 왕립 재판소에 회부했다. 이에 대한 격렬한 항의와 거친 말이 오간 뒤, 폭력 사태가 벌어졌다.[127] 교황은 국왕의 퇴위와 국왕에 대한 자신의 후원을 들먹이며, 국왕을 배은망덕한 자라고 비난했다. 이에 맞서, 국왕의 측근인 교회법 학자들은 교황에 대한 공격의 고삐를 당겼다. 왕실 교회법 학자들은 교황을 싫어하는 국민 정서와 종교 정서를 부추기면서, 교황이야말로 온갖 부조리의 주범이라고 비난했다.[130] 1303년 9월 7일, 기욤 드 노가레Guillaume de Nogaret(필리프 미왕의 변호사)가 아나니Anagni 성에 머물고 있던 교황을 체포하기 위해 길을 나섰다. 고령이었던 교황은 이 같은 비보悲報를 접하고 큰 충격에 사로잡혀 한 달 만에 사망했다.

프랑스에서 교황직을 확립하려는 움직임은 갈등과 논쟁을 불러일으켰다. 보니파시오 8세는 교황 칙서 〈우남 상탐Unam sanctam〉(1302년)을 발표함으로써, 선임 교황들이 천명했던 신권 정치를 옹호했다.[128, 129] '세속 권력은 더 우월한 영적 권력에 반드시 종속되어야 한다.' 그러자 필리프 국왕은 자신이 왕국의 유일한 주인임을 선포했다. 세속의 영역에서 국왕보다 더 높은 사람은 아무도 없었다. 게다가 직무 태만인 교황에 대해 일치 공의회가 단죄할 수 있다고 생각했다.

필리프 미왕 vs. 보니파시오 8세 교황

[127] 자신의 권력을 분명히 하는 필리프 미왕(1297년)

왕국의 세속 정부는 오로지 국왕의 것이지 그 누구의 것도 아니다. 따라서 국왕은 자신보다 더 높은 사람을 둘 수도 없고 인정할 수도 없다. 국왕은 왕국의 세속적인 일을 처리하는 데 있어서, 어느 누구에게도 굴복당하지 않고 지배받지도 않는다.

128) 추기경 회의에서의 보니파시오 8세 교황(1302년)

우리의 선임 교황들은 세 명의 프랑스 국왕을 퇴위시킨 바 있다. 프랑스에는 프랑스의 역사가 있고, 교회에는 교회의 역사가 있다. 실정失政으로 인해 많은 비난을 받았던 선왕들처럼, 지금 프랑스 국왕은 잘못을 저지르고 있으며 선왕들보다 더한 잘못을 범하고 있다. 만일 국왕의 정신이 정상으로 돌아오지 않는다면, 우리는 그를 행실이 나쁜 개구쟁이로 취급하여, 유감스럽지만 퇴위시킬 수밖에 없다.

129) 교황 칙서 〈우남 상탐〉(1302년)

…… 하나이고 유일한 교회에는, 괴물처럼 두 개의 머리가 있는 게 아니라, 하나의 몸과 하나의 머리가 있다. 그 머

리는 바로 그리스도이시다. 그리스도의 대리자는 베드로 사도이고, 베드로 사도의 후계자는 교황이다. ……

　세속 권력은 영적 권력에 종속되어야 마땅하다. …… 그러므로 만일 세속 권력이 오류를 범하면, 오직 영적 권력만이 이를 심판할 수 있다. 작은 권력이 잘못되면, 이보다 더 큰 힘이 이를 심판할 수 있다. 그러나 최고의 권력이 잘못된다면, 이것은 사람이 아니라 오직 하느님만이 심판하실 수 있다. …… 이런 권한 때문에 최고의 권력이 인간에게 주어지고 인간에 의해 행사된다고 할지라도, 이 권력은 인간의 것이 아니다. 오히려 이것은 하느님께서 베드로 사도에게 맡기시고 그의 반석 위에 세우신 신적인 것이다. …… 또한 우리는 로마 교황에게 위임된 모든 인간에 대한 구원의 절대적인 필요성을 선포하고 규정하는 바이다.

130) 보니파시오 8세 교황에 대한 노가레의 고발(1303년)

　나는 만천하에 선포한다. 문제의 인물 보니파시오라는 자는 교황이 아니다. 그는 문으로 들어오지 않았기 때문에 도둑이며 강도다. 보니파시오는 분명히 이단이며, 세상 창조 이래 처음 보는 추잡한 성직 매매자이다. 결론적으로 그

> 는 극악무도한 무수한 범죄를 저질렀으므로 구제받을 길이 전혀 없다. 그를 심판하고 단죄하는 것이 일치 공의회의 임무다.

3. 평신도 정신

1324년에 또 다른 충돌이 발생했다. 당시 교황이었던 요한 22세가 바바리아Bavaria의 루이를 황제로 인정하지 않았다. 그러자 황제도 대립 교황을 임명했다. 이러한 일로 인해 교황의 권한을 지지하는 작품들과 황제의 권한을 지지하는 작품들이 대거 쏟아져 나왔다. 이런 작품들 속에 들어 있는 내용은 주로 서로에 대한 설전舌戰과 모욕적인 언사가 대부분이었다. 하지만 이 작품들을 통해서 교회와 국가는 각자의 본질에 대해 총체적으로 성찰하게 되었다. '평신도 정신의 태동'이라는 말을 이런 뜻으로 이해하면 될 것이다. 당시 '평신도'라는 말에는 반反종교적인 의미가 담겨 있지 않았지만, 때로는 '반反성직자적'이라는 말과 동의어로 쓰였다. 그러나 '반성직자적'이라는 말은 어원학적으로 성직자를 반대한다는 의미로 이해되었다.

1356년에 작성된 금인칙서金印勅書[111]는 평신도 정신을 잘 보여 주는 하나의 상징이었다. 이 칙서를 통해, 신성 로마 제국은 그동안 황제를 임명할 때 교황이 관여했던 모든 개입을 완전 차단시켰다.

평신도 정신의 특징은 두 가지로 볼 수 있다. 하나는 세속적인 영역에서 국가를 독립시키는 것이고, 다른 하나는 신자들의 전 지체가 교회이지 성직자들만의 집단이 교회는 아니라는 주장이다. 이런 견해로부터 파생되어 나오는 결과에 대해서는 저술가마다 천차만별이다. 어떤 이는 교회와 국가는 비교적 자치적인 조직으로서 각자의 주권을 갖고 있는 하나의 사회라고 주장했는데, 이 주

---

[111] 1356년 신성 로마 제국 카를 4세 황제가 공포한 제국 법령이다. 이 법령은 교황이 신성 로마 제국 정치 문제에 간섭하는 것을 막고 제국 제후들, 특히 선제후選諸侯들의 입지를 확고하게 만드는 데 목적이 있었다. 칙서의 중요성을 나타내기 위해 금으로 만든 인새印璽(라틴어로 bulla)로 칙서를 승인했기 때문에, 금인칙서라고 불린다. 로마에서 황제 대관식을 마치고 신성 로마 제국으로 돌아온 카를 4세는 뉘른베르크 의회에 제후들을 소집해 금인칙서의 처음 23장을 공포했고(1356년 1월 10일), 메츠에서 제후들과 협의한 끝에 마지막 8장을 덧붙였다(1356년 12월 25일). 이 칙서에서는 신성 로마 제국 황제 선출을 7명의 선제후들에게 완전히 일임하고 다수결로 뽑힌 후보가 이의 없이 황제의 자리를 잇도록 보장하고 있다. 성직자 제후 3명과 평신도 제후 4명으로 구성된 이 선거인단 제도는 1273년에 생겨났지만, 누가 선제후가 되느냐는 문제는 결코 간단하지 않았다. 그러나 이 칙서에서 작센 선거권은 작센 왕조의 분가인 비텐베르크 가문이 확보하게 되었으며 팔라틴 백작도 선거권을 받았고 카를 황제가 왕으로 있던 보헤미아에도 역시 선거권이 주어졌다. 과반수로 뽑힌 황제는 만장일치로 선출된 것과 마찬가지로 황제권을 행사할 수 있는 자격을 받고 아헨에서 대관식을 올려야 했다. 이로써 후보들을 심사하고 당선을 승인하는 교황의 간섭을 막았고 또한 황제의 자리가 공석일 때는 작센 공작과 팔라틴 백작을 섭정으로 세우도록 함으로써, 교황의 황제 대리권을 아예 없앴다. 이 같은 결과를 얻어내기 위해서 황제는 선제후들에게 많은 것을 양보했다. 선제후들은 자신들의 공국에서 조세권과 화폐 주조권을 포함한 주권을 인정받았고, 서민들이 제기하는 상소를 가혹하게 묵살할 수 있는 권한과 음모를 꾸민 사람들은 반역죄로 몰아 처벌할 수 있는 권한도 받았다. 문서상으로는 7명의 선제후들만이 이런 특권을 가질 수 있었으나, 실제로는 모든 제후가 똑같은 특권을 누렸다.

장은 오늘날 사고와 아주 비슷하다. 파도바의 마르실리오Marsilius di Padova(1275~1342년)는 이런 사고보다 훨씬 앞서 나갔다.[131] 그에게는 오직 국가만이 주권 단체였다. 그는 교회를 사회로 인정하지 않았다. 교회는 국가 안에 존재하며, 성직자를 임명하고 공의회를 소집할 권한은 오직 국가에 있다고 했다. 이 같은 사상은 전도된 신정 정치이며, 전체주의의 시작을 알리는 신호탄이었다. 때로는 황제교황주의라는 이름으로 불리는 정치 제도이기도 했다.

131) 평신도 정신의 태동

파도바의 마르실리오는 1313년까지 파리 대학의 총장을 지냈다. 그는 바비에르의 루이 4세 왕을 위해 일했고, 아비뇽의 요한 22세 교황과 갈등을 빚었다. 얀뎅의 요한Jean de Jandun과 함께 저술한 《평화의 수호자》에서 마르실리오는 교회와 국가의 관계에 대한 이론을 제시했다. 이 이론은 그리스도 왕국의 교황들이 하는 신정 정치 이론을 정면으로 반대했다.

사람들은 자신의 욕구를 충족시키기 위해 함께 모여 산다. 함께 모여 살면서 필요한 여러 가지 생산품들을 찾고 이런 것들을 공유한다. 이렇게 서로에게 만족감을 주기 위해 모인 공동체를 일컬어 '도시'라고 부른다.

자신에게 부여된 법과 권위에 따라 행하는 군주의 행위가 모든 시민들의 행위를 통치하고 판단하는 기준이라는 사실을 우리는 인정한다.

교회에 대한 가장 참되고 바람직한 정의는 이것이다. 그리스도를 믿고 그리스도의 이름으로 모인 전체성이 교회다. 이 전체성은 각 공동체에서 엿볼 수 있는 서로 다른 다양한 지체들을 의미한다. …… 교회에 대한 이 같은 정의는 '교회'라는 단어가 가진 본래적인 의미에 의한 것이며, 이 정의를 처음으로 받아들인 사람들의 지향과도 일치한다. 하지만 요즘에 와서는 교회의 본래적인 의미가 많이 퇴색해 버렸다. …… 성직자들, 즉 주교들과 사제들과 부제들만으로는 교회라고 말할 수 없다.

그리스도께서는 '그것을 교회(모든 사람)한테 말해라'고 하셨지, '사도나 주교 혹은 사제나 그들의 동료들 가운데 한 사람에게 말해라'고 말씀하시지 않으셨다. 주님께서 이렇게 말씀하신 것은 믿는 이들의 공동체인 교회가, 그분 안에서 그러나 그분의 권위로 판단하라고 하신 것이다. …… 법적으로 누군가에게 죄가 있다고 선고하는 것은, 즉 그 사람을 소환해서 조사하고 판단해서 무죄나 유죄를 선고하

것은 …… 공동체 구성원 전체가 해야 할 몫이다. 공동체나 일치 공의회만이 그런 판단을 할 수 있다.

이런 판단을 할 수 있는 권위가 오직 한 사람(교황)한테 있느냐, 아니면 여러 사람한테 있느냐? 일치 공의회를 소집하고, 공의회에 참석할 이들을 선정할 수 있는 권한은 오직 한 사람(교황)에게 있느냐, 아니면 권한을 위임을 받은 대리자들에게 있느냐?

만일 세상에 도움을 주기 위해서, 도시에 다양한 직무를 장려시킬 수 있는 적임자를 임명하는 것이 입법자가 해야 할 역할이라고 본다면, …… 마찬가지로 같은 인간 입법자 즉, 모든 신자가 사제 직무를 증진시키고 그 직무를 맡을 사제를 선발하는 것은 당연한 것이다.

파도바의 마르실리오, 《평화의 수호자Defensor pacis》, 1324.
파코, 《신정 정치》, 280~282쪽에서 인용.

Ⅱ. 교황권의 시련

▲ 아비뇽의 교황청, 14세기.

1. 아비뇽의 교황

프랑스 진영과 이탈리아 진영으로 양분된 추기경들은 거의 일 년 동안 교황이 없는 상태로 지내다가, 마침내 1305년 6월, 보르도 Bordeaux의 대주교인 고트의 베르트랑Bertrand de Got을 교황(클레멘스 5세)으로 선출했다. 새 교황은 '선임 교황(베네딕토 11세)'과 프랑스 국왕 간의 갈등을 해소하기 위해 융화적인 입장을 취했다. 프랑스의 필리프 미왕은 리옹에서 거행된 교황의 착좌식에 참석했고(1305년 11월) 가스코뉴Gascogne 지방에서의 프랑스·영국 간의 분쟁 종식을 위해 교황에게 협조를 구했다.

한편, 교황령 국가들이 이런저런 불편한 일들로 혼란스럽고 뒤숭숭해졌다. 이러한 여러 가지 일들이 클레멘스 5세의 발목을 프랑스에 묶어 두었고, 결국 그는 로마에 발을 들여놓지 못했다. 1377년까지 교황들은 교황령이었던 콩타-브네생Comtat-Venaissin이나 아비뇽에서 살고 싶어 했다. 콩타-브네생은 원래 교황령이었고 아비뇽은 교황들이 취득했던 도시였다.

로마에 교황이 없었던 것이 처음 있는 일은 아니었지만 이번에는 교황들이 아주 오랫동안 이탈리아를 떠나 있었다. 로마 시민들은 이를 두고 '바빌론 유배'라고 비난했다.[112] 하지만 사실 아비뇽은 교황이 전 교회를 다스리는 데 있어서 약간 불편할 뿐, 조용하고 잘 정돈된 도시였다. 오히려 전체 그리스도교 왕국과 긴밀한 연락을 취하는 데는 로마보다 아비뇽이 더 유리했다. 게다가 아비뇽의 교황들은 모든 교회의 번영에 대해 적극적인 관심을 가졌다. 특히 그들은 해외 선교와 십자군 원정에 대해 많은 관심을 보였다.

지나친 세금 징수

그러나 프랑스 왕국과 아주 밀접한 아비뇽에 교황청이 들어선다는 것은 많은 분야에서 교회에 손실이었다. 새로 선출된 추기경들이 절대 다수가 프랑스 출신이었기 때문에, 아비뇽의 모든 교황들은 당연히 프랑스 사람들이었다. 이로 인해 사람들은 교황이 프랑

---

[112] 고대 유다인이 바빌론으로 강제 이주된 것을 '바빌론 유배'라고 하는 것처럼, 교황청을 아비뇽으로 옮긴 것을 '아비뇽 유배'라고 표현한다. 1305년에 선출된 프랑스인 클레멘스 5세 교황은 프랑스 왕의 강력한 간섭을 받았으며, 로마로 들어가지 못한 채 프랑스에 체류했다.

스 왕실에 봉사하고 있다는 인상을 받았다.

그 예로, 필리프 미왕은 클레멘스 5세 교황을 통해 성전 기사 수도회(1307~1314년)를 박해했다. 이와 관련된 성전 기사 수도회와 비엔나 공의회(1311~1312년)에 대해서는 후에 다시 살펴보겠다. 한편, 아비뇽 교황들, 특히 요한 22세 교황부터 그후의 교황들은 교황청 행정을 상당한 수준으로 발전시켰다. 수천 명의 사람들이 교황을 알현하기 위해 모여들었다. 하지만 베네딕토 12세와 클레멘스 6세의 재위 시절, 알현실과 교황청 유지를 위해 엄청난 재원이 필요하자 지나친 세금 징수가 이루어졌다. 그 결과 아비뇽 교황들의 평판은 바닥으로 추락했다.

교황청의 중앙 집권화 과정

교황청은 일종의 악순환의 고리에 사로잡혀 있다는 사실을 알게 되었다. 중앙 행정을 위한 별도의 세원稅源이 필요했지만 교황청은 이러한 세원을 일정 부분 포기했다. 그 대신 아비뇽의 교황들은 점점 더 교회를 직접 통치하려고 했다. 그리하여 새로운 주교를 임명할 때, 교황이 직접 개입했다. 교황들은 기존의 주교 선출 방법에 대해 단호하게 반대했다. 예전에는 선출된 주교에 대해 교황이 반대하는 경우가 드물었지만 이제는 비일비재했다. 주교를 선출하는 관습이 점차 사라지게 되고, 교황이 모든 주교를 임명하는 것이 하나의 규정으로 체계화가 되었다. 이 같은 규정은 오늘날에도 지

커지고 있다.

그리하여 '하느님의 은총과 사도좌에 의해서' 주교가 임명되었다. 교황에 의해 임명된 모든 주교는 교황청의 재정을 위해 1년간 세입을 바쳐야 했다. 그러자 교황이 주교를 임명하는 것에 대한 우려가 생겨났다. 이것은 더 폭넓게 토론되어야 할 문제였다. 따라서 사실상 교황과 왕(영주)들은 서로 합의해서 주교를 임명했다.

아비뇽의 교황들은 이탈리아 사람들의 모든 비난을 받을 자격조차 없었다.¹³²⁾ 무엇보다도 그들은 율법주의자들이었다. 그들은 세속적인 영역에서만 성공했을 뿐, 종교 분야에서 성공을 거둔 사례가 없었다. 결국 아비뇽 교황들의 실책이 '서구 대이교'라는 엄청난 분열을 낳았다.

132) 아비뇽을 향해 맹공을 퍼붓는 페트라르카

페트라르카Petrarca(1304~1374년)¹¹³는 아비뇽에서 잠시 살았

---

113 페트라르카는 이탈리아의 학자 · 시인 · 인문주의자였다. 그는 라우라라는 이름으로만 알려진 여인을 순결하게 사랑했다. 그녀의 신원은 밝혀지지 않았고 페트라르카도 그녀의 신분에 대해 일체 침묵을 지켰다. 페트라르카는 1327년 4월 6일 아비뇽에 있는 생 클레어 성당에서 처음으로 그녀를 보았다. 페트라르카는 죽을 때까지 라우라와 떨어져 있었지만, 그녀를 사랑했으며 이 사랑 때문에 그의 가장 유명한 작품이 탄생했다. 페트라르카는 라우라에 대한 연가를 속으로 쓴 시시한 작품이라고 무시하는 척했지만, 평생에 걸쳐 그것들을 모으고 수정했다.

던 적이 있었다. 그는 이곳에서 라우라Laura에게 한 눈에 반해 사랑의 시를 지었다. 그는 아비뇽에 대해서는 분개했지만, 아비뇽의 교황들이 베푸는 호의에 대해서는 싫어하지 않았다.

아비뇽은 불경스러운 바빌론이며 살아 있는 지옥이고 죄악의 시궁창이다. 신앙도, 자비도, 종교도 없고 하물며 하느님께 대한 두려움이나 수치심이라고는 눈을 씻고 찾아볼 수 없다. 진리도, 거룩함도 없다. 교황의 거처는 거룩해야 하고, 신앙의 구심점이 되어야 하는데도 불구하고, …… 내가 아는 도시 중에서 아비뇽은 가장 타락한 곳이다. 맨 마지막으로 선택되어야 할 그곳이 별안간 세계의 중심이 되었다는 것, 이 얼마나 수치스러운 일인가!

추기경들이여! …… 사도들은 맨발로 다녔다. 그러나 당신네들은 지금 페르시아 왕처럼 황금으로 치장한 말을 타고 다닌다. 벌써부터 추기경들은 황금으로 식사를 하고 있다. 만일 하느님께서 그들의 오만 방자한 사치를 막지 않으신다면, 그들은 조만간에 모든 길을 황금으로 장식해 버릴 것이다. 백성들은 그들을 존경하올 페르시아의 왕이나 파르티아 사람들의 왕으로 착각할 것이다. 빈손으로는 감히 가까이 할 수 없는 지엄하신 존재로 말이다.

2. 서구 대이교

두 명의 교황

대부분 그리스도인들은 교황청이 로마로 되돌아가야 한다고 생각했다. 스웨덴의 비르지타Brigitta와 시에나의 카타리나(가타리나)는 교황의 복귀를 눈물로 호소했다.[133] 그리하여 우르바노 5세 교황이 로마에 갔지만, 3년(1367~1370년) 뒤에 다시 아비뇽으로 되돌아가고 말았다. 1377년, 그레고리오 11세 교황은 모든 로마 시민들을 위해서 교황청을 다시 재정립하겠다고 결정했다. 하지만 교황청이 로마로 되돌아간다는 것이 그리 순탄하지만은 않았다. 반란을 일으킨 세센느Césène 시민들과 교황청 군대가 무력 충돌을 일으켜 4천 명의 사망자가 발생했다. 프랑스 추기경들은 아비뇽의 상황이 심상치 않다고 판단하여, 마지못해 로마로 갔다.

그레고리오 11세는 로마에서 교황의 입지를 재정립시키지 못한 채, 1378년에 세상을 떠났다. 로마 시민들은 교황에게 로마를 떠나지 말라고 으름장을 놓았다. 그들은 이탈리아 사람이 교황으로 선출되기를 원했다. 추기경들은 바리Bari의 대주교 바르톨로메오를 교황으로 선출하는 데 총력을 기울였다. 결국 바르톨로메오가 우르바노 6세 교황(1378년 4월)으로 선출되었다. 새 교황과 갈등을 빚은 프랑스 추기경들은 로마를 떠났다.

1378년 9월, 프랑스 추기경들은 새 교황인 우르바노 6세가 교회의 지지 없이 오직 대중의 지지만으로 선출되었다고 주장하면서, 제네바의 로베르토Roberto를 대립 교황(클레멘스 7세)으로 선출했다. 그리스도교 왕국의 이런 혼란 속에서, 프랑스의 샤를 5세 국왕은 로베르토를 교황으로 인정함으로써 앞으로 있을 40년 동안의 이교를 초래했다.[114]

로마에서 인정받지 못한 클레멘스 7세는 1379년 6월 아비뇽에서 착좌식을 거행했다. 그리스도교 왕국은 정치적으로는 '우르바노파'와 '클레멘스파'로, 지리적으로는 로마와 프랑스로 각각 양분되었다. 양쪽 모두 각자 세력이 있었다. 아비뇽에는 콜레트Colette 성인과 벵상 페리에르Vincent Ferrier 성인이 있었고, 로마에는 시에나의 카타리나가 있었다.

양측 모두 자기 지역의 교황이 서거하면, 서로 경쟁이라도 하듯이 곧바로 새 교황을 선출했다. 로마에서는 1389년, 보니파시오 9세가 선출되었고, 아비뇽에서는 1394년, 베네딕토 13세가 새 교황이 되었다. 두 교황은 서로를 파문했고, 상대편과 맞서기 위해 십자군 모집을 위한 교서를 발표했다. 결과적으로 사람들이 많은 고통을 겪었다.[134] 이 시기에 그리스도인들의 일치를 위한 미사가 생겨났다. 하지만 세속의 통치자들은 이러한 무질서 상태를 이용하여 더

---

114 서구 대이교 동안의 교황의 명단은 다음과 같다.
　① 로마 계열: 우르바노 6세(1378~1389년), 보니파시오 9세(1389~1404년), 인노첸시오 7세(1404~1406년), 그레고리오 12세(1406~1415년)
　② 아비뇽 계열: 클레멘스 7세(1378~1394년), 베네딕토 13세(1394~1423년)
　③ 피사 계열: 알렉산데르 5세(1409~1410년), 요한 23세(1410~1415년)

욱더 쉽게 교회를 간섭했다.

133) 교황(그레고리오 11세)의 로마 복귀를 호소하는 시에나의 카타리나

원래 이름은 베닌카사의 카테리나Caterina di Benincasa(1347~1380년)로, 25명이라는 대가족 중에서 23번째로 태어난 그녀는 아주 어린 나이에 신비 체험을 했다. 하느님께서는 그녀를 종교 생활에 헌신하도록 부르셨지만, 카타리나는 고향 시에나에서 벌어지는 여러 가지 갈등에 대해 적극적으로 개입했다. 그녀는 시에나뿐만 아니라, 아비뇽과 로마와 토스카나에서도 활동했다. 시에나에서 생을 마친 그녀가 평생 고민했던 문제는 죄인들의 회개와 십자군의 재결성 그리고 교황의 로마 복귀였다.

베드로 사도의 진정한 후계자이신 그레고리오 11세 교황 성하께,

하느님을 사랑하십시오. 친척이나 친구나 속세의 요구에 집착하지 마십시오. 지금 겪고 있는 폭풍우 같은 시련과 교황 성하의 권위에 도전하는 몹쓸 무리들을 두려워하

지 마십시오. 하느님께서 교황 성하를 돕기 위해 가까이 계십니다. 그들은 폭동을 몰고 오는 사악한 이들이므로, 교황 성하께서는 오로지 착한 목자들 곁에 머무르십시오. 이 같은 해악을 없앨 처방을 가지고 (돌아오시어) 예수 그리스도 안에서 행동하십시오. 당당히 앞으로 나아가십시오! 지체하지 마시고 교황 성하께서 시작하신 일을 마무리하십시오. 조금이라도 지체하게 되면, 엄청난 재난이 닥칠 것입니다. 악마가 교황 성하를 괴롭힐 장애물을 준비하고 있습니다. 참된 십자가를 높이 들어 올리십시오. 그럼 성하께서는 평화를 누릴 것입니다. 성하께서는 성하를 애타게 기다리는 예수님의 가난한 이들을 위로할 것입니다. 로마로 오십시오. 이곳에 오시면 성하께서는 늑대들이 양으로 변했다는 것을 알게 될 것입니다. 전쟁을 끝낼 수 있는 것이 평화입니다. 더 이상 하느님의 뜻을 거역하지 마십시오. 왜냐하면 굶주린 양들은 성하께서 베드로 사도의 자리로 되돌아오기를 기다리고 있기 때문입니다. 성하께서는 예수님의 대리자이시므로, 당신의 자리를 되찾아야 합니다. 두려워하지 말고 로마로 돌아오십시오. 하느님께서 성하와 함께 하실 것입니다. 기다리지 마십시오. 시간이 성하를 기다려주지 않습니다. 성령께 응답하십시오. 아무런 무기도 없는 어린양처럼 오셔서 사랑이라는 무기로, 적들을 물리치십시오. 분열과 죄악으로부터 교회를 용감무쌍하게 구해 내십시오. 늑대들이 성하의 품 안으로 들어올 것입니다. 성하께서는 연민의 눈물을 흘릴 것입니다. …… 당당하게 남자답게 두려워하지 말고 오십시오. 그러나 무엇보다도, 생명을 사랑하는 마음으로 오십시오. 군사들의 호위를 받을 필요는 없습니다. 순한 양처럼 십자가를 들고 오십시오.

몰라Mollat, 《아비뇽의 교황들Les Papes d'Avignon》, 270~271쪽, 441쪽, 447쪽.

134) 부인 교회[115]에 대한 신학자 장 프티의 불만

(1393년, 서구 대이교 당시)

그래서 우리는 지금 1393년에 있다.

아아, 슬프구나! 15년이 넘도록 이 고통을 당하는 중에

나는 무엇을 할 수 있단 말인가?

고통이 너무 심해

사지四肢는 다 부러졌고

머리와 몸은 갈기갈기 찢어졌다.

하느님과 그리스도인들에 대한 사랑 때문에,

---
115 교회를 부인으로 의인화함.

내가 어떻게 금방 치유될 수 있는지를 보아라. ……
지금 내 주위에서 벌어지고 있는 혼란을 야기한 이들은
적敵그리스도의 하수인들이로다. 그 이유는 바로 이렇다.
그들은 나를 두 명의 남편*이 있는 아내로 만들려고 하고
동시에 과부로 만들려고 한다.
많은 이들이 이로 인해 괴로워하고 있다. ……
 나는 제네바의 로베르토**의 아내이다.
다른 이들은 울부짖기를, '아니다, 아니다.
생 쥬느비에브Saint Geneviève***에 따르면, 사실이 아니다.
그녀는 진정 바리의 바르톨로메오****의 후계자의
아내이다.'
세 번째 사람이 말하길, '아니다. 공정하신 하느님이
보실 때,
그녀의 남편은 이 사람도, 저 사람도 아니다.
왜냐하면 성부께서는 이 사람도, 저 사람도 아니기
때문이다.'
그래서 그들은 나를 과부라고 얘기한다. ……

자신들의 임무를 수행하지 않는
위대한 이들이 우선 이 문제를 해결해야 한다.
그들은 클레멘스도 아니고, 보니파시오*****도 아니다.

이 두 교황은 이 몸을 남겨 두고 타락하도록 만들어,
죄를 짓든지 말든지 신경 쓰지 않는다. ……
그러므로 나는 하루 빨리 치유를 받아야 하며
진정한 마음으로 그렇게 되게끔
그리고 하느님께서 그것을 허락하시도록
기도한다. 아멘.

* 두 명의 교황, 오직 한 명만이 합법적이다

** 아비뇽에 거주하는 클레멘스 7세

*** 장 프티, 파리 대학의 신학자

**** 로마에 있는 우르바노 6세

***** 클레멘스 7세와 보니파시오 9세

▲ 기도하는 동정녀, 베네치아의 산 마르코 대성당, 14세기.

세 명의 교황

로마파와 아비뇽파의 추기경들은 1409년에 피사에서 공의회를 개최하여 혼란스러운 상황을 타개할 방도를 모색하려고 했다. 피사 공의회(일치 공의회로 인정받지 못함)는 재임 중인 두 명의 교황을 폐위시키고, 새 교황으로 알렉산데르 5세를 선출했다. 그러나 재임 중인 베네딕토 13세와 그레고리오 12세가 사임을 거절하자, 세 명의 교황이 그리스도교 왕국을 통치하는 상황이 되고 말았다. 이렇게 되자, 신성 로마 제국의 황제는 알렉산데르 5세의 후임자인 요한 23세[116]에게 콘스탄츠Constance에서 새로운 공의회를 소집하도록 요청했다. 콘스탄츠 공의회는 4년간(1414~1418년) 계속되었다. 요한 23세는 공의회가 자신을 단죄할 것을 염려하여 콘스탄츠에서 몰래 도망쳐 나왔다.

1415년 4월 6일 콘스탄츠 공의회는 교령 〈사크로 상타Sacro sancta〉를 반포함으로써, 공의회가 교황을 포함한 전체 교회에 대해 우위권을 갖는다는 공의회의 권위를 분명히 했다.[135] 이것이 '세 명의 교황'이라는 전대미문의 사태를 해결할 수 있는 유일한 방법이었다. 하지만 공의회는 교황들 간의 일치를 이루지 못했다. 콘스탄츠 공의회는 얀 후스를 희생양으로 삼아, 1415년 7월 그에게 화형 선고를 내렸다.[139] 요한 23세와 그레고리오 12세가 사임하고 베네딕토 13세가 물러나자, 1417년 11월에 새 교황으로 마르티노 5세가 선출되었다. 이로써 마침내 이교는 종식되었다.

콘스탄츠 공의회는 교회를 전체적으로 개혁할 수 있는 개혁안을 제출했다. 이 개혁안은 별다른 성과 없이 단지 희망 사항으로만 끝나고 말았지만, 콘스탄츠 공의회는 공의회를 정기적으로 개최한다는 교령 〈프레퀜스Frequens〉을 결정했다.[136]

---

116 요한 23세는 합법적인 교황으로 인정받지 못했다. 그러나 1958년에 안젤로 론칼리 추기경 (제2차 바티칸 공의회를 개최한 요한 23세 교황)은 요한 23세를 교황의 명단에 기재했다.

135) 콘스탄츠 공의회 교령
〈사크로 상타〉(1415년 4월 6일)

일치 공의회를 이루는 이 거룩한 콘스탄츠 공의회는 전능하신 하느님을 찬미하며 성령 안에서 합법적으로 소집되었다. 본 공의회의 목적은 현재의 분열을 종식시키고, 머리이신 그리스도와 지체들 안에서 하느님의 교회를 일치시키고 쇄신하기 위한 것이다. 목적하는 바를 수월하고 확실하게 그리고 자유롭게 달성하기 위해 공의회는 다음과 같이 명령하고 규정하고 선포하는 바이다. 첫째, 성령 안에서 합법적으로 소집된 본 공의회는 일치 공의회를 이루며, 가톨릭교회의 투사들을 대표한다. 그러므로 공의회의 권위는 그리스도로부터 직접 받은 것이다. 교황을 포함한 모든 계층의 사람들은 신앙의 문제와 이교를 종식시키는 문제, 그리고 머리이신 그리스도와 지체들 안에서 하느님의 교회를 쇄신하는 문제들에 대해, 공의회에 순명해야 한다. ……

지으J.Gill, 《콘스탄츠와 바젤-피렌체, 일치 공의회의 역사 Constance et Bâle-lorence, histoire des Conciles oecuméniques》, IX, 308쪽, 9.

136) 콘스탄츠 공의회 교령 〈프레퀸스〉(1417년 10월 9일)

일치 공의회를 자주 개최하는 것은 주님의 밭을 일구는 가장 좋은 방법 중의 하나이다. ……

이러한 이유로 공의회는 영구한 칙령을 통해 앞으로의 공의회 개최에 대해 다음과 같이 결의하고 선포하고 명령하는 바이다. 첫 번째 공의회는 본 공의회의 회기 종료일로부터 5년 후에 개최될 것이다. 두 번째 공의회는 첫 공의회 이후 7년 뒤에 개최될 것이며, 그 다음부터는 매 10년마다 공의회가 소집될 것이다. 공의회 개최 장소는 회기 종료 한 달 전에 교황이, 교황이 여의치 않을 경우에는 공의회가 직접 결정한다. ……

지오, 《콘스탄츠와 바젤-피렌체, 일치 공의회의 역사》, 328쪽.

▲ 콘스탄츠 공의회 참석자들을 위해 빵을 굽는 사람들.

3. 공의회의 위기

바젤 공의회[117]

5년 후에 공의회를 개최한다는 준비된 계획에 따라 1423년, 마르티노 5세 교황은 파비아Pavia에서 공의회를 소집했고[118] 1431년, 바젤에서 공의회를 소집했다. 주교들은 대부분 참석하지 않았지만, 평신도를 비롯하여 모든 수도회와 대학에서 온 많은 사람들이 공의회에 참석했다. 개혁이라는 화두가 시대적인 흐름이었다. 공의회의 의제 대부분은 주로 교회의 세제 감면에 관한 것이었다. 바젤 공의회를 통해서, 교황에 대한 사람들의 반감이 커지고 있음을 알 수 있었다. 이런 반감은 종교 간의 화해와 일치를 위해 동방 교회(그리스 정교회)의 대표자들과의 만남을 위한 회의 장소를 선정할 때, 특히 두드러졌다. 1437년 9월, 에우제니오 4세(마르티노 5세의 후임자) 교황이 공의회 장소를 바젤에서 페라라Ferrara로 옮겼고, 그 다음에는 피렌체Firenze로 옮겼다. 교황의 지지자(소수파)들이 바젤을 떠났다. 그러나 바젤에 남았던 사람들은(다수파, 성덕이 출중한 알르망 추기경을 위

---

117 바젤 공의회는 1431년 7월 23일부터 1437년 5월 7일까지 열렸다가, 장소를 페라라로 바꿔 1437년 9월 18일부터 12월 30일까지 개최되었다. 그후 다시 장소를 피렌체로 옮겨 1439년 1월 16일에 개최되었다가, 또다시 장소를 로마로 옮겨 1443년 2월 24일에 개최되었다. 이 모든 과정을 합쳐서, '바젤·페라라·피렌체 공의회'라고 부르며, 이 공의회는 제17차 일치 공의회로 인정받았다.

118 파비아에서 열린 공의회는 그후 장소를 시에나로 옮겼지만 참석자가 적어 해산되고 말았다. 결국 일치 공의회로 인정받지 못했다.

시한 약 12명의 주교와 300명의 성직자)1439년 6월에 에우제니오 교황을 퇴위시키기로 결정하고, 사보이Savoy의 공작인 아메테에Amédée 8세를 대립 교황(펠릭스 5세)으로 선출했다. 하지만 에우제니오 4세가 서거하자, 얼마 되지 않아 펠릭스 5세도 물러났기 때문에 분열은 우습게 끝나고 말았다. 결국 바젤 공의회는 녹초가 되어 버렸다. 바젤 공의회가 갖춘 의회 정치의 형태는 비록 의도는 좋았지만 비효율적인 정치 제도였다.

피렌체 공의회(1439년)

장소를 피렌체로 옮겨온 이 공의회는 겉으로 보기에는 훌륭한 결과들을 내놓았다. 오스만 투르크의 공격으로 인해, 궁지에 몰린 콘스탄티노플의 황제는 서방 교회에 군사 지원을 요청했다. 하지만 군사 지원은 어디까지나 종교적인 일치를 전제로 하는 문제였다. 따라서 피렌체 공의회는 동·서방 교회의 종교 일치라는 목적을 갖고 동방 교회의 요구에 응했다. 동로마 제국의 황제와 콘스탄티노플의 총대주교를 포함한 약 700명으로 구성된 동방 교회 대표단이 이탈리아에 도착했다. 양 교회의 대표자들은 제2차 리옹 공의회(1274년) 때보다 훨씬 더 진지하게 신학적인 토론을 벌였다. 동방 교회와 서방 교회 사이에 존재하는 중요한 차이점들이 다루어졌다. 그리하여 1439년 7월 6일, 동방 교회와 서방 교회는 교회 일치 교령에 서명할 수 있었고 교황의 기쁨은 이루 말할 수 없었다.[137]

공의회가 늘 표방해 왔던 것은 진정한 교회의 일치였다. 그러나 말 그대로 모두 일치한 것은 아니었다. 공의회 참석자인 동방 교회의 키예프의 이시도르처럼 공의회의 결정을 전적으로 수용한 사람이 있는가 하면, 동방 교회 성직자들과 신자들은 공의회의 결정에 거부 반응을 나타냈다. 일치 교령에 서명하지 않았던 에페소의 마르코 주교를 비롯한 다른 주교들은 공의회를 마치고 돌아갈 때, 자신들의 추종 세력을 규합했다. 더욱 심각한 문제는 서방 교회의 사람들 대부분이 콘스탄티노플의 운명에 대해 아무런 관심을 갖지 않았다는 점이다. 결국 1453년, 동로마 제국의 수도 콘스탄티노플과 다른 도시들이 투르크인들의 수중에 넘어가고 말았다. 시간이 조금만 더 있었더라면, 동방 교회와 서방 교회의 일치가 이루어질 수도 있었을 것이다. 투르크인들의 점령으로 인해 동방과 서방의 모든 관계는 단절되었다. 동방 교회와 서방 교회의 차이점은 늘어만 갔고 서로를 무시했다.

137) 피렌체 공의회: 동방 교회와의 일치 (1439년 7월 6일)

사람들은 하느님의 종들의 종이며 주교인 에우제니오를 영원히 기억하리라.

우리의 지극히 친애하는 아들이며 로마인들의 추앙을 받고 있는 요한 팔라이로구스Palaiologus 황제를 비롯하여, 형제들의 대표인 존경하올 총대주교들과 동방 교회를 대표하는 다른 구성원들이 모든 것을 포괄하는 이 협정에 함께 한다.

"하늘은 기뻐하고 땅은 즐거워하여라."(시편 96,11) 참으로 이 자리에서 동방 교회와 서방 교회를 갈라놓았던 장벽이 무너졌다. 그리고 두 교회는 영원한 일치의 협약을 맺음으로써 끈끈한 평화의 유대로 결속되었다. '두 교회를 하나로 만드신 모퉁잇돌이신 그리스도를 통하여'(에페 2,14-20 참조) 평화와 일치를 회복했다. 기나긴 슬픔의 구름과 분열이라는 캄캄하고 추악한 어둠이 지나고, 모든 이가 간절히 바라고 고대하던 한 줄기 화합의 서광이 은은하게 비치고 있다!……

길었던 그간의 불화와 불일치를 끝내고 서방과 동방 교회의 교부들은 바다를 건너고 산을 넘어 천신만고 끝에, 가슴 벅찬 마음으로 이 거룩한 일치 공의회에 이르게 되었다. 공의회의 목적은 오랜 숙원이었던 거룩한 일치와 사랑의 유대를 회복하는 것이다. 우리의 노력은 헛되지 않았고, 끈질긴 일치의 모색 끝에, 마침내 우리는 성령의 자비하심으로 그렇게 바라던 거룩한 일치에 이르게 되었다. ……

이 거룩한 일치 공의회에서 함께 만난 라틴 교회와 그리스 교회는 서로에게 큰 관심을 보여 주었다. 다른 의제들보다도 성령의 거룩한 발출에 관련된 것이 지대한 관심을 끌었고, 우리는 시간을 연장해 가며 이를 면밀히 살펴본 후 …… (필리오퀘 논쟁에 대한 장황한 설명이 이어진다)

누룩이 들어 있든 들어 있지 않든지 간에, 곡물로 만든 빵 속에서 그리스도의 몸이 참으로 축성된다. 그리고 사제들은 한 종류의 빵을 사용하여 똑같은 그리스도의 몸을 축성하거나, 자신들(서방 교회나 동방 교회) 교회의 전통에 따라 다른 종류의 빵을 사용하여 똑같은 그리스도의 몸을 축성할 수 있다. …… (연옥과 지옥에 관한 설명이 이어진다)

우리는 또한 거룩한 사도좌와 복된 베드로 사도의 후계자인 로마 교황이 전 세계 교회에 대한 수위권을 갖고 있음을 밝히는 바이다. ……

우리는 법령에 의해 권한을 이양받은 총대주교들의 서열을 승인하는 바이다. 콘스탄티노플의 총대주교는 로마 교황 다음의 두 번째 서열이며, 알렉산드리아 총대주교는 세 번째, 안티오키아 총대주교는 네 번째, 예루살렘 총대주교는 다섯 번째 서열이다. 이들 모두의 특권과 권리는 보호를 받을 것이다.

지으, 《콘스탄츠와 바젤-피렌체, 일치 공의회의 역사》, t. IX, 355~359쪽.

이탈리아 정치판의 함정

교황의 수위권과 공의회의 우위권의 다툼은 결국 교황의 승리로 끝이 났다. 대립 교황인 펠릭스 5세에게는 지지 세력이 많지 않았으며, 결국 그는 1449년에 퇴위했다. 당시 교회에는 굵직한 문제들이 여전히 해결되지 않은 채 산적해 있었다. 기대했던 교회 개혁은 뜻대로 이루어지지 않았다. 보다 강력한 권한을 갖게 된 교황들이 직접 나서서 개혁을 주도했으면 좋으련만, 교황들은 이탈리아 정치의 소용돌이와 르네상스라는 시대적 분위기에 휩싸이고 말았다. 그리하여 교황들은 자신들이 낳은 사생아들의 결혼 문제와 로마에 화려한 건물을 짓는 데에만 더 많은 신경을 쓰게 되었다.

Ⅲ. 사람들의 불안

1. 시대를 뒤흔든 재앙

전쟁, 전염병, 죽음

14~15세기, 많은 재앙들이 유럽을 할퀴고 지나갔다. 그중 가장 참혹했던 재앙은 흑사병이었다. 아시아에서 처음 발생한 이 전염병은 1347년 이후 유럽 전체를 황폐화시켰고, 14세기 말까지 유럽을 공포의 도가니 속으로 몰아넣었다. 유럽의 인구 3분의 1이 사망

했고, 어떤 지역에서는 이보다 훨씬 더 많은 사망자가 발생했다.

또 다른 위험 요소로 유럽에서 맹위를 떨친 것은 전쟁이었다. 이 시기에 벌어진 유명한 전쟁이 바로 백년 전쟁이었다. 실제로 전쟁에 참전한 숫자는 많지 않았기 때문에 이 전쟁 중에 전장戰場에서 희생된 사람은 그리 많지 않았다. 하지만 샤를 5세 때의 '큰 그룹' 혹은 '늦게 도착한 이들'[119]과 같은 부도덕한 군인들에게 많은 굶주린 서민들이 수탈당하면서 큰 피해를 입었다. 그 당시 작성된 사목 방문 보고서에 따르면 지붕이 벗겨진 성당, 폐허가 된 사제관, 사라져 버린 성물들에 대한 기록들이 엄청나게 많다.

죽음은 하나의 강박 관념이 되었다. 책과 그림들은 벌거벗긴 채 썩은 시체들, 벌어진 입과 벌레가 파먹은 내장 등과 같은 죽음의 상황을 끔찍하게 묘사했다. 〈죽음의 춤〉과 같은 작품은 죽음 앞에서 모든 인간은 평등하다는 사실을 다시금 일깨워 주었다. 사람들은 죽은 이들에게 애도를 표하기보다는 오히려 자신들의 죽음을 두려워했다. 사람들은 죽음에 대한 생각에 익숙해지려고 노력했고, '죽음의 예술'이 더욱 커져 갔다. 파리에서는 시신을, 무죄한 어린 순교자들의 한 유골이 묻혀 있는 묘지에 매장했는데, 이 묘지는 아주 유명한 매장지 가운데 하나였다.

---

119 '큰 그룹les Grandes Compagnies' 혹은 '늦게 도착한 이들les Tard-Venus'는 백년 전쟁 기간 중에 맺어진 브레티니 조약(1360년) 이후 결성된 외국인 용병 부대로서, 프랑스 도로를 따라 무리지어 이동하면서 사람들에게 엄청난 피해를 입혔다.

사람들 속에 만연된 사탄

도처에 만연한 죽음의 기운은 사람들로 하여금 양심을 들여다보게 했다. 하느님께서 인류의 죄를 벌하셨으므로 사람들은 마땅히 죄에 대한 보속을 해야 했다. 이것이 바로 고행자들이 자신을 채찍질하며 거리를 돌아다니게 된 이유였다. 고행자들은 피가 흐를 때까지 자신을 채찍질하며 도시 곳곳을 돌아다녔다. 그들의 몸에 유혈이 낭자할지라도 채찍질은 계속되었다.[138] 사람들은 누군가가 이 대재앙에 대한 책임을 져야 한다고 생각하여, 유다인들을 그 희생양으로 삼았다. 그러나 이 엄청난 흑사병의 지배자는 아마도 사탄일 것이라는 생각이 지배적이었다. 과거 그 어느 때보다도 사탄에 대한 강박 관념은 컸다. 유럽 전역으로 퍼진 사탄에 대한 광기는 17세기까지 식을 줄 몰랐다. 사람들은 사탄의 대리자인 마법사들이 사탄을 불러들인다고 생각했다. 남자 마법사보다도 여자 마법사가 수적으로 더 많다는 사실은 시대적인 표징이었다! 마법사로 지목된 사람들로부터 자백을 받아내기 위해 온갖 고문이 자행되었다. 수천 명의 사람들이 마녀 사냥으로 인해 화형장에서 연기로 사라졌다. 당시 사람들은 불완전한 신학과 낡아빠진 심리학 이론을 바탕으로 모든 질병 현상을 단순히 초자연적이고 악마적인 것으로 치부했다.

138) 흑사병(1347~1348년)

이 무렵 흑사병이라는 전염병이 전 세계를 휩쓸고 지나가면서 수많은 이들이 죽어 갔다. 이 병이 왼쪽 팔에 감염된 이들도 있었고, 서혜부(사타구니)에 감염된 이들도 있었다. 일단 병에 걸리면 3일 안에 사망했다. 병균이 거리와 주거지에까지 퍼지자, 사람들이 줄줄이 전염되기 시작했다. 그러다 보니 환자를 간호하거나 병문안을 간다는 것은 엄두도 내지 못했다. 환자들의 죄 고백을 들어 줄 사제를 찾기란 하늘의 별 따기였다. 왜냐하면 사제들도 환자에게 옷을 입히거나 환자와 접촉하려고 하지 않았기 때문이다. ……

사람들은 이 재앙의 원인과 치료법을 도무지 알 수 없었다. 하지만 많은 이들이 흑사병을 하나의 기적이며 인간의 죄에 대한 하느님의 복수라고 믿었다. 그리하여 이때부터 일부 사람들은 다양한 봉헌 방식을 동원하여 성대한 참회를 하기 시작했다. 어떤 사람들은 대로변을 따라 십자가와 촛대를 들고 큰 깃

▲ 하느님께서 손을 뻗치시어 아담과 하와를 지옥에서 끄집어내심, 생 모리스 드 구랑 성당의 프레스코화, 앵, 15세기.

제10장 그리스도교 왕국의 쇠퇴기　593

발을 펄럭이며 전국을 행진했다. 그들은 두 명씩 짝을 지어 반주에 맞추어 하느님과 성모님을 찬미하는 노래를 목청껏 외쳐 불렀다. 그런 다음 한데 모여 상의를 벗고, 하루에 두 번씩 매듭에 바늘이 달린 채찍으로 자신의 몸을 세차게 내리쳤다. 그러면 양쪽 어깨를 타고 피가 흘러내렸다. 그래도 그들은 항상 노래를 불렀다. 그런 다음, 봉헌의 의미로 땅에 세 번 엎드렸고 자신을 낮추는 크나큰 겸손의 덕으로 서로를 대했다. ……

하지만 이러한 참회 행위로도 흑사병과 죽음이 사그라지지 않았다. 그러자 유다인이 전 세계의 그리스도인을 죽이기 위해 우물에 독을 넣었고, 이를 통해 세계를 지배하고 장악하기 위해 대재앙을 불러 일으켰다는 소문이 떠돌았다. 이 소문에 격분한 각계각층의 사람들은 지방 영주와 재판관들의 입회 아래, 자신들이 참회 행위를 했던 바로 그 시장에서 유다인을 잡아 화형시켰다. 사람들은 마치 결혼식장에 가는 것처럼 노래하고 춤추며, 벅찬 마음으로 유다인의 죽음을 구경하러 갔다. 유다인은 그리스도교로 개종하기를 거부했고, 또한 그들은 자신들의 자녀들이 세례받는 것을 허락하지 않았다. …… 유다인은 '채찍질하는 이 분파가 세상에 널리 퍼지면, 모든 유다인은 불에 타 죽을 것이다. 그리고 믿음을 굳게 지키며 기쁘게 죽어 간 이들의 영혼은 천국에 들어갈 것이다.'라고 한 유다교 예언서의 말씀을 기억하면서 화형장으로 향했다.

장 르 벨Jean le Bel, 리에즈의 참사 위원(1290~1370년),
《브레이 연대기|Vrayes Chroniques》(1326~1361년).

▲ 자신을 채찍질하는 고행자들의 행렬, 14세기.

2. 지성의 위기

재앙을 겪고 있는 교회, 교황과 황제의 충돌, 서구 대이교 등의 여러 혼란스러운 상황들로 인해 사람들의 의식 속에는 의구심이 자리 잡기 시작했다. 13세기에 달성되었던 철학과 신학의 행복한 조화와 확실성은 14세기에 들어서면서 점차 상실되어 갔다.

오캄

윌리엄 오캄William Ockaham(1290~1350년)[120]은 서유럽 대륙으로 이주해 온 영국인으로 프란치스코회 회원이었다. 그는 요한 23세 교황을 반대하는 바바리아 지방의 루이를 지지했다. 오캄은 평신도의 역할을 옹호하며 교황의 교회관을 문제 삼았다. 그는 더 나아가 이성의 영역, 말하자면 철학과 과학 그리고 신학의 영역을 철저히 구분했다. 오캄에 따르면, 사람은 이성을 통해 하느님께 나아갈 수 없으며, 신학적 개념은 단지 언어의 조합에 불과하다(유명론). 그러므로 그는 성경 읽기와 성인들의 모범으로 되돌아가야 한다고 주장했다. 인간이 다다를 수 없는 하느님의 전능한 힘은 변덕스럽고 하느님은 당신이 보시기에 적당하다고 생각하는 대로, 벌을 주시기도 하고 상을 주시기도 한다고 말했다.

위클리프

존 위클리프John Wyclif(1324~1384년)는 옥스퍼드 출신의 신학자였다. 그는 교회의 전통을 거부하며 성경의 중요성을 강조했다. 그는 자신만의 철학을 내세우며 성체의 실체 변화를 인정하지 않았다. 무엇보다도 서구 대이교가 위클리프로 하여금 교회의 전통 신학을 거부하게 만들었다. 그의 눈에는, 두 명의 교황이 서로 자리다툼을 벌이는 모습은 마치 뼈다귀 하나를 놓고 서로 으르렁거리

---

[120] 영국의 오캄에서 태어난 윌리엄을 흔히 윌리엄 오캄이라고 부른다.

는 두 마리의 개와 같았고, 짐승 한 마리의 사체를 놓고 서로 차지하려고 싸우는 두 마리의 까마귀와 같았다. 이런 상황에서 하느님과 성경의 가르침을 거스르는 고위 성직자들의 교회를 진정한 교회라고 보기는 어려웠다. 교회는 머리이신 그리스도께서 선택하신 이들로 구성된 하나의 몸이다. 그후 위클리프는 중풍이 악화되어 침대에서 죽었다. 그가 사망하고 오랜 시간이 흐른 뒤, 위클리프의 반대자들은 그의 유골을 강물에 던져 버렸다.

후스

얀 후스Jan Hus(1369~1415년)의 운명은 위클리프와는 달랐다. 후스는 프라하 출신의 신학자였는데 그는 위클리프의 교회관을 어느 정도 지지했다. 후스는 세 명의 교황이 있었던 서구 대이교의 혼란 속에서 참된 교회와 제도 교회 사이에 어떤 공통점도 찾아볼 수가 없었다. 교회는 선택된 이들의 공동체였다. 그는 인간을 죄짓게 하는 제도 교회에 대한 개혁에 착수했고, 교회는 복음적 가난으로 되돌아가야 한다고 부르짖었다. 또한 그는 열정적인 설교를 통해 체코슬로바키아의 부유한 성직자들과 요한 23세 교황을 강하게 비난했다.[139)] 후스는 자신의 정당성을 변호하기 위해 콘스탄츠 공의회에 참석하러 떠났지만, 안타깝게도 다시 돌아오지 못했다. 후스를 단죄했던 콘스탄츠 공의회의 교부들은 후스의 주장보다 더 나은 이론을 제시하지 못했다. 후스가 처형되자, 보헤미아 지역에서 혁

명의 불씨가 일어나 수십 년 동안 계속되었다.

139) 얀 후스

이 본문을 이해하기 위해서는 1409년부터 교회에는 세 명의 교황이 있었다는 것을 염두에 둘 필요가 있다. 여기서 언급되는 교황은 피사의 요한 23세 교황이다.

프라하 시노드에서 행한 답변(1413년)

아아, 오직 '그리스도의 적'의 제자들이 진정으로 거룩한 로마 교회와 일치하는 모습을 보여 준다면 얼마나 좋을까! 다시 말해, 그들이 열심한 그리스도인과 성인들처럼, 교황과 사도들에게 더욱더 충실하다면 얼마나 좋겠는가! 만일 로마가 교황과 추기경들과 더불어 소돔처럼 멸망한다고 하더라도(전혀 불가능한 일은 아니지만), 거룩한 교회는 여전히 존재할 것이다.

내가 주장하는 바는 다음과 같다. 나는 교황이 로마 교회 안에서 그리스도의 대리자임을 인정한다. 그러나 이 사실이 신앙의 문제라고는 생각하지 않는다. …… 또한 나는 다음과 같이 주장하는 바이다. 만일 하느님께서 교황을 미리 정하셨고, 교황이 예수 그리스도를 본받음으로써 자신의 사목직을 수행한다면, 그는 그가 통치하는 지상 교회의 수장이 될 수 있다. 그리고 만일 그가 모든 지상 교회의 수장으로서 예수 그리스도의 법에 따라 통치한다면, 그는 우리의 머리이신 구세주 예수 그리스도를 받드는 지상 교회의 진정한 머리가 될 수 있다. 그러나 만일 그가 그리스도와 반대되는 생활을 한다면, 그는 남의 눈을 피하려는 도둑이며 강도이고, 먹이를 찾아 돌아다니는 늑대이고 위선자이며, 모든 인간 안에서 '그리스도의 적'의 두목이 되는 것이다. 주님께서는 우리에게 거짓 그리스도와 거짓 기적을 경계하라고 엄중히 경고하셨다. 또한 나는 이렇게 주장하는 바이다. 충실한 그리스도인으로서 나는, 그리스도의 가르침에 따라 로마 교회나 교황과 추기경들이 믿고 실천하도록 규정하고 명령한 모든 것을, 존경심과 공경심으로 기꺼이 받아들일 준비가 되어 있다. 하지만 그들이 일반적으로 규정하고 명령한 것을 모두 받아들이지는 않겠다. 왜냐하면 교황과 교황청의 모든 꾸리아가 관습에 대해 오류를 범할 수 있을 뿐만 아니라 진리에 대해서도 오류를 범할 수 있기 때문이다.

▲ 후스의 처형, 1415년.

콘스탄츠에서 화형 직전에 말한 후스의 유언

하느님께서 나의 증인이시다. 마치 내가 한 것처럼 날조된 증언에 대해, 나는 결코 그러한 것들을 가르치거나 설교한 적이 없음을 밝히는 바이다. 설교를 비롯한 나의 모든 행동의 주된 목적은 인간을 죄로부터 해방시키는 것이었다. 나는 복음의 진리 안에서 기쁘게 죽을 각오가 되어 있다. 내가 거룩한 교회 박사들의 전통에 따라 저술하고 가르치고 설교했던 것은 바로 이 진리이다.

1415년 7월 6일.

드 복De Vooght, 《후스의 이단L'Hérésie de Jean Hus》.

3. 그리스도인의 삶의 변화

죽음에 대한 불안, 구원에 대한 걱정 그리고 제도 교회에 대한 신뢰감 상실은 그리스도인들의 생활 방식을 변화시켰다. 사람들은 성직자들과 상담하기보다는 오히려 개인적인 체험을 더 선호했다. 좋은 예로 1431년에 잔 다르크Jeanne d'Arc가 유죄 판결을 받은 사건이 있다. 잔 다르크는 영국인들과 부르고뉴 주민들에 의해 매수된 주교와 수도자 그리고 신학자들의 충고를 신뢰하기보다는 오히려 자신의 목소리를 더 신뢰했다. 그러나 이러한 개인주의는 매우 다양한 양상으로 표출되었다. 즉, 미신 행위가 증가하기도 했고, 그리스도인들의 신앙생활이 더 깊어지고 심오해지기도 했다.

양적으로 치닫는 신앙생활

어떤 경우에는, 구원에 대한 불안함으로 인해 과거에는 하찮은 것으로 치부되었던 관습들이 재발견되어 그 중요성이 크게 부각되기도 했다. 성인과 성인의 유해를 공경하는 풍습이 이전보다 더욱 많이 행해졌고, 통속적이며 불경한 방법으로 자주 이루어졌다. 정신적으로 문제가 있었던 프랑스 샤를 6세 국왕은 그의 선조, 루이 9세의 갈비뼈를 친척들에게 나누어 주었고 친척들은 그 뼈를 잘게 잘라 다른 사람들에게 나누어 주었다. 대사 관행 또한 점점 증가했다. 플랑드르 지방에서는 제비뽑기를 통해 대사를 받기도 했다. 신심이 양적으로 순위가 매겨졌다. 미사 대수가 늘어났고, '제단' 사제들은 생활비를 벌기 위해 미사를 드리기 일쑤였다.

특히 국왕들의 신심 형태는 가히 발작에 가까웠는데, 그들은 방탕한 생활을 하다가도 갑자기 마음을 돌려 무엇인가를 봉헌하고자 했다.

깊어만 가는 종교와 신비주의

감정에 호소하는 신심이 예수의 인성과 마리아를 중심으로 집중적으로 나타났다. 어떤 작가는 그리스도교 왕국이 눈물을 선물로 받았다고 표현했다. 열심한 신자들은 그리스도와 함께 고통을 겪어야 했고, 예수의 수난의 고통을 몸소 체험했다. 그래도 아주 열심한 그리스도인들에게 있어서, 중세 말기는 내적 생활에 대한 자각이 심화되던 시기였다. 14세기 초에는 신학에 기초한 신비주의가 한창 꽃을 피웠다.

도미니코회 회원인 에크하르트Eckhart(1260~1327년),¹⁴⁰⁾ 타울러Tauler(1300~1361년), 수소Suso(1295~1366년)와 당시 플랑드르의 사제였던 로이스부르크Ruysbroek(1293~1381년)는 라인 강 지역에서 태동한 신비주의를 대표하는 인물들이다. 하느님을 설명하려는 모든 시도를 뛰어넘어, 하느님과 합일하는 것이 이 신비주의의 목표다. 이것이 이른바 부정 신학否定神學이다.

14~15세기 전환기에는, 깊은 영성 생활에 대한 열망이 수도원 밖에 있는 남녀 그리스도인들의 마음을 강하게 사로잡았다. 그들은 때때로 베귀니파Beguini[121]와 베가르드파Beghards 같은 의심스러운 작은 단체들을 결성하거나, 또는 시에나의 카타리나의 단체와 같은

---

121 베귀니파는 11세기부터 있던 여자 독신 단체로, 자급자족하는 공동생활을 하면서 봉사 활동을 목적으로 하는 신비주의 단체이다. 베가르드파는 1220년에 조직된 남자 평신도 직업인들의 단체로, 공동생활을 하면서 기도와 자선 사업에 전념했다. 그러나 이들은 점점 극단주의로 빠져들어 교회로부터 해산 명령을 받았다.

제3회[122]를 결성했다. 이런 단체들은 그 당시의 세상사에 대해 더 많은 관심을 가졌다. 이들은 종교 심리학과 영성 생활을 진보시키는 방법을 대단히 중요시했다. 이 시기에 영적 수련을 제시하는 책들이 많이 쏟아져 나와 사람들이 쉽게 이런 책들을 접할 수 있게 되었다.

'근대 신심'[123] 운동은 바로 이런 맥락에서 생겨났다. 근대 신심 가운데 가장 잘 알려진 것이 토마스 아 켐피스Thomas à Kempis(1380~1471년)의 작품으로 간주되는 《준주성범》[124]이다.[141)]

이 운동에 참가한 사람들 가운데 일부는 지나치게 사변적인 방향으로 흐르는 신비주의와 일정한 거리감을 유지하면서, 그리스도인들을 위한 교육 사업에 헌신했다. 파리 대학의 총장이며 콘스탄츠 공의회에 참여한 신학자였던 장 제르송Jean Gerson(1363~1429년)

---

[122] 제3회는 제1회(남성), 제2회(여성)와 관련되어 있다. 제3회는 수도회(도미니코회, 프란치스코회, 가르멜회 등)에 부속된 평신도 연합체이다. – 필자 주

[123] 14~15세기, 네덜란드에서 시작된 내적이고 심리적인 기도와 묵상 방법인 '근대 신심Devotio Moderna'은 개인주의적인 신심 운동으로서, 네덜란드의 게르하르트 흐로테Gerardo Groote가 이 용어를 처음으로 사용했다.

[124] 1390~1440년에 쓰인 그리스도교 신심 서적으로 원 제목은 '데 이미타시오네 크리스티De Imitatione Christi'로, 그 뜻은 '그리스도를 본받음'이다. 우리나라에서는 《준주성범》으로 번역되어 있다. 이 책의 저자에 대한 논란이 있지만, 토마스 아 켐피스가 그 저자로 간주되고 있다. 토마스 아 켐피스는 '근대 신심'과 그 두 부속 기관인 '공동생활형제회the Brethren of the Common Life'와 '빈데사임회Windsheim'의 대표자였다. 《준주성범》의 제1부는 영적 생활에 유익한 훈계를, 제2부는 사람들로 하여금 물질적인 면보다 영적인 면에 더욱 큰 관심을 둘 것을 권고하며, 제3부는 그리스도 안에 사는 사람들에게 찾아오는 위안을 증언한다. 마지막으로 제4부는 신자 개개인의 신앙이 어떻게 성찬 예식을 통해서 더욱 경건하게 되어야 하는가를 밝힌다. 쉬운 언어를 사용하여 단순한 방법으로 개인적인 종교 감성에 직접 호소한다는 점이 이 책이 많이 읽히고 깊은 감명을 주고 있는 중요한 이유 가운데 하나다.

은 설교와 영적 지도와 어린이들의 종교 교육에 일생을 바쳤다.

결과적으로, 에라스무스와 루터 같은 르네상스의 인물들과 종교 개혁의 인물들은 근대 신심이라는 시대적인 분위기 속에 흠뻑 젖게 된다.

▲ 십자가에서 내려지는 그리스도, 아비뇽, 1455년.

140) 마이스터 에크하르트

마이스터 에크하르트Meister Eckhart(1260~1327년)는 도미니코회 회원으로, 에르푸르트Erfurt에서 태어나 파리, 스트라스부르Strasbourg와 쾰른에서 살았다. 그는 라인 강 지방에서 태동한 신비주의 운동의 대표적인 인물로, 하느님의 신성에 대한 잘못된 교의를 퍼뜨린 혐의로 고발되었다. 자신을 변호하기 위해 그는 아비뇽으로 갔고 거기서 사망했다. 1320년, 요한 23세는 에크하르트의 작품의 상당 부분들과, 특히 그의 제자들이 기록한 강론들에 오류가 있다고 단죄했다.

> 하느님은 이름이 없으시다. 왜냐하면 아무도 그분에 대해 어떤 것도 말할 수 없고 이해할 수 없기 때문이다. …… 이처럼 만일 내가 "하느님은 선하신 분이시다."라고 말한다면, 그것은 진실이 아니다. 왜냐하면 나는 선하지만, 하느님은 선하시지 않기 때문이다. …… 또 만일 내가 "하느님은 지혜로운 분이시다."라고 말한다면, 그것도 진실이 아니다. 내가 그분보다 더 지혜롭다. 게다가 만일 내가 "하느님은 존재하신다."라고 말해도 그것은 진실이 아니다. 왜냐하면 그분은 존재하는 것을 초월하여 계시기 때문이다. …… 어떤 스승은 이렇게 말한다. "만일 내가 파악할 수 있는 하느님이라면, 나는 그분을 하느님으로 여기지 않겠다." …… 당신은 하느님을 있는 그대로 사랑해야 한다. 그분은 하느님도, 영혼도, 이미지도 아니시다. 뿐만 아니라 뒤섞임도, 순수함도 없고, 빛을 발하지도 않는 분이시다. ……
>
> 앙슬레-우스타쉬J. Ancelet-Hustache,
> 《에크하르트와 라인 강의 신비*Maître Eckhart et la mystique rhénane*》, 55쪽.

141) 근대 신심: 준주성범

그리스도의 말씀을 충분히 알아듣고 이에 맛들이려면 자신의 생활이 그리스도와 일치되도록 힘써야 한다. 삼위일체에 대한 고상한 교리를 가르치더라도 겸손하지 않아 삼위일체이신 하느님의 마음을 거스른다면 무슨 유익함이 있겠는가? 웅변으로 성인이나 의인이 되는 것은 결코 아니다. 성덕을 가꾸며 살아야만 하느님의 사랑을 받는다. ……

네가 성경을 다 알고 모든 철학자의 이론을 다 안다고 해도 하느님의 사랑과 은총이 없다면 그 모든 지식이 무슨 소용이 있겠는가? 하느님을 사랑하고 그분을 섬기는 것 외에는 "허무로다, 허무! 모든 것이 허무로다!"(코헬 1,2) 현세를 경계하며 하느님 나라를 사모하는 것이야말로 가장 높은 지혜다. (《준주성범》, 제1권, 제1장)

해와 달과 별이 도는 길을 익히며 연구하는 교만한 학자보다는 하느님을 섬기는 촌백성이 분명히 더 낫다. …… 너무 지나치게 알려 하지 마라. 바로 거기서 수없이 많은 분심거리가 생기고 수없이 많이 속게 된다. …… 네가 스스로 많이 아는 것 같고 모든 것을 잘 이해하는 것 같은 생각이 들어도 아직 모르는 것이 많이 남아 있다는 것을 잊지 마라. …… 가장 고상하고 유익한 지식은 자신을 참되게 알고

자신을 낮추는 데 있다. (《준주성범》, 제1권, 제2장)

세상의 무슨 일을 위하여, 또는 어떤 사람을 사랑하기 위하여 악한 일을 하지 마라. 그러나 도움이 필요한 사람을 돕기 위해서라면 좋은 일을 하던 중이라도 중지해야 할 때가 있고, 더 좋은 일을 위해서 이를 변경해야 할 때도 있다. 이런 경우 좋은 일을 하지 않는 것이 아니라, 도리어 더 좋은 일을 꾀하는 것이다. (《준주성범》, 제1권, 제15장)

"하느님 나라는 너희 가운데에 있다."(루카 17,21)라고 주님께서 말씀하셨다. 너는 마음을 다하여 하느님께로 향하고 이 가련한 세상을 끊어라. 그러면 네 영혼이 고요할 것이다. 바깥 사물을 가벼이 보고 안의 일에 주의를 다하는 공부를 하라. 그러면 하느님의 나라가 네 안에 이르는 것을 보리라. (《준주성범》, 제2권, 제1장)

아들아! 너는 덕행에 대해 항상 열렬한 마음으로 매진할 수 없으며, 또 고상한 관상 기도를 언제나 계속해 나갈 수도 없을 것이다. 사람은 원죄로부터 오는 부패한 인성을 갖고 있기 때문에, 어떤 때에는 낮은 데로 내려가서 싫고 염증이 나더라도 부패한 생활의 짐을 지게 될 것이다. (《준주성범》, 제3권, 제51장)

Ⅳ. 한편 동방 교회에서는……

1439년에 열렸던 피렌체 공의회를 통해, 사람들은 동방 교회와 그 분파인 러시아 교회에 대해 깊은 관심을 가졌을 뿐만 아니라, 서방 교회(로마 가톨릭 교회)와의 일치 교령에 서명한 일부 동방 교회들에 대해서도 관심을 가졌다.

사람들은 동방 교회를 서방 교회와 애매모호한 이중적인 관계를 맺었던 교회라고만 기억하지만 동방 교회의 입장에서 보면, 이것은 서방 교회로부터 군사적인 지원을 받기 위한 바람이었다. 하지만 서방 교회의 입장에서 보면, 전 세계 교회에 대한 로마의 수위권을 재확인하려는 희망이었다. 서방 교회는 동방 교회의 역사와 영적인 전통을 무시하는 경향이 있었다.

1. 슬라브계(유럽 중·동부) 교회

불가리아 교회와 세르비아 교회는 콘스탄티노플과 로마 가운데 어느 편에 서야 할 것인지 망설였다. 키릴루스와 메토디우스(423~427쪽 참조)의 후손들인 이들은 일단 전례와 수도원 생활 그리고 교회법 체계를 동방 교회로부터 차용했다. 13세기 중엽에는 독자적인 노선을 걸으면서 자체적으로 지도자가 있는 독립 교회가 되었다. 불가리아 교회는 타르보노Tarnovo를, 세르비아 교회는 펙Pec을 각각 총대주교좌로 삼았다. 하지만 투르크에 의해 이 두 도시가 점령당하자, 두 교회는 기울기 시작했다.

1240년, 몽골인들에 의해 키예프가 점령당하기 전까지, 키예프 공국은 초창기 러시아 교회의 중심지였다. 콘스탄티노플은 키예프에 대주교를 임명했고 동방 교회의 전례와 동방 교회의 예술적인 표준을 러시아인들에게 전수해 주었다. 키예프의 성 소피아 성당이 그 좋은 예이다. 그런가 하면 키예프의 국왕들은 서방 그리스도인들과의 무역과 혼인을 통해 서방 교회와도 우호 관계를 유지하고 있었다. 1240년 이후, 북부의 러시아 공국들 가운데 특히 모스크바 공국이 키예프를 재건하기 시작했다. 모스크바 공국은 키예프를 점령한 몽골 군대와 한바탕 전투를 치렀다.[125]

하지만 이들 북부 러시아 공국들은 서방 교회와는 불편한 관계였다. 1242년, 노브고로드Novgornod[126]의 대공인 알렉산드르 네브스

---

[125] 1380년 9월 8일에 약세였던 러시아 군대는 40만 몽골 대군을 격전 끝에 격파함으로써 러시아는 정교회 국가로 남게 되었다.
[126] 노브고로드는 상트 페테르부르크에서 남동쪽으로 180km 지점에 위치해 있다. 이 도시는 러시아의 가장 오래된 고대 도시로서 인구는 25만 명이다. 9세기에는 스칸디나비아 반도와 비잔티움을 연결하는 해상의 중계 지점으로 발전했고, 11세기부터는 상업 도시가 되었으며, 전 러시아가 15세기 모스크바 공국으로 재통일될 때까지 노브고로드 공국으로서 번영했다.

키St. Alexander Nevsky 성인은 튜턴 기사단의 공격을 물리쳤다.[127] 튜턴 기사단은 예루살렘 성지를 다시 탈환하기 위해 재결성된 기사단이었다. 1325년, 러시아의 대주교는 모스크바에 착좌했다.

피렌체 공의회의 일치 교령에 서명하지 않았던 러시아 교회는 러시아 교회의 독립을 부르짖으면서 자체 공의회를 개최하여 1448년에 모스크바 대주교를 선출했다.

2. 비잔티움 제국의 종말

▲ 콘스탄티노플을 정복한 마호메트 2세.

---

[127] 1240년 7월, 스웨덴 군은 네바 강 하구를 점령하고 노브고로드와 연결된 바닷길을 끊으려고 했다. 21세의 젊은 노브고로드 대공, 알렉산드르는 치욕적인 항복을 하는 대신에 명예로운 전투를 선택했다. 그는 군사를 이끌고 나아가 강기슭에서 치열한 싸움을 벌인 끝에 스웨덴 군을 무찔렀다. 이 승전으로 그는 러시아 정교회로부터 '네프스키'라는 칭호를 받았고 '네바 강의 알렉산드르' 또는 '알렉산드르 네프스키'라는 이름으로 불리게 된다. 2년 뒤인 1242년에 신성 로마 제국(독일)의 튜턴 기사단이 노브고로드를 침공해 왔다. 튜턴 기사단은 원래 독일의 아헨 지방에 본부를 둔 십자군의 기사단이었는데, 1226년에 폴란드의 마조비아 공이 북동부의 프로이센을 진압하기 위해 이들을 유럽으로 불러들였다. 당시 프로이센은 그리스도교를 믿지 않는 토착민들이 자리 잡고 있었다.

콘스탄티노플의 라틴 제국[128]을 탈환한 비잔티움 제국은 1261년에 다시 동로마 제국을 재건했다.[129] 그 후 비잔티움 제국은 200년 동안 제국의 생존을 위해 희망이 보이지 않는 투쟁을 계속해 왔다. 하지만 제국은 순식간에 펠로폰네소스 반도의 보스포루스 해협과 미스트라Mystra에 있는 콘스탄티노플 주변의 '작은 섬' 두 개로 영토가 줄어들어 버렸다. 1453년 4월, 투르크족이 콘스탄티노플을 포위했고 같은 해 5월 28일, 투르크 군대가 콘스탄티노플 주변으로 진격해 왔다. 이날, 성 소피아 성당에서는 마지막 미사가 거행되고 있었다. 콘스탄티누스 11세(드라가세스 팔라이올로고스) 황제는 생애 마지막 성체를 영했다.

▲ 야로슬라브에 있는 성 베드로와 성 바오로 성당, 러시아.

---

128 셀주크 투르크가 비잔티움과의 전쟁에서 승리하자(1071년), 비잔티움 황제는 1095년에 투르크족에 대항하기 위해 서방 교회에 원조를 요청했다. 제1차 십자군 원정으로 예루살렘을 탈환하고 소아시아를 되찾았지만, 서유럽인들은 동로마 제국의 영토였던 시리아를 차지했다. 시일이 흐를수록 갈등은 커져 갔다. 그러다가 마침내 1204년에 제4차 십자군은 베네치아 상인들의 농간에 놀아나 예루살렘을 정복하기로 했던 계획을 바꿔 엉뚱하게도 콘스탄티노플을 공격하고 무자비한 약탈을 감행했다(어떤 역사가들은 서방 교회에 원조를 요청한 것이 동로마 황제의 최악의 실수였고, 서유럽의 십자군 운동이야말로 비잔티움 제국 멸망의 주요 원인이 되었다고 말하기도 한다). 제4차 십자군은 콘스탄티노플을 점령한 뒤, 콘스탄티노플에 라틴 제국을 건설했다(1204~1261년).

129 제4차 십자군이 콘스탄티노플을 점령하자, 옛 동로마 제국 세력 가운데 한 세력은 니케아(1204~1261년)에, 또 다른 한 세력은 이피로스(1204~1335년)에 각각 망명 정권을 세웠다. 이 가운데 니케아 제국은 미카엘 8세가 펠라고니아 전투(1259년)에서 승리함으로써, 그 지위가 확고해졌다. 1261년에 미카엘 8세는 콘스탄티노플을 라틴 제국으로부터 다시 탈환하여 팔라이올로고스 왕조를 열었다.

5월 29일 아침, 투르크의 기습 공격으로 콘스탄티노플이 함락되었고 동로마 황제는 전사했다. 술탄인 마호메트 2세는 말은 탄 채 시체로 뒤덮인 성 소피아 성당에 당당하게 입장했다. 이로써 제2의 로마가 무너져 버렸다. 그 후 모스크바가 '제3의 로마'(1461년)로서 콘스탄티노플의 뒤를 이어 동로마 제국의 유산을 이어 갔다.[130]

3. 동방의 영성

　불가리아, 세르비아, 러시아, 그리스 교회에는 수도원에서 영감을 받은 영성과 이콘(성화상)으로 대변되는 예술적인 전통과 같은 여러 가지 공통점이 많다.

---

[130] 비잔티움 제국의 역사는 초기·중기·후기로 나누고, 중기를 전반기와 후반기로 나눌 수 있다. 330년(콘스탄티누스 황제가 콘스탄티노플에 새로운 수도를 세움)부터 610년(포카스 Phocas 황제의 퇴위)까지를 초기, 610년(헤라클리우스Heraclius 1세 즉위)부터 1204년(제4차 십자군에 의한 콘스탄티노플 함락)까지를 중기라 하는데, 중기를 다시 610년부터 1025년(바실레이오스 2세 죽음)까지를 전반기, 1025년(콘스탄티누스 8세 즉위)부터 1204년까지를 후반기로 나눈다. 1204년(니케아 제국의 발족)부터 1453년(오스만 투르크에 의한 콘스탄티노플 함락)을 후기로 한다. 한편, 콘스탄티노플이 함락되자, 아테네, 모레아Morea, 트라브존Trabzon이 차례로 오스만 투르크에게 점령되었다. 그러나 오스만 투르크의 종교 유화 정책에 의해 그리스 정교회만은 존속이 허용되었다. 성화, 교회 음악과 교회 건축으로 대표되는 종교 예술은 그리스 정교회와 함께 오늘날까지 비잔티움 문화의 계승자로 남아 있다. 비록 동로마 제국이 멸망했지만, 동로마 제국의 정치, 법률, 문화를 수용하고 그리스 정교를 국교로 한 슬라브계의 여러 국가, 특히 불가리아, 세르비아, 루마니아, 키예프, 러시아(모스크바 대공국)에서는 그 영향력이 계속되었다. 그중에서도 모스크바 대공국의 이반 3세는 동로마 제국의 마지막 황제인 콘스탄티누스 11세의 조카 소피아와 결혼했으며, 동로마 제국 황제의 대관식을 본보기로 대관식을 거행하고 스스로를 동로마 제국의 후계자로 자처하며, 모스크바를 '제2의 로마(콘스탄티노플)'에 다음가는 '제3의 로마'라고 선언했다.

아토스 성산에는 동방 정교회를 대변하는 수도원들이 빽빽하게 들어차 있었다. 수도자들은 아토스 성산에 있는 수도원에서 생활한 뒤, 자기 나라로 돌아갔다. 이 수도자들 가운데에서 주교와 총대주교가 선출되었는데, 이런 경우는 자주 있는 일이었다. 당시의 수도자들을 열거하면 다음과 같다. 시나이의 성 그레고리오와 불가리아 타르노보Tarnovo의 성 테오도시오St. Theodosius(14세기), 세르비아 출신의 성 사바St. Sava, 모스크바 북쪽 숲 깊숙한 곳에 '성 삼위일체 수도원'을 설립한 성 세르게이St. Sergei(1314~1392년), 아토스 성산의 수도자로 나중에 테살로니카의 대주교가 된 그레고리오 팔라마스Gregorius Palamas(1296~1359년) 외에도 많은 이들이 있었다. 그레고리오 팔라마스는 동방 정교회 수도원 생활의 커다란 영적 흐름이었던 헤시카즘hesychasm의 대표자였다. 헤시카즘은 관상의 이론과 실제를 병행하는 것으로, 하느님 안에 침잠(沈潛, hesychia)하는 것을 목표로 한다.[142]

이때부터 많은 수도원 성당에 모자이크화와 프레스코화와 이콘이 등장했다. 이 중에서 가장 널리 알려진 이콘은 '성 삼위일체' 이콘으로, 1411년에 러시아 수도자인 안드레이 루블레프Andrei Rublev가 그린 작품이다.

142) 예수 기도

니케포루스Nicephorus 은수자는 13세기 중반에 활동한 칼라브리아 출신의 수도자로, 콘스탄티노플에서 수도 생활을 시작한 뒤, 거룩한 아토스 산으로 옮겨 와 수도 생활을 계속했다. 그는 《마음을 지키는 것Sur la garde du coeur》이라는 논문을 통해, 심리학·생리학적 기법을 이용한 기도 방법론을 제시했다.

무엇보다 먼저, 당신의 삶을 차분하게 가라앉히십시오. 모든 근심 걱정을 떨쳐 버리고 평화로운 상태에 머무십시오. 그런 다음 조용한 방에 들어가 한쪽 구석에 앉아, 내가 지금 말씀드리는 것을 행동으로 옮기십시오.

아시다시피, 인간에게는 심장이 있기에 오직 인간만이 호흡을 합니다. …… 앉으십시오. 그리고 당신의 영혼을 생각하고 그 속으로 들어가십시오. 숨을 들이쉬고 내쉬면서 영혼이 호흡 속으로 들어가게 하십시오. 호흡은 숨이 마음에까지 이르는 통로입니다. 숨을 크게 들이마시면서 영혼이 마음 깊숙한 곳으로 내려갈 수 있게 하십시오. 영혼이 마음 깊은 곳에 다다르면 당신은 예전에 미처 생각하지 못했던 기쁨을 맛보게 될 것입니다. 후회가 사라집니다. 오랫동안 집을 떠나 있던 사람이 돌아와서 아내와 아이들을 다시 만나면 기쁨을 절대로 감출 수 없듯이, 영혼도 마음과 일치할 때, 그 즐거움과 기쁨은 말로 표현할 수가 없습니다. 그러니 나의 형제여, 마음속에 깊이 들어간 영혼을 너무 쉽게 빠져 나오게 하지 마십시오. ……

영혼이 마음속에 머무르는 동안, 당신은 그저 침묵하거나 한가하게 지내지 말아야 합니다. 다른 잡념이나 명상에 빠지지 말고, '하느님의 아드님이신 주 예수 그리스도님, 저에게 자비를 베푸소서!'라고 계속해서 되뇌십시오. 하느님께로부터 어떤 보상도 기대하지 마십시오. 이 훈련은 방황하는 당신의 영혼을 온전하게 지켜 줄 것이며, 영혼은 강해져서 악마가 가까이 하지 못할 것입니다. 매일 매일 당신의 영혼은 하느님의 사랑과 희망 안에서 무럭무럭 성장할 것입니다.

《작은 필로칼리아인 마음의 기도 Petite Philokalie de la prière du coeur》,
귈라르 J. Gouillard, 《인생의 책 Livre de vie》, 151~152쪽.
필로칼리아 Philokalia[131]는 18세기에 출판된 동방 영성에 대한 구절 모음집이다.

---

131 '필로칼리아 Philokalia'라는 말은 아름다운 것, 고귀한 것, 탁월한 것에 대한 사랑을 의미한다. 필로칼리아는 4~15세기 사이에 동방 교회 전통의 영적 대가들이 기록한 글을 모아 엮은 책으로, 아토스 성산의 니코데무스와 코린토의 마카리우스가 편집했다. 필로칼리아에 수록된 본문들은 관상 수도 생활을 안내한다. 니코데무스가 말한 대로, 필로칼리아는 '마음의 기도를 배우는 신비로운 학교'가 된다. 필로칼리아는 많은 문제를 다루고 있지만, 결론적으로 예수 기도를 되풀이하여 언급한 것이라고 말해도 무방할 것이다. 무엇보다도 예수 기도는 필로칼리아에 내적인 통일성을 부여한다.

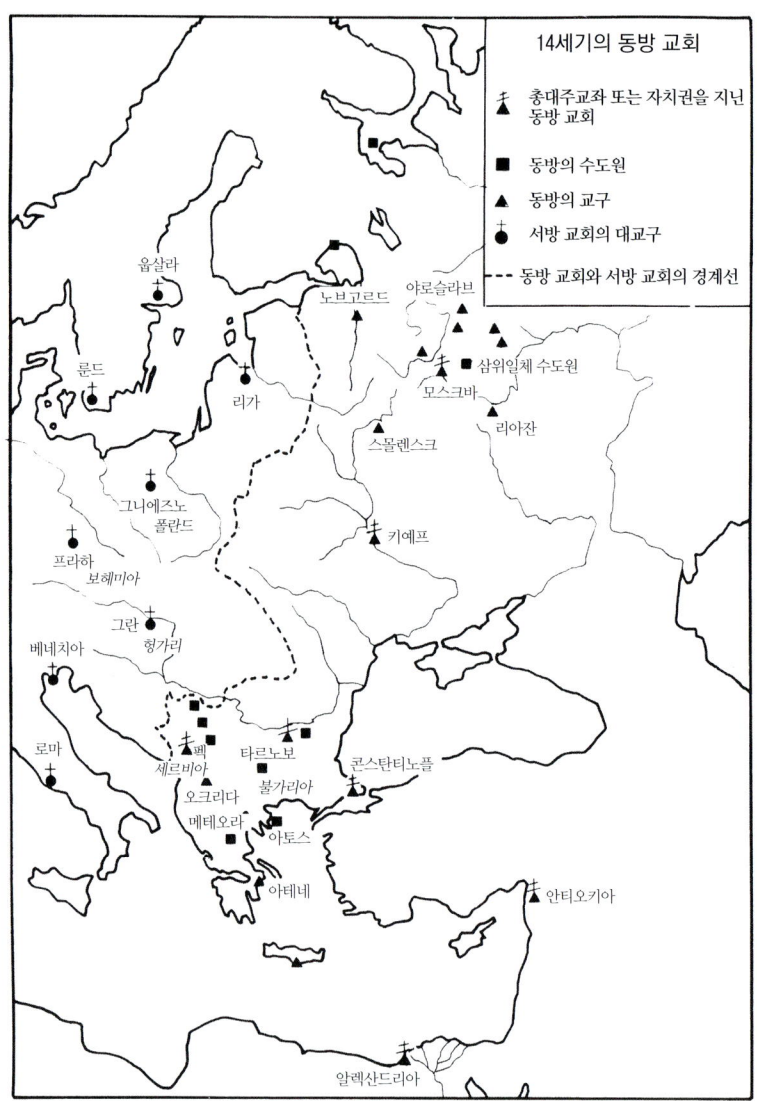

연대표

연도	교황	주요 인물 및 저서	통치자(황제, 왕 등) 및 정치적 사건	종교적 사건
30			티베리우스(로마, 14~37년)	예수 그리스도의 죽음과 부활, 성령 강림
36				스테파누스의 순교
37			칼리굴라(로마, 37~41년)	바오로의 회심
45			클라우디우스(로마, 41~54년)	바오로의 1차 전도 여행
49				예루살렘 공의회
50				로마에서 유다인 추방
51		바오로의 《테살로니카 신자들에게 보낸 서간》	네로(로마, 54~68년)	바오로의 코린토 체류
58		바오로의 《로마 신자들에게 보낸 서간》		바오로, 예루살렘에서 체포됨
60				바오로의 로마 체류
62				야고보의 죽음
64	베드로		로마의 대화재	박해 - 베드로 순교(연도 불명)
67	리누스(64~76년)			로마에서 바오로 순교(연도 불명)
70			베스파시아누스(로마, 69~79년) 티투스의 예루살렘 파괴	
79	아나클레투스(76~98년)	《공관 복음서(마태오, 마르코, 루카)》	베수비우스 화산 폭발, 폼페이 파괴	
90	클레멘스 1세 (88~97년)	《요한 복음》		
95		《요한 묵시록》		요한의 파트모스 유배
110		《디다케》		안티오키아의 이냐티우스 순교(연도 불명)
111		소(小)플리니우스의 편지	트라야누스(로마, 98~117년)	비티니아에서의 박해
161		헤르마스의 《헤르마스의 목자》	하드리아누스(로마, 117~138년) 안토니누스 피우스(로마, 138~161년)	스미르나에서 폴리카르푸스 순교
163		유스티누스의 《호교론》	마르쿠스 아우렐리우스(로마, 161~180년)	로마에서 유스티누스 순교
170	엘레우테리우스(175~189년)			몬타누스주의 발호
177	빅토르 1세 (189~199년)	이레네우스의 《이단 반박》		리옹에서 순교자들 발생
179	칼리스투스 1세 (217~222년)	테르툴리아누스(160~220년)의 《호교론》		에데사의 아브가르 국왕의 회심(연도 불명)
190				부활절 논쟁
202		알렉산드리아의 클레멘스	셉티무스 세베루스(로마, 193~211년) 카라칼라(로마, 211~217년)	박해(유다인과 그리스도인 개종 금지)
235		《디오그네투스에게 보낸 편지》	막시미누스(로마, 235~238년)	박해
242	코르넬리우스(251~253년)			마니의 첫 번째 설교
249		오리게네스(185~253년)		카르타고의 키프리아누스 주교
250	스테파누스 1세 (254~257년)	사막의 안토니우스(251~356년)	데키우스(로마, 249~251년)	전면적인 박해
257			발레리아누스(로마, 253~260년)	교회 지도자들에 대한 박해
258				키프리아누스 순교
260				갈리에누스 황제의 그리스도인에 대한 관용령
270				
280			디오클레티아누스(로마, 284~305년)	아르메니아의 티리다테스 국왕의 회심
293			사두 정치(디오클레티아누스, 막시미아누스, 갈레리우스, 콘스탄티우스 클로루스)	
297				마니교 박해 칙령
303		니시비스의 에프렘		그리스도교 박해 칙령
306		카이사레아의 에우세비우스	콘스탄티누스 대제(로마, 280?~337년)	
312			콘스탄티누스 대제의 승리	
313				밀라노 관용령 반포
314	실베스테르 1세 (314~335년)			아를 시노드: 도나투스주의 단죄
318				알렉산드리아에서 아리우스 단죄
325				니케아 공의회(제1차 일치 공의회)
330		알렉산드리아의 아타나시우스	콘스탄티노플로 수도 이전	

연도	교황	주요 인물 및 저서	통치자(황제, 왕 등) 및 정치적 사건	종교적 사건
340	율리우스 1세 (337~352년)	푸아티에의 힐라리우스	콘스탄티우스 2세(로마, 337~361년)	울필라스, 고트족 아리우스파 주교로 임명됨.
361	리베리우스 (352~366년)	예루살렘의 키릴루스	율리아누스(로마, 361~363년)	율리아누스 황제의 대사면
363		카이사레아의 바실리우스	페르시아 전쟁에서 율리아누스 황제 전사	
365		나지안주스의 그레고리우스		아르메니아의 첫 번째 국가 시노드
370	다마수스 1세 (366~384년)	니사의 그레고리우스		마르티누스가 투르의 주교로 임명됨
380		살라미스의 에피파니우스	테오도시우스(로마, 379~395년)	
381				콘스탄티노플 공의회(제2차 일치 공의회)
386	시리키우스 (384~399년)	히에로니무스		아우구스티누스의 회심
391				이교도 신 숭배 전면 금지
395		히에로니무스의 《불가타 성경》	로마 제국의 분열	
396			아르카디우스(동로마, 395~408년)	아우구스티누스, 히포의 주교로 임명됨
398				요한 크리소스토무스, 콘스탄티노플의 주교로 임명됨
400		아우구스티누스의 《고백록》		
407	인노켄티우스 1세 (401~417년)	알렉산드리아의 키릴루스	게르만족의 대이동	요한 크리소스토무스 죽음
410		키루스의 테오도레투스	알라리크의 로마 침략	
420			테오도시우스 2세(동로마, 408~450년)	페르시아의 그리스도인 박해
427	켈레스티누스 1세 (422~432년)	아우구스티누스의 《신국론》		
430				아우구스티누스 죽음
431				에페소 공의회(제3차 일치 공의회)
432		아일랜드의 파트리키우스		
451	레오 1세 (440~461년)			칼케돈 공의회(제4차 일치 공의회)
476		레랑스의 빈켄티우스	서로마 제국 멸망	
486				콥트 교회가 네스토리우스파가 됨
491	심마쿠스 (498~514년)	아를의 카이사리우스	클로비스(프랑크 왕국, 482~511년) 테오도리쿠스(동로마, 493~526년)	아르메니아 교회가 단성론파가 됨
500		유스티니아누스 황제의 《유스티니아누스 법전》	유스티니아누스(동로마, 527~565년)	클로비스의 세례(연도 불명)
534			유스티니아누스의 재정복 (아프리카, 이탈리아 등)	
537	비길리우스 (537~555년)			콘스탄티노플의 성 소피아 대성전 건립.
540				베네딕투스 수도 규칙 세움.
553		투르의 그레고리우스		제2차 콘스탄티노플 공의회(제5차 일치 공의회)
587			슬라브족의 동방 침략	
596	그레고리우스 1세 (590~604년)			캔터베리의 아우구스티누스에 의한 앵글로족 복음화
622			헤라클리우스(동로마, 610~641년)	헤지라, 이슬람의 탄생
638				아랍 이슬람교도들의 예루살렘 점령
681		보니파키우스(680~754년)		제3차 콘스탄티노플 공의회(제6차 일치 공의회)
711			아랍인의 스페인 정복	
732			카를 마르텔, 푸아티에에서 셀주크 투르크를 격퇴시킴.	
756	스테파누스 2세 (752~757년)			교황령의 확장
787	레오 3세 (795~816년)			제2차 니케아 공의회(제7차 일치 공의회)
800			카를 대제(프랑크, 742~814년)	
843			베르됭 조약	
864		일 할라즈(858~922년)		키릴루스와 메토디우스, 슬라브족들에게 복음을 전함.
869				제4차 콘스탄티노플 공의회(제8차 일치 공의회)

연도	교황	주요 인물 및 저서	통치자(황제, 왕 등) 및 정치적 사건	종교적 사건
872	요한 8세 (872~882년)			
891	포르모수스 (891~896년)			
909				클뤼니 수도원 설립
962			오토 대제(신성 로마, 936~973년)	
963				아토스 산에 수도원 설립
967				폴란드의 미에스즈코 공작의 세례
989	실베스테르 2세 (999~1003년)		바실리우스 2세(동로마, 976~1025년) 위그 카페, 프랑스 왕이 됨(987년)	키예프의 블라디미르 공작의 세례
1000				헝가리의 스테파누스 왕의 세례
1054	레오 9세 (1049~1054년)	안셀모(1033~1111년)	하인리히 4세(신성 로마, 1056~1106년)	동·서방 교회의 분열
1059		아벨라르(1079~1142년)	정복자 윌리엄(영국, 1066~1087년)	추기경에 의한 교황 선출
1075	그레고리오 7세 (1073~1085년)			그레고리오 7세 교황의 개혁
1077			하인리히 4세의 카노사의 굴욕	
1084		베르나르(1090~1153년)		브루노, 카르투지오회 창설
1095	우르바노 2세 (1088~1099년)			우르바노 2세 교황, 클레르몽에서 십자군 소집
1098				로베르토, 시토회 창설
1099			제1차 십자군, 예루살렘을 점령함	
1122				보름스 정교 조약 맺음.
1123				제1차 라테란 공의회(제9차 일치 공의회)
1139	인노첸시오 2세 (1130~1143년)	피오레의 요아킴(1130~1202년)		제2차 라테란 공의회(제10차 일치 공의회)
1173	알렉산데르 3세 (1159~1181년)	도미니코(1170~1221년)	플랜태저넷 왕가의 헨리 2세(영국, 1154~1189년)	발두스, 리옹에서 설교함
1179			프리드리히 바르바로사(신성 로마, 1152~1190년)	제3차 라테란 공의회(제11차 일치 공의회)
1204			필립 아우구스투스(프랑스, 1180~1223년) 제4차 십자군, 콘스탄티노플을 점령함.	
1208	인노첸시오 3세 (1198~1216년)	아시시의 프란치스코(1181~1226년)	십자군, 알비파에 맞섬	
1209				아시시의 프란치스코, 작은 형제회 창설.
1212			스페인의 라스 나바스 데 톨로사에서 그리스도인들이 아랍인을 격퇴시킴.	
1215				제4차 라테란 공의회(제12차 일치 공의회)
1216	호노리오 3세 (1216~1223년)		프리드리히 2세(신성 로마, 1216~1250년)	도미니코, 설교 수도회 창설.
1232		보나벤투라(1221~1274년)		교황청, 이단 심문소 설립.
1237			몽골의 유럽 침략	
1245	인노첸시오 4세 (1243~1254년)	토마스 아퀴나스(1225/1226~1274년)의 《신학 대전》	루이 9세(루이 성인, 프랑스, 1226~1270년)	제1차 리옹 공의회(제13차 일치 공의회)
1270	그레고리오 10세 (1271~1276년)		제8차 십자군과 루이 9세의 죽음.	
1274				제2차 리옹 공의회(제14차 일치 공의회)
1291	보니파시오 8세 (1294~1303년)	에크하르트(1260~1327년)	예루살렘 성지를 빼앗김 / 헬버틱 연방 성립	
1302		오캄의 윌리엄(1280년경~1350년경)	필리프 미왕(프랑스, 1285~1314년)	교황 회칙, 〈우남 상탐〉
1307	아비뇽의 교황들 (1305~1377년)	그레고리 팔라마스(1296~1359년)		몬테코르비노의 요한이 베이징의 초대 대주교로 임명됨.
1311				비엔나(빈) 공의회(제15차 일치 공의회)
1337		니콜라스 카바실라스(1320년경~1390년경)	백년전쟁 발발	
1348		시에나의 카타리나(1347~1380년)	유럽에 흑사병이 창궐함	
1378		세르지우스(세르게이, 1314~1392년)	샤를 5세(프랑스, 1364~1380년)	서구 대이교(1378~1417년)
1414		장 제르송(1363~1429년)	티무르(티무르 왕조, 1363~1405년)	콘스탄츠 공의회(제16차 일치 공의회)
1431	에우제니오 4세 (1431~1447년)		루앙에서 잔 다르크가 화형을 당함.	바젤-페라라-피렌체 공의회(제17차 일치 공의회)
1439				피렌체 공의회(제17차 일치 공의회)
1453			투르크족이 콘스탄티노플을 점령.	

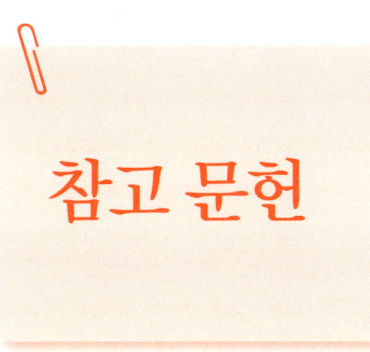

참고 문헌

참고 문헌

서론의 그리스도교 일반 역사에 대한 책과 각 장의 참고 문헌 안내서들을 참고하기 바란다. 특히 메이외르, 피에트리, 보슈와 베나르(Mayeur, Pietri, Vauchez and Vénard)의 최근 작품인 《그리스도교의 역사. 그 기원에서 현재까지 Histoire du christianisme des origines à nos jours》에는 최신의 참고 문헌들이 소개되어 있다. 일반적으로 앞에서 한 번 언급했던 책에 대해서는 다시 언급하지 않겠다. 이 책의 제한된 목적상 추천 도서의 숫자를 제한할 수밖에 없다. 우리가 언급하지 않았던 우수 도서가 많다는 점도 기억하기 바란다.

서론

참고 문헌 안내서

— Daniel MOULINET, *Guide bibliographique des sciences religieuses*, Salvator, Paris, 2000, particulièrement p.163-193.
— *Sources et méthodes en histoire religieuse*, Profac, Lyon, 2000, 192p.

단행본 개론서

— Jean COMBY, *Brève histoire de l'Église et du christianisme*, Novalis-Bayard Presse, Ottawa-Paris, 2000, 96p.
— Jean-Baptiste DUROSELLE, *Histoire du catholicisme*, "Que sais-je?", n° 365, 8e éd., 1996, 128p.
— Jean BAUBÉROT, *Histoire du protestantisme*, "Que sais-je?", n° 427, 5e éd., 1998, 128p.
— Xavier DE MONTCLOS, *Histoire religieuse de la France*, "Que sais-je?", n° 2428, 3e éd., 1997, 128p.
— Paul CHRISTOPHE, *Deux mille ans d'histoire de l'Église*, Droguet-Ardant, Paris, 2000, 1211p.
— Jean COMBY, *Deux mille ans d'évangélisation*, Desclée, Paris-Tournai, 1992, 328p.

그리스도교 일반 역사

— R. AUBERT, M. D. KNOWLES et L. J. ROGIER(dir.), *Nouvelle Histoire de l'Église*, Éd. du Seuil, Paris, 1963-1975, 5 vol.
— Augustin FLICHE et Victor MARTIN(dir.), Histoire de l'Église depuis les origins jusqu'à nos jours, Bloud et Gay, Paris, 1934-1963, 20 vol, parus.
— Jean-Marie MAYEUR, Charles et Luce PIETRI, André VAUCHEZ et Marc VÉNARE(dir.), *Histoire du christianisme des origines à nos jours*, Desclée, Paris, 1990-2001, 14 vol.
— Jacques LE GOFF et René RÉMOND(dir.), *Histoire de la France religiouse*, Éd. du Seuil, Paris, 1988-1989, 4 vol.

공의회 역사

— Gervais DUMEIGE(dir.), *Histoire des conciles oecuméniques*, Éd. de l'Orante, Paris, 1962-1981, 12 vol.
— Giuseppe ALBERIGO(éd.), *Les Conciles oecuméniques*, t. 1, L'Histoire; t. II, *Les Décrets*, Éd. du Cerf, Paris, 1994, 2 t. en 3 vol., 2457p.

사전(辭典)

— *Catholicisme*, Letouzey, Paris, 1948-2001,15 vol.
— *Dictionnaire d'archéologie chrétienne et de liturgie(DACL)*, Letouzey, Paris, 1907-1953, 28 vol.
— *Dictionnaire d'histoire et de géographie ecclésiastiques(DHGE)*, Paris, Letouzey, depuis 1912, 26 vol. (lettre L).
— *Dictionnaire de spiritualité, ascétique et mystique(DS)*, Beauchesne, Paris, 1932-1994, 20 vol. + I vol, de tables, 1996.
— *Dictionnaire de théologie catholique(DTC)*, Paris, 1899-1950, 15 vol. + 3 vol. de tables et compléments(1951-1972); un certain nombre d'articles sont périmés.
— Philippe LEVILLAIN(dir.), *Dictionnaire historique de la papauté*, Fayard, Paris, 1994, 1776 p.

지도(地圖)

— Frédérjc VAN DER MEER et Christine MOHRMANN, *Atlas de l'Antiquité Chretienne*, Bruxelles, Séquoia, Paris, 1960, 216p.
— H. JÉDIN, K. S. LATOURETTE et J. MARTIN, *Atlas d'histoire de l'Église*, Brepols, Turnhout, 1990, 257 cartes commentées
— H. CHADWICK et G. R. EVANS, *Atlas du christianisme*, Brepols, Turnhout, 1987, 240p.

제1장

1세기 유다교와 로마 세계

— H. COUSIN, J.-P. LÉMONON et J. MASSONNET, *Le monde où vivait Jésus*, Éd. du Cerf, Paris, 1998.
— J.-P. LÉMONON(dir.), *Flavius Josèphe*, Éd. du Cerf, Paris, 1981(autour de la ruine de Jérusalem).
— J. COMBY et J.-P. LMONON, *Suppléments aux Cahiers Évangile*, 42, "Rome face à Jérusalem, Regard des auteurs grecs et latins", Éd. du Cerf, Paris, 1982 (rééd. 1998); *Suppléments aux Cahiers Evangile*, 52, "Vie et religions dans l'Empire romain", Paris, Éd. Du Cerf, 1985.
— J. CARCOPINO, *La Vie quotidienne à l'apogée du l'Empire*, Hachette, Paris, Livre de Poche, nons breuses éditions.

신약 성경과 바오로

— R. E. BROWN, *Que sait-on du Nouveau Testament?*, trad. fse, Bayard, Paris, 2000.
— D. MARGUERAT, *La Première Histoire du christienisme, les Actes des Apôtres*, Éd. du Cerf-Labor et Fides, Paris-Genève, 1999.
— S. LÉGASSE, *Paul apôtre*, Éd. du Cerf, Paris, 1991.
— M.-F. BASLEZ, *Saint Paul*, Fayard, Paris, 1991.
— L. LEGRAND, *L'Apôtre des nations? Paul et la strate gie missionnaire des Églises apostoliques*, Éd. du Cerf, Paris, 2001.

— J-P. LÉMONON, *Cahiers Evangile*, 119, "Jésus de Nazareth, prophète e sage", Paris, 2002.
— J. PÉLIKAN, *Jésus au fil de l'histoire*, Hachette, Paris, 1989(et poche).

그리스도교 역사
— M. MESLIN, *Le Christianisme dans l'Empire romain*, PUF, Paris, 1970.
— *Dictionnaire encyclopédique du christianisls ancien*, 2 vol., Éd. du Cerf, Paris, 1990.
— M. SIMON et A. BENOIT, *Le Judaïsme et Christianisme antique d'Antiochus Épiphane à Constantin*, PUF, Nouvelle Cîlo, Paris, 1968, 5e éd., 1998.
— A. HAMMAN, *La Vie quotidienne des premiers chrétiens*, Hachette, Paris, 1971 et nombreuses édition
— E. TROCMÉ, *L'Enfance du christianisme*, Noesis, Paris, 1997(et poche).
— F. VOUGA, *Les Premiers Pas du christianisme, les écrits, les acteurs, les débats*, Labor Fides, Genève, 1997.
— M.-É. BOISMARD, *À l'aube du christianisme, avant naissance des dogmes*, Éd. du Cerf, Paris, 1998.
— J.-P. LÉMONON, *Les Commencements du christianisme(30-135)*, Éd. de l'Atelier, Paris, 2003.

제2장
— P. DE LABRIOLLE, *La Réaction païenne, étude sur la polémique antichrétienne du I^e au VIe siècle*, Paris, 1934(plusieurs rééditions).
— A. HAMMAN, *La Geste du sang*(textes de récits de martyres), Fayard, Paris, 1951.
— J. MOREAU, *La Persécution du christianisme dora l'Empire romain*, PUF, Paris, 1956.
— E. R. DODDS, *Païens et chrétiens dans un âge d'angoisse. Aspects de l'expérience religieuse de Mon Aurèle â Constantin*, La Pensée sauvage, Claix, 1979.
— P. MARAVAL, *Les Persécutions durant les quatre pre miers siècles du*

christianisme, Desclée, Paris-Tournai, 1992.
— P. BROWN, *L'Autorité et le Sacré. Aspect de la chnan tianisation dans le monde romain*, Noesis, Paris, 1998.

제3장
그리스도인의 삶
— A.-G. HAMMAN, *La Vie quotidienne des premiers chrétiens(95-197)*, achette, Paris, 1971; *Prières des premiers chrétiens*, Fayard, Paris, 1952(plusieurs éditions); *Prières eucharistiques des premiers siècles à nos jours*, coll. "Foi vivante", Éd. du Cerf, Paris, 1969.

성사와 직무
— J. DANIÉLOU et R. DU CHARLAT, *La Catéchèse aux premiers siècles*, Fayard-Mame, Paris, 1968.
— R. CABIÉ, *Les Sacrements de l'initiation chrétienne*, Desclée, Paris, 1994.
— M. JOURJON, *Les Sacrements de la liberté chrétienne selon l'Église ancienne*, Éd. du Cerf, Paris, 1981.
— A.-G. MARTIMORT, *L'Église en prière*, Desclée, Paris, 1983-1984, éd. nouvelle, 4 vol.
— C. VOGEL, *Le Pécheur et la Pénitence dans l'Église ancienne*, Éd. du Cerf, Paris, 1982.
— Ph. ROUILLARD, *Histoire de la pénitence*, Éd. du Cerf, Paris, 1996.
— M. BROUARD(dir.), *Euchristia,Encyclopédia de l'Eucharistie*, Éd. du Cerf, Paris, 2002.
— A. LEMAIRE, *Les Ministères dans l'Église*, Centurion, Paris, 1974.

그리스도인의 사고(思考), 교부, 신약 성경의 형성
— J. QUASTEN, *Initiation aux Pères de l'Église*, trad. fse, Éd. du Cerf, Paris, 1955-1986, 4 vol.
— J. LIÉBAERT, *Les Pères de l'Église*, t. I(Ier-IVe siècle), Desclée, Paris-Tournai, 1986.

- H. VON CAMPENHAUSEN, *Les Pères grecs; Les Pères latins*, Éd. du Seuil, Livre de vie, Paris, 2001.
- A.-G. HAMMAN, *Pour lire les Pères de l'Église*, Éd. du Cerf, Paris, 1991.
- J. COMBY et D. SINGLES, *Irénée de Lyon, La gloire de Dieu, c'est l'homme vivant*, textes choisis d'Irénée, coll. "Foi vivante", Éd. du Cerf, Paris, 1994.
- R.-M. GRANT, *La Formation du Nouveau Testament*, Éd. du Seuil, Paris, 1969.

"Sources chrétiennes"은 교부 총서를 프랑스어로 번역한 원문 비판·편집본으로 지금까지 약 500권이 나왔다. 원문 비판본 없이 단지 대중 번역본으로 "Les Pères dans la foi"가 있는데, 지금까지 80권 이상이 나왔다.

제4장

개론과 복음화

- P. MARAVAL, *Le Christianisme, de Constantin à la conquête arabe(début IVe-milieu VIIe s.)*, PUF, Nouvelle Cilo, rééd. 1997; *Récits des premiers chrétiens au Proche-Orient (IVe-milieu VIIe.)*, Éd. du Cerf, Paris, 1996.
- A.-G. HAMMAN, *La Vie quotidienne en Afrique du Nord au temps de saint Augustin*, Hachette, Paris, 1979.
- P. CHUVIN, *Chronique des derniers païens. La disparition du paganisme dans l'Empire romain, du règne de Constantin à celui de Justinien*, Les Belles Lettres, Fayard, Paris, 1990.
- A. ROUSSELLE, *Croire et guérir, la foi en Gaule dans l'Antiquité tardive*, Fayard, Paris, 1990.
- D.-M. DAUZET, *Saint Martin de Tours*, Le Sarment-Fayard, Paris, 1996.
- SULPJCE SÉVÈRE, *Vie de saint Martin*, coll. "Foi vivante", Éd. du Cerf, Paris, 1996.

성사의 역사

3장에 제시된 책들을 참고하라.
- T.-J. TALLEY, *Les Origines de l'année liturgique*, Éd. du Cerf, Paris, 1990.

수도회 탄생

— A. ROUSSELLE, *Porneia, De la maîtrise du corps à la privation sensorielle(IIe-IVe siècle de l'ère chrétienne)*, PUF, Paris, 1983.

— P. BROWN, *Le Renoncement à la chair. Virginité, célibat et continence dans le christianisme primitif*, trad. fse, Gallimard, Paris, 1995.

— J.-Cl. GUY, *Paroles des Anciens*, Apophtegmes des Pères, coll. "Points Sagesse", Éd. du Seuil, Paris, 1976.

— C.-J. NESMY, *Saint Benoît et la vie monastique*, coll. "Maîtres spirituels", Éd. du Seuil, Paris, 1959.

벨르퐁텡의 수도원(49122 베그롤레-앙-모즈-Bégrolles-en-Mauges)은 "Vie monastique-monachisme ancien"와 "Spiritualite orientale-monachisme primitif"라는 이름의 총서를 통해 동방의 영성과 고대 수도원 제도에 관한 많은 책을 출판했다.

제5장

공의회 역사

서론에 제시된 공의회 역사와 관련된 책을 참고하라.

— J. CRELINI et J.-R. PALANQUE, *Petite histoire des grands conciles*, DDB, Paris, 1962.

— P.Th. CAMELOT et P. MARAVAL, *Les Conciles oecuméniques*, vol. 1, Le Premier millénaire, Desclée, Paris, 1988.

그리스도론의 역사와 교회론의 역사

— B. SESBOÜÉ, *Jésus-Christ dans la tradition de l'Église*, Desclée, Paris, 1982 (2e éd. 2000); *Jésus Christ à l'image des hommes*, 2e éd., DDB, Paris, 1997.

— J. PÉLIKAN, *Jésus au fil de l'histoire*, Hachette, Paris, 1989 (poche 2000).

— J. TILLARD, *L'Évêque de Rome*, Éd. du Cerf, Paris, 1982.

— K. SCHATZ, *La Primauté du pape. Son histoire des origines à nos jours*, Éd. du Cerf, Paris, 1992.

— A. VON HARNACK, *Histoire des dogmes*, Éd. du Cerf, Paris, 1993 (réed. d'un ouvrage de 1883).

제6장

3장과 다른 장에 제시된 교부들과 관련된 책을 참고하라.

— M. SPANNEUT, *Les Pères de l'Église*, t. II(IVe-VIIIe s.), Desclée, Paris, 1990.
— A. HAMMAN, *Dictionnaire des Pères de l'Église*, DDB, Paris, 1977.
— H. MARROU, *Saint Augustin et l'augustinisme*, Éd. du Seuil, Paris, 1956 et plusieurs rééditions.
— S. LANCEL, *Saint Augustin*, Payard. Paris, 1999.
— A. DE VOGÜÈ, *Histoire littéraire du mouvement monastique dans l'Antiquité*, Éd. du Cerf, Paris, 1991 s., 8 vol, parus.

제7장

대침략과 동방 교회

— P. COURCELLE, *Histoire littéraire des grandes invasions germaniques*, Éditions augustiniennes, nlle éd. Paris, 1964.
— M. ROUCHE, *Clovis*, Fayard, Paris, 1996.
— Ch. DAWSON, *Le Moyen Âge et les Origines de V l'Europe*, Arthaud, Paris, 1960.
— J. DESCARREAUX, *Les Moines et la Civilisation*, Arthaud, Paris, 1962.
— J. CHÉLINI, *Histoire religieuse de l'Occident médiéval*, coll. "Pluriel", Hachette, Paris, 1991.
— P. BROWN, *L'Essor du christianisme occidental*, Éd. du Seuil, Paris, 1997.
— F. BOUGARD, *Le Christianisme en Occident du début du VIIe siècle au milieu du XIe siècle*, Sedes, Paris, 1997.

이슬람의 탄생

— Tor ANDRAE, *Les Origines de l'islam et le christianisme*, Adrien Maisonneuve, Paris, 1955.
— R. ARNALDEZ, *L'islam*, Desclée-Novalis, Paris-Ottawa, 1988.
— D. SOURDEL, *L'islam*, "Que sais-je?", n° 355, PUF, Paris, 1968.

— R. DURAND, *Musulmans et chrétiens en Méditerranée occidentale(Xe-XIIIe s.)*, Presses universitaires de Rennes, Rennes, 2000.

성화상 논쟁
— C. SCHÖNBORN, *L'icône du Christ. Fondements théologiques élaborés entre le premier et le second concile de Nicée*, Paris, 1986.

— F. BŒSPFLUG et N. LOSSKY, *Nicée II. 787-1987. Douze siècles d'images religieuses*, Éd. du Cerf, Paris, 1987.

— P. EVDOKIMOV, *L'Art de l'icône*, DDB, Paris, 1972.

제8장
공의회 역사
7장에 제시된 상당수 책들과(BROWN, CHÉLINI……) 인용 발췌된 텍스트-문헌 등을(PACAUT, VOGEL……) 참고하라.

일반 측면, 제도, 사회
— L. GÉNICOT, *Les Lignes de faîte du Moyen Âge*, Casterman, Tournai, 1961, nlle éd. 1987; *Le XIIIe siècle européen*(Nouvelle Clio), PUF, Paris, 4e éd. 1995.

— R. FÉDOU, *Lexique historique du Moyen Âge*, A. Colin, Paris, 1980.

— G. DUBY, *Le Chevalier, la Femme et le Prêtre*, coll. "Pluriel", Hachette, Paris, 1999.

— G. LUBRICHON, *La Religion des laïcs en Occident*(La vie quotidienne), Hachette, Paris, 1994.

— J. LE GOFF, *Saint Louis*, Gallimard, Paris, 1996.

— J. VERGIER, *L'Essor des universités au XIIIe siècle*, Ed. du Cerf, Paris, 1997.

수도 생활의 역사
— J.-M. BIENVENU, *L'Étonnant Fondateur de Fontevraud*, Robert d'Arbrissel, Nouvelles Éd. latines, Paris, 1981.

— M. PACAUT, *L'Ordre de Cluny(909-1789)*, Fayard, Paris, 1986, nlle éd. 1999; *Les Moines blancs. Histoire de l'ordre de Cîteaux*, Fayard, Paris, 1993; *Les Ordres monastiques et religieux au Moyen Âge*, Nathan université, Paris, 1993.

— J. LECLERCQ, *Bernard de Clairvaux*, Desclée, Paris, 1989.

그리스도인의 삶
— N. BÉRIOU,. J. BERUOZ et J. LONGÉRE, *Prier au Moyen Âge, pratiques et expériences(V^e-XVe s.)*, Brepols, Turnhout, 1991.

— J. LONGÈRE, *La Prédication médiévale*, Éditions augustiennes, Paris, 1983.

예술의 역사
로마네스크 양식에 관한 많은 전집, 특히 "La nuit des temps"을 참고하라.

— E. MÂLE, *L'Art religieux du XIIIe siècle en France*, Livre de Poche, Paris, 1987 (réédition d'un ouvrage du XIXe siècle)

— J. GIMPEL, *Les Bâtisseurs de cathédrales*, Éd. du Seuil, Paris, rééd. 1980.

— G. DUBY, *Le Temps des cathédrales. L'art et la société(980-1420)*, Gallimard, Paris, 1976, rééd. 1996; *L'Art cistercien*, coll. "Champs", Flammarion, Paris, 1998.

— R. TOMAN, *L'Art roman, architecture, sculpture, peinture*, Konemann, Cologne, 1997; *L'Art gothique*, Könemann, Cologne, 1999.

제9장

십자군과 선교
— P. ROIJSSET, *Histoire des croisades*, Payot, Paris, 1957.

— J. PLATELLE, *Les Croisades*, Desclée, Paris, 1994.

— J. FLORI, *La Première Croisade. L'Occident chrétien contre l'islam*, Complexe, Bruxelles, 1987; *Pierre l'Ermite et la première croisade*, Fayard, Paris, 1999.

— S. DELACROIX(dir.), *Histoire universelle des missions catholiques*, t. I, Gründ, Paris, 1956.

— J. RICHARD, *La Papauté et les missions d'Orient au Moyen Âge(XIIIe-XVe s.)*, Rome-Paris, 1977.

— H. DIDIER, *Raymond Lulle*, DDB, Paris, 2001.

이단 운동
— G. AUDISIO, *Les Vaudois, histoire d'une dissidence(XIIe-XVIe s)*, Fayard, Paris, 1998.

- G. TOURN, *Les Vaudois l'étonnante aventure d'un peuple église*, Réveil-Claudiana, 1980.
- R. NELLI, *La Vie quotidienne des cathares du Languedoc au XIIIᵉ siècle*, Hachette, Paris, 1969.
- J. DUVERNOY, *Le Catharisme*, 2 vol., Privat, Toulouse, 1979.
- E. LE ROY-LADURIE, *Montaillou, village occitan*, Gallimard, Paris, 1975.

탁발 수도회
- Y. GOBRY, *Saint François d'Assise et l'esprit franciscain*, coll. "Maîtres spirituels", Éd. du Seuil, , Paris, 1971.
- E. LECLER, *François d'Assise, le retour à l'Évangile*, DDB, Paris, 1981.
- O. ENGLEBERT, *Vie de saint François d'Assise*, Albin Michel, Paris, rééd. 1998.
- R. MANSELLI, *Saint François d'Assise*, Éditions franciscaines, Paris, 1980.
- Th. DESBONNETS et D. VORREUX, *Saint François d'Assise. Documents, écrits et premières biographies*, Éditions franciscaines, Paris, 1981.
- D. VORREUX(éd.), *Claire d'Assise*, Éditions franciscaines, Paris, 1983.
- J.-M. CHARRON(éd.), *Claire d'Assise. Féminité et spiritualité*, Éditions franciscaines, Paris, 1998.
- M.-H. VICAIRE, *Histoire de saint Dominique*, Éd. du Cerf, Paris, 1982.
- J.-R. BOUCHET, *Saint Dominique*, Éd. du Cerf, Paris, 1988.

탄압
- G. et J. TESTAS, *L'inquisition*, "Que sais-je?", n° 1237, PUF, Paris.
- J.-P. DEDIEU, *L'inquisition*, Éd. du Cerf, Paris, 1997.
- N. BENAZZI et M. D'AMICO, *Le livre noir de l'inquisition*, Éd. du Bayard, Paris, 1999.
- L. ALBARET, *L'Inquisition*, coll. "Découvertes", Gallimard, Paris, 1998.

제10장

인용 발췌된 텍스트 외에도, GILL, DE VOOGHT 등의 책을 참고하라.

일반 측면

— J. 1-IUIZINGA, *L'Automne du Moyen Âge*, Paris, Payot, dernière éd. 2002.
— F. RÂPP, *L'Église et la vie religieuse en Occident à la fin du Moyen Age*, Nouvelle Cîjo, PUF, Paris, dernière éd. 1999.
— G. DE LAGARDE, *La Naissance de l'esprit laïque au déclin du Moyen Âge*, 5 vol., Nauwelaerts, 1956-1970.

아비뇽의 교황

— G. MOLLAT, *Les Papes d'Avignon(1305-1378)*, Letouzey, Paris, 1964.
— B. GUILLEMAIN, *Les Papes d'Avignon*, Éd. du Cerf, Paris, 1998.

시대 정신

— P. CHAUNU, *Le Temps des réformes*, 2 vol., Bruxelles, Complexe, 1984.
— J. DEUJMEAU, *Le Péché et la Peur. La culpabilisation en Occident(xm^e~xvm^e s.)*, Fayard, Paris, 1983; *Rassurer et protéger. Le sentiment de sécurité dans l'Occident d'autrefois*, Fayard, Paris, 1989.
— E. MÂLE, *L'Art religieux de la fin du Moyen Âge en France*, Armand Cojin, Paris, 1995 (réédition d'un ouvrage de 1908).

인물

— R. PERNOUD, *Jeanne d'Arc*, Éd. du Seuil, Paris, 1959.
— G. et A. DUBY, *Les Procès de Jeanne d'Arc*, Gallimard, Paris, 1973.
— P. KOVALEVSKY, *Saint Serge et la spiritualité russe*, coll. "Maîtres spirituels", Paris, Ed. du Seuil, 1958.
— J. MEYENDORF, *Sajnt Grégoire Palamas et la mystique orthodoxe*, coll. "Maîtres spirituels", Ed. du Seuil, Paris.

▶▶ 색인

[ㄱ]
갈레리우스 154, 156
갈리에누스 146, 151, 152
그라티아누스 240, 307, 311
그레고리오 7세 451, 453, 454, 455, 456, 465
그레고리오 9세 500, 501, 550, 553
그레고리오 11세 575, 577
그레고리오 12세 575, 581, 582
그레고리오 팔라마스 613
그레고리우스(나지안주스의) 307, 308, 309, 310, 311, 333, 361
그레고리우스(니사의) 309, 361, 362, 364
그레고리우스(대 교황) 340, 380, 409, 420, 421, 422
그레고리우스(투르의) 393, 394, 395

[ㄴ]
네로 57, 58, 62, 70, 93, 95, 131, 134, 135, 146
네스토리우스 301, 314, 315, 316, 317, 318, 319, 320, 321, 426
니케아 공의회 284, 292, 295, 296, 297, 298, 302, 304, 310, 321, 326, 332, 333, 334, 335, 337, 351, 354, 440

니케타스 스테타토스 441
니케포루스 614
니콜라오 2세 452, 455
니콜라오스주의(내연 관계) 432

[ㄷ]
다마수스 235, 306, 307, 372
단성론 328, 329, 330, 331
대 레오 224, 340, 342, 380, 386
데키우스 146, 149, 150, 179, 216, 217
도나투스 228, 231, 232
도미니코 489, 537, 538
디다케 73, 165, 166, 171, 178, 188, 192, 193, 213
디오스코루스 322, 323, 324, 329
디오클레티아누스 131, 153, 154, 155, 158, 162, 198, 231, 333

[ㄹ]
라바누스 마우루스 416
라 세즈 디외 468, 558
라우렌티우스 150
라울 글라베르 493
라테라노 공의회 454, 458, 459, 466, 482, 487, 526, 528, 533, 551
라트람누스 416

락탄티우스 155, 156, 158
레오 3세 409, 413, 417, 418
레오 9세 443, 445, 447
레이몬드 룰 518
로물루스 아우구스툴루스 386
로베르 다브리셀 469
로이스부르크 602
루이 9세(루이 성인) 451, 479, 482, 493, 517, 519, 553, 561, 601
루이 경건왕 428
루치오 3세 551
루키아누스 103, 105, 106
리베리우스 305, 306
리옹 공의회 447, 461, 586
리키니우스 152, 157, 223, 226, 288, 292

[ㅁ]
마니교도 149, 234, 432, 517, 519, 531
마론 교회 406
마르실리오(파토바의) 567, 569
마르코 폴로 520
마르쿠스 아우렐리우스 66, 68, 71, 88, 89, 103, 108, 142
마르키아누스 324, 325
마르키온 203, 205, 206, 212
마르티노 5세 582, 585
마르티누스(주교, 투르의) 241
마메르투스(비엔나의) 409
마이율 429
마호메트 37, 398, 399, 403

마호메트 2세 610, 612
막시미누스 트락스 147
막시미아누스 153
메스로프 262
메토디우스 423, 424, 425, 426, 427, 608
멜리톤 65, 66, 68
멤논 317, 319
모니카 375
모세 118, 225, 258, 259, 353, 354, 374, 378, 401, 494
몰렘의 로베르 472
무라토리 단편 213
미누키우스 펠릭스 103, 105
미에스즈코 430
미카엘 케룰라리우스 443, 444, 445, 448

[ㅂ]
바르나바 44, 45, 187
바실리우스(카이사레아의) 246, 268, 280, 307, 339, 357, 358, 359, 360, 361
바실리우스 2세 419
바오로 41, 43, 44, 45, 46, 47, 48, 49, 50, 51, 54, 55, 57, 58, 59, 60, 61, 62, 64, 65, 70, 71, 74, 75, 92, 130, 159, 173, 179, 182, 184, 187, 206, 207, 209, 213, 263, 282, 339, 345, 363, 366, 367, 369, 462
바오로 6세 447, 448, 449
바젤 공의회 585, 586

발두스 528, 529, 530, 531, 539, 540
발레리아누스 149, 150, 151, 152
베네딕토 12세 572
베네딕토 13세 575, 576, 581, 582
베네딕투스(누르시아의) 277, 278, 410, 473, 474
베네딕투스(아니안의) 415
베다 존자 484
베드로 19, 39, 40, 44, 45, 49, 50, 55, 57, 58, 59, 61, 62, 119, 134, 163, 207, 209, 213, 235, 324, 339, 340, 341, 342, 366, 442, 460, 477, 479, 533, 564, 577, 578, 589
베드로(왕, 아라곤의) 552
베드로(은수자) 469, 514
베드로(존자) 467
베르나르(클레르보의) 347, 451, 458, 475, 476, 477, 479, 499, 526, 547
베르나르 귀 532, 533, 536
베스파시아누스 71
벵상 페리에르 576
보니파시오 8세 560, 561, 562, 563, 564
보니파시오 9세 575, 576, 581
보니파키우스 412, 414, 420
보름스 정교 조약 454
봉건 제도 430, 431, 435, 438
브루노 470
블라디미르 430
블란디나 142, 144, 145

비르지타 575
비엔나 공의회 572
빈켄티우스 350, 380, 381, 383
빌라도 114, 135, 168, 205, 424, 426

[ㅅ]
사제 요한 519, 522
살라딘 514
상투스 142, 143
샤르트뢰즈 468, 470, 471
샤를 5세 576, 691
샤푸르 1세 199
설교 수도회 537, 538, 551, 553
성전 기사단 514
성직 매매 432, 445, 446, 453, 456, 564
세네카 92, 94, 95
세르게이 613
셉티무스 세베루스 147
소크라테스(변호사) 297, 302, 304, 320
스테파누스 43, 186, 257, 494
스테파누스(왕) 430
스테파누스 2세 412, 413
스테파누스 5세 426
시도니우스 아폴리나리스 391
시토회 472, 473, 474, 475, 532, 537
식스투스 2세 150
식스투스 3세 321
신비 종교 89, 90, 91, 92
실베스테르 296
십자군 385, 405, 447, 461, 475, 476,

492, 509, 510, 511, 512, 513, 514, 515, 516, 517, 518, 519, 525, 533, 552, 571, 576, 577, 610, 611

[ㅇ]
아달베로 435, 437
아데오다투스 375
아르카디우스 236
아리스토텔레스 499
아리우스 231, 286, 287, 288, 289, 290, 293, 297, 305, 306, 354, 357
아베르키우스 185, 198, 200, 201
아벨라르 476, 477, 499
아우구스투스 66, 67, 68, 69, 81, 113, 293
아우구스티누스(히포의) 125, 241, 242, 249, 267, 276, 315, 343, 355, 368, 375, 376, 377, 379, 380, 386, 387, 391, 392, 472, 530, 538, 546
아우구스티누스(캔터베리의) 410, 420, 421
아타나시우스(알렉산드리아의) 267, 270, 271, 272, 274, 275, 304, 305, 307, 313, 343, 354, 355
아테나고라스 447, 448, 449
아틸라 386
아폴리나리우스 313, 315
안드레아 19, 57
안드레이 루블레프 613
안토니우스 267, 269, 270, 271, 272, 273, 274, 355

알라리쿠스 376, 386
알렉산더(대왕) 68, 71, 78, 84
알렉산더(주교) 288, 289, 293
알렉산데르 3세 459, 466, 528
알렉산데르 5세 575, 581, 582
알렉산드르 네브스키 609
알르망 585
알비파 475, 552
알쿠이누스 414, 420
암브로시우스 241, 247, 275, 276, 368, 369, 371, 375, 486, 530
야고보 45, 48, 49, 50, 187
얀 후스 582, 597, 598
에게리아 257, 258, 260
에우세비우스(카이사레아의) 27, 28, 29, 55, 56, 57, 59, 63, 68, 116, 142, 145, 155, 156, 189, 211, 223, 225, 227, 229, 230, 295, 297, 300, 302, 343
에우제니오 3세 475
에우제니오 4세 585, 586
에우티키우스 322, 323
에크하르트 602, 604, 605
에페소 공의회 262, 316, 317, 318, 321, 322
에프렘 351, 352, 354
에피테투스 87, 88
엑수페리우스 391
영지주의 203, 204, 207
오도아케르 386

오딜론 467
오로시우스 391, 392, 393
오르데리쿠스 비탈리스 514
오리게네스 57, 112, 198, 201, 202, 215, 216, 218, 219, 343, 351
오토 1세 429
와송 547, 549
요한 49, 51, 55, 57, 142, 170, 178, 207, 210, 211, 213, 321, 363, 533
요한 8세 424, 426
요한 23세 575, 582, 596, 597, 598, 605
요한(몬테코르비노의) 520, 521
요한 (안티오키아의) 315, 318, 319, 320, 321
요한 크리소스토무스 350, 364, 365, 367, 486, 546
요한 (플란카르핀의) 519
우르바노 2세 511, 512
우르바노 5세 575
우르바노 6세 575, 576, 581
울필라스 262, 312, 391
위고 467
위클리프 596, 597
윌리엄 루브르크 519
윌리엄 오캄 596
유스티누스 116, 117, 118, 142, 171, 172, 173, 174, 175
유스티니아누스 234, 335, 396, 397
율리아누스 237, 240
율리우스 카이사르 69

이냐티우스 37, 137, 188, 194, 195, 196, 214
이레네우스 142, 170, 195, 198, 203, 205, 206, 207, 208, 209, 210, 212, 213, 215, 339, 343, 345, 351
이슬람 396, 398, 399, 403, 404, 405, 406, 418, 499, 510, 511, 515, 517
인노첸시오 3세 459, 460, 540, 552, 558
인노첸시오 4세 461, 519

[ㅈ]
자카리아스 412
작은 형제회 539, 553
잔 다르크 600, 601
장안 330
장 제르송 604
장 프티 579, 581
제2차 바티칸 공의회 221, 296, 582
조아키노 532, 533

[ㅊ]
첼레스티노 5세 462

[ㅋ]
카를 대제 411, 412, 413, 414, 415, 416, 420, 422, 428, 438, 462, 465, 497
카를 마르텔 411, 412
카시아누스 277, 486
카타리나 575, 576, 577, 602
카타리파 533, 534, 535, 536, 537, 552

칼리쿨라 70
칼케돈 공의회 262, 301, 322, 324, 325, 328, 329, 331, 334, 337, 340, 351, 380
케킬리아누스 228, 230, 231, 232
켈레스티누스 315
켈수스 107, 108, 109, 112, 118, 124
코란 399, 400, 401
코르넬리우스 44
콘스탄츠 공의회 582, 583, 584, 597, 603
콘스탄티노플 공의회 306, 308, 310, 311, 326, 331, 334, 336, 337, 361, 441
콘스탄티누스 133, 155, 156, 157, 220, 221, 222, 223, 224, 225, 226, 227, 228, 230, 231, 232, 233, 234, 237, 288, 289, 292, 293, 295, 296, 297, 300, 302, 305, 325, 392, 612
콘스탄티누스 5세 418
콘스탄티누스 11세 611, 612
콘스탄티우스 클로루스 153, 154, 222
콜레트 575
콜룸바 277
콜룸바누스 277, 410
콥트 교회 406
쿠옷불트데우스 391
퀴벨레-앗티스 90
크로데강 414
클라라 545
클레멘스 59, 60, 61, 62, 121, 122, 188, 190, 191, 192, 339, 576
클레멘스 5세 521, 570, 571, 572
클레멘스 6세 572
클레멘스 7세 575, 576, 581
클로비스 392, 393, 394, 395
클로틸드 392, 395
클뤼니 수도원 429, 452, 466, 467, 468, 469, 472, 475
키릴루스(알렉산드리아의) 314, 315, 316, 317, 318, 319, 320, 321, 324, 328, 329, 365, 608
키릴루스(예루살렘의) 250, 252, 365
키릴루스(콘스탄티누스) 423, 424, 425, 427, 608
키프리아누스 132, 150, 151, 152, 194, 217, 339

[ㅌ]

타울러 602
타키투스 81, 83, 96, 103, 132, 134, 136
테르툴리아누스 60, 116, 117, 118, 123, 125, 127, 128, 164, 178, 180, 181, 183, 184, 185, 216, 301, 343, 350, 351
테오도레투스 315, 322, 323
테오도시오 613
테오도시우스 221, 235, 236, 240, 247, 307, 310, 311, 337, 368, 384
테오도시우스 2세 315, 322
테오필루스 502

토마스 아 켐피스 603
토마스 아퀴나스 501, 502, 554, 555
튜턴 기사단 557, 610
트라야누스 32, 71, 94, 136, 137, 141
티모테오 60, 71, 367
티베리우스 36, 66, 85, 135, 205
티토 54

[ㅍ]
파스카시우스 라드베르투스 416
파스칼 66, 68
파코미우스 267
파트리키우스 277
파티에누스 391
파프누티우스 297, 302, 303, 304
페르페투아 147, 148
페트라르카 573
페트로니우스 93
펠라기우스 376
펠리키타스 147, 148, 149
펠릭스 5세 586, 590
포르피리우스 107, 108, 109, 113
포티누스 142, 143
폴리카르푸스 142, 170, 207, 210, 211
폼페이우스 68, 69
프란치스코 492, 518, 537, 539, 540, 543, 544, 545, 546
프리드리히 2세 460, 461, 462, 549, 553
프리드리히 바르바로사 459, 551
프리스킬리아누스 241

플라비아누스 322, 323
플라비우스 요세푸스 75
플로루스 416
플로리누스 210, 211
플루타르코스 91, 92
플리니우스 32, 92, 103, 132, 136, 137, 141, 171
피렌체 공의회 447, 585, 586, 587, 608, 610
피핀 411, 412, 414
필리프 미왕 560, 561, 562, 570, 572

[ㅎ]
하인리히 4세 454
헤로데 68
헤르마스 26, 27, 179, 180, 213
호교 교부 101, 116, 117, 118, 119, 130, 142
호노리우스 아우구스토두넨시스 499
호스피스 기사단 514
호시우스 296, 297, 299, 305
훔베르트 443, 444, 445, 448
히에로니무스 275, 276, 306, 349, 372, 373, 375, 387, 388, 389, 530
히폴리투스 129, 163, 166, 169, 172, 175, 177, 194
힐라리우스 305